edition suhrkamp 2574

Kosovo, die zwischen Albanern und Serben umstrittene autonome Provinz des früheren Jugoslawiens, hat sich gegen den Widerstand Serbiens 2008 für unabhängig erklärt. Erich Rathfelder, seit 1987 immer wieder als Korrespondent vor Ort, hat den Konflikt zwischen Serben und der albanischen Bevölkerungsmehrheit hautnah verfolgt: die Aufhebung des Autonomiestatuts 1989, den gewaltlosen Widerstand der Albaner, den bewaffneten Kampf der UÇK, die Intervention der NATO im Jahr 1999, anschließend die Phase der zivilen Übergangsverwaltung. Im Zentrum steht das Schicksal der Menschen. Die wichtigsten lokalen und internationalen Akteure reflektieren, durchaus selbstkritisch, die politische Entwicklung und ihr eigenes Handeln.

Erich Rathfelder
Kosovo
Geschichte eines Konflikts

Suhrkamp

3. Auflage 2018

Erste Auflage 2010
edition suhrkamp 2574

Satz: TypoForum GmbH, Seelbach
Printed in Germany
Umschlag gestaltet nach einem Konzept
von Willy Fleckhaus: Rolf Staudt
ISBN 978-3-518-12574-8

Inhalt

Vorwort

Als ich im Jahre 1987 zum ersten Mal das kleine Land auf dem Balkan besuchte, konnte sich niemand vorstellen, daß die am Rande des alten Jugoslawien liegende autonome Provinz Kosovo einmal ins Zentrum der Weltpolitik rücken würde. Die abseits gelegene Provinz war arm, begrenzt durch einen Eisernen Vorhang zu Albanien, besaß schlechte Straßen und wenige Verbindungen zur Außenwelt. Im Bewußtsein der Welt gab es den Kosovo nicht.

»Heute existieren wir immerhin auf der Landkarte«, sagte mir der Präsident der Republik Kosova Fatmir Sejdiu im Sommer 2009. Ich versuche in diesem Buch, die dramatische Entwicklung von 1987 bis 2009 zu beschreiben und die wichtigsten Akteure zu Wort kommen zu lassen. Als Journalist hatte ich das Privileg, die Entwicklung dieser Jahre hautnah mitzuerleben: den Aufstieg der serbischen Nationalisten, die Etablierung des Milošević-Systems, die Abschaffung des Autonomiestatuts, das durch den Kosovokonflikt provozierte Zerbrechen Jugoslawiens, den passiven und friedlichen Widerstand der Kosovoalbaner während der Kriege in Kroatien und Bosnien 1991-1995, den Aufbau eines Apartheidsystems und die Unfähigkeit Europas und der Welt, beruhigend auf den Konflikt einzuwirken. Ich war im Kosovo, als der bewaffnete Widerstand begann, als 1998 der Aufstand der Albaner in einen Krieg zwischen der Kosova-Befreiungsarmee UÇK und der serbischen Armee mündete. Und ich erlebte 1999 den Krieg der NATO gegen Serbien, war also Zeuge des ersten Angriffs des westlichen Bündnisses auf einen souveränen Staat – für Deutschland der erste Krieg seit 1945 –, schrieb danach über den Aufbau des UN-Protektorats, die Erklärung der Unabhängigkeit und das Leben im neuen Staat.

Schon bei der Suche nach einem Titel für dieses Buch zeigte sich die gesamte politische und historische Problematik dieses kleinen und seit Jahrhunderten zwischen Albanern und Serben umkämpften Landstrichs.

Der österreichische Diplomat Wolfgang Petritsch gab vor zehn Jahren seinem Buch über den Konflikt den Titel *Kosovo-Kosova*. Damit reflektierte Petritsch die von beiden Seiten erhobenen Ansprüche. Der serbische Name *Kosovo* steht neben dem albanischen *Kosova*. Damals, kurz nach der Intervention der NATO 1999, war über den endgültigen Status des danach von den Vereinten Nationen regierten Landes noch nicht entschieden worden. So war der Buchtitel der politischen Lage durchaus angemessen.

Heute ist das Dilemma größer. Am 17. Februar 2008 wurde Kosovo/Kosova in den Augen der albanischen Bevölkerungsmehrheit zur unabhängigen Republik Kosova. Für sie muß das Land jetzt *Kosova* heißen. Alle deutschsprachigen Staaten haben die Republik Kosova diplomatisch anerkannt, demnach müsse dieser Tatbestand auch im Sprachgebrauch seinen Niederschlag finden, argumentieren albanische Freunde. Verwende ich also *Kosovo*, gerate ich in Gefahr, von der Mehrheit der Bevölkerung als jemand angesehen zu werden, der mit dem Gebrauch des serbischen Namens die Besitzansprüche Serbiens auf das Land unterstützt. Verwende ich aber *Kosova*, ignoriere ich, daß die Mehrheit der Staaten der Welt den neuen Staat noch nicht diplomatisch anerkannt hat.

Die Neudefinition stößt zudem auf die Trägheit des Sprachgebrauchs. Und auf internationale Übereinkommen. *Kosovo* ist eingeführt und üblich, nicht nur im Deutschen, auch in anderen Sprachen. Die UN und die internationale Staatengemeinschaft verwenden durchgängig die Bezeichnung *Kosovo*. In allen internationalen Verträgen heißt es Kosovo und nicht Kosova, jedoch auch nicht *Kosovo-Metohija* (Kosovo-Kirchenland), was in Serbien gebräuchlich ist.

Um der aktuellen Situation gerecht zu werden, habe ich mich entschlossen, in meiner Darstellung der Geschichte des Landes seit 1987 bei der bisher üblichen Bezeichnung *Kosovo* zu bleiben. In den Interviews und in direkter Rede sprechen Albaner von Kosova, die Serben und die internationalen Akteure von Kosovo. Die Orte sind in beiden Sprachen bezeichnet, sie werden nach Möglichkeit jeweils aus der Perspektive des Sprechenden benutzt.

Der Kosovokonflikt hat in fast allen europäischen Gesellschaften Gräben aufgerissen. Vor allem im linken Spektrum steht fest, daß mit der NATO-Intervention 1999 gültiges Völkerrecht gebrochen wurde. Dies ist eine Einschätzung, die der größte Teil der Öffentlichkeit und die meisten verantwortlichen Politiker nicht teilen können. Die Frage, ob die Durchsetzung von Menschenrechten höher einzuschätzen sei als die Respektierung der Machtverhältnisse im Weltsicherheitsrat der Vereinten Nationen, ist letztlich eine Gewissensentscheidung.

Nach wie vor ist innerhalb der EU umstritten, wie man sich zum Kosovokonflikt verhalten soll. 22 Mitgliedstaaten haben bisher die Unabhängigkeit Kosovos diplomatisch anerkannt, die übrigen fünf noch nicht. Zeitweise schien sich sogar ein gefährlicher neuer Ost-West-Konflikt zwischen den wichtigsten Staaten Europas, den USA und Rußland anzubahnen, der heute zwar an Brisanz verloren hat, dessen Gefahr jedoch keineswegs überwunden ist.

In diesem Buch versuche ich, die dramatische Geschichte Kosovos seit meinem ersten Besuch 1987 nachzuzeichnen und zu erklären. Dabei verlasse ich mich zuallererst auf meine eigenen Erfahrungen. Für mich sind die politischen Akteure wichtig – ihre Entscheidungen haben schließlich das Schicksal von Millionen Menschen beeinflußt –, doch versuche ich, gleichermaßen die Sichtweisen ganz normaler Menschen einzufangen und die Lebensumstände der Bevölkerung während der dramatischen Ereignisse zu beschreiben.

Der Konflikt um den Kosovo ist noch immer nicht beendet. Wenn Serbien zwischen der Integration in die EU und Kosovo wählen soll, würde es sich für Kosovo entscheiden, sagte kürzlich der serbische Außenminister. Für Serbien ist der Verlust *Kosovo-Metohijas*, das von der nationalen Geschichtsschreibung als »Wiege der Nation« betrachtet wird, sicherlich äußerst schmerzlich. Für die albanische Bevölkerungsmehrheit jedoch wurde die Unabhängigkeit Kosovas zur Bedingung für das eigene Überleben.

Das Buch hat nicht den Anspruch, die Entwicklung Kosovos allumfassend zu beleuchten. Doch möchte ich gern Verständnis für das Land und seine Bewohner wecken. Mein Gang durch die Geschehnisse der zurückliegenden 22, für das Land entscheidenden Jahre wird dem Leser – da bin ich mir sicher – neue Erkenntnisse ermöglichen.

Ich danke meinen Redaktionskollegen von der *Presse* in Wien, dem Bonner *General-Anzeiger*, vor allem aber der *tageszeitung* Berlin, die mir in all den Jahren Unterstützung und Rückendeckung gegeben haben.

1
Freudenfeier

Am 17. Februar 2008 war das Zentrum von Prishtina (Priština), der Hauptstadt der »Republik Kosovo«, für den Autoverkehr gesperrt. Die vor wenigen Monaten ins Amt gewählte Regierung hatte für den Tag, an dem die Unabhängigkeit der ehemaligen serbischen Provinz ausgerufen werden sollte, die Anweisung gegeben, möglichst geordnet zu feiern. Die auf dem südlichen Balkan üblichen Schüsse in die Luft waren untersagt, Feuerwerk sollte in möglichst weiter Entfernung von serbischen Siedlungen abgehalten werden. Den internationalen Organisationen, der UN-Mission im Kosovo, der EU-Polizei und den internationalen KFOR-Truppen wurde versprochen, daß es von seiten der Kosovoalbaner keine Provokationen geben würde.

Und die Menschen hielten sich daran. Fast neun Jahre nach dem Einmarsch der NATO-Truppen im Kosovo und dem Aufbau eines UN-Protektorates wähnten sich endlich alle, die schon seit Jahrzehnten die Unabhängigkeit des Landes von Serbien herbeigesehnt hatten, am Ziel. Tausende defilierten bei klirrender Kälte und im Kampf gegen die Windböen über den neugepflasterten Mutter-Teresa-Boulevard im Zentrum der Stadt. Die Flaniermeile entlang der früheren Tito-Straße endet am Hotel Grand Prishtina, dort war das überdimensionierte Wandgemälde des ersten Präsidenten der Albaner Kosovos, Ibrahim Rugova, zu bestaunen.

Manche hatte es schon am Morgen zum Grab des »Vaters der Nation« gezogen, der im Januar 2006 an Krebs gestorben war. Ausgerechnet er, der Mann mit dem Schal, Initiator eines langen und gewaltlosen Kampfes für die Unabhängigkeit, durfte diesen Tag, für den er so beharrlich gekämpft hatte, nicht mehr erleben. Tausende verharrten auf dem Friedhof oberhalb der Stadt in Schweigen, sie unterdrückten ihre Tränen nicht. Es war eine Gelegenheit, würdig und in stiller Andacht der mehr als 13 000 Toten des letzten Krieges und der eigenen Familienmitglieder zu gedenken, die im Kampf getötet worden waren oder während der Flucht oder in serbischen Gefängnissen gelitten hatten.

Später traf man sich in den zahllosen Cafés der Innenstadt, lachte und schwatzte mit den vor Jahren ins Ausland geflüchteten Familienmitgliedern und Freunden aus alter Zeit. Erst als am Nachmittag die Zeremonie im Parlament auf allen Fernsehkanälen übertragen wurde, kehrte wieder etwas Ruhe ein.

Hashim Thaçi, der einstige politische Führer der »Kosova Befreiungsarmee« UÇK und gegenwärtige Ministerpräsident, traf den Ton, der die Stimmung des Tages zum Ausdruck brachte. Der neue Staat sei für alle seine Bürger da, erklärte er und erinnerte an die Opfer der jahrzehntelangen Unterdrükkung. Er fand versöhnliche Worte für die Serben im Lande. In serbischer Sprache forderte er sie auf, teilzuhaben an der Zukunft des neuen, demokratischen und multiethnischen Staates. »Von heute an ist Kosova stolz, unabhängig und frei.« Die Menschen im Lande hätten »nie den Glauben an den Traum verloren, daß wir eines Tages zu den freien Nationen dieser Welt gehören werden«, rief er aus. »Nie wieder wird Kosova von Belgrad beherrscht werden.« Diese Worte trafen die aufgewühlten Kosovoalbaner ins Herz.

Nach der Zeremonie wurde die neue Fahne gehißt. Die Flagge zeigt sechs Sterne in einem Bogen über den Umrissen des neuen Staates, gold auf blauem Grund. Die Sterne stehen für die ethnischen Gruppen der Albaner, Roma, Serben, Türken, Bosniaken und der Goranen (beides muslimische Slawen). Um diese Flagge war ein heftiger Streit entbrannt, hatte sie doch mit den traditionellen Farben der Albaner nichts gemein. Das traditionelle Weinrot mit dem schwarzen, doppelköpfigen Adler war sogar im alten, kommunistischen Jugoslawien seit 1974 erlaubt gewesen.

Doch die UN-Mission und die Europäer hatten vor der Unabhängigkeitserklärung auf einer neuen Flagge bestanden. Sie sollte jede symbolische Verbindung des neuen Staates zu Albanien negieren. Und sie sollte zeigen, daß die Republik Kosovo trotz der überwältigenden Mehrheit der Albaner – gut 90 Prozent der Bevölkerung – als multiethnischer Staat in die Unabhängigkeit entlassen wird. Das Blau sollte für die europäische Zukunft stehen.

Dieser Streit interessierte die Feiernden nicht. Als die neue Flagge endlich verteilt wurde, rissen sich die Leute darum. Egal unter welcher Flagge, Hauptsache, Kosova wird unabhängig, riefen manche in ihrem Überschwang. Immerhin hatte die neue Hymne ein Albaner komponiert. Auch die *Ode an die Freude* erklang, um die Verantwortung Europas für den jüngsten Staat auf dem Kontinent zu unterstreichen.

Nach der Zeremonie waren nur lachende und freundliche Gesichter zu sehen. Vor allem junge Leute zogen mit den alten albanischen und neuen kosovarischen Fahnen durch die Straßen. Das kollektive Glücksgefühl war mitreißend, ähnlich wie in der Nacht, als in Berlin die Mauer fiel. Nach den Jahrzehnten der Unfreiheit, dem Krieg in den neunziger Jahren, dem Einmarsch der NATO und dem Leben in einem UN-Protektorat gab es endlich Grund zur Hoffnung. Eine EU-Mission würde Kosova auf die Mitgliedschaft in der Europäischen Union vorbereiten, das Land würde einen gleichberechtigten Part im Konzert der Nationen spielen, so hatten es die führenden Politiker den Menschen versprochen. Mit europäischem Beistand, mit künftigen Investitionen würde sich das Land ohne Fesseln entwickeln und selbst mit der überdimensionalen Arbeitslosigkeit von weit mehr als 50 Prozent fertig werden.

Auch dem alten Kellner im Restaurant des Hotel Ilirija sah

man die Freudenstimmung an. Der Mann mit dem zerknitterten Gesicht, der immer unscheinbar in einer Ecke stand und von dort aus die Gäste beobachtete, um augenblicklich jeden ihrer Wünschen erfüllen zu können, hatte noch nie über sich und seine Geschichte gesprochen. Sich vorsichtig und still zu verhalten hatte zur Überlebensstrategie dieser Generation gehört, nicht nur in den Ländern des totalitären Sozialismus, sondern auch hier, in der ehemals zu Jugoslawien gehörenden autonomen Provinz Kosovo.

Mit Tränen in den Augen gab er dem ihm von vielen Besuchen bekannten Gast die Hand. Als sei eine über Jahrzehnte verinnerlichte Angst von ihm abgefallen, brach es aus ihm heraus: »Von nun an werden sie nicht mehr über uns herrschen können. Jetzt sind wir frei.« Und er erzählte mir, wie er vor 40 Jahren als Kellner nach München gekommen war. Der deutsche Chef habe ihn persönlich mit Handschlag begrüßt. »In Deutschland wurden wir Albaner wie Menschen behandelt, die Serben aber spielten sich immer als Herren auf. Nie hat mir ein serbischer Chef die Hand gereicht.« Er bedauerte, wegen eines Unglücksfalles in seiner Familie noch in den achtziger Jahren in den Kosovo zurückgekehrt zu sein. Und er fragte: »Was meinen Sie, wird das Leben hier jetzt wirklich besser werden?«

An künftige Probleme wollte an diesem Tag niemand denken. Draußen auf dem Boulevard, der den Namen der aus Makedonien stammenden albanischen katholischen Nonne Mutter Teresa trägt, drängten sich die Menschen. Viele Bekannte waren darunter, Menschen, die ich während der letzten zwanzig Jahre häufig getroffen hatte. Hajdar und Ladrija Domi, die 1999 als älteres Ehepaar sogar die Zeit der Vertreibung durch serbische Polizei und Milizen überlebt haben, weil es ihnen gelungen war, sich in einer Wohnung gegenüber dem Hauptquartier der serbischen Geheimpolizei zu verstecken. Oder der als kritischer Intellektueller bekannte Shkelzen Maliqi, der sich 1999 plötzlich im Exil in Makedonien wiederfand und in dem damals berühmt gewordenen Café Arbi in Tetovo einer ungewissen Zukunft entgegensah. Eingekeilt zwischen anderen Emigranten erklärte Shkelzen damals, er habe Thomas Mann und die gesamte deutsche Exilliteratur gelesen und sich niemals vorstellen können, eines Tages in die gleiche Lage zu kommen.

Zurück in der Heimat begrüßte er an diesem Tag in der Menge Bekannte und Freunde. Der ehemalige Ministerpräsident des Schattenstaates der neunziger Jahre, Bujar Bukoshi, ein Arzt und derzeitiger Parlamentsabgeordneter, wußte, welch große Verantwortung auf die Albaner Kosovos zukam. Sie hätten seit Jahrhunderten immer unter einer Fremdherrschaft gelebt. »Jetzt müssen wir uns selbst regieren.« Doch auch er tauchte mit breitem Lächeln in der Menge unter.

Beqë Cufaj, der in Deutschland lebende Schriftsteller, Veton Surroi, Zeitungsverleger und politischer Vordenker während der letzten Jahrzehnte, zahlreiche Journalisten und Künstler, albanische Mitarbeiter internationaler Organisationen und andere Bekannte waren in den Straßen von Prishtina unterwegs. Auch die Abgeordnete des Europaparlaments, Angelika Beer, damals Mitglied der Grünen-Fraktion, war zu sehen, während sich das offizielle Europa zurückhielt. Von den Regierungschefs der mächtigen Staaten war niemand gekommen.

Dennoch, die Stadt war im Freudentaumel. Studenten und andere junge Leute tanzten und tranken in den Clubs und Kneipen bis in die Morgenstunden. Brot und Arbeit, Perspektive und Würde, das verhieß die staatliche Unabhängigkeit Kosovas.

Am nächsten Morgen wollte die Stadt gar nicht aufwachen. Nur die Arbeiter der Müllabfuhr waren unterwegs, um Pappbecher und abgebrannte Feuerwerkskörper zu beseitigen. Bald lichtete sich der Nebel und gab den Blick frei auf die winterliche Stadt. Zwischen zwei Hügeln im Norden und Süden gelegen, hat sich Prishtina in letzter Zeit gewaltig ausgedehnt. Auf den vor wenigen Jahren noch kahlen Erhebungen stehen mehrstöckige Gebäude, an den Ausfallstraßen in Richtung Westen und Süden ist von den Wiesen, die sich hier früher befanden, nichts mehr zu sehen. Die ehemals vor allem von Serben bewohnte Nachbarstadt Kosovo Polje (Fushë Kosovë) ist eingemeindet, überall entstehen neue, immer höhere Gebäude.

Riesige Einkaufszentren sind aus dem Boden geschossen, Tankstellen, moderne Glasfassaden – Sitz neu angesiedelter Firmen. Die Einfamilienhäuser der serbischen Siedlung Čaglavica sind nur zu erahnen, fast verschluckt von den gläsernen Riesen zu beiden Seiten der vierspurigen Ausfallstraße. Die früher über freies Feld führende Straße zu der zehn Kilometer entfernten serbischen Enklave Gračanica ist gesäumt von mehrstöckigen neuen Wohn- und Geschäftsgebäuden.

Vor zwanzig Jahren war Prishtina/Priština eine vor sich hindämmernde Provinzstadt mit 150000 Einwohnern; heute dürften es 400000 sein. Genau weiß das niemand. Eine Volkszählung hat es schon lange nicht mehr gegeben. Prishtina wächst – ohne auf die Natur oder ethnische Enklaven Rücksicht zu nehmen.

Auch drüben in der serbischen Enklave um das Kloster Gračanica und die Kirche mit den berühmten byzantinischen Fresken hatten in der Nacht noch lange die Lichter gebrannt. Ernste und bedrückte Gesichter sahen zum Feuerwerk über Prishtina hinüber. Zwischenfälle gab es nicht. Doch das Angebot von Hashim Thaçi anzunehmen wäre niemandem eingefallen. »Die Albaner haben ihre Unabhängigkeit ausgerufen, das können sie hundertmal tun, wir akzeptieren sie nicht«, sagte ein älterer Mann. Und einige der Umstehenden waren sich einig, daß die Regierung in Belgrad eine Antwort finden würde.

Noch lebten Zehntausende Serben in den nach dem Krieg 1998/99 verbliebenen Enklaven. Die größte liegt im Norden, bei Mitrovica, dort wo die serbischen Siedlungsgebiete direkt an Serbien grenzen. Nach Schätzung internationaler Organisationen lebten 2008 noch etwa 100000 bis 130000 Serben im Kosovo.

Die Regierung in Belgrad hat seit Jahren versucht, die Verbliebenen zu halten. Aber kaum eines der Häuser in der Enklave Gračanica wurde renoviert. Nur wenige vertrauten der Zukunft und gaben Geld für ihre Häuser aus. Die Serben in Gračanica warteten ab. Vor allem die Jugend sah kaum noch eine Perspektive.

Und die Kosovoalbaner nagten an der Grenze der Enklave. Sollten serbische Familien für ihr kleines Haus mit dem Hektar Land auf mehrere hunderttausend Euro verzichten, wenn diese Summe ihnen von Albanern angeboten wurde? Aus Patriotismus bleiben oder das Geld annehmen? Eine schwierige Entscheidung. Hunderte haben sich entschieden. Und sind nach Belgrad, nach Niš oder ins Ausland abgewandert.

Auch im Büro von Joachim Rücker, bis zur Unabhängigkeitserklärung Sondergesandter der UN und der EU in Personalunion, brannte noch bis tief in die Nacht Licht. Der ehemalige SPD-Bürgermeister von Sindelfingen, seit Sommer 2006 der mächtigste Mann im UN-Protektorat, hatte sich in seinem Büro eingeschlossen und auf eine Botschaft des UN-Generalsekretärs Ban Ki Moon gewartet. In dieser Nacht habe er viel nachgedacht, sagte er beim morgendlichen Kaffee.

Nachdenklich schritt er in seinem Büro auf und ab. Immerhin war es ihm während dieser Jahre gelungen, der UN-Verwaltung neues Ansehen zu verschaffen. Nach jahrelangem Stillstand hatte die UN-Mission unter seiner Führung 2006 ernsthaft nach praktikablen Kompromissen zwischen Serben und Kosovoalbanern zu suchen begonnen. Der UN-Unterhändler Martti Ahtisaari hatte mit beiden Seiten verhandelt, war zwischen Prishtina und Belgrad gependelt und hatte unendlich zähe Gespräche über Detailfragen geführt. Schließlich hatte er die Ergebnisse in ein für beide Teile akzeptables Abkommen gegossen.

Das hatten Ahtisaari und Rücker zumindest gehofft. Die Kosovoalbaner hätten einige Kröten schlucken müssen. Der Plan gestand den serbischen Gemeinden eine weitgehende Autonomie zu, die ihnen sogar direkte administrative Beziehungen zu Belgrad erlaubte. Mit sechs Prozent der Bevölkerung verblieb ihnen ein Viertel des Territoriums. Für Serbien blieb zudem die Verheißung, den Status als Paria der Staatengemeinschaft zu verlieren.

Doch die Regierung unter Ministerpräsident Vojislav Koštunica lehnte ab. Serbien werde den Kosovo, das Herzland des mittelalterlichen Staates, die »Wiege des Serbentums«, niemals aufgeben, hatte Koštunica zum Entsetzen der westlichen Diplomaten, der UN und Martti Ahtisaaris erklärt.

Joachim Rücker wußte, welche Gefahren nach der einseitigen Ausrufung der Unabhängigkeit drohten. Wie viele Staaten der Welt würden den Kosovo diplomatisch anerkennen? Wie würden die Serben in Belgrad und im Kosovo auf die Erklärung der Unabhängigkeit reagieren?

Schon bald überschlugen sich die Nachrichten. Tausende von militanten Serben griffen die von der UN und KFOR bewachten Grenzübergänge im Norden an. Grenzanlagen und UN-Fahrzeuge gingen in Flammen auf, in Belgrad attackierten militante Demonstranten westliche Botschaften.

Auch nach der Unabhängigkeitserklärung blieb die Herrschaft über den Kosovo umstritten. Die Albaner im Kosovo sahen dem Treiben gelassen zu. Die NATO war im Land. Die USA und die wichtigsten Staaten Europas standen im Wort und garantierten den neuen Status. Die Serben konnten protestieren, es würde ihnen nichts nützen, meinten sie.

In der Tat: die Waagschale der Geschichte schien sich auf der Seite der Kosovoalbaner gesenkt zu haben. Doch 22 Jahre nach meinem ersten Besuch und um viele Erfahrungen reicher, hatte ich Zweifel, daß der lange Kampf um den Kosovo, um Kosova damit wirklich schon beendet war.

2
Annäherung an Jugoslawien

Herbst 1987 in Berlin. Die Redakteurin vom Dienst kam aufgeregt in die Auslandsredaktion der *taz* gelaufen. »Was ist denn in Jugoslawien los? Tausende serbische Frauen haben am 22. Oktober im Kosovo demonstriert. Wegen Vergewaltigung durch die Albaner. Was geht da vor?« Vor allem die weiblichen Mitglieder der Redaktion beschlossen, mich in den Kosovo zu schicken. Unterwegs sollte ich ein paarmal Station machen.

Daß sich der Vielvölkerstaat, das sozialistische Jugoslawien, in der Krise befand, wußten wir längst; damit war er für die Medien interessant. Auch in den anderen sozialistischen Ländern gärte es – darin unterschied sich Jugoslawien nicht von den Ostblockstaaten. Doch dieses Land gehörte nicht zum Warschauer Pakt. Es hatte einen eigenen Weg zum Sozialismus eingeschlagen: den jugoslawischen Selbstverwaltungskommunismus.

Jugoslawien war ein angesehenes Mitglied der sogenannten Bewegung der Blockfreien. Zu dieser Staatengruppe gehörten auch Ägypten, Indien und andere wichtige Nationen, die sich weder dem Warschauer Vertrag noch der NATO zugehörig fühlten. Nicht nur für die in der *taz* dominierende undogmatische, sondern für viele nichtkommunistische Linke in Deutschland und Westeuropa war Jugoslawien eine Art Hoffnungsträger. Die Menschen dort erschienen ihnen freier als in der DDR oder der Sowjetunion. Die Bürger Jugoslawiens konnten reisen und durften im westlichen Ausland arbeiten; das Land mit seiner langen Adriaküste war Ziel von Millionen Touristen. Kurz: Demokratische Sozialisten im Westen fanden das Experiment Jugoslawien sehr attraktiv. Und die jugoslawische Bevölkerung – so schien es nach Diskussionen mit Gastarbeitern – wohl ebenfalls. Die sechziger und siebziger Jahre wurden von den damals knapp über 22,4 Millionen Einwohnern Jugoslawiens offenbar als goldene Jahre wahrgenommen. Ich fand es aufregend, mich näher mit dem Land zu befassen.

Der Gründer des Zweiten Sozialistischen Jugoslawiens, Josip Broz, genannt Tito, Partisanenkommandeur während des Zweiten Weltkrieges, hatte bis zu seinem Tod am 4. Mai 1980 für Frieden und Sicherheit gesorgt. Die charismatische Autorität, der Übervater, der von vielen geliebte Präsident und Führer hielt das Land mit Charme, Überzeugungskraft und Gewalt zusammen. Die Kommunisten, die gegen Hitler und Mussolini, gegen die Nationalisten und Faschisten im eigenen Land siegreich gekämpft hatten, führten das Land mit harter Hand zur »Brüderlichkeit und Einheit« (*bratstvo i jedinstvo*). Titos Kommunisten war es nach 1945 gelungen, das physisch zerstörte Land mit seinen unterschiedlichen Religionen und Sprachen wieder aufzubauen. So oder ähnlich lauteten die gängigen Beschreibungen.

Das Zusammenleben der vielen Nationen und Minderheiten stellte sich nach außen hin ebenfalls als vorbildlich dar. Denn die Südslawen (*Jugo*-Slawen) allein unterscheiden sich ja nicht nur durch die Religion, sondern auch durch Sprache und Schrift. Die slawische Bevölkerung Jugoslawiens setzte sich aus katholischen Slowenen und Kroaten im Norden, den orthodoxen Serben, Montenegrinern und Makedoniern sowie den Muslimen in Bosnien, Makedonien, Montenegro, den Kosovo und dem Sandžak zusammen. Während Kroaten, Serben, Montenegriner und Bosnier dem serbokroatischen Sprachraum angehören, besitzen Slowenen und Makedonier ein eigenes Idiom. Zudem ist unter den orthodoxen Bevölkerungen die kyrillische Schrift verbreitet, bei den Katholiken und Muslimen die lateinische.

Neben den »konstituierenden« slawischen »Nationen« (*narod*), den Slowenen, Kroaten und Serben, wurden andere Volksgruppen mit eigener Sprache und Kultur mit einer anderen Definition versehen. Die Albaner, die ja nicht nur im Kosovo, sondern auch in Serbien, Makedonien und in Montenegro über Siedlungsgebiete verfügen und zahlenmäßig die drittstärkste Volksgruppe in Jugoslawien darstellten, besaßen wie die Ungarn in der Vojvodina und die Muslime Bosniens den Status einer »Nationalität« (*narodnost*).

Darüber hinaus garantierte die Verfassung von 1974 die kulturellen Rechte der Roma, der Türken, Bulgaren, Deutschen, Juden, Slowaken, Tschechen, Italiener etc., die als kleinere Minderheiten in Jugoslawien lebten. Vor allem für die Roma war der jugoslawische Staat ein Glücksfall. Nicht nur ihre Sprache war anerkannt, die Roma verfügten über eine eigene Presse und sogar regionale Fernsehsender, sie konnten Schulen besuchen und fanden Arbeit. Nationen, Nationalitäten und Minderheiten besaßen in Jugoslawien einen unterschiedlichen Status.

Dem allmächtigen Tito, so schwärmten damals die jugoslawischen Besucher der *taz*-Redaktion, sei es dank seiner persönlichen Autorität, also nicht nur seiner Machtstellung wegen, gelungen, den Vielvölkerstaat zusammenzuhalten und ihm eine Perspektive zu geben. Wie wohl alle Alleinherrscher habe er aber an potentielle Nachfolger kaum einen Gedanken verschwendet, bedauerten sie.

Immerhin habe Tito mit der Verfassung von 1974 eine Struktur geschaffen, die unterschiedliche Interessen austarieren sollte, so war jedenfalls die vorherrschende Meinung in der Literatur, die ich zu Rate zog. Jugoslawien war in sechs Republiken eingeteilt: Slowenien, Kroatien, Serbien, Bosnien-Herzegowina, Montenegro und Makedonien sowie die zu Serbien gehörenden autonomen Regionen Kosovo und Vojvodina. Jede Republik und autonome Region verfügte über ein

Parlament und eine Regierung. Im höchsten Organ des Staates, im Staatspräsidium, verfügten jede dieser Republiken und autonomen Regionen über einen Sitz und eine Stimme. Neben dem Staatspräsidium existierte eine dem gesamtjugoslawischen Parlament verpflichtete Regierung. Und da die Kommunisten keine weiteren Parteien neben sich duldeten, hatte ihre Führung letztlich alle Institutionen des zentralen Staates, der Republiken sowie der autonomen Provinzen in der Hand.

Diese Konstruktion und der Geist von »Brüderlichkeit und Einheit«, dem die herrschende Partei »Bund der Kommunisten« und die Armee verpflichtet waren, sollte nach Titos Vorstellungen in der Lage sein, die Zukunft Jugoslawiens über seinen Tod hinaus zu garantieren.

Eine Weile schien noch alles gut zu gehen. Die Institutionen Jugoslawiens schienen Bestand zu haben. Doch als es wirtschaftlich bergab ging, zeigten sich die ersten Risse im Gebälk. Die Inflation lag 1987 bei 170 Prozent; Korruptionsskandale unterhöhlten die Autorität des Systems. Die Republiken und autonomen Regionen entwickelten zunehmend ein Eigenleben. Mißtrauen, Mißgunst und Vorurteile gegenüber anderen Volksgruppen äußerten sich vernehmlich. Der Geist der »Brüderlichkeit und Einheit« begann zu schwinden, berichteten Journalisten, unter ihnen Victor Meier von der *Neuen Zürcher Zeitung*.

Die Herrschenden wurden unruhig. Der »Bund der Kommunisten«, die gesamtjugoslawische politische Führung, die Bürokratie in Belgrad und die Armee hatten die Zügel noch in der Hand, reagierten aber zunehmend nervös auf jegliche Kritik. Es regte sich eine schnell erstarkende Opposition innerhalb und außerhalb der Partei, die demokratische Rechte einforderte. Und öffentlich Kontakte zu ausländischen Journalisten suchte.

Die erste Station meiner Reise war Ljubljana. Die Hauptstadt der slowenischen Teilrepublik hatte sich auch im Sozialismus das Flair ihrer habsburgischen Vergangenheit bewahrt. Die Häuserzeilen der Altstadt mit ihren Renaissance-, Barock- und Jugendstilfassaden unterschieden sich kaum von der Pracht in Graz, Salzburg, Bratislava oder Győr. Und die Speisekarten der Restaurants boten vor allem Schnitzel und Strudel und kaum *Ćevapčići* oder *Ražnjići* an.

Die malerische Idylle verbarg so manche Überraschung. Vladimir Šeks, ein Richter aus Kroatien, wollte in der größten Buchhandlung der Stadt sein neues Buch vorstellen. Einige hundert Menschen drängten sich in der Buchhandlung, Schriftsteller, Journalisten, Professoren, alte Partisanen, Funktionsträger der Partei, Studenten und Aktivisten der damals entstehenden slowenischen Alternativszene waren gekommen, um den oppositionellen Kroaten zu erleben. Er gehörte zu jener Gruppe von mehreren hundert unliebsamen Personen, die in ihren eigenen Republiken bei der Führung der Partei, den Geheimdiensten oder einfach bei den lokalen Behörden in Ungnade gefallen und nach Slowenien geflohen waren.

Tout Ljubljana lauschte den Ausführungen des Richters, der das jugoslawische Justizsystem kritisierte. In seinem Buch, das nur in slowenischer Sprache erscheinen durfte, beschrieb er, wie Anklagen konstruiert und Prozesse inszeniert wurden, wie politische Gefangene in den Gefängnissen nicht nur durch die Wärter, sondern auch durch kriminelle Mithäftlinge mißhandelt wurden. »Sie können sich vermutlich kaum vorstellen, was es bedeutet, hier in Slowenien offen über diese Problematik reden und publizieren zu können. In Kroatien geht das noch nicht. Auch in Slowenien könnte ich nicht wieder Richter werden. So weit ist sie noch nicht, unsere sozialistische Demokratie«, sagte er mir später beim Wein.

Slowenien gab damals Dissidenten wie Vladimir Šeks Sicherheit, schützte politisch Verfolgte aus Bosnien, Serbien und Kosovo. Wie jene Männer in der Ecke mit kantigen Gesichtern und schwieligen Händen, die so gar nicht zu dem erlesenen intellektuellen Publikum passen wollten und dennoch ihren Platz gefunden hatten. Es war eine heterogene Szene, keineswegs geschlossen in ihrer Haltung gegenüber dem noch sozialistischen Staat, eine muntere Mischung aus klassischen Dissidenten, aufmüpfigen Künstlern, Arbeitern, Konservativen und offenen Antikommunisten.

Vladimir Šeks sollte einige Jahre später Justizminister unter dem kroatischen Präsidenten Franjo Tuđman werden und sich am rechten Rand der ohnehin schon rechtspopulistischen Regierungspartei »Kroatische Demokratische Gemeinschaft« (HDZ) einordnen. Doch eine grundlegende Reform des Justizsystems in Kroatien hat er nicht durchgesetzt. Damals aber gehörte er zu jenen, die Sloweniens kleine Freiheit genießen durften.

»Wissen Sie, wir in Slowenien haben eine ganz andere Kultur als die anderen Teile Jugoslawiens«, erklärte am nächsten Morgen eine Redakteurin der von den slowenischen Kommunisten herausgegebenen Wochenzeitschrift *Teleks*. In der Cafeteria im neunten Stock des Verlages wies sie auf die demokratischen Traditionen des Landes hin. Slowenien sei wie Kroatien immer mit Mitteleuropa, mit Wien verbunden gewesen, während die südlichen Republiken mehr als ein halbes Jahrtausend von den Türken beherrscht wurden. Die unterschiedlichen historischen Wurzeln hätten unterschiedliche Mentalitäten hervorgebracht, die natürlich in den aktuellen politischen Auseinandersetzungen eine große Rolle spielten. Slowenien setze sich für eine Liberalisierung von Staat und Gesellschaft ein, die slowenische kommunistische Partei strebe einen demokratischen Sozialismus an, sei aber bereit, Kompromisse mit den anderen Republiken einzugehen.

Protestbereit und unkonventionell gaben sich dagegen die Mitglieder der Zeitung der kommunistischen Jugend, der *Mladina*. Ein Plakat, gut sichtbar am Eingang des Redaktionsgebäudes angebracht, zeigte zwei Polizisten, die einen mit Handschellen gefesselten Karl Marx abführen. Eine Dame in Edelpunk führte durch die Räume, deren Wände gepflastert waren mit Plakaten für Musikveranstaltungen, Frauentreffs und Antiatomkraftdemonstrationen. Die Redakteure fühlten sich als Teil einer neuen sozialen Bewegung, die mehr mit den damaligen westlichen Protestbewegungen zu tun hatte als mit den Dissidenten des Ostblocks.

»Mit jeder Ausgabe unserer Zeitung testen wir die demokratische Ernsthaftigkeit unserer Führung, wenn wir Skandale im Einparteienstaat oder, schlimmer noch, in der Armee aufdecken oder über die Kriegsdienstverweigerer schreiben«, erklärte Franci Zavrl, damals Chefredakteur des Blattes. Milan Kučan, der Parteichef, halte zwar ab und zu seine schützende Hand über die Redaktion, glücklich über die Veröffentlichungen sei er aber auch nicht immer. »Wir beschäftigen eine Armada von Anwälten, um uns gegen die ständigen Anklagen zu wehren. Die Parteielite muß lernen, daß wir in unserer Gesellschaft den demokratischen Freiraum Schritt für Schritt erweitern.«

Die kleine Freiheit war also durch die Gesellschaft erkämpft und nicht nur durch die Reformer in der Partei initiiert worden. Den Reformern in der slowenischen Partei kamen die neuen gesellschaftlichen Bewegungen sehr gelegen, der gesellschaftliche Druck von unten erleichterte ihnen die Argumentation innerhalb der slowenischen Partei selbst, aber auch gegenüber der Zentrale. Die Konflikte waren durch die wirtschaftliche Entwicklung vorprogrammiert.

Slowenien produzierte mit nur zwei Millionen Einwohnern, was damals kaum zehn Prozent der Bevölkerung des Gesamtstaates entsprach, mehr als 20 Prozent des Bruttosozialproduktes und hatte einen Außenhandelsanteil mit den westlichen Ländern von stolzen 38 Prozent. Slowenien verdiente also nicht nur das Geld, das der Gesamtstaat ausgab, sondern hatte deshalb auch zu wenig Ressourcen, seine eigenen Industrien in der Zeit der beginnenden weltweiten Computerisierung zu modernisieren. Reformfreudige Wirtschaftswissenschaftler waren schon in den Jahren zuvor nicht müde geworden, darauf hinzuweisen, daß dieser Zustand nicht aufrechterhalten werden könne. Slowenien müsse mit der Liberalisierung und Modernisierung der Wirtschaft voranschreiten, um nicht den Anschluß an die westlichen Konkurrenten zu verlieren, betonten sie.

Der Sprengsatz, der das sozialistische Jugoslawien zum Einsturz bringen würde, war gelegt. Die Slowenen drängten auf eine weitere Liberalisierung des Systems, um wirtschaftlich nicht ganz den Anschluß an das westliche Europa zu verlieren. Die kommunistischen Eliten in den anderen Teilen Jugoslawiens nahmen diese Problematik nicht ernst genug.

»Vor allem die serbischen Kommunisten bestehen auf einem zentralistischen Staat, über den sie als das größte Staatsvolk die Kontrolle behalten wollen. Hinzu kommen noch die Eigeninteressen der zentralistischen Bürokratie und der Armee«, erklärte Tomaž Mastnak, damals Professor am Institut für Marxismus-Leninismus in Ljubljana. Dieses Institut war im Unterschied zu seinem Namen von Vordenkern der slowenischen Reformen und Theoretikern der neuen sozialen Bewegungen durchsetzt. Mastnak sah Jugoslawien erst dann auf dem Weg zu einer Demokratie, wenn sich die föderalen Elemente in Wirtschaft und Gesellschaft durchsetzten. Er sah aber auch die Gefahren. Denn alle kommunistischen Eliten in den Republiken befürchteten den Machtverlust. Die größte Bedrohung ging dabei von der serbischen Elite aus, die versucht habe, die Bevölkerung für eine undemokratische, autoritäre und zentralistische Lösung zu gewinnen.

An die Lage im Kosovo dachte damals jedoch kaum einer dieser demokratischen Intellektuellen in den nördlichen Republiken. Die südliche autonome Provinz lag für die Slowenen und Kroaten weit weg, irgendwo da unten, im Dunkeln. »Wir fuhren nach Italien, nach Triest und Venedig, waren neugierig auf Wien, wir kannten Belgrad und die kroatische Küste und manche von uns auch noch die Musikszene in Sarajevo, aber Kosovo, den kannten wir nicht«, sagte später einmal der 1993 in Sarajevo getötete Ivo Standeker, damals Reporter bei der *Mladina* und mit Witz und Ironie eine der treibenden Kräfte der slowenischen Öffnung.

Die nichtserbische slawische Bevölkerung Jugoslawiens in Slowenien, Kroatien und Bosnien hatte ohnehin kaum Interesse an den fast zwei Millionen Kosovoalbanern. Die als Zuckerbäcker und Saisonarbeiter präsenten Albaner mit ihren knittrigen Anzügen und herben Gesichtszügen waren im Norden Fremde geblieben: Gastarbeiter, die zudem in dem Ruf standen, Unruhen zu schüren, und nicht als gleichberechtigte Bürger des gemeinsamen Staates angesehen wurden. Als 1981, kurz nach Titos Tod, die albanischen Studenten in Prishtina gegen das ihrer Meinung nach unzumutbare Mensaessen demonstrierten und schließlich lautstark eine eigenständige Republik »Kosova« forderten, fühlten sich die meisten Bewohner im Norden Jugoslawiens eher mit den Polizeikräften solidarisch, die dem »Spuk« mit Panzern und scharfen Schüssen ein Ende bereiteten, als mit den getöteten oder verletzten Demonstranten. Trotzdem pumpten die nördlichen Republiken nicht unerhebliche Mittel in die zu Serbien gehörende autonome Provinz, ohne sich darum zu kümmern, ob die Gelder tatsächlich für den ihnen zugedachten Zweck verwendet wurden.

Die einzige Gruppe, die kontinuierlich das Geschehen in

allen Landesteilen kritisch verfolgte, war eine Gruppe von Intellektuellen. Die *udruženja jugoslavenska demokratska inicijativa*, die Vereinigung für eine jugoslawische demokratische Initiative, verfügte über ein weitverzweigtes Netz von kritischen und aufgeweckten Leuten in ganz Jugoslawien. Mit ihnen wollte ich in Kontakt treten. In Zagreb lebte Žarko Puhovski, ein Philosoph und Politikwissenschaftler, den ich unbedingt treffen mußte.

Vorsichtige Kroaten

Die Altstadt Zagrebs mit dem mächtigen Dom befand sich damals in einem erbärmlichen Zustand. Die Häuser der Innenstadt waren von der Luftverschmutzung schwarz gefärbt und wahrscheinlich seit Jahrzehnten nicht mehr renoviert worden. Die Schienen der Straßenbahnen versanken zwischen den Pflastersteinen. Die Menschen hasteten, von der schummrigen Straßenbeleuchtung nur unzulänglich geleitet, durch den Nebel der Novembertage.

Zagreb sollte sich erst in den neunziger Jahren erholen und zumindest teilweise an die in der Erinnerung verklärten glanzvollen Zeiten der Habsburgermonarchie anknüpfen. Der zentrale und östliche Teil Kroatiens war über Jahrhunderte von Ungarn verwaltet worden. Und bis heute nimmt man den Ungarn übel, daß sie 1848 zwar für ihre Freiheit und Demokratisierung gekämpft hatten, im Stile einer imperialistischen Macht diese Freiheiten den Kroaten gleichzeitig aber vorenthalten wollten. Es bedurfte des kroatischen Obersten und Kommandanten Joseph Baron Jelačić, der sich mit Wien gegen Budapest verbündete, um den Ungarn ihre Grenzen aufzuzeigen. Und so ist es kein Zufall, daß der Hauptplatz in Zagreb nach ihm benannt ist. Auch war es kein Wunder, daß sich einige Jahre später viele ungarische Intellektuelle gegen die staatliche Unabhängigkeit Kroatiens ausgesprochen haben.

Wien war in den letzten Jahrzehnten für viele Kroaten richtungweisend geblieben, weil sich die kroatische Mittelschicht in Zagreb, dem habsburgischen Agram, traditionell als Teil eines in der österreichischen Hauptstadt symbolisierten Mitteleuropa fühlte. Die Mitteleuropa-Diskussion der achtziger Jahre fiel auf fruchtbaren Boden. Die Menschen in den alten Habsburgerländern entdeckten den gemeinsamen Raum, Reisegruppen aus Mailand und Venedig kamen in die Stadt, fuhren weiter nach Ljubljana, Győr, Budapest und Wien, kroatische Intellektuelle besuchten Prag und Krakau. Und wer in Zagreb etwas auf sich hielt, zeigte mit »kulturellem« Verhalten, daß er mit dem »wilden« Balkan weiter südlich wenig zu tun hatte.

Solange der Eiserne Vorhang bestand, waren die Möglichkeiten der Polen, Ungarn, Slowaken, Tschechen und der Ungarn aus Siebenbürgen beschränkt, das Interesse zu erwidern. 20 Jahre später jedoch hat der Massentourismus aus diesen Ländern Kroatien erobert.

In der *Gradska Kavana* am Ban-Jelačić-Platz drängte sich an einem Novembertag 1987 das Publikum. Am Nebentisch hatten es sich Musiker der Oper bequem gemacht, und einige Schauspieler des Theaters nahmen an meinem Tisch Platz. Natürlich kam man sofort ins Gespräch. Niemand nahm ein Blatt vor den Mund, und laut wurde über alle möglichen Mißstände gesprochen. Die Theater hätten nicht genug Geld, es mangele an Ausstattung und Ideen, die besten Leute würden vergrault. Kroatien werde von Belgrad gemolken, erklärten sie. Während Belgrad ausgebaut werde, flössen kaum noch Mittel in die kroatische Hauptstadt. »Die Devisenbringer, die Touristen, kommen im Sommer nach Kroatien, bloß haben wir letztlich nichts davon.«

Die kroatische Bevölkerung begann also ebenfalls, Kritik zu üben. Endlich zwängte sich Žarko Puhovski durch die Menge der Gäste. Der unerschrockene spätere Vorsitzende der »Helsinki Föderation für Menschenrechte« war schon damals einer der unabhängig denkenden Menschen in seinem Land und wurde von der sich öffnenden Presse häufig interviewt. Mit seinen kritischen Stellungnahmen machte er sich natürlich nicht nur Freunde. Die kommunistische Nomenklatura beobachtete ihn mit Argwohn, die nationale Dissidenz betrachtete ihn wegen seiner strengen antifaschistischen Haltung als ein Hindernis für die nationale Wiedererweckung.

Immerhin gebe es auch in Kroatien Ansätze zu einer Politik der Öffnung, meinte er. Und es gebe sogar Reformer in der Partei. Doch seien sie noch nicht so stark und mutig wie jene in Slowenien. Puhovski führte diesen Umstand auf die in der Gesellschaft verbreitete Angst zurück, offen und selbstbewußt nach neuen Wegen zu suchen. Den Kroaten sitze noch der Schock aus der Zeit des Kroatischen Frühlings 1971 in den Knochen, als sich – wie in der ČSSR 1968 – der Ruf nach Demokratisierung vervielfacht hatte und bis weit hinein in die Partei gedrungen war.

Die kommunistische Zentrale in Belgrad unter dem Sloweno-Kroaten Tito hatte nicht gezögert, die Bewegung mit Gewalt zu zerschlagen. Selbst viele Mitglieder der kommunistischen Nomenklatura waren damals in die Gefängnisse gewandert, darunter der Ex-Partisanengeneral und spätere Präsident des Landes, Franjo Tuđman. Von diesen Repressionen hatte sich Kroatien auch 1987 noch nicht erholt.

Franjo Tuđman sammelte zwar schon einige Gleichgesinnte und begann Kontakte zur im Lande sehr konservativen katholischen Kirche und zu den Exilanten aus der Zeit des Zweiten Weltkrieges aufzubauen. In einer breiteren Öffentlichkeit argumentierten die nationalen Demokraten jedoch sehr vorsichtig.

Žarko Puhovski gehörte zu einer jüngeren Generation und scheute sich nicht, seine Stimme gegen jegliche finstere Macht zu erheben. Dabei hatten es die linken Intellektuellen in Kroatien nicht leicht, ihre Position deutlich zu machen. Denn einerseits kritisierten sie natürlich die Verbrechen des Ustascha-Staates 1941-1945 unter dem Führer Ante Pavelić, blieben also damit auf der Parteilinie, lehnten jedoch andererseits pauschale Verurteilungen ab. Dennoch versuchten Intellektuelle wie Nenad Popović, Slobodan Šnajder und Žarko Puhovski sich gegen die Geister der kroatischen Vergangenheit zu wehren und gleichzeitig das sich links nennende Regime zu Diskussionen über tabuisierte Themen zu bewegen. Dazu gehörte neben dem Zweiten Weltkrieg auch das von Serbien dominierte und Kroatien unterdrückende Jugoslawien 1918-1941.

Serbische regimetreue Intellektuelle waren geneigt, den Kroaten zumindest unterschwellig eine Kollektivschuld an den Verbrechen des Ustascha-Regimes zuzuweisen. Die orthodoxe Kirche und serbische nationalistische Kreise wurden 1987 noch deutlicher. Waren nach offizieller Lesart im kroatischen Konzentrationslager Jasenovac um die 80000 Serben, Juden und Antifaschisten ermordet worden, so sprach die orthodoxe Kirche von mehreren hunderttausend, nationale Kreise in Serbien gar von mehr als einer Million.

Die Manipulation der Zahlen mußte zu kroatischen Reaktionen führen. Daß die Partisanenbewegung in Kroatien entstanden war und Serbien selbst während der deutschen Besatzung von einem Quisling Hitlers, dem Nedić-Regime, regiert wurde, taugte als Gegenargument, war aber in Belgrad nicht durchschlagend.

Puhovski und seine Mitstreiter hatten den Mut, eine ernsthafte historische Forschung zu fordern, die sich nicht scheuen dürfe, die Dinge beim Namen zu nennen und auch auf die Verbrechen des kommunistischen Regimes selbst hinzuweisen. In der *Gradska Kavana* analysierte er messerscharf die Lage im Lande und hoffte auf die Demokratisierung Jugoslawiens und Kroatiens. Zwar warnte der großgewachsene Ex-Sportler dabei auch vor der Gefahr eines aufkommenden Nationalismus, doch konnte er sich 1987 natürlich nicht vorstellen, in welche Richtung sich die Dinge entwickeln würden. Schon zwei Jahre später aber wird er vor einem Krieg warnen und als einer der Sprecher der jugoslawischen Friedensbewegung eine internationale Intervention in Jugoslawien fordern.

Belgrad

Der frühere *Autoput* nach Belgrad gehörte in den siebziger Jahren des 20. Jahrhunderts zu den berüchtigtsten und gefährlichsten Trassen Europas. Denn damals nutzten die von der langen Fahrt übermüdeten Gastarbeiter aus der Türkei und Griechenland den Landweg, um die Sommerferien in ihrem Heimatland zu verbringen. Doch auch verwegen auf der zweispurigen Straße überholende Lastwagen, überladene Personenwagen und rücksichtslose Busfahrer begründeten den schlechten Ruf des *Autoput*.

Daß sein Bau großen symbolischen Wert für das sozialistische Jugoslawien hatte, war kaum noch jemandem bewußt. Die von Jugendlichen im freiwilligen Arbeitseinsatz nach 1945 gebaute Straße sollte nicht nur Enthusiasmus für den Aufbau des Sozialismus entfachen, sondern ein Beispiel für die Aussöhnung der Völker Jugoslawiens, vor allem die der Kroaten und Serben, sein. Sie hieß deshalb *bratstvo i jedinstvo*, Brüderlichkeit und Einheit, ein Symbol für die neue Zeit. Die in den siebziger Jahren zur Autobahn erweiterte Verbindung gehörte auch noch 1987 zu den Vorzeigeobjekten des Regimes. Zagreb und Belgrad lagen jetzt nur noch fünf Stunden Autofahrt voneinander entfernt.

Die Straße führt durch fruchtbares und flaches Schwemmland. Das zu Kroatien gehörende Slawonien und mehr noch die zu Serbien gehörende Vojvodina besitzen schwarze Böden, von denen man sagt, man brauche nur einen Zweig hineinzustecken, um einen Baum wachsen zu lassen. Nicht mehr zu bemerken ist bei dieser zwischen den beiden Strömen Sava und Donau gelegenen Landschaft, daß sie einstmals nur aus Sumpf bestanden hat.

Nachdem die Habsburger die Belagerung Wiens siegreich überstanden hatten, drängten sie die Türken bis Belgrad zurück. In die Vojvodina strömten Kolonisatoren aus allen Teilen des Reiches, Slowaken wie Tschechen, Schwaben und Franken, Ungarn, Juden, sogar einige Italiener und Kroaten sowie Serben aus dem Kosovo. Mehr als 20 Nationalitäten bildeten ein buntes Völkergemisch, das eine eigene Mentalität auszubilden begann. Erst mit dem Zweiten Weltkrieg wurde das Gefüge zerstört, die Nazis und die Ustascha verfolgten die Juden und Serben, die große deutsche Volksgruppe wurde nach dem Krieg selbst Opfer der Vertreibung. Serben aus Bosnien und Roma aus dem ganzen Land übernahmen die früheren Anwesen der Deutschen. Das alte Gleichgewicht war schwer gestört, auch die Selbstverständlichkeit, mit den slawischen, deutschen und ungarischen Lauten umzugehen, schwand dahin.

Dennoch hatte sich in der Vojvodina bis 1987 ein starkes regionales Bewußtsein erhalten. In der Hauptstadt Novi Sad zeugen die barocken Bauten immer noch von der einzigartigen Geschichte dieser liebenswerten multikulturellen Region, die bis Zemun reicht, an das Belgrad gegenüberliegende Ufer der Sava.

»Beograd«, die »weiße Stadt«, erstrahlte anders als Zagreb in neuem Glanz. Das von der Autobahn leicht erreichbare Zentrum um den Terazije und den alten Burgberg war voller Leben, Menschen flanierten durch die Fußgängerzone und trafen sich in den zahlreichen Cafés oder Restaurants.

Die Narben des Zweiten Weltkrieges sind für Außenstehende unsichtbar. Das Zentrum der Hauptstadt des Ersten Jugoslawiens war am 6. April 1941 von der deutschen Luftwaffe bombardiert und weitgehend zerstört worden.

Im Jahre 1987 bot sich vom Burgberg wieder ein herrlicher Blick über die fast zwei Millionen Einwohner zählende Stadt. Der Zusammenfluß der beiden ansehnlich großen Ströme Donau und Sava ist nicht nur ein gewaltiges Naturschauspiel, sondern vermittelt auch einen Eindruck von der strategischen Bedeutung des Ortes. Wer den Burgberg beherrschte, der herrschte auch über die beiden schiffbaren Flüsse und damit über den Zugang Europas zum Schwarzen Meer.

In einem Antiquariat auf einer der zum Fluß hinführenden Seitenstraßen waren neben allerlei Tand und kostbaren Folianten auch einige Bilder aus dem Belgrad des 19. Jahrhunderts zu entdecken. Unzählige Moscheen bildeten damals die Skyline der Hauptstadt Serbiens. Die Feste war über Jahrhunderte in osmanischer Hand. Gleichwohl gelang es den Serben schon in den dreißiger Jahren des 19. Jahrhunderts, den Verwaltungsbezirk der Region, den *Paschaluk Belgrad*, von der osmanischen Herrschaft zu befreien und schließlich einen freien Nationalstaat zu begründen. Ende des 19. Jahrhunderts wurden die Moscheen in Belgrad zerstört. Serbien schuf sich im 19. und Anfang des 20. Jahrhunderts seinen Raum und vergrößerte ihn kontinuierlich bis zum Ende des Ersten Weltkriegs.

Es ist immer problematisch, Nationalcharaktere zu konstruieren, doch gibt es nun einmal historische Erfahrungen, die einer Nation eigen sind und sich in abgestufter Form bei vielen unterschiedlichen Individuen zeigen. Ähnlich wie die Engländer ganz selbstverständlich einen Führungsanspruch gegenüber Walisern, Schotten oder Iren in ihrem Großbritannien geltend machen, fühlten sich auch die Serben schon im nach dem Ersten Weltkrieg geschaffenen Ersten Jugoslawien als führende Nation.

Zu den nationalen Merkmalen gehörte eine große Portion Selbstbewußtsein – und Gastfreundschaft. Die Türen, an die man 1987 anklopfte, öffneten sich, und der Empfang war herzlich. Wer einmal mit serbischen Freunden in einer der damaligen Wein- und Bierlokale landete, konnte sich auf ein ausgedehntes Gelage freuen. Der obligatorische *šliva* oder *kruška*, Pflaumen- und Birnenschnaps, floß reichlich. Die Stimmung erreichte ihren Höhepunkt, wenn eine der umherziehenden Musikgruppen sich im Lokal niederließ. Die fröhliche Ausgelassenheit kannte dann keine Grenzen.

Es ist für Serben durchaus nicht ehrenrührig, den nächsten Tag mit einem Kater zu beginnen. Ehrenrührig aber ist es, wenn man sich nicht auf der Höhe der Zeit bewegt, nicht die neuesten Filme kennt, sich nicht über die neuesten Autos unterhalten kann oder keine Ahnung hat von den aktuellen Hits. Und sich dazu noch in unmodischen Klamotten zeigt. Sofort nach ihrem Erscheinen besitzen viele Belgrader trotz der chronischen Finanznot die neuesten technischen Geräte. Angeberei, Großmannssucht? Man will einfach modern sein. Und an der Spitze. Zu den nationalen Merkmalen gehört ein kämpferisches Gefühl, sich nicht unterkriegen zu lassen, von niemandem und niemals. Die Gefühle können jäh umschlagen, bei manchen Themen können Bekannte, die kurz zuvor vor Liebenswürdigkeit nur so sprühten, feindselig und unberechenbar werden.

Die damalige Führungsschicht jedoch hatte eine rationale Attitüde. In den mit ihren Glasfassaden als modern geltenden Gebäuden im Regierungszentrum Novi Beograd gab sich die kommunistische Nomenklatura nach außen hin als unangefochtene Macht. Hier in diesen Hochhäusern sicherten Zehntausende von Mitarbeitern die Stabilität des Regimes. Die Reformbestrebungen im Norden würden zwar registriert, sagte mir ein Sprecher der Föderationsregierung, doch man müsse auch andere Aspekte berücksichtigen. Der Bund der Kommunisten stehe unausgegorenen Experimenten negativ gegenüber. Das Sozialgefüge dürfe nicht angetastet werden. Und im Kosovo habe sich seit den Ereignissen 1981 die Lage im großen und ganzen stabilisiert.

Die Zentrale versuchte fieberhaft, Kompromisse zwischen den Parteiführungen der Republiken zustande zu bringen. Doch selbst die Funktionäre in der Zentrale waren nach Titos Tod zunehmend an die Traditionen und Interessen »ihrer« jeweiligen Republik gebunden. Hinzu kamen unterschiedliche Vorstellungen, wie die Krise des Systems zu meistern sei. Auf der einen Seite standen Reformer wie der 1989 zum Ministerpräsidenten Jugoslawiens gekürte Wirtschaftsexperte Ante Marković. Auf der anderen Seite konservative, antidemokratische Kommunisten und die zentralistische Bürokratie.

Beide Fraktionen waren in unterschiedlicher Stärke in allen Republiken vertreten. Korruption und Vetternwirtschaft unterhöhlten zunehmend die Autorität der Einparteienherrschaft. Die wirtschaftliche Krise und die Hyperinflation beförderten die Auseinandersetzungen zwischen den Fraktionen in der Zentrale und den Führungen der Republiken. Im September 1989 hatte der Bankmanager Slobodan Milošević seinen politischen Ziehvater, den als Titoisten geltenden Ivan Stambolić, an der Spitze der serbischen Parteiführung abgelöst. Doch noch wußte niemand so recht, wohin er Serbien führen würde. Auch nicht in den zentralen Institutionen der gesamtjugoslawischen Partei.

Nur die Armee stellte sich als stabiler Faktor heraus. Ihr Offizierskorps war im Geiste Titos erzogen und trat damals noch als Verteidiger Jugoslawiens und des sozialistischen Systems auf.

Die Lage in Jugoslawien stellte sich als weit komplizierter dar, als ich es vorher wahrgenommen hatte. Auch in Belgrad hatte sich eine die Demokratie anstrebende Szene herausgebildet. So wurden die sogenannten Belgrader Sechs, die im Jahre 1984 zu Gefängnisstrafen verurteilt worden waren, auch später mit Prozessen überzogen, weil sie die Öffnung des kommunistischen Systems forderten. Wie in Slowenien regten sich in Belgrad neue soziale Bewegungen. Einige Feministinnen, die Frauen in Schwarz, versuchten, eine breitere Frauenbewegung zu initiieren.

Der ehemalige Studentenführer der 68er Bewegung in Belgrad, Pavluško Imširović, kritisierte die Partei von links und wollte, angelehnt an die trotzkistische Internationale, eine »echte« Arbeiterdemokratie in den Betrieben durchsetzen und sich nicht mit dem von Staat und Partei gegängelten Selbstverwaltungssystem zufriedengeben. So gründete er eine Gewerkschaft. Kritische Intellektuelle wie Nebojša Popov und der aus Deutschland zurückgekehrte Anhänger der Frankfurter Schule Zoran Đinđić dagegen strebten nach einem demokratischen Rechtsstaat, während bekannte Vertreter der praxisphilosophischen Schule in den Nationalismus abzugleiten begannen. Der in Bosnien zu einer Gefängnisstrafe verurteilte und noch einige Zeit fälschlicherweise für einen demokratischen Dissidenten gehaltene Ex-Kommunist Vojislav Šešelj begann damit, Sympathisanten um sich zu scharen mit dem Ziel, eine militante, nationalistische Bewegung ins Leben zu rufen.

Die Entwicklung in Slowenien wurde in Belgrad damals noch mit einem Achselzucken quittiert. Die meisten demokratischen Dissidenten in Belgrad waren der Meinung, Slowenien sei zwar Hauptexporteur Jugoslawiens in den Westen, aber ohne den jugoslawischen Markt könne Slowenien gar nicht auskommen.

Wichtige nationale Intellektuelle wie der 1921 geborene Schriftsteller Dobrica Ćosić dachten jedoch im Gegensatz zu den Liberalen sehr präzise über den Zerfall Jugoslawiens nach und traten für eine nationale Wiedergeburt der Serben ein. Der Hebel für das Entstehen einer erneuerten Nationalbewegung sollte der Kosovo sein.

Schon 1968 hatte Ćosić erstmals öffentlich das Autonomiestatut des Kosovo angegriffen und die Meinung vertreten, daß die im Kosovo lebenden Serben und Montenegriner von den Albanern aus ihrer Heimat verdrängt würden. Der 1941 zu den Partisanen gestoßene und später im Bund der Kommunisten sehr aktive Ćosić verlor alle Parteiämter und wurde wegen nationalistischer Abweichung, ja Chauvinismus, aus der Partei ausgestoßen.

Ćosić war 1987 ein berühmter Schriftsteller mit vielen Kontakten ins Ausland. Er hatte eine große Zahl von Romanen und Novellen geschrieben, die sich anfangs mit dem Befreiungskampf der Partisanen beschäftigten, später auch mit dem Schicksal der serbischen Tschetniks. Ćosić trat damals auch gegen jede Form von Totalitarismus auf, was ihn für die spätere demokratische Opposition erträglich machen sollte. Als Tito mit der Dezentralisierung des Staates ernst machte und die föderale Verfassung von 1974 verabschieden ließ, trat Ćosić offen als Oppositioneller auf.

Ćosić trat für einen zentralistischen, übergreifenden »Jugoslawismus« ein, für einen von Serbien gelenkten Staat Jugoslawien. Die Gefahr für Jugoslawien sah er an den Rändern des Staates, bei den Slowenen und den »separatistischen« Albanern. Als er nach der Verabschiedung der Verfassung von 1974 erklärte, Serbien sei »Sieger im Krieg und Verlierer im Frieden«, warf er Tito den Fehdehandschuh hin. Ćosić selbst verbreitete 1985 eine von 216 nationalen Intellektuellen unterzeichnete Petition, in der von einem »Genozid an den Serben im Kosovo« die Rede war. Und auch das von ihm angeregte – er selbst hat allerdings eine Mitarbeit abgestritten – Memorandum der Akademie der Wissenschaften Serbiens von 1986 widmete sich dem Problem Kosovo.

Dieses seltsame Dokument zerfällt in zwei Teile. Der erste setzt sich ernsthaft mit der gesellschaftlichen und wirtschaftlichen Lage Serbiens als Teil des damaligen Jugoslawien auseinander, kritisiert die Partei, die schwerfällige Bürokratie, den wirtschaftlichen Niedergang. Dieser Teil des Dokuments sollte bei späteren Diskussionen kaum eine Rolle spielen. Wichtig wurde der zweite Teil, der die Lage Serbiens im Verfassungsgefüge beschreibt. Vor allem die Existenz der in der Verfassung von 1974 mit weitgehenden Kompetenzen ausgestatteten autonomen Provinzen war den Verfassern des Memorandums ein Dorn im Auge. Die Autoren forderten eine Verfassungsreform, aus der Serbien gestärkt hervorgehen sollte.

Ausstellungen und Zeitungsartikel erinnerten an die glorreiche Zeit des serbischen Staates im Mittelalter. An die Nemanjiden-Dynastie des 13. Jahrhunderts, an die Zeit, als Serbien groß und mächtig und der Kosovo sein Herzland war, als es von der Ägäis im Süden bis an die Adria und bis Bosnien reichte, als am serbischen Hof von goldenem Geschirr gegessen und wunderbare sakrale Bauten errichtet wurden. Eine Ausstellung am Terazije, dem zentralen Platz Belgrads, zeigte Landkarten aus der serbischen Geschichte, die von den Eroberungen zeugten, eine andere die mit berühmten Fresken ausgestatteten Kirchen und Klöster von Peć und Prizren, von Dečani und Gračanica. Kosovo ist verknüpft mit den goldenen Zeiten der serbischen Geschichte, lautete die Botschaft. Und dieses nie erloschene Bewußtsein erfuhr jetzt eine Renaissance.

Es fühlten sich nicht nur viele »Halbgebildete in den Medien und der Provinz«, sondern zunehmend auch ernstzunehmende Leute, von der im Memorandum gestellten Grundfrage betroffen, erklärte Zoran Đinđić im Café des Hotels »Moskau«.

Was sollte mit Serbien geschehen, wenn Jugoslawien auseinanderfiel? Was sollte mit den autonomen Provinzen geschehen? Was mit den serbischen Minderheiten in Bosnien und Kroatien? Sollte Serbien sich von Jugoslawien lösen? Wo waren die Grenzen Serbiens? Waren sie die von Tito und den Kommunisten gezogenen, oder gehörten zu Serbien all jene Gebiete, wo Serben lebten?

Belgrad bot in diesem November 1987 ein widersprüchliches Bild: Einerseits die westlich denkenden demokratischen Dissidenten, andererseits die nationalen Vordenker, die eine Stimmung nationaler Wiedererweckung zu erzeugen versuchten. Und damit erfolgreich waren.

Ein Ereignis kam ihnen zu Hilfe. Einige Wochen zuvor, am 3. September, war der albanische Soldat Azis Kelmendi in einer Kaserne der jugoslawischen Volksarmee in Paraćin angeblich Amok gelaufen und hatte vier seiner Kameraden – zwei Muslime, einen Kroaten und einen Serben – im Schlaf erschossen und sechs weitere verletzt. Kelmendi selbst wurde einen Kilometer von der Kaserne entfernt tot aufgefunden. Die Armee erklärte, er habe Selbstmord begangen.

Der Vorfall diente den Medien dazu, die Albaner kollektiv als »Verbrecher« hinzustellen. Die Demonstration Tausender serbischer Frauen in Priština schien das Vorurteil zu bestätigen. Die Albaner schänden massenhaft serbische Frauen und bringen unschuldige Rekruten in den Kasernen um, war die Botschaft, die von beiden Ereignissen ausging. Es war also wirklich an der Zeit, in den Kosovo zu fahren, um den Dingen auf den Grund zu gehen.

3
Serben und Albaner 1987

Die Autobahn erlaubte eine zügige Fahrt in das südliche Jugoslawien. Belgrad und Kosovo trennen kaum mehr als 300 km. Von Niš führt eine Landstraße Richtung Kosovo, sie windet sich eine Hügelkette hinauf bis zu einer höher gelegenen Ebene. Das Amselfeld war erreicht.

Der Kosovo ist mit 10800 Quadratkilometern Fläche ein überschaubares Gebiet. Bei klarem Wetter zeigen sich die Konturen der Gebirge, die das Land nach Makedonien, nach Albanien und nach Montenegro hin begrenzen. Es sind natürliche Barrieren, noch im Juni mit Schnee bedeckte Gebirgszüge, die steil aus der von sanften Hügelketten durchzogenen Ebene aufsteigen.

Fahles spätherbstliches Licht tauchte die Landschaft an diesem Tag in ein mattes Braun. Die Straße führte an Podujevo (Podjevë) vorbei und, wie es schien, durch fast menschenleere Dörfer. Die Gehöfte der Albaner sind seit alters her von hohen Mauern umgeben. Kühe und Schafe grasten auf den weitläufigen Wiesen. Ein riesiges Kraftwerk zeichnete sich im Nebel ab, der Qualm, der aus den Türmen quoll, war kilometerweit zu riechen. Im Kraftwerk Obilić wird die im Tagebau gewonnene Braunkohle zur Stromerzeugung genutzt.

Schließlich kam ein Turm in Sicht: die Gedenkstätte *Gazimesdan*, die den Platz markiert, wo die Schlacht auf dem Amselfeld am 28. Juni 1389, am *Vidovdan*, dem St.-Veits-Tag, stattgefunden haben soll. Das Datum ist umstritten, der Ort jedoch nicht. Hier also war die berühmte Schlacht zwischen Serben und Türken, zwischen dem Heer des osmanischen Sultans Murat I. und dem serbischen Fürsten Lazar, geschlagen worden, die in der serbischen Geschichtsmythologie eine so große Rolle spielt und für die Serben zum Symbol für den Kampf zwischen Christentum und Islam wurde, zum Symbol für den Heldenmut der Serben und gleichzeitig für den Verrat am eigenen Volk.

An jenem Tag wucherten noch Gras und Gestrüpp rund um den zu Anfang des 20. Jahrhunderts errichteten Turm. Ein nationales Heiligtum im »serbischen Jerusalem« Kosovo hätte eigentlich gepflegter aussehen müssen. Die Stätte sei zwar ein serbisches Nationalsymbol, doch kaum ein Serbe sei in den letzten Jahrzehnten hierher gereist, hatte man uns – ich reiste mit dem Journalisten Roland Hofwiler, alias Roland Schleicher – schon in Belgrad bedeutet. Und das stimmte wohl. Erst zwei Jahre später, rechtzeitig zum 600. Jahrestag der Schlacht, sollte das Denkmal wieder hergerichtet werden.

Die verlorene Schlacht gehört zu den großen Heldenepen Europas wie die Nibelungensage. Allerdings stellen die Nibelungen weder territoriale Ansprüche, noch wollen sie weiterhin den Kampf gegen die »Hunnen« suchen. Doch die Instrumentalisierung der alten Sage gehörte zu den propagandistischen Untaten des Nationalsozialismus. Und so machte es mich mißtrauisch, wenn ebenfalls eine Sage mit kontemporären politischen Forderungen und Ausdrucksformen zum Kosovomythos der Serben angereichert wurde.

Die Sage in ihrer populären Form wurde und wird von vielen als historische Wahrheit verstanden. Nach Meinung vieler Historiker hat sich zwar inzwischen herausgestellt, daß die Schlacht in Wirklichkeit doch etwas anders verlaufen sei, als der Mythos sie erzählt, doch das wird in der serbischen Gesellschaft kaum wahrgenommen. Die Serben und ihre bosnischen Verbündeten haben die Schlacht vermutlich gar nicht einmal verloren. Anders als das Heldenepos suggeriert, das im 19. Jahrhundert aufgezeichnet oder neu verfaßt wurde. Fest steht: Der serbische Staat des Mittelalters war in den Jahren nach der Schlacht geschwächt. 1448, bei einer zweiten

Schlacht gegen ein ungarisches Heer, siegten die Osmanen endgültig.

Ismail Kadare, der albanische Schriftsteller, hat bei einer Podiumsdiskussion in Berlin die Schlacht wohl recht zutreffend beschrieben. Auf der einen Seite standen die Serben mit bosnischen und albanischen Hilfstruppen, auf der anderen Seite die Türken, denen es gelungen war, einige Adelige aus dem serbischen Lager mit ihren Vasallen als Bündnispartner zu gewinnen. Die später in der serbischen Geschichtsschreibung zum Kampf zwischen Christentum und Islam hochstilisierte Schlacht schrumpfte bei ihm sehr sympathisch zusammen auf das, worum es wirklich ging: die Fehde zwischen zwei feudalen Herrschaftsformationen zu einer Zeit, als der Nationalismus noch gar keine gesellschaftlich tragende Kategorie war.

In einer nahegelegenen Türbe befindet sich das Grab von Sultan Murat I., der die türkisch-osmanischen Truppen anführte und während der Schlacht von dem Ritter Miloš Obilić erdolcht worden sein soll. Auch Fürst Lazar ließ in der Schlacht sein Leben. Die Schlacht, so der serbische Mythos, wurde wegen des Verrates des Vasallen Vuk Branković verloren. Es wird allerdings in keinem der Texte erklärt, worin der Verrat bestand. Denn die Türken mußten noch drei Jahre gegen Vuk Branković und sein Reich im Westkosovo kämpfen und ihn dann durch einen willfährigeren Adeligen, nämlich Stefan Lazarević, ersetzen, einen Sohn des für die Serben heiligen Helden Fürst Lazar. Daß Stefan Lazarević 1402 auf seiten der Türken gegen die Truppen des Mongolenherrschers Timur Lenk kämpfte und dessen Nachfolger, Đurađ Branković, nicht nur in Anatolien das Osmanische Reich verteidigte, sondern 1553 mit 1500 serbischen Rittern den Türken half, Konstantinopel und damit Byzanz zu erobern, wird in Serbien nicht an die große Glocke gehängt. Und auch nicht, daß bei der alles entscheidenden Schlacht 1448 zwischen den Türken und den Ungarn, die mit ihren deutschen, kroatischen und albanischen Hilfstruppen wieder im Kosovo angetreten waren und erneut vom osmanischen Heer geschlagen wurden, der osmanische Vasall und serbische König eine zwielichtige Rolle spielte.

Der albanische Nationalheld Skenderbeg (Gjergj Kastrioti Skenderbeu, 1405-1468) wollte dagegen 1448 den Ungarn helfen. Er erreichte aber wegen eines kurz zuvor stattfindenden Angriffs der Venezianer auf die albanische Küste mit seinen 20000 Mann zu spät das Schlachtfeld, um dem ungarischen Heer den Rücken stärken zu können. Noch bis 1468 kämpften die Albaner gegen die Türken, konnten aber nicht verhindern, daß der Kosovo 1455 unter osmanische Herrschaft geriet.

Sicher ist, daß die Niederlage der Serben und der bosnischen, ungarischen und albanischen Heere dem Osmanischen Reich erlaubte, die Adeligen der Region zu Vasallen zu machen und später weitere Teile Südosteuropas zu okkupieren. Eine mehr als 500 Jahre währende Herrschaft auf dem »Balkan« war die Folge.

Für die Botschaft der im 19. Jahrhundert bearbeiteten serbischen Sage sind die geschichtlich komplexen und widersprüchlichen Prozesse aber nicht wichtig. Der Verrat des Vasallen ist das Entscheidende. Nur durch Uneinigkeit sei die Schlacht 1389 verloren worden.

Schließlich stehe ich vor der weithin sichtbaren Inschrift der Gedenkstätte. Jeder serbische Mann und seine Nachkommen seien verflucht, wenn sie nicht für den Kosovo kämpfen. Der seit dem 19. Jahrhundert zur serbischen Volkskultur gehörende Kosovomythos fordert Rache für eine historische Niederlage.

Der bosnisch-serbische General Ratko Mladić sollte 1995 vor dem Massaker in Srebrenica, dem mehr als 8000 Menschen zum Opfer fielen, die »Rache« an den »Türken« beschwören.

Der Held Obilić hat dem luftverpestenden und den Himmel verdunkelnden Braunkohlekraftwerk immerhin seinen Namen geben dürfen. Es war spät geworden, Zeit, sich um ein Hotel zu kümmern. Die Straße führte endlich in das Zentrum von Prishtina, entlang an den von Krähen bevölkerten Bäumen der *Titova Ulica*. Schemenhaft zeichnete sich das Hotel Grand im Nebel ab, das, erst vor wenigen Jahren gebaut, schon einen heruntergekommenen Eindruck machte. In der riesigen Eingangshalle herrschte ein Durcheinander der verschiedensten Menschen. Milizionäre tranken hier dicht gedrängt an der Bar ihren Kaffee mit dem für Serben obligatorischen Schnaps. Modisch gekleidete Frauen trafen sich hier ebenso wie ältere Albaner mit zerfurchten Gesichtern und der traditionellen Kopfbedeckung, dem *Plis*, Studenten lärmten und lachten an den Tischen im hinteren Teil. Und über allem lag schwer der Rauch unzähliger Zigaretten.

Dem Blick des Osteuropakenners konnten auch die unauffälligen Herren mittleren Alters, die alleinstehend die Szenerie beobachteten, nicht entgehen. Und an der Rezeption bedeutete man mir, nur hier könne das Telefon für Ferngespräche benutzt werden, vom Zimmer aus würden keine Gespräche durchgestellt. Bald stellte sich heraus, daß es in der ganzen Stadt nur noch an der Post und dem zweiten Hotel, Hotel Ilirija, eine Möglichkeit gab, nach außerhalb Kosovos zu telefonieren. Im Unterschied zum restlichen Jugoslawien herrschte hier eine Atmosphäre der Kontrolle, wie ich sie nur aus den Ländern des Ostblocks, der DDR, Rumäniens und der ČSSR kannte.

Von serbischen Journalisten erfuhren wir weitere Details über die Frauendemonstration. Öl ins Feuer gegossen hatte eine Bemerkung des damals siebenundsiebzigjährigen früheren Parteichefs Fadil Hoxha, der hinter verschlossenen Türen erklärt hatte, man könnte »Frauen aus anderen Teilen Jugoslawiens im Kosovo die Prostitution erlauben«, um das Problem der Vergewaltigungen zu beseitigen. Daß diese verklemmt machistische, aber ironisch gemeinte Äußerung des alten Kommunisten gerade jetzt in die Öffentlichkeit gelangte, konnte den Organisatoren der serbischen Frauendemonstration nur recht sein und trug zur Mobilisierung bei. Tausende von Frauen, so hieß es, hätten bei ihrem Marsch nach Prishtina »Freiheit« und »Sicherheit« eingeklagt, vor einem »Völkermord an den Serben« in der Region gewarnt, »Lang lebe die Volksarmee« gerufen und die Einsetzung einer Militärregierung gefordert.

Endlich standen wir vor dem Haus in der damals noch von vielen Serben bewohnten Stadt Kosovo Polje, sechs Kilometer westlich von Prishtina. Eine Frau mittleren Alters öffnete, erklärte aber, ein Treffen mit ihren Mitstreiterinnen könne erst für den nächsten Tag organisiert werden. Bei unserem erneuten Besuch empfing uns ein grobschlächtiger Mann mit Bierbauch und offenem Hemd. Er bat uns ins Wohnzimmer, bedeutete der Frau mit einer herrischen Handbewegung, Getränke zu bringen. Gleich darauf stellten sich zwei weitere Herren ein. Als sie sich setzten, verrutschte dem einen das Jackett, und eine Pistole wurde sichtbar. Die Frau brachte Kaffee und Schnaps und verschwand in der Küche. In diesem Moment war klar, daß es sich um eine Manipulation handeln mußte. Selbstbestimmtes Handeln von Frauen sieht anders aus. Wir saßen mit den bewaffneten Organisatoren der Frauendemonstration zusammen.

Einer der Neuankömmlinge und Sprecher der Gruppe stellte sich als Kosta Bulatović vor. Der frühere Geheimdienstmann Bulatović war als Nationalist bekannt. Er gehörte zu jenen Serben, die nach der Etablierung des Autonomiestatuts beruflich hatten zurückstecken müssen. Schon seit 1968 und vor allem nach 1974 gelang es auch den Albanern, in den Parteistrukturen und Institutionen aufzusteigen. Und einige Serben mußten plötzlich mit einem albanischen Chef leben. Das war für Kosta Bulatović offenbar nicht akzeptabel.

Nach dem üblichen mißtrauischen Taxieren kamen die drei zur Sache. Die Albaner begingen einen »Genozid« an den Serben im Kosovo; diese könnten hier im Herzland Serbiens nicht mehr sicher leben. Die Albaner schändeten Gräber und historische Stätten der Serben, bedrohten die serbische Bevölkerung und zwangen sie dazu, das Land zu verlassen. Dabei seien die Albaner später als die Serben eingewandert, viele von ihnen erst 1945 ins Land gekommen. »Wir haben ihnen Asyl gegeben, und jetzt wollen sie alles übernehmen«, klagten die Männer. Zumindest diese eingewanderten Albaner müßten nach Albanien zurückkehren.

Noch vor dem Zweiten Weltkrieg hätten die Serben hier im Land die Mehrheit gestellt, jetzt schon lange nicht mehr.

Diese Behauptung war zwar unwahr, denn Ende des 19. Jahrhunderts waren die Albaner nachweislich in der Mehrheit, aber Bulatović war von seiner These überzeugt. »Die vermehren sich wie die Kaninchen«, sagte er und spielte damit auf die Natalität der kosovoalbanischen Bevölkerung an. Tito habe das Unglück der Serben bewirkt. Mit der Verfassung von 1974 hätten die Albaner die Macht »in unserem Kosovo« übernommen. Und in Serbien habe man die Dramatik der Entwicklung noch nicht richtig erkannt. »Auch Slobodan Milošević zögert. Serbien tut nichts, und die Serben Kosovos müssen den Kampf fast allein ausfechten.«

Kosta Bulatović und seine Mitstreiter outeten sich als der harte Kern serbischer Nationalisten im Kosovo. Schon 1985 hatte Bulatović, wie er stolz hinzufügte, nicht nur Tausende Unterschriften gesammelt, sondern später auch Demonstrationen von Gleichgesinnten in Belgrad organisiert, um vor dem Parlament gegen die Vertreibung der Serben aus dem Kosovo zu protestieren und militärischen Schutz für die serbische Bevölkerung aus Belgrad anzufordern. 1986 hatten Tausende von Serben gegen seine Verhaftung demonstriert und ihn gegen den Vorwurf des »Nationalismus« verteidigt.

Er verfügte über enge Kontakte zu den nationalistischen Kreisen um Dobrica Ćosić, wie einige Telefonate bewiesen. Die Gruppe war nämlich durch unsere kritischen Fragen mißtrauisch geworden. Telefongespräche mit dem damaligen Korrespondenten der *Welt* und Mitstreitern aus Belgrad verfestigten den Verdacht, die *taz*-Reporter seien Kommunisten. »Wenn Sie etwas Negatives über uns berichten, wird Sie der Volkszorn treffen, unser Arm reicht weit, auch bis nach Berlin«, drohten sie. Obwohl der Vorwurf des Kommunismus lächerlich war – wegen eines Treffens mit dem damaligen tschechischen Dissidenten und späteren Außenminister Jiří Dienstbier war ich nur wenige Wochen zuvor mit einem Einreiseverbot in die DDR, die ČSSR, Bulgarien und Rumänien belegt worden –, zeigte sich in dieser Diskussion, daß der harte Kern der Nationalisten zutiefst antikommunistisch eingestellt war und noch keineswegs mit der neuen serbischen Parteiführung in Belgrad harmonierte.

Dabei war es schon ein halbes Jahr her, daß Slobodan Milošević als stellvertretender Parteichef Serbiens am 24. April 1987 Kosovo Polje besucht hatte. Eine Parteiversammlung mit der Parteispitze Kosovos, unter ihnen natürlich auch Albaner wie der damalige Parteichef Azem Vllasi, war anberaumt worden, um die Lage in der autonomen Provinz zu besprechen.

Draußen jedoch hatten sich mehrere tausend Serben versammelt, zu denen auch Kosta Bulatović und seine Gruppe gehörten. Die Demonstranten hatten die serbische Parteiführung in Sprechchören aufgefordert, die Serben Kosovos vor den Übergriffen der Albaner zu schützen. Die ethnisch gemischte Polizei hatte noch versucht, die zum Eingang des Versammlungsraumes drängende Menge zurückzuhalten, und war schließlich ihrerseits ziemlich hart gegen die Demonstranten vorgegangen. Steine waren geflogen, die Menge hatte gefordert, Milošević solle herauskommen. Als Milošević vor die Menge getreten war, riefen die Menschen – und meinten damit die Albaner –, »sie schlagen uns«.

Mit seiner Replik »Niemand darf euch schlagen« löste Milošević damals großen Jubel aus. Er forderte die Serben auf, im Kosovo zu bleiben, und erklärte, daß Serbien den Kosovo nicht preisgeben würde. Milošević wurde von der Menge bejubelt wie kein serbischer Parteiführer zuvor. Viele Analytiker gehen seither davon aus, dies sei ein politisches Urerlebnis für den bis dahin braven Parteisoldaten und Karrieristen Milošević gewesen.

Diesem historischen Satz verdankt Milošević seine Popularität bei den Serben. Doch Bulatović und seine Anhänger trauten ihm zu diesem Zeitpunkt immer noch nicht. Sie forderten die Kommunisten Serbiens auf, den Worten auch Taten folgen zu lassen und die mit der Verfassung von 1974 verlorengegangenen Privilegien der Serben im Kosovo wiederherzustellen.

Mit Forderungen von Frauen oder gar einer autonomen Frauenbewegung im Kosovo hatte die Demonstration, derentwegen wir aus Berlin angereist waren, nichts zu tun. In Wirklichkeit handelte es sich um eine Demonstration der serbischen Nationalisten im Kosovo. Einen von der autonomen Frauenbewegung in Belgrad verfaßten offenen Brief an die Organisatoren beantworteten Kosta Bulatović und seine Mitstreiter nicht. Darin warnten die serbischen Frauen die Organisatoren davor, das Thema Vergewaltigung mit ethnisch motivierten Anklagen politisch zu instrumentalisieren.

Zum Zeitpunkt unseres Treffens standen diese serbischen Nationalisten aus dem Kosovo noch unter Beobachtung. Ein Polizeiwagen stand ziemlich auffällig auf der anderen Straßenseite. Doch nützte das der albanischen Bevölkerung im Kosovo nur wenig.

Drei Arbeiter des Braunkohlebergwerks Obilić, die wir auf dem Rückweg nach Priština im Auto mitnahmen, waren der erste Kontakt zu den Albanern. Sie gehörten zu den Glücklichen, die einen Job hatten. Aber zufrieden waren sie nicht. Die Klage über die Hungerlöhne von 90000 Dinar (damals um die 70 Euro) hielt sie aber nicht davon ab, uns in eine etwas versteckt liegende Teestube am Rande des Basars im albanischen Viertel Prištinas einzuladen, was, wie sich später herausstellte, keineswegs selbstverständlich war. Denn einfache Leute wie diese Arbeiter hatten Angst, wegen Kontakten zu ausländischen Journalisten von der Polizei verhört und bestraft zu werden.

Die Anschuldigungen, Albaner vergewaltigten serbische Frauen, verletzten ihren Stolz. Sie seien selbst Familienväter, und ihre Religion verbiete es, Frauen Gewalt anzutun. Vergewaltigungen kämen leider überall vor, und die Schuldigen müßten hart bestraft werden. Aber dafür könne doch nicht ein ganzes Volk kollektiv verantwortlich gemacht werden. Und außerdem schände niemand die Gräber der Orthodoxen. »Wir Albaner haben drei Religionen, die meisten von uns sind Muslime, aber es gibt auch Katholiken und in Albanien sogar orthodoxe Albaner.« Es sei übrigens eine albanische Familie, die das Denkmal der Serben einigermaßen in Ordnung halte.

Noch am Abend gelang es uns, mit einigen Bauern zusammenzukommen. Wegen der Polizeikontrollen und den damit verbundenen Gefahren für die Gesprächspartner ausländischer Journalisten war das Treffen konspirativ. Die Kontaktleute, die uns in Prishtina abholten, bedeuteten uns, wir sollten die Augen verbinden. Nach etwa einer Stunde Fahrt über holprige Wege war das Ziel erreicht. Vielleicht lag das Dorf in Drenica, einer nordwestlich von Prishtina gelegenen Landschaft, die als Wiege des albanischen Widerstandes gilt, aber vielleicht auch anderswo. Wir wurden in einen großen Raum geführt, in dem sich etwa 40 Männer versammelt hatten. Fast alle trugen den *Plis*, die aus Filz gefertigte beigefarbene Kappe der Albaner. Frauen waren im Versammlungsraum nicht zu sehen, wir trafen auf die traditionellen dörflichen Autoritäten, die Vertreter der Großfamilien.

Nach einer höflichen und förmlichen Begrüßung wurde uns Mokka gereicht, während die anderen Anwesenden sich mit heißem Wasser begnügen mußten. Kaffee war für diese Menschen ein kostbares Gut, Gästen wurde er angeboten, doch sie selbst verzichteten auf das geliebte, stark gesüßte Getränk, dessen Ausschank für 40 Leute die finanziellen Möglichkeiten der gastgebenden Familie überfordert hätte.

Dann begann der Sprecher, ein alter, würdevoller Mann, in ruhiger und sachlicher Weise seine Sicht der Dinge darzustellen. Die Menschen in den Dörfern seien arm, die Höfe selten größer als zwei bis drei Hektar, was für die meisten Familien nicht zum Leben reiche. »Arbeit in der Industrie oder im Bergbau gibt es für uns nicht«, daher müßten viele Männer einem Broterwerb im Ausland oder in anderen Teilen Jugoslawiens nachgehen.

Ihre wirtschaftliche Lage sei aber nicht nur deswegen schlecht, weil im Kosovo die Industrie unterentwickelt war: »Sie beuten nur die Bodenschätze aus, die Kohle und die Mineralien. Weiterverarbeitet wird hier kaum etwas.« Die wenige Arbeit werde vor allem an Serben vergeben. Die Lage sei auch schlecht wegen der anhaltenden politischen Repressionen. Ein junger Mann wollte einige Stunden am Tag in einem Café im Nachbardorf arbeiten. Der Wirt wollte ihn auch einstellen. Doch weil sein Vater seit den Demonstrationen von 1981 im Gefängnis saß, kam die Polizei und verbot es ihm. »Du weißt doch«, sagten sie zum Wirt, »daß das der Sohn eines Staatsfeindes ist. Den Burschen darfst du nicht beschäftigen.«

Kürzlich war ein junger Mann aus dem Gefängnis entlassen worden. Er hatte im letzten Winter einen serbischen Busfahrer attackiert. Mit Handzeichen erlaubte der Alte ihm, seine Geschichte zu berichten. Als der vollbesetzte alte Schulbus der albanischen Kinder wegen eines Motorschadens liegenblieb, fuhr der neue Bus mit den wenigen serbischen Kindern an den wartenden Schulkameraden vorbei. »Der Fahrer ließ die albanischen Kinder bei klirrender Kälte im Schnee stehen.« Das habe ihn sehr aufgeregt. Und wegen seiner lautstarken Schelte sei er später zu vier Wochen Gefängnis verurteilt worden. »Bei den vielen Erniedrigungen kann man schon mal durchdrehen.«

Die Albaner seien nicht gegen die Serben in der Nachbarschaft, kein Albaner in diesem und den umliegenden Dörfern habe serbische Frauen belästigt oder Serben angegriffen, berichtete der Alte weiter. Von Vergewaltigungen und einem »Genozid« könne überhaupt keine Rede sein. Die im Dorf lebenden drei serbischen Familien seien gute Nachbarn, doch die ständigen Gängelungen durch Behörden und Polizei seien unerträglich. »Aber ihr lebt doch unter dem Autonomiestatut. Seit 1974 haben die Albaner doch gleiche Rechte.«

Meine Bemerkung löste Heiterkeit aus. »Auf dem Papier schon«, sagte der Alte, »aber in der Praxis hat sich für uns hier in den Dörfern wenig verändert. Die meisten Polizisten sind Serben oder stehen unter deren Befehl, in den meisten Behörden haben die Serben das Sagen, die meisten Arbeitsstellen sind für die Serben reserviert. Die Führung der Partei besteht zwar aus Albanern, aber sie tanzen nach der Pfeife der Serben, so sieht der Autonomiestatus für uns konkret aus.«

Der Kontrast zwischen beiden Szenen hätte nicht größer sein können: die unversöhnlichen Töne der serbischen Extremisten hier, die ruhige Versammlung der traditionsbewußten albanischen Bauern dort. Sie lebten in zwei völlig verschiedenen Gesellschaften.

Shkelzen Maliqi war nach jahrzehntelangem Aufenthalt in Belgrad in seine Heimatstadt zurückgekehrt. Mit seinem Bart, den längeren Haaren und den Englischkenntnissen unterschied er sich von den meisten Albanern in jener Zeit. Als Akteur der demokratischen und zivilgesellschaftlichen Bewegung Jugoslawiens, als Mitglied des Netzwerkes der »Vereinigung für eine jugoslawische demokratische Initiative« mit Kontakten nach Slowenien und Kroatien wie auch zu den Freunden und Bekannten in Belgrad war er selbst ein Politikum. Weil aber sein 1985 verstorbener Vater Innenminister der Provinzregierung gewesen war, hatte er eine gewisse Narrenfreiheit und konnte in dem von allen Seiten überwachten Hotel öffentlich mit ausländischen Journalisten sprechen. Und natürlich war auch er erbost über die Anschuldigungen. Es seien ja keine Fälle von Vergewaltigungen bekannt geworden, Beweise würden von den serbischen Nationalisten nicht präsentiert. Eine von der jugoslawischen Regierung veröffentlichte Statistik habe klar gezeigt, daß es im Kosovo weit weniger Vergewaltigungen gegeben habe als im restlichen Jugoslawien. »Was diese Leute wollen, ist ein anderer Staat«, sagte Maliqi.

Alle vorgetragenen Argumente der Nationalisten konnten widerlegt werden. Die Dunkelziffer lag eher auf der anderen Seite. Albanische und damit meistens muslimische Frauen scheuten sich, Vergewaltigungen durch Serben bei der Polizei anzuzeigen. Nicht nur, weil dies bei dem Zustand besagter Behörden ohnehin sinnlos gewesen wäre, sondern vor allem, um die »Schande« für die eigene Familie und den Clan vor anderen zu verstecken.

Spätere Untersuchungen und die offiziellen Berichte der Föderation Jugoslawien sollten die serbische Kampagne auch statistisch als Propaganda entlarven. Serbische Anwälte und Menschenrechtler sollten 1995 nach Auswertung des Materials feststellen, daß es im Kosovo weniger Vergewaltigungen gegeben hat als im übrigen Jugoslawien. Während in Jugoslawien 2,43 Fälle auf 10000 Männer kamen, lag die Quote im Kosovo bei 0,96. Dazu wurde festgestellt, daß 71 Prozent dieser Delikte von Männern aus der gleichen ethnischen Gruppe begangen worden waren. Albaner vergewaltigten im Zeitraum von 1982 bis 1989 zwar 31 serbische Frauen und Mädchen, aus dieser Zahl läßt sich jedoch keine Strategie der Albaner gegenüber Serben ableiten.

Auch eine Vertreibung von Serben durch Albaner läßt sich für diese Zeit nicht belegen. In der Tat haben Zehntausende Serben seit den sechziger Jahren die Provinz Kosovo verlassen: Lebten 1961 noch etwas mehr als 259000 Serben und Montenegriner im Kosovo, so sank die Zahl bis zur Volkszählung 1981 auf 236000 und bis 1991 auf 215000. Nach soziologischen Erhebungen verließen 95 Prozent der Serben den Kosovo aus rein wirtschaftlichen Gründen, nur 0,1 Prozent gab an, von Albanern in die Emigration getrieben worden zu sein.

Damals kannte ich diese Zahlen noch nicht. Aber schon damals waren die serbischen Klagen zum großen Teil als Manipulation zu erkennen. Während des wirtschaftlichen Aufschwungs seit Anfang der sechziger Jahre standen arbeitswilligen Menschen die Städte Jugoslawiens offen. Und so verließen viele junge Serben die abgelegene Provinz mit ihren schlechten Straßen, dem langweiligen Kulturleben und den geringen beruflichen Möglichkeiten.

Die sechziger und siebziger Jahre waren eine Zeit der Landflucht. In diesen zwei Jahrzehnten verwandelte sich überall in Jugoslawien der Agrarstaat mit 80 Prozent in der Landwirtschaft Beschäftigten in ein Industrieland mit nur noch 20 Prozent Bauern. Die Städte wuchsen rasant, was bis heute am Bild der Großstädte im ehemaligen Jugoslawien zu erkennen ist: die schnell hochgezogenen Wohnsilos der Trabantenstädte sind in Belgrad, Sarajevo, in Split oder anderswo noch heute zu bewundern. Von der Landflucht waren alle Regionen betroffen, die Herzegowina und der Sandžak, Zentralserbien, Lika, die Vojvodina und eben auch der Kosovo. Eine ungeheure Umwälzung war im Gange, die aber mit ethnisch motivierten Vertreibungen erst einmal nichts zu tun hatte.

Auch 250000 Albaner verließen zwischen 1971 und 1981 den Kosovo. Sie arbeiteten in Belgrad, verdingten sich als Saisonarbeiter an der montenegrinischen und kroatischen Küste, eröffneten Bäckereien und Eisdielen oder betätigten sich als Gold- und Silberschmiede in den nördlichen Republiken. Mehr als hunderttausend Kosovoalbaner wurden Gastarbeiter in Deutschland, andere gingen in die Schweiz und nach Österreich. Die Landflucht erfaßte alle Bevölkerungsschichten, selbst Prishtina begann rasend zu wachsen. Dank ihres Kinderreichtums wuchs die albanische Bevölkerungsmehrheit trotz dieses Aderlasses immer weiter. Die Albaner stellten 1987 mehr als 80 Prozent der Gesamtbevölkerung. Rund 14 Prozent waren Serben und Montenegriner, der Rest verteilte sich auf die Goranen und Bosniaken, auf die Ashkali und Roma, die ethnischen Türken und andere, noch kleinere Minderheiten.

Vor allem die albanische Landbevölkerung ist seit den sechziger Jahren überdurchschnittlich schnell gewachsen. In den ländlichen Regionen kamen durchschnittlich 6,7 Kinder auf eine albanische Familie. Doch auch serbische Familien waren auf dem Land mit durchschnittlich 3,4 Kindern fruchtbarer als anderswo. In den Städten waren nach den bisherigen Untersuchungen die serbischen und albanischen Familien mit zwei bis drei Kindern gleich groß.

Beigetragen dazu hatte die Eindämmung der Kindersterblichkeit durch verbesserte medizinische Betreuung im sozialistischen System und dem auch in Teilen der Dritten Welt zu beobachtenden Drang der ärmsten Bevölkerung, Kinderreichtum als Garant sozialer Sicherheit anzusehen.

Vom Hotel Grand blickt man auf die Universität und ihre bemerkenswerte Bibliothek – eines der wenigen architektonisch gelungenen Gebäude in der wenig ansehnlichen Stadt. Hatten die betonwütigen jugoslawischen Architekten der sechziger und siebziger Jahre ganze Stadtzentren mit den gleichförmigen Betonwänden der *Robna Kuca*, dem Warenhaus, oder anderen einfallslosen Bauwerken und Einkaufszentren verschandelt, so handelte es sich hier um einen bemerkenswerten Stilbruch.

Das Dach der Bibliothek besteht aus nicht symmetrisch angeordneten Glaskuppeln, die in ihrer Form und Farbe den *Plis*, den Albanerhüten, nachempfunden sind. Im Inneren des Gebäudes, in dem mineralhaltige Steine aus dem Kosovo den Boden bedecken und mit ihren braun-roten Tönen eine warme Atmosphäre vermitteln, spenden die Glaskuppeln Licht für zumeist kreisrunde Lesesäle. Tische und Stühle sind geschmackvoll angeordnet – ein Platz zum Verweilen, der zum Studieren einlädt.

Die Bibliothek war ein Geschenk Titos an die Albaner, das erst nach der Absetzung des Innenministers Ranković möglich geworden war. Bei der Gründung der Universität Prishtina, die inzwischen mit mindestens 30000 Studenten zur drittgrößten in Jugoslawien herangewachsen war, sollte ernst gemacht werden mit der Integration der Albaner in den gemeinsamen Staat. In der Bibliothek standen Hunderttausende nicht nur serbische, sondern auch albanische Bücher. Und die Vorlesungen an allen Fakultäten fanden nicht nur in serbischer, sondern auch in albanischer Sprache statt. Eine Tatsache, deren Bedeutung sich mir erst später erschließen sollte.

Die Universität brachte Tausende von Absolventen hervor. Der Kosovo war schon damals die jüngste Region in Europa. Mehr als vierzig Prozent der Bevölkerung waren Kinder und

Jugendliche. Der Bildungshunger der Studenten war groß, jahrzehntelang war Bildung das Privileg der anderen, der Serben und Montenegriner gewesen. Die Professoren konnten über mangelnden Eifer nicht klagen.

Das einzige Problem war, daß niemand wußte, was all diese Studenten nach dem Studium anfangen sollten. Im Kosovo gab es ja kaum Arbeitsstellen. Neben dem miserablen Essen in der Mensa und den fehlenden Studentenheimen war dies ein weiterer Grund zur Unzufriedenheit. »Die Revolte von 1981 hatte in erster Linie mit den sozialen Problemen der Studenten zu tun, dann erst kam die Politisierung mit dem Ruf nach einer eigenen Republik«, sagte einer der Professoren, der mir seinen Namen damals nicht nennen wollte. Denn das Thema war tabu. Niemand aus dem Lehrkörper wollte öffentlich darüber sprechen. Der Ruf nach der Republik symbolisiere ja nur den Wunsch nach Gleichberechtigung der Albaner, fügte der Professor noch hinzu. Der Ruf nach der »Republik Kosova« bot den serbischen nationalistischen Zirkeln die Möglichkeit, in der verunsicherten serbischen Bevölkerung Kosovos Anhänger zu gewinnen.

Der Kontrast zwischen der modernen Stadt und dem zurückgebliebenen, in bitterer Armut verharrenden Land ist kennzeichnend für den Kosovo. Zwar schaffte es der Staat seit den fünfziger Jahren, auch das flache Land mit Wasser und Elektrizität zu versorgen. Die Arbeitslosigkeit effektiv zu bekämpfen gelang aber nicht. Das Gefälle zwischen Stadt und Land wurde sogar noch größer.

Einige städtische Albaner jener Zeit hatten ihr Auskommen gefunden. Die neugebauten Häuser, ja Villen in den sich entwickelnden »besseren Vierteln« zeugten wie die ausländischen Autos von dem wirtschaftlichen Fortschritt einer Schicht, deren Angehörigen es nicht schlecht zu gehen schien. Albaner rückten in Führungspositionen auf: bei den Banken, bei den Minengesellschaften und bei den Weinkellereien in Suhareka

(Suva Reka) und Rahovec (Orahovac). Findige Geschäftsleute betätigten sich im Import-Export-Geschäft, der Goldschmied Salih Kastrati errichtete in Kosovska-Mitrovica eine Fabrik, die nicht nur die für die Frauen im Kosovo unerläßlichen Goldketten und Ringe produzierte, sondern daneben auch Filigran aus Silber und Gold mit Erfolg exportierte.

In den Restaurants im Zentrum trafen sich bei Wein und erschwinglichem Essen die Redakteure des Zeitungsverlages, der nicht nur die albanischsprachige Tageszeitung *Relindja*, sondern mehr als 40 Zeitschriften für Mode, Landwirtschaft, Technik und Sport vertrieb, aber auch Professoren, Mitglieder der Parteikader und Geschäftsleute zum geselligen Plausch. In dem Café in einer Seitenstraße der *Titova Ulica* konnten serbische und albanische Studenten die neusten Platten aus den USA und den damals populären Jugorock aus Sarajevo, Belgrad oder Zagreb hören. Die Kulturszene mit ihren Malern und Schriftstellern, den Schauspielern des Theaters, den Mitgliedern des philharmonischen Orchesters hatten mit Nationalismus nichts im Sinn.

Treffpunkte wie das Hotel Grand oder ein gegenüberliegendes Café, dessen Kuchen- und Tortenspezialitäten bekannt waren, wurden von allen besucht. Im Zentrum Prištinas/Prishtinas war zum damaligen Zeitpunkt kaum etwas von den ethnischen Spannungen zu spüren. Das quirlige Leben hier schien ein Stück Freiheit zu verkörpern. Dazu gehörte auch, daß modisch gekleidete junge Frauen beider Volksgruppen selbstbewußt die Straßen eroberten. Das städtische Milieu begann, Anschluß an die Moderne zu finden. Aber dieses Milieu sollte längst nicht stark genug sein, die in *Kosovo Polje* losgetretene Entwicklung aufzuhalten.

Am Ende der *Titova Ulica* befanden sich die neuerrichteten Gebäude des Innenministeriums und der autonomen Regierung. Auch im Bund der Kommunisten waren die Albaner aufgestiegen, sie machten sogar den Großteil der Parteimitglieder aus. Doch viele Schlüsselstellungen waren weiterhin von Serben besetzt. In der Polizeihierarchie wie im Geheimdienst gaben sie, wie von den Bauern behauptet, den Ton an. Noch arbeitete man in der Partei zusammen. *Bratstvo i Jedinstvo*, Brüderlichkeit und Einheit, legte den Albanern stärkere Fesseln an als den Serben. Gebunden an die Beschlüsse der Gesamtpartei und mit Rücksicht auf Belgrad mußten die Albaner in der Partei so viele Kompromisse schließen, daß die Konturen einer eigenständigen, auf die Bedürfnisse der Bevölkerung zugeschnittenen Politik zu diesem Zeitpunkt kaum mehr sichtbar waren. Auch kompromittierten Gerüchte über Korruption und Vetternwirtschaft die Führungsschicht.

Weder waren die kosovoalbanischen Kommunisten in der Lage, der stellenweise sogar ethnisch motivierten Repression des Sicherheitsapparates Einhalt zu gebieten, noch gelang es ihnen, den albanischen Standpunkt in der Gesamtpartei ausreichend zur Geltung zu bringen. Sie fühlten sich an eine Parteidisziplin gebunden, gegen die Milošević bei seinem Besuch im April ohne viel Federlesens verstoßen hatte.

Die Bauern in dem Dorf hatten es auf den Punkt gebracht: die Albaner in der Partei mußten zuviel Rücksicht auf Belgrad nehmen. Viele von ihnen galten zudem als korrupt. Sie wurden bis zu diesem Zeitpunkt nur teilweise als echte Vertretung der albanischen Interessen wahrgenommen.

Die Spirale der Gewalt

Zurück in Berlin, mußte ich als erstes die Erfahrung machen, daß sich niemand mehr für das Thema interessierte. Nur die Redakteurinnen, die mich nach Jugoslawien geschickt hatten, fragten beiläufig nach dem Artikel. Das war nichts Ungewöhnliches im kurzlebigen, auf Aktualität ausgerichteten Journalismus. Doch mich ließ das Thema nicht mehr los. Ich stürzte mich in die Lektüre und suchte die Diskussion mit

Experten und den im Exil lebenden Albanern und Serben. Was die Albaner vor allem ärgerte – das war schon deutlich geworden –, war das Desinteresse der serbischen Seite an den albanischen Argumenten. Für die Serben fange die Geschichte des Kosovo erst mit der serbischen Besiedelung an, als ob es nicht schon vorher eine Geschichte gegeben hätte, war eine der schon in Prishtina gehörten Klagen. Dabei seien die Albaner schon länger in der Region ansässig, stammten von den antiken Illyrern ab, hätten über die Jahrtausende hinweg ihre Kultur und Sprache erhalten, die zu den ältesten Europas gehörte.

In der Tat ist die internationale Forschung sich mehr oder weniger einig darin, den Ursprung der albanischen Besiedelung weit vor der slawischen Einwanderung ab dem 7. Jahrhundert zu datieren. Mit der slawischen Einwanderung und der Entwicklung der serbischen Hochkultur während der Nemanjiden-Dynastie im 13. Jahrhundert wurden die damals zumeist katholisch-albanischen Bevölkerungsteile in die umliegenden Gebirge zurückgedrängt.

Nach dem Sieg über Skanderbeg und der Eroberung des serbischen und bosnischen Staates durch die Osmanen wurde die Bevölkerung des Raumes nach und nach islamisiert. Doch nur wenige orthodoxe Serben im Kosovo entschlossen sich dazu, den neuen Glauben anzunehmen; die heute im Westkosovo lebenden Goranen und Bosniaken bildeten die Ausnahme. Es waren die katholischen Albaner, vor allem in den Städten, die nach den Regeln des Islam zu leben begannen. Die über Jahrhunderte unter den Albanern populäre Bektashi-Sekte hatte eine Art Kompromiß zwischen beiden Religionen gefunden.

Der Widerstand gegen die Fremdherrschaft war nie ganz erloschen. Vor allem nach 1683, als das Wien belagernde türkische Heer geschlagen wurde und die habsburgischen Truppen in einem beispiellosen Siegeszug bis in den Kosovo vordrangen, bejubelte nicht nur die orthodoxe Bevölkerung die Habsburger als ihre Befreier. Als aber die österreichischen Truppen sich kurz danach wieder aus dem Kosovo zurückziehen mußten, verließen aus Furcht vor Repressalien vor allem Serben das Land. Nach serbischen Angaben flohen 30000 bis 40000 Serben bzw. serbische Familien (um wie viele Menschen es sich handelte, ist bis heute umstritten) unter Führung des Patriarchen von Peć (Peja), Arsenije, in einem langen Zug aus dem Kosovo. Diese Migrationsbewegung ging als »Große Serbische Wanderung« in die serbische Geschichtsschreibung ein.

Im Friedensvertrag von 1699 verlor das Osmanische Reich Ungarn, Siebenbürgen, Slawonien, Syrmien und die Vojvodina. Die Grenze verlief vor den Toren Belgrads. Die Serben aus dem Kosovo wurden in den nun von Habsburg beherrschten Gebieten, der heutigen Vojvodina und dem Banat, wieder angesiedelt. In den Kosovo dagegen sickerten nun verstärkt albanische Einwanderer aus dem Šar-Gebirge (Sharr-Gebirge) und aus Nordalbanien ein. Die Bevölkerungszusammensetzung verschob sich zugunsten der Albaner. 1838 waren nach unterschiedlichen Quellen 58 Prozent der Bevölkerung der Region Muslime, was im Westkosovo auf eine eindeutige Mehrheit der Albaner hindeutet, hatten sich doch in einigen Regionen, vor allem im Westkosovo um die Städte Prizren und Peć, auch albanische Katholiken halten können. Im Osten und Norden dagegen, im heutigen Sandžak, konvertierten auch viele Orthodoxe zum neuen Glauben, so daß eine islamisierte slawische Bevölkerung entstand. Zu Beginn des 19. Jahrhunderts stellten die ethnischen Albaner im Gebiet des heutigen Kosovo die Mehrheit der Bevölkerung.

Die Frage, welches Volk zuerst da war, mag historisch interessant sein. Daraus für die Gegenwart das Recht auf das Land abzuleiten ist äußerst umstritten und mit modernen Verfassungen nicht vereinbar. In einer demokratischen Gesellschaft gelten gleiche Rechte für alle Menschen; die kollektiven Rechte einer Minderheit, die eigene Sprache und Kultur zu bewahren, sind zu schützen. Viele Dissidenten sahen in der Demokratisierung Jugoslawiens Ende der achtziger Jahre einen Ausweg aus den aufkommenden nationalen Konflikten. Diese Hoffnung sollte sich als Illusion erweisen – vielleicht weil sie unterschätzten, wie tief die Wunden sind, die die Geschichte der letzten hundert Jahre auf beiden Seiten hinterlassen hat. Die Erfahrungen mit Serbien und den Serben sind den Albanern tief ins Bewußtsein eingebrannt. Es begann Ende des 19. Jahrhunderts, als Serbien die albanische Bevölkerung aus den Gebieten im heutigen Südserbien um die Stadt Niš mit Gewalt und Terror vertrieb. Aber auch die Serben Kosovos hatten zu dieser Zeit ihre Opfer zu beklagen. Die aus Niš vertriebenen und in den Kosovo geflüchteten Albaner übten Ende des 19. Jahrhunderts nun ihrerseits Terror gegen die orthodoxe Bevölkerung Kosovos aus. Die Spirale der Gewalt begann sich zu drehen.

Als die serbischen Truppen 1912 während der Balkankriege den Kosovo eroberten, gingen sie brutal vor. Die damaligen ausländischen Korrespondenten aus England oder Mitteleuropa berichteten von unvorstellbaren Grausamkeiten, von Vergewaltigungen, Vertreibungen und Massenmorden. Sie wurden Augenzeugen des Niederbrennens von ganzen Dörfern. Selbst der russische Revolutionär Leo Trotzki kritisierte das serbische Vorgehen. Die Serben nahmen »ihr« Land wieder in Besitz. Und betrachteten die Albaner als Menschen zweiter Klasse, als Hinterlassenschaft des verhaßten Osmanischen Reiches, über die zu herrschen sie sich das Recht herausnahmen.

Während des Ersten Weltkrieges schlugen sich deshalb die Albaner auf die Seite Österreich-Ungarns und damit der Achsenmächte Deutschland, Italien und Türkei gegen Serbien und die Entente. Die Albaner begrüßten die österreichische Besatzung. Es wurden Schulen mit albanischer Unterrichtssprache gegründet, die Albaner erhielten ihre bürgerlichen Rechte zurück.

Die 1917 besiegte serbische Armee mußte sich unter großen Verlusten bis zur Hafenstadt Durres in Nordalbanien durchschlagen, um dort von alliierten Schiffen aufgenommen und nach Korfu in Sicherheit gebracht zu werden. Die zurückgebliebene serbische Zivilbevölkerung war an vielen Orten grausamen Übergriffen von seiten der Albaner ausgesetzt.

Mit dem endgültigen Sieg der Entente und damit Serbiens 1918 schwang das Pendel zurück. Die zurückkehrenden Serben nahmen blutige Rache für die Schmach des Rückzuges und für das Verhalten der Albaner während des Ersten Weltkrieges.

In den zwanziger Jahren, der Zeit des Königreichs der Serben, Kroaten und Slowenen, ab 1928 Königreich Jugoslawien, wurden albanische Bauern enteignet und Tausende Serben und Montenegriner im Kosovo angesiedelt. Damit sollte die Zusammensetzung der Bevölkerung zugunsten des slawischen Anteils verschoben werden. In einer weiteren Maßnahme Ende der zwanziger Jahre wurden mehrere zehntausend Muslime in die Türkei und nach Albanien abgeschoben.

Vertreibungsplan von Vaša Ćubrilović

Manchen ging der Prozeß nicht weit und schnell genug. In Belgrad wurde 1987 die 1937 veröffentlichte Denkschrift des ehemaligen Mitgliedes der Akademie der Wissenschaften Vaša Ćubrilović erneut verbreitet. Ćubrilović kritisierte die Kolonisierungspolitik nach dem Ersten Weltkrieg. In der Denkschrift forderte er 1937 den serbischen Staat auf, konsequenter zu handeln und die Albaner mit allen möglichen administrativen und repressiven Schikanen aus dem Land zu drängen. Er forderte, die Grundbücher zu manipulieren, Albaner zu enteignen und slawische Siedler umgehend auf diesem Land anzusiedeln. Er forderte, die Verhandlungen mit dem türkischen Staat zu forcieren, um noch mehr muslimische Albaner abschieben zu können.

Das Leben sollte den Albanern im Kosovo zur Hölle gemacht werden. Ćubrilović forderte, den Gebrauch der albanischen Sprache unter Strafe zu stellen. Die Albaner sollten sogar aus den serbischen Schulen gedrängt werden. 1938 schloß der serbische Staat auf seinen Vorschlag hin einen Vertrag mit der Türkei, in der sie sich verpflichtete, mehrere hunderttausend muslimische Bewohner Kosovos als »Türken« anzuerkennen und in der Türkei anzusiedeln. Nur der Zweite Weltkrieg hat die Umsetzung des Vertrages verhindert.

Als Hitler und Mussolini 1941 Jugoslawien militärisch besetzen ließen, jubelten die Albaner erneut. Es öffneten wieder Schulen in albanischer Sprache, die Albaner Kosovos konnten aufatmen. Sie sind wohl das einzige Volk in Europa, das von der Besetzung durch das faschistische Italien und das nationalsozialistische Deutschland profitiert hat. Und erneut kam es unter diesem Schutzschild zu Übergriffen von Albanern, jetzt auf Serben und Montenegriner, jene seit den zwanziger Jahren angesiedelten Kolonisten – wahrscheinlich 40 000 Menschen. Sie wurden aus dem Land vertrieben, die alteingesessenen Serben allerdings geduldet.

Wie nach dem Ersten Weltkrieg war die Rache der Sieger nach dem Abzug der deutschen Truppen fürchterlich. Tausende von Albanern wurden nach 1945 in Drenica und in anderen Teilen Kosovos ermordet. Selbst unter Tito setzten sich die Repressionen gegenüber den Albanern fort. Der serbische Innenminister Jugoslawiens Aleksandar Ranković erwies sich als Vollstrecker von Ćubrilovićs Plan.

Ranković erstickte jeglichen Widerstand im Keim, die Gefängnisse füllten sich mit politischen Gefangenen. Sein Name stand für Furcht, für Verfolgung, Polizeiterror, Vertreibung. Der Nationalist Vaša Ćubrilović wurde zum Berater der serbischen kommunistischen Regierung ernannt. Er ging daran, den Vertrag mit der Türkei umzusetzen. Wieder mußten Zehntausende Muslime das Land verlassen. Die Ära Ranković war für die Albaner Kosovos die schlimmste Zeit nach dem Zweiten Weltkrieg.

Und Tito? Warum hat er nicht eingegriffen? Nach dem Bruch mit Stalin 1948 kühlten sich auch die Beziehungen zum kommunistischen Albanien ab. Die ursprüngliche Idee Titos, nach 1945 eine Balkankonföderation mit Bulgarien und Albanien zu bilden, scheiterte am Widerstand Moskaus; Stalin fürchtete eine kommunistische Macht in Südosteuropa, die nicht unter seiner Kontrolle stand. Und da Enver Hoxha Stalin treu blieb, wurden die Albaner im Kosovo zum Spielball übergeordneter Interessen. Das Mißtrauen, sie könnten der albanischen Linie folgen, gab dem serbischen Kommunisten und Nationalisten Ranković Spielraum für seine Unterdrükkungspolitik. 1956 abgehaltene Schauprozesse in Prizren sollten beweisen, daß kosovoalbanische Kommunisten Agenten Albaniens waren. Als aber Enver Hoxha mit Moskau brach, eröffnete sich Mitte der sechziger Jahre eine neue Möglichkeit für verbesserte Beziehungen zwischen Jugoslawien und Albanien. Und davon sollten die Albaner im Kosovo profitieren.

1966 setzte Tito seinen Innenminister ab. Er paßte nicht mehr in die politische Landschaft. Seine Absetzung wurde von vielen Serben mit Bedauern und sogar Protest aufgenommen. Als Ranković 1983 starb, war seine Beerdigung die erste Massendemonstration nationalistischer Serben im kommunistischen Jugoslawien. Seit der Eroberung 1912 ziehen sich Vertreibung und Repression der Albaner durch die serbische Politik, aber auch der Wille der Albaner, das serbische Joch abzuwerfen, wenn nötig mit Gewalt.

Die Gedanken Kosta Bulatovićs und seiner Gesinnungsgenossen fielen also nicht vom Himmel. Das serbische Volk müsse aufwachen und den Kampf um den Kosovo wieder aufnehmen, war ihre Botschaft. Die Albaner dagegen waren 1987 gezwungen stillzuhalten. In kleinen Zirkeln schlossen sich zwar jene im Untergrund zusammen, die mit einer »enveristischen« – also Enver Hoxha bewundernden – »linken« Ideologie ausgestattet, im Geiste des 1975 verhafteten Adem Demaçi für den Anschluß an Albanien eintraten. Als Separatisten verfolgt und selbst von undichten Stellen im Geheimdienstapparat des albanischen Staates verraten, fristeten diese Gruppen jedoch lange Zeit ein politisches Schattendasein. Selbst der Ruf nach einer eigenen Republik war 1987 in der Öffentlichkeit verstummt. Die Albaner gerieten mit dem erneuten Aufstieg des serbischen Nationalismus in einen Zustand der Lähmung.

Kein Wunder, daß Tito, der alte Führer und Kommunist, Ende der achtziger Jahre im Kosovo so lebendig und populär war wie kaum je zuvor. Immerhin hatte er den Albanern mit der Verfassung von 1974 – trotz ihrer Schwächen – ein Stück Würde zurückgegeben. In den Schaufenstern der kleinen Läden, beim Friseur, beim Metzger oder den unzähligen Schneidern, Schuhmachern, Tandverkäufern war sein Bild zu sehen, in unzähligen Variationen: Tito in Marschallsuniform, Tito mit den Großen der Welt, mit Richard Burton und Elizabeth Taylor, Tito auf der Jagd.

Doch der beschworene Geist Titos konnte nicht helfen. Die serbischen Radikalen wollten die autonome Provinz abschaffen und die unumschränkte serbische Herrschaft im Kosovo wiederherstellen. Und sie gingen daran, diese Ziele zu verwirklichen.

4
Kosovo spaltet Jugoslawien

Zunächst traten aber andere Nachrichten in den Vordergrund. In der Sowjetunion überschlugen sich die Ereignisse. Die Perestroika öffnete ein Ventil. Während eines Besuches in Riga, der Hauptstadt der damaligen Sowjetrepublik Lettland, sah ich einen Zettel an einem Baum: »Lettland in die NATO« stand dort zum Entsetzen des obligatorischen KGB-Begleiters, den damals trotz Perestroika noch jeder ausländische Journalist im Schlepptau hatte. Und am gleichen Abend wurde der seit dem Zweiten Weltkrieg als Lagerhaus genutzte Dom mit dem alten Gestühl und den alten Bildern wiedereröffnet. Ein russischer Historiker in Moskau sprach zum ersten Mal von der Wiedervereinigung Deutschlands. Michail Gorbatschow veränderte mit seiner Politik die Welt.

In Prag schöpfte man nach den Jahren der »Normalisierung« neue Hoffnung, in Polen waren die politischen Verhältnisse dank der Solidarność-Bewegung bereits seit Anfang der achtziger Jahre im Fluß. Die Kommunisten regierten noch, doch ihre Herrschaft wurde durch Gespräche am runden Tisch begrenzt. In anderen Ländern griff Nervosität um sich, in der DDR, in Rumänien und Bulgarien waren repressive Maßnahmen der Staatsmacht zu befürchten. In Ungarn regten sich dagegen die kritischen Geister, der Reformflügel in der kommunistischen Partei begann stärker zu werden. Die Dinge im Ostblock kamen in Bewegung.

Und in Jugoslawien? Auf welche Seite würde sich die Waagschale neigen? Der Belgrader Parteichef Slobodan Milošević war im Dezember 1987 Chef des Bundes der Kommunisten Serbiens geworden. Der aus Požarevac in Zentralserbien stammende Bankdirektor hatte seinen politischen Ziehvater Ivan

Stambolić als Chef des Bundes der Kommunisten Serbiens endgültig abgelöst. Bereits am 23. September 1987 war erstmals eine Debatte im Zentralkomitee der Partei im Fernsehen übertragen worden. Das sah zunächst nach einer Öffnung des Regimes aus. In Wirklichkeit hatte Milošević dafür gesorgt, daß der alte Titoist Ivan Stambolić als hilfloser und verknöcherter Parteifunktionär erschien und er selbst sich als Reformer in Szene setzen konnte. Die Aktion war gut vorbereitet und erzeugte Öffentlichkeit. Das war neu in Jugoslawien.

Doch in der Partei waren auch kritische Stimmen zu hören. »Slobodan wird uns alle in den Abgrund führen«, soll damals ein Onkel von Miloševićs Frau, Mira Marković, zu Stambolić gesagt haben. Mira Marković stammte aus einer Partisanenfamilie, und ihre Verwandten hatten hohe Parteiämter inne, kannten Stambolić lange und waren mit ihm befreundet. Der gegen Milošević unterlegene Stambolić befürchtete, mit dem aufkommenden Nationalismus würde Jugoslawien untergehen.

Die serbische nationalistische Kampagne gewann an Dynamik. Und Kosta Bulatović konnte sich mit Milošević aussöhnen. Er wurde zum Berater des Zentralkomitees nach Belgrad beordert. Er und seine Gesinnungsgenossen, vor allem Miroslav Solević, ebenfalls Aktivist aus dem Kosovo, begannen sofort damit, eine gewaltige, mit dem staatlichen Fernsehen und anderen Medien koordinierte antialbanische Kampagne und Versammlungsbewegung zu organisieren. Der Chefredakteur des Fernsehens, Dušan Mutević, war ein Freund von Milošević.

Der neue serbische Parteichef öffnete die Straße für Demonstrationen. Freunde aus Belgrad berichteten, daß Arbeiter auf die Straße gingen, weil sie angesichts der katastrophalen wirtschaftlichen Entwicklung ihren Protest äußern wollten, doch die Versammlungen endeten mit Parolen gegen den Kosovo und gegen die Verfassung von 1974. Zu den Demonstrationen, die inzwischen in fast allen Städten des Landes stattfanden, wurden Leute aus anderen Regionen mit Bussen herbeigeschafft, sie erhielten Geld, Verpflegung und Schnaps.

Als am 5. Oktober 1989 mehr als 15 000 Menschen vor dem Regierungsgebäude der autonomen Provinz Vojvodina in Novi Sad demonstrierten, mit Joghurtbechern warfen und die Provinzregierung ultimativ zum Rücktritt aufriefen, wurde die dahinterstehende Strategie in Ansätzen deutlich. Gewiß gab es zahlreiche Gründe, gegen die unfähige und korrupte Führung in Novi Sad zu demonstrieren. Aber um soziale Forderungen ging es den Nationalisten gar nicht. Wieder waren es die Demonstranten aus dem Kosovo, die mit den Rufen »Kosovo ist Serbien« die Demonstration radikalisierten und auf nationalistische Ziele umlenkten. Die Führung der Vojvodina hatte zwar nichts mit dem Kosovo zu tun und beteuerte, auch sie sei für die Abschaffung des Autonomiestatus im Kosovo. Doch das nützte nichts. Der Sturz der Provinzregierung war ein wichtiger Schritt auf dem Weg, die Verfassungsreform in ganz Serbien durchzusetzen.

Zwei Tage später wiederholte sich das gleiche Schauspiel in der Hauptstadt Montenegros, Titograd, dem heutigen Podgorica. Arbeiter demonstrierten zunächst mit sozialen Forderungen gegen die verknöcherte Führung Montenegros, bis die Nationalisten die Stimmung in ihrem Sinne manipulierten. Zwar konnte sich die Republikführung noch behaupten, doch schon wenige Monate später sollte Milošević seinen Anhängern einen Zugang zu den Schalthebeln der Macht verschaffen.

In Westeuropa richtete sich das öffentliche Interesse auf die Entwicklung in der Sowjetunion und den Ostblockstaaten. Jugoslawien befand sich im Windschatten der medialen Aufmerksamkeit. Dennoch: manche Journalisten und Redaktionen begannen aufzuhorchen.

War die »antibürokratische Revolution« mit den demokratischen Bewegungen in Osteuropa zu vergleichen, wie Sprecher der serbischen Gemeinde in Berlin behaupteten? Oder war dies das Ende Jugoslawiens und der Beginn einer neuen Phase der Unterdrückung im Kosovo, wie Ibrahim Kelmendi, der seit Jahren in Deutschland lebende kosovoalbanische Aktivist, es darstellte? Wie man den Nachrichten der jugoslawischen Presseagentur Tanjug im Herbst 1988 entnehmen konnte, war eine tiefgreifende Verfassungsreform in Serbien in Vorbereitung. Höchste Zeit, wieder nach Serbien und in den Kosovo zu fahren.

Wieder war es November. Die Atmosphäre in Belgrad hatte sich innerhalb eines Jahres radikal gewandelt. Aggressive Jugendliche beherrschten das Stadtzentrum. *Gusle*-Sänger mit ihren eintönigen Balladen machten sich in den Fußgängerzonen breit. Das alles hätte man damals noch mit einem Lächeln abtun können. Rechtsradikale gab es überall, auch in den im Wandel begriffenen sozialistischen Ländern. Nicht aber die spontanen Versammlungen wie hier in Belgrad. Hunderte von Jugendlichen riefen plötzlich »Slobo, Slobo, Kosovo ist serbisch« und andere Parolen, um sich gleich wieder aufzulösen. Die Angestellten des Hotels rieten mir, diese Leute zu meiden. Und vorsichtig zu sein: »Die sind gefährlich.«

In einem der weitläufigen Regierungsgebäude in Novi Beograd wartete Radovan Sturanović auf mich, ein federführender Jurist, der die Vorstellungen Miloševićs über die Verfassungsreform in Paragraphen goß. Der weißhaarige, schlanke Herr erläuterte in dem damals üblichen Parteijargon die geplanten Veränderungen und betonte die »völlig legale Herangehensweise« des Parlamentes und der Regierung. 135 der 405 Artikel waren mit Zusätzen versehen worden. Serbien sollte die Kontrolle über die Polizei, die Gerichte und die Zivilverteidigung in den autonomen Provinzen erhalten, das Erziehungswesen sollte von nun an dem serbischen angeglichen werden. Eine eigenständige Wirtschaftspolitik war für die autonomen Provinzen nicht mehr möglich.

Freimütig bekannte der Mann sich zu einem Hauptziel der Veränderungen: Die autonomen Provinzen Kosovo und Vojvodina sollten von Serbien dominiert und geleitet werden, ohne den Status als autonome Provinzen in der Bundesrepublik Jugoslawien zu verlieren. Im Klartext: Ihr Sitz und ihre Stimme im gesamtjugoslawischen Staatspräsidium – in dem die beiden autonomen Provinzen gleichberechtigt mit den sechs Republiken vertreten waren – sollte in Zukunft von Serbien wahrgenommen werden. Zusammen mit Montenegro würde Milošević in Zukunft über vier Stimmen im Staatspräsidium verfügen. Slowenien, Kroatien, Bosnien-Herzegowina und Makedonien bildeten später den Gegenblock.

Interessant waren die Ausführungen von Radovan Sturanović in bezug auf die angestammten Rechte Serbiens und die Rechte von Minderheiten. Historisch gehörte der Kosovo zu Serbien, erklärte er, auch wenn die Serben nur eine Minderheit im Kosovo darstellten. Die von Serben bewohnten Gebiete in Kroatien und Bosnien jedoch gehörten auch zu Serbien, selbst wenn die serbische Bevölkerung, wie in der kroatischen und bosnischen Krajina, erst im 17. und 18. Jahrhundert eingewandert war. Der Widerspruch, einerseits historische Rechte im Kosovo und andererseits kollektive Rechte für die serbische Bevölkerung in Kroatien und Bosnien geltend zu machen, fiel dem Herrn gar nicht auf. Den Albanern im Kosovo sollten Rechte wie das der politischen oder kulturellen Selbstbestimmung vorenthalten werden, die für die Serben in Kroatien und Bosnien selbstverständlich gefordert wurden. Die serbische Politik wurde je nach Bedarf den nationalen Zielen untergeordnet. Dieser Widerspruch sollte die serbische Politik unglaubwürdig machen: sie war nicht auf universell gültige Prinzipien gegründet.

Bei jeder Nachrichtensendung dröhnte »Kosovo« aus den Fernseh- und Radiogeräten, in Restaurants und Bars waren neben patriotischen Liedern die noch immer populären Sommerschnulzen aus Kroatien zu hören. Überall, an jeder Ecke, beim Einkaufen, in den Restaurants und Cafés wurde über Serbien und die »Verbrechen der Albaner« diskutiert. Milošević war es gelungen, die politischen Leidenschaften zu wekken.

Unter den oppositionellen Intellektuellen der serbischen Hauptstadt waren 1988 die im Vorjahr noch üblichen Witzeleien über Milošević seltener geworden. Auch bei den härtesten Kritikern schwang jetzt Respekt mit, wenn vom Parteichef gesprochen wurde. Immerhin habe es der damals Siebenundvierzigjährige geschafft, die Verhältnisse zum Tanzen zu bringen. »Wer hätte sich vorstellen können, daß nach vierzig Jahren Parteiherrschaft und Ruhe im Land Hunderttausende auf die Straße gehen? Es kommt wieder Bewegung in die festgefahrenen Verhältnissen hier«, meinten manche, die den Inhalten der neuen Politik sonst ablehnend gegenüberstanden. Für viele war es verführerisch, die »antibürokratische Revolution« als etwas Positives zu begreifen. Milošević mischte die alte Parteihierarchie auf, brachte Bewegung in die Apparate. Korrespondierte das nicht mit den Bestrebungen in Osteuropa? War Milošević nicht sogar infiziert von Gorbatschow und seiner Reform?

Daß hier Symptome aus der Massenpsychologie des Faschismus auszumachen seien, wollte mein Gesprächspartner so nicht stehen lassen. Zoran Đinđić, der spätere Ministerpräsident Serbiens, der 2003 einem Attentat zum Opfer fiel, war damals noch Universitätsprofessor und hatte mit seinen 36 Jahren eine beachtliche Karriere vorzuweisen: Gefängnisstrafen und ein mehrjähriges Studium in Frankfurt sowie eine enge Zusammenarbeit mit dem Philosophen Jürgen Habermas gehörten dazu. Gerade deshalb hätte er für das Thema sensibilisiert sein müssen. »Diese Bewegung kann man nicht mit westlichen Maßstäben beurteilen. Die Serben waren immer jugoslawisch ausgerichtet. Doch seit zehn Jahren beobachtet man in anderen Republiken eine Entwicklung gegen den Gesamtstaat. Die Slowenen machen ihre eigene Politik, die Kroaten haben ebenfalls seit 1971 ihre Sonderwünsche, und selbst in Bosnien bezieht man sich auf sich selbst.«

Im Kosovo sah Đinđić ein unlösbares Problem. Manche nationalistischen Töne hielt er für übersteigert, doch er protestierte nicht gegen die antialbanische Propaganda. Interessant und wichtig fand er, daß mit der Mobilisierung demokratische Reformen durchgesetzt werden könnten. »Die Mobilisierung in der Vojvodina war ein Modell, wie man ein System, das sich selbst blockiert, verändern kann. Die Frage ist jetzt, ob die Politiker einsehen, daß die Menschen, die demonstrieren, aus unterschiedlichen Gründen gekommen sind. Nur wenn eine Demokratisierung in Aussicht gestellt wird, kann die Mobilisierung aufrechterhalten werden«, hoffte Zoran Đinđić damals.

Am 19. November würde die ganze Stadt demonstrieren, sagten serbische Journalisten im Journalistenbüro am Terazije-Platz. Denn aus dem Kosovo kamen Nachrichten, die der serbischen Öffentlichkeit gar nicht gefielen. Anders als in der Vojvodina und in Montenegro demonstrierten dort mehrere hunderttausend Albaner für ihre Parteiführung unter Azem Vllasi und Kaqusha Jashari, nachdem die Serben versucht hatten, die Provinzführung abzusetzen. Die Albaner begannen sich zu wehren. Sie protestierten gegen die ständigen Diffamierungen aus Belgrad. »Wir sind auch ein Volk«, riefen die Albaner und hielten Titobilder hoch.

Eine besondere Dynamik erhielt die Demonstration der Albaner durch den Marsch der Bergarbeiter von den Minen in Trepča (Trepça) und Stari Trg nach Prishtina. Fünf Tage lang belagerten sie das Parlament, bis der Versuch, die Parteiführung abzusetzen, abgebrochen werden mußte. Die Solidarität der Albaner mit der Führung des Bundes der Kommunisten Kosovos machte die beiden Führungsfiguren unverhofft zu

Volkshelden. Die Masse der Bevölkerung scharte sich um die kosovoalbanischen Kommunisten und nahm Abstand von den von Milošević bevorzugten Quislingen. Rahman Morena und zwei andere Parteimitglieder sollten nach dem Willen Belgrads Azem Vllasi ablösen. Die Demonstranten forderten die Einhaltung der Verfassung von 1974 und verteidigten das Autonomiestatut.

Die serbischen Kollegen steckten die Köpfe zusammen. Die *šiptari* – sie benutzten das in Serbien übliche herabsetzende Wort für Albaner, die offiziell *albanci* genannt wurden – wollten eine Sondersitzung des Zentralkomitees erreichen. Das war in ihren Augen ein Affront. Und eine »Konterrevolution«.

Es war damals schwer, mit serbischen Journalisten ins Gespräch zu kommen. Das lag nicht nur an den Sprachschwierigkeiten. Ich hatte den Eindruck, daß die meisten genau wußten, was sie taten. Mit kritischem, das Handeln der Regierung hinterfragendem Journalismus hatte ihre Arbeit nichts mehr zu tun. Gewohnt, »Transmissionsriemen« der Partei zu sein, also die Politik der Partei im Volk verständlich zu machen, wären die meisten von ihnen auch gar nicht auf die Idee gekommen, eine abweichende Meinung kundzutun. Schon begannen einige, sich im Stil der Tschetniks langes Haar und einen Bart wachsen zu lassen.

Am Morgen des 19. November 1988 strömten die Menschen auf den Platz vor das Parlamentsgebäude. Hunderte von Bussen aus allen Teilen Serbiens spuckten Tausende von Menschen aus. Die Menge trug jugoslawische Fahnen und Transparente mit dem Bild des Parteiführers. Es gab Anstecker mit der Aufschrift »Ich bin Serbe«. Viele Jugendliche liefen in der ständig größer werdenden Menge mit, aber auch viele Ältere mit verhärmten Gesichtern. Arme und verbitterte Menschen standen neben den wohlgenährten und modern gekleideten Angehörigen der Mittelschicht aus Belgrad. Viele der Menschen reagierten aggressiv, wenn sie merkten, daß sie es mit einem Ausländer zu tun hatten. Der Ex-Dissident und Nationalist Vojislav Šešelj kam auf meinen Begleiter, einen bekannten Dissidenten zu, und sagte: »Du lebst nur noch, weil ich dich schütze.«

Es war eine Mobilisierung des Hasses, der negativen Gefühle, der Aggressivität. Stundenlang warteten die Demonstranten, bis schließlich Milošević erschien. »Die Zeit des Jammerns ist vorbei, nun ist es Zeit zu handeln, wir werden gewinnen, Kosovo wird das Herz Serbiens bleiben, und niemand kann die Vereinigung Serbiens durchkreuzen«, rief er unter dem Jubel Hunderttausender. »Verhaftet Azem Vllasi« war eine der Parolen, die die Menge skandierte.

Milošević war erfolgreich, obwohl er mit keinem Wort die bedrückendsten Sorgen der Bevölkerung angesprochen hatte. In seinen Reden hörte man nichts von der Inflation, die zu diesem Zeitpunkt schon mehr als 300 Prozent betrug, vom Absinken des Lebensstandards, von einer neuen Wirtschaftspolitik, die eine Verbesserung der Lage versprach. Sein Weltbild war einfach und durchschlagend zugleich. Und es kam an.

Die Welt war voller Feinde. Neben den Albanern im Kosovo, die angeblich die Serben knechteten, vertrieben und serbische Frauen vergewaltigten, die das Herzland Serbiens an sich rissen und den historischen Boden »entweihten«, gab es auch jene, die sich mit ihnen verbündet hatten: Die Mafia der Parteibürokraten, die nur an ihren Vorteil dachten, die »mitteleuropäischen Slowenen mit ihrer Arroganz gegenüber den Südslawen«, die faschistischen Kroaten, die zusammen mit dem Vatikan die Serben vernichten wollten, und die anderen, denen einfach die »Größe Serbiens« ein Dorn im Auge war. »Alle haben uns im Stich gelassen, wir stehen wieder dort, wo wir vor siebzig Jahren standen, als nach dem Ersten Weltkrieg Jugoslawien entstand«, war die gängige Meinung.

»Slobo, Slobo« – das war ein Schlachtruf neuer Dimension. Mit *Slobo** für Serbien konnte die bedrückende Wirklichkeit im Lande vergessen werden, er verkörperte die geschichtliche Größe der Vergangenheit und gab die Richtung vor: Wir fürchten uns vor keinem unserer Feinde, wir nehmen den Kampf auf. Der Nationalismus überlagerte die sozialen Probleme, nationale Emotionen ersetzten jegliche Rationalität. Die vier im Kreuz angeordneten S – »Nur Einigkeit rettet die Serben« – waren ein unterschwelliges Signal, gegen »Verräter«, also alle »inneren Feinde« vorzugehen, die dieses Spiel nicht mitmachen wollten. An diesem Tag wurden die faschistischen und totalitären Elemente der Politik Miloševićs faßbar.

Die Probleme der Gesellschaft wurden aggressiv umgeleitet: nach innen gegen die Minderheiten und unabhängigen Köpfe, nach außen gegen die Nachbarvölker und »finsteren Mächte«. Es drohte ein Rückfall in die totalitären Strukturen der dreißiger und vierziger Jahre des 20. Jahrhunderts. Milošević hatte mit seiner Machtübernahme nicht gezögert, die eigene Partei von allen Kritikern zu säubern und in stalinistischer Manier auf sich selbst auszurichten.

Die Veränderung drückte sich auch im Umgang mit Ausländern aus. Natürlich gab es sie immer noch, die netten Kellner, die fröhlichen Abende mit Bekannten, die lustigen, offenen und zuweilen skurrilen Künstlertypen und Bohemiens, die mit Politik nichts am Hut hatten. Doch immer mehr mißtrauische und sogar feindliche Blicke begegneten mir, wenn ich mich als deutscher Journalist zu erkennen gab. Unter Tito waren die Deutschen als die ewigen Feinde gebrandmarkt, auf dem »antifaschistischen Befreiungskampf« basierte die Selbstlegitimation, das gesamte ideologische Gebäude des Regimes, vor allem in den fünfziger Jahren. Mit den Gastarbeitern seit Beginn der sechziger Jahre, die ein anderes, positiveres Bild

* Slobo – Abk. v. Slobodan; das serb. Adjektiv *slobodan* bedeutet »frei«.

Deutschlands und Österreichs nach Hause brachten, hatte sich das allmählich geändert. Dank der sozialdemokratischen Regierungen Brandt und Schmidt, aber auch der Regierung Kreisky in Österreich, wohin besonders viele Serben emigriert waren, war die erfolgreiche, von Sozialdemokraten geleitete »soziale Marktwirtschaft« in den siebziger und achtziger Jahren in ganz Jugoslawien überaus populär geworden.

Doch die serbische nationalistische Bewegung griff die alten Antipathien und Feindbilder wieder auf. Deutschland und Österreich wurden jetzt wieder als Mächte wahrgenommen, die angeblich immer gegen Serbien vorgegangen waren. Die Nationen Europas und der Welt wurden in gut und böse unterteilt, je nachdem, ob sie historisch für oder gegen die Serben gewesen waren. Wenn damals gebildete Serben, etwa der spätere serbische Außenminister Jovanović, höflich zu Deutschen sein wollten, sprachen sie über die Begegnung Johann Wolfgang von Goethes mit Vuk Stefanović Karadžić, dem Sammler der serbischen Volksdichtung und Begründer der serbischen Schriftsprache. Goethe sorgte für die Verbreitung dieser Sammlungen in Europa. Das weiß in Serbien jedes Kind. Daß Vuk Karadžić in der Tradition der Gebrüder Grimm die Nation durch Blutsbande definiert und damit den bürgerlichen Staatsbegriff der Französischen Revolution negiert hatte, nahm allerdings kaum jemand in kritischer Weise wahr.

Die Unhöflichen – und unhöflich wurden immer mehr – erinnerten an die Geschichte des Ersten wie des Zweiten Weltkriegs. Als die von Serbien ausgerüsteten Terroristen der Gruppe *Mlada Bosna* (Junges Bosnien) 1914 den Thronfolger des Habsburgerreiches ermordeten, brach der Erste Weltkrieg aus, in dem Serbien letztlich erfolgreich gegen Österreich und damit auf der Seite der Alliierten gekämpft hatte. Als Adolf Hitler 1941 den serbischen König in eine Allianz mit den Mittelmächten drängen wollte, putschten mit britischer Hilfe einige königstreue Generäle und zwangen die Wehrmacht zu einem

Feldzug auf dem Balkan. Die Bombardierung Belgrads durch die deutsche Luftwaffe am 6. April 1941, die rasche Besetzung ganz Jugoslawiens und die in der Folgezeit von den Nazis begangenen Verbrechen, so der Mord an 400 Schülern in Kragujevac, sitzen tief im Bewußtsein der Serben.

Das Ustascha-Regime, das nach dem Einmarsch der Deutschen und Italiener 1941 von dem italienischen Führer Benito Mussolini in Zagreb eingesetzt wurde, verfolgte die serbische Bevölkerung in Kroatien und Westbosnien in grausamer Weise. Zehntausende von Serben kamen zusammen mit den verfolgten Kommunisten und Gewerkschaftern, mit Juden und denunzierten Bürgern in die Konzentrationslager des Regimes. Das berüchtigte Lager Jasenovac war nur eines von vielen. Die Erinnerung an die grausame Verfolgung der Serben durch die Ustascha im Zweiten Weltkrieg sollte dann in den achtziger Jahren die Mobilisierung der Serben Kroatiens für nationalistische Ziele erleichtern und ein Stück weit legitimieren, wenn auch die Zahl der Opfer in der serbischen Propaganda weit übertrieben dargestellt wurde.

Kein Wunder also, daß die Waffenbrüder des Zweiten Weltkriegs, Briten und Franzosen, die 1988 Belgrad besuchten, mit Freundlichkeiten überhäuft wurden, während man den Deutschen mehr und mehr die kalte Schulter zeigte. Den dumpfen Krawallmachern, die jetzt an allen Ecken »Slobo« riefen, als Deutscher zu nahe zu kommen war nicht ratsam. In Deutschland spielte die emotionale Seite im Verhältnis beider Nationen 1988 überhaupt keine Rolle. Die meisten Bundesbürger kannten Jugoslawien nur als Ferienland, differenzierten nicht nach Serben, Kroaten, Bosniern oder Albanern, für sie waren alle Jugoslawen. Die geschichtliche Erinnerung war verloren gegangen – auch das im Prinzip freundliche Verhältnis zu den Albanern. Und so war die Gesellschaft zu diesem Zeitpunkt gar nicht in der Lage, die Informationen über die Entwicklung in Jugoslawien adäquat wahrzunehmen.

Die deutschen Diplomaten wollten von der dramatischen Entwicklung im Kosovo kaum etwas wissen. Die nationalistische Radikalisierung in Serbien spielten sie herunter. Weitere Besuche in der Deutschen Botschaft erübrigten sich, sie brachten nichts. Die in Belgrad lebende amerikanische Journalistin Laura Silber hatte damals ähnliche Eindrücke vom gesamten diplomatischen Korps.

Die Indifferenz vieler westlicher Diplomaten hatte auch damit zu tun, daß sie sich in Belgrad behaglich eingerichtet hatten. Sie nahmen Belgrad als Hauptstadt Jugoslawiens wahr, nicht so sehr als die Serbiens. Und Serbien profitierte noch zu diesem Zeitpunkt davon, daß der international durchaus respektierte Staat Titos eher mit Serbien als mit den anderen Republiken gleichgesetzt wurde und viele Diplomaten nicht einmal wußten, daß Tito ein Sloweno-Kroate war. Noch 2008 war ein Bundestagsabgeordneter bei einem Besuch in Sarajevo überrascht, als er davon hörte.

Eine Reise nach Kroatien oder Bosnien war für die internationalen Diplomaten damals zumeist nicht mehr als eine Reise in die Provinz, eine Reise in den Kosovo eine überflüssige Strapaze. Bei den Diskussionen in Belgrad, bei Einladungen und Empfängen, waren Serben in der Überzahl. Die serbische Position war für die Diplomaten allgegenwärtig und wurde oftmals sogar als die jugoslawische interpretiert, Korrektive aus anderen Teilen des Landes fehlten vielfach. Ausnahmen gab es natürlich: eine CIA-Analyse, die 1990 veröffentlicht wurde, sollte die Wirklichkeit dieser Jahre ziemlich zutreffend beschreiben.

Hitzig wurden die Diskussionen selbst mit demokratischen Dissidenten, wenn an die serbischen Verbrechen im Zweiten Weltkrieg erinnert wurde. Daß Tito 1946 den königstreuen serbischen Tschetnikführer Draža Mihailović wegen Kollaboration mit der Wehrmacht und der SS hinrichten ließ, war vielen Gesprächspartnern nicht angenehm. Und auch die Erinnerung daran, daß die Nazis schon am 17. April 1941 ein Quislingregime in Serbien etablierten. General Milan Nedić, ein serbischer Pétain, wurde von der serbischen Faschistenpartei *Zbor*, den Ljotić-Truppen und eigenen Verbänden unterstützt – auch bei der Verfolgung der jüdischen Bevölkerung. Das Gros der königstreuen Tschetniks kämpfte ab Herbst 1941 vor allem gegen die Partisanen Titos, kollaborierte zeitweise mit den Nazis und beging selbst schwere Verbrechen, so gegen die muslimische Bevölkerung Ostbosniens, in Foča und anderswo. Mit dem Antifaschismus der Serben war es also nicht so weit her.

Doch das wollte in Serbien damals fast niemand wahrhaben. Das tief verwurzelte Selbstverständnis, die serbische Nation sei per se »antifaschistisch«, führte in der Folgezeit zu einer tiefgreifenden ideologischen Konfusion. Dieses Verständnis erschwerte es selbst kritisch eingestellten Personen, die sich entwickelnde national-sozialistische Koalition der Milošević-Partei mit den extremen Nationalisten als eine totalitäre Entwicklung wahrzunehmen und als solche innenpolitisch zu bekämpfen. Sie führte sogar dazu, daß die in der Folgezeit in den Kriegen in Kroatien, Bosnien und im Kosovo begangenen ungeheuerlichen Verbrechen von vielen Serben als »Verteidigung« empfunden wurden. Die Nachbarnationen waren in den Augen selbst rechtsextremer Tschetniks »Faschisten«, die es zu bekämpfen galt. Die wirkliche Geschichte Serbiens während des Zweiten Weltkriegs war verdrängt oder uminterpretiert worden.

Das emotionale Ende Jugoslawiens

Der Marsch der Bergarbeiter im Kosovo hatte die Entwicklung nicht mehr aufhalten können. Am 25. November wurde die neue Verfassung im serbischen Parlament vorgestellt. Doch um einen halbwegs legal erscheinenden Vorgang zu erreichen, der für das Staatspräsidium Jugoslawiens akzeptabel war, mußte Milošević versuchen, das Provinzparlament in Priština dazu zu bringen, die Verfassungsänderungen zu akzeptieren.

Auf dem Rückweg besuchte ich erneut Ljubljana und traf dort auf slowenische Journalisten, die sich mit Sorge und Neugier auf mich stürzten. Natürlich waren sie darüber informiert, was in Belgrad passiert war. Die Massenkampagne und die Medienmanipulation in Serbien war auch ihnen nicht entgangen, versuchten sie doch gerade selbst, neuen Wind in den Journalismus zu bringen, die Parteihierarchie zu demokratisieren, auszutesten, wie weit die »Pressefreiheit« reichte, und jegliche Funktion als »Transmissionsriemen« der Partei abzulegen. Die Ereignisse in Serbien und im Kosovo forderten sie heraus.

Und sie betrachteten mit Sorge die Drohgebärden der Armee gegenüber ihrer eigenen Republik. Vor allem nachdem der slowenische Funktionär der kommunistischen Jugendorganisation Janez Janša, der Fähnrich Borstner und die Redakteure des Politmagazins *Mladina* Zavrl und Tasić im Sommer 1988 Putschpläne des Militärs in Jugoslawien aufgedeckt und veröffentlicht hatten (zeitgleich auch in der *taz*). Als ein Militärgericht die vier zu eineinhalb bis vier Jahren Gefängnis verurteilte, kam es zu einer beispiellosen Welle des Protestes, der die slowenische Regierung veranlaßte, den Hafttermin immer wieder hinauszuschieben, was andererseits die Armeeführung zur Weißglut brachte.

Die vier wurden in Slowenien zu Volkshelden. Man war stolz darauf, es der Armee gezeigt zu haben. Daß die Bundesorgane, die in Slowenien so forsch aufgetreten waren, sich gegenüber Milošević als ziemlich schwach erwiesen, steigerte die Empörung. Hinzu kam, daß weder Kroatien noch die anderen Republiken Milošević in der Frage der Verfassungsänderungen Widerstand entgegensetzten. Kosovo hätte eigentlich im Mittelpunkt des Interesses stehen müssen.

Da mußte ein ausländischer Journalist daherkommen und sich für den Kosovo interessieren, während man selbst noch nie im Kosovo gewesen war. Ervin Hladnik-Milharćić und Franci Zavrl entschlossen sich endlich, im Januar 1989 in den Kosovo zu fahren und die Bergarbeiter in Trepča und Stari Trg zu besuchen. Ihre Reportage wurde gerade zu dem Zeitpunkt publiziert, als die Bergarbeiter von Trepča und Stari Trg erneut gegen die Versuche von Milošević protestierten, das Parlament zu zwingen, die Verfassungsänderungen anzunehmen. Einige tausend Bergarbeiter begannen einen Hungerstreik. Und das war ein Signal für ganz Jugoslawien, denn in Trepča hatte 1941 eine der ersten Aktionen der Partisanen stattgefunden und die Arbeiter des Bergwerkes gehörten zu den in den Geschichtsbüchern verehrten Helden.

Die Reportage von Ervin Hladnik-Milharćić und Franci Zavrl sowie die Fernsehdokumente, die beide lieferten, stießen auf ein gewaltiges Echo und lösten angesichts des Hungerstreiks der Bergarbeiter einen weiteren Protestschrei in Slowenien aus. Doch auch in anderen Republiken begann man aufzuhorchen. »Meine Frau Miriam war die erste, die sagte, man müßte jetzt was unternehmen. Jozef Skolc, der Vorsitzende des kommunistischen Jugendverbandes schlug vor, eine Demonstration zu organisieren. Viele junge Politiker wie der Vorsitzende des Menschenrechtskomitees und spätere Innenminister Igor Bavcar versammelten sich in meinem Haus, und wir planten die Aktion. Als Parteichef Kučan Wind davon bekam, schlug er vor, auf die Demonstration zu verzichten und stattdessen eine Protestveranstaltung im *Cankarjev dom* abzuhalten, wo er dann auch auftrat«, berichtete Ervin Hladnik-Milharćić.

In der Zwischenzeit war es Milošević gelungen, den Widerstand der Bergarbeiter zu brechen. Die von ihm eingesetzte Parteiführung unter Rahman Morena trat im Februar 1989 – wie im November 1988 schon einmal geschehen – zum Schein zurück, um die Arbeiter zu beruhigen, doch als sie den Streik abbrachen, war Milošević am Ziel.

Am nächsten Tag, dem 27. Februar 1989, protestierten die Slowenen. Die Veranstaltung wurde im slowenischen Fernsehen übertragen. Das serbische Fernsehen schaltete sich ein. Und plötzlich sahen die Serben, was andere über ihre Kosovokampagne dachten. Ein slowenischer Redner nach dem anderen verurteilte die serbische Repression im Kosovo und drückte Solidarität mit den Bergarbeitern aus. Die Bergarbeiter in Trepča verteidigten das Recht der Bürger und Kommunisten, ihre eigene Führung zu wählen, erklärte der slowenische Parteichef Milan Kučan. »Jugoslawien wird in Trepča verteidigt.«

Ein Sturm der Entrüstung brach in Serbien los. Die nächste Massendemonstration brauchte nicht organisiert zu werden. Tausende marschierten noch am Abend spontan ins Zentrum der Stadt, um gegen Slowenien zu demonstrieren. Studenten sammelten sich am nächsten Morgen zu Demonstrationszügen, Arbeiter kamen aus den Fabriken.

Milošević verlangte vom gleichzeitig tagenden jugoslawischen Staatspräsidium, den Ausnahmezustand im Kosovo auszurufen. »Verhaftet Azem Vllasi«, forderten die Demonstranten. Manche riefen nach Waffen. Die Versammlung dauerte den ganzen Tag und wuchs zeitweise auf fast eine Million Menschen an. Milošević ließ sie bis zum nächsten Morgen warten, dann trat er auf. Er erklärte in knappen Worten, daß nichts die serbische Führung aufhalten könne: »Wir werden diejenigen verhaften, die verhaftet werden müssen, egal, welche Funktion sie innehaben.«

Die Jagd auf Azem Vllasi und viele andere begann. Hunderte Albaner wurden verhaftet. Armee und Polizei umstellten am 23. März 1989 das Parlamentsgebäude in Priština und bedrohten die albanischen Abgeordneten. Unter diesem Druck stimmten viele Abgeordnete den Verfassungsänderungen in

Serbien zu, was gleichbedeutend mit ihrer Entmachtung war. Am 28. März 1989 feierte Serbien die Proklamation der neuen Verfassung (die erst im September 1990 vom serbischen Parlament verabschiedet werden sollte).

Die Verfassung von 1974 war Geschichte. Nun bestimmte Belgrad wieder über die Sicherheit und die Justiz, die Wirtschafts-, Sozial- und Bildungspolitik im Kosovo. Die albanische Sprache wurde umgehend aus dem öffentlichen Leben verbannt. Milošević war in Serbien auf dem Höhepunkt seiner Popularität, und die serbische Bevölkerung wie besoffen von seinem Erfolg.

Neben den Albanern waren nun auch die Slowenen zu den Hauptfeinden Serbiens aufgerückt. Serbien rief zu einem Boykott slowenischer Waren auf, was unbeabsichtigt die Unabhängigkeitsbewegung in Slowenien stärkte. *Bratstvo i jedinstvo*, Brüderlichkeit und Einheit, Jugoslawien also, gab es zwar noch formell, ab diesem Zeitpunkt emotional jedoch nicht mehr.

»Milošević hatte alles genau geplant«

Genau 20 Jahre nach dem ersten Marsch der Bergarbeiter von Trepça (Trepča) auf Prishtina, am 17. November 2008, sitze ich dem damaligen kommunistischen Parteivorsitzenden Azem Vllasi im Hotel Grand gegenüber. Schmunzelnd erzählt er, wie er während der Demonstration vom Februar 1989 im Auto an Belgrad vorbeifuhr, um seine Familie in das bosnische Bjieljina, die Heimatstadt seiner Frau, zu bringen. »Dann hörte ich im Autoradio, wie die Demonstranten meine Verhaftung forderten.« Er war versucht, ins Zentrum Belgrads zu fahren, um auf der Versammlung zu sprechen, doch die Sicherheit seiner Familie ging vor. Einige Tage später stellte er sich der Polizei. Die Solidarität der Bergarbeiter habe ihn damals tief bewegt, der Hungerstreik im Februar 1989 war heroisch.

Frage: *Wie haben sich denn die Serben im Bund der Kommunisten Kosovos verhalten?*

Azem Vllasi: 1986/87 waren die Serben in der Partei noch korrekt, wir arbeiteten normal zusammen. Zu dieser Zeit konnten und wollten die Serben in unserer Partei noch nichts gegen uns unternehmen. Zwar war Dobrica Ćosić schon 1985 nach Kosovo Polje gekommen, um einige Serben zu mobilisieren, die dann kleine Demonstrationen in Belgrad organisierten. Seine Absicht war natürlich, unter den Serben selbst erst einmal eine antialbanische Atmosphäre zu schaffen. Kosta Bulatović und andere halfen ihm dabei. Aber in der Partei war anfänglich noch alles in Ordnung. 1986 zum Beispiel, da saß ich mit einem hohen Funktionär unserer Partei privat zusammen. Er meinte, die damals schon zu spürende Veränderung sei serbische Propaganda aus Belgrad.

Ivan Stambolić und der Präsident der Belgrader Partei, Dragiša Pavlović, waren sehr vorsichtig, sie sagten, wenn die Kosovoserben nach Belgrad kommen, dann wird es Konflikte in Belgrad geben und nicht im Kosovo. Ihr kommt nicht her, wir kommen in den Kosovo, um über die Probleme zu sprechen, erklärten sie den Radikalen. Dann kam Stambolić 1986 hierher und sprach mit den nationalistischen Serben, sagte, wenn ihr noch mal nach Belgrad kommt und dann mit der sowjetischen Botschaft sprecht – was sie bei einem dieser Besuche schon gemacht hatten –, dann betrachten wir dies als Hochverrat. Also macht das nicht mehr. Im April 1987, ein Jahr nach der Veröffentlichung des Memorandums der Akademie der Wissenschaften, sagte die orthodoxe Kirche, Stambolić sei kein guter Führer der Serben, er berücksichtige nicht unseren Willen, wir wählen unseren Führer, und das war Milošević. Er kam mit Hilfe der Orthodoxen an die Macht.

Wann spürten Sie, daß die Lage wirklich gefährlich wurde?

Nach dem Besuch von Milošević in Kosovo Polje. Stambolić sollte eigentlich kommen, aber er konnte oder wollte nicht.

Dann wurde Milošević von der Gruppe der Serben in Kosovo Polje eingeladen. Und er hat zugestimmt, mit ihnen zu sprechen, ohne Azem Vllasi. Ich bekam Wind davon, habe in Belgrad angerufen und gesagt, du bist eine offizielle Person. Deshalb mußt du auch ganz offiziell mit uns zusammentreffen. Wir sind bereit, über alle anliegenden Probleme auch öffentlich zu sprechen, zusammen in Kosovo Polje vor den Leuten, wir können dort ein Meeting machen. Serben und Albaner. Er sagte, okay. Ich sagte, mittags werden wir mit dir ein Treffen in Priština haben, dann fahren wir am Nachmittag zusammen nach Kosovo Polje. Wir warteten an diesem 28. April, er kam nicht, ich rief in Belgrad an, die Sekretärin sagte, er sei schon im Kosovo. Um fünf Uhr sollte die Versammlung in Kosovo Polje stattfinden. Wir fuhren nach Kosovo Polje, zu dem Saal, in dem die Diskussion vor 200 Leuten stattfinden sollte. Aber draußen hatte sich die Menge versammelt. Und dann ging er raus und sprach die berühmten Sätze, die sofort von den serbischen Medien verbreitet wurden. Die Medien stürzten sich auf den Text seiner Rede.

Seine Rede war also nicht spontan, es war alles schon vorbereitet?

Es sieht so aus. Andere kamen mit ihren Reden nicht mehr zum Zuge. Wenig später saß ich wieder mit dem vorhin erwähnten Parteifunktionär aus dem Kosovo zusammen, ich fragte ihn, wie geht das weiter in Belgrad, er sagte, darüber kann ich mit dir nicht sprechen, ich habe Angst, meine Familie, du verstehst. Danach begannen sich die serbischen Parteimitglieder langsam zurückzuziehen.

Milošević und seine Leute schufen ein Klima der Angst unter den serbischen Kommunisten Kosovos. Die Serben in der Partei standen nun unter direkter Kontrolle Belgrads. Sie fuhren zu den Versammlungen nach Belgrad und erzählten, die Albaner zerstörten serbische Gräber und vergewaltigten serbische Frauen. Man muß sich das mal vorstellen.

Und dann ging die Kampagne weiter. Dazu gehörte auch die Frauendemonstration. Als im September 1987 in Paracin im Militärcamp ein junger Albaner, Azis Kelmendi, seine Kameraden erschoß, wurde diese Geschichte von den Medien breitgetreten. Die Atmosphäre wurde noch giftiger.

Erst einige Jahre später, ich glaube vier Jahre danach, haben wir erfahren, daß die Geschichte eine Inszenierung des Militärgeheimdienstes war, die Schüsse des albanischen Soldaten gab es nicht, die Geschichte war frei erfunden. Die Geschichte vom mordenden Albaner sollte die anderen Nationen in Jugoslawien mobilisieren, unter den Opfern befanden sich ja angeblich auch zwei Muslime und ein Kroate. Ein Richter am Militärgerichtshof, der in Pension ging, hat uns gegenüber gestanden, daß alles erfunden war. Es gibt nach wie vor Leute in Belgrad, die die gesamte Wahrheit kennen.

Einiges von der Wahrheit ist ja schon im Prozeß gegen Milošević in Den Haag herausgekommen. Das aber nicht.

(Lacht) Manche hätten damals nicht gedacht, wo sie schließlich landen werden. Bulatović und Miroslav Soljević sind 1990 von Milošević wieder entlassen worden, sie hatten ihre Mission erfüllt und wurden nicht mehr gebraucht. Bulatović lebt jetzt in Montenegro, in Danilovgrad, nahe Podgorica.

Am 24. April 1990 bin ich aus dem Gefängnis entlassen worden. Seither kümmere ich mich wieder um den Kosovo. Hier, mit meinen Leuten, fühle ich mich glücklich. Meine Kinder sind in die USA gegangen, sie haben studiert und sind erfolgreich in ihrem Beruf. Bulatović hat mir vor wenigen Tagen mitteilen lassen, er wolle mit mir sprechen und mir einige Informationen geben. Mal sehen, ob er es auch wirklich tut.

5
Kosovo im Schatten der osteuropäischen Revolutionen

Das Jahr 1989 sollte mit dem Fall der Mauer in Berlin zu einem Jahr der weltgeschichtlichen Ereignisse werden. Es gelang der *taz* schon 1988, eine Ostberlin-Seite zu publizieren, in der Bürgerrechtler und Intellektuelle wie Wolfgang Templin, Lutz Rathenow und viele andere, die in der ostdeutschen Opposition eine Rolle spielten, ihre Positionen öffentlich machen konnten. Organisiert wurde die Kommunikation durch den nach seiner Ausweisung aus der DDR in Westberlin lebenden, aus Jena stammenden Dissidenten Roland Jahn, dem es gelang, die Materialien aus der DDR nach Westberlin zu schmuggeln.

Angesichts der berechtigten Vermutung, die Stasi habe einige Leute in der Redaktion installiert – später stellte sich tatsächlich heraus, daß mindestens vier Mitarbeiter der Stasi zugearbeitet hatten –, behandelte ich die Kontaktaufnahmen diskret. Niemand in der Redaktion wußte genau, wer wann wo nach Ostberlin reiste, das blieb streng geheim.

Wie politischer Gegenwind entsteht und welcher Mittel sich totalitäre Regime bedienen, konnte ich auf einer Konferenz erahnen, die sich im Frühjahr 1989 kritisch mit der *taz*-Osteuropaberichterstattung auseinandersetzte. Mehr als zwanzig »Experten« des Osteuropa-Instituts der Freien Universität und andere Interessierte kritisierten die politische Linie des verantwortlichen Redakteurs scharf. Waren Mitarbeiter der Stasi dabei oder einige Wortführer gebrieft, um eine entsprechende Stimmung zu erzeugen? Es war jedenfalls auffällig.

Für mich war das ein lehrreiches Beispiel, das mir später,

in bezug auf den Konflikt in Jugoslawien, noch zugute kommen sollte. Naiv und gutgläubig gegenüber anderen konnte man nach solchen Erfahrungen nicht mehr sein. Auch das serbische Regime sollte in der Folgezeit mit vielen Mitteln kämpfen, um die Öffentlichkeit in Europa und in Deutschland zu beeinflussen. Neben der Verbreitung von Propaganda und Desinformation ging es Miloševićs Leuten wie der Stasi darum, Multiplikatoren einzubinden. Der britische Historiker Brendan Simms deckt in seinem Buch *Unfinest Hour: Britain and the Destruction of Bosnia* sogar auf, wie es Milošević gelang, Sympathisanten und Mitarbeiter seines Geheimdienstes in den höchsten Stellungen des britischen Regierungsapparates zu plazieren.

Gezielt schleuste die Stasi ihre Leute auch in die linke Szene Westdeutschlands ein. Warum sollte ein Regime wie das von Milošević in Deutschland nicht ähnlich handeln? Zumal es in seinem Interesse lag, die pazifistische Grundströmung in der deutschen Gesellschaft zu verstärken. Zudem existierte bekanntlich ein sehr aktives Netzwerk des jugoslawischen Geheimdienstes, dem z.B. der kroatische Extremist Tuta (Mladen Naletelić) angehörte, der später Mostar terrorisieren sollte, oder der künftige serbische Milizenführer Arkan (Željko Ražnjatović). Auf das Konto dieses Netzwerks gingen Morde an Exilanten – so 1982 an dem Kosovo-Schriftsteller Jusuf Gervalla, seinem Bruder und einem Freund. Mit dem Zerfall Jugoslawiens sollte es ebenfalls auseinanderbrechen, aber es blieben den Serben noch genug Leute, die für die »gute Sache« kämpfen wollten.

Und es gab einige Aktivisten der aus den siebziger und achtziger Jahren stammenden Friedensbewegung, die autonome Szene, von denen offenbar manche in Milošević einen Verteidiger des Sozialismus auszumachen glaubten; außerdem einige sozialdemokratische Bewunderer Jugoslawiens, die in Milošević ebenfalls einen neuen Tito sehen wollten, sowie

Altkommunisten, die sich als gutgläubige Sympathisanten des Regimes entpuppten.

Mehr aus Unwissenheit allerdings übernahmen manche Zeitungen 1989 zunächst die Schlagworte des Milošević-Regimes wie »Separatisten«, »Konterrevolutionäre« und »Terroristen«, die von der jugoslawischen Presseagentur *Tanjug* oder anderen serbischen Medien verbreitet wurden. Doch die mit den osteuropäischen Verhältnissen vertrauten Journalisten wußten, wie diese Terminologie zu verstehen war. Die von Belgrad gesteuerte Desinformation sollte erst später, während des Krieges in Kroatien, Bosnien und danach wieder im Kosovo, ihre volle Wirkung entfalten.

Die Kosovoalbaner gaben nicht auf, sich gegen die immer stärker werdende Repression des Regimes zu wehren. Nachdem es gelungen war, die Abgeordneten des Parlamentes im Kosovo so einzuschüchtern, daß sie letztendlich den Verfassungsänderungen zustimmten – was nicht unbedingt ein Ruhmesblatt für die Kosovoalbaner war –, kam es zu Demonstrationen in den unterschiedlichsten Orten des Landes. Sogleich wurde der Ausnahmezustand verhängt, eine nächtliche Ausgangssperre angeordnet und Panzer in den Zentren der größeren Städte postiert.

Einem Demonstrationszug von etwa tausend Frauen in dem Städtchen Uroševac (Ferizaj) schlossen sich bald 6000 Menschen an. *Tanjug* meldete, die Demonstranten hätten zur »Schußwaffe« gegriffen, was die anrückenden Soldaten dazu veranlaßt habe, von Pistolen und Knüppeln Gebrauch zu machen. Mit Hilfe von Wasserwerfern und Tränengassalven sei die Ruhe wiederhergestellt worden. Im Polizeibericht sollte später vom Kampf gegen eine Gruppe »nationalistischer Terroristen« die Rede sein, von »Separatisten« und »Feinden des Staates«, die den Konvoi der Sicherheitskräfte angegriffen hätten.

Azem Vllasi wurde nicht allein, sondern zusammen mit zwei

Generaldirektoren der Bergwerke von Stari Trg und Trepča und einhundert anderen Funktionären verhaftet. Viele Arbeiter bezahlten den Streik in den Bergwerken mit Gefängnisstrafen. Und serbische Extremisten wie Bogdan Kecman forderten von Milošević die Ansiedlung von 600000 Serben im Kosovo. Die Bundesregierung Jugoslawiens machte sogar die Zusage, 2000 Wohnungen und 5000 Häuser für die »serbischen Kolonisten« zu finanzieren und warf damit die Politik Titos über den Haufen. Denn der hatte sich nach 1945 gegen die Rückkehr der im Zweiten Weltkrieg vertriebenen serbischen Kolonisten, die in den zwanziger Jahren im Kosovo angesiedelt worden waren, ausgesprochen.

Serbien befand sich in einem Taumel der nationalen Mobilisierung. Am 28. Juni 1989, dem *Vidovdan*, dem 600. Jahrestag der Schlacht auf dem Amselfeld, versammelten sich etwa eine Million Serben vor dem Denkmal. »Serbien den Serben« stand auf den Aufklebern der Autos. Die Demonstranten trugen Ikonen serbisch-orthodoxer Heiliger und Porträts von Zar Lazar. Nationalistische und religiöse Gesänge, serbische Volksmusik und die Deklamation nationaler Literatur dröhnten aus allen Radios.

Alle waren sie gekommen: neben den serbischen Honoratioren und Kirchenfürsten – so Patriarch German, der sich im Kosovo einen Fuß brach und danach im Krankenhaus verstarb – waren viele Politiker Jugoslawiens zu sehen. Auch das jugoslawische Staatspräsidium und die Regierung Jugoslawiens. Die kommunistische Nomenklatura verbeugte sich 1989 vor Slobodan Milošević.

Selbst unter den serbischen Kommunisten gab es zunehmend radikale nationalistische Stimmungen: Nach einer Umfrage haben mehr als zehn Prozent aller Parteimitglieder die »humane Aussiedlung« der Albaner aus der Provinz befürwortet. Sie wollten die Albaner aus ihrer Heimat vertreiben und überall in Jugoslawien »verstreuen«. Ein großer Teil der

Mitglieder befürwortete zudem die Rehabilitierung des ehemaligen Innenministers Ranković.

Auch das diplomatische Korps verbeugte sich vor dem serbischen Nationalismus: die Botschafter aus allen akkreditierten Ländern saßen in der ersten Reihe. Viele Staatsgäste vor allem aus den blockfreien Ländern feierten mit. Die Vertreter von Gemeinden und Städten aus ganz Serbien führten die Delegationen ihrer Mitbürger an.

Das »serbische Volk« beherrschte an diesem Tag Priština. Die albanische Bevölkerung verkroch sich in ihren Häusern und Wohnungen, niemand wollte Provokationen zum Opfer fallen. Da Schnaps und Bier in Mengen floß, war diese Sorge nicht unberechtigt. Doch die Demonstranten zerstreuten sich, kehrten ohne größere Zwischenfälle nach Hause zurück.

Mehr Sorgen machte, daß angesichts der rasanten Zuspitzung der Lage im Ostblock die politischen Entwicklungen in Jugoslawien kaum internationale Beachtung fanden. Die Zeitungen berichteten zwar, aber die Öffentlichkeit beschäftigte sich mit anderen Dingen. So mit den DDR-Bürgern, die im Sommer 1989 in Ungarn ausharrten und nach einer Möglichkeit suchten, den Eisernen Vorhang nach Österreich zu überwinden.

Es waren ja auch aufregende Tage in diesem ungarischen Sommer. Zuerst waren es nur einige, die den Stacheldraht an der ungarisch-österreichischen Grenze durchschnitten hatten und in den Westen geflohen waren. Doch die Gerüchte über ihre erfolgreiche Flucht machten die Runde, und Tausende DDR-Bürger versuchten nach Ungarn zu kommen. Manche überwanden unter großem Risiko die tschechisch-ungarische Grenze und wurden von den Ungarn herzlich empfangen, einige Polizisten lösten den verdatterten Flüchtlingen ein Bahnticket nach Budapest. Faszinierende Geschichten von der spontanen Bereitschaft der ungarischen Bevölkerung, den Flüchtlingen zu helfen. Und dann die Demonstrationen in

Leipzig, »Wir sind das Volk!« – die DDR-Führung begann zu wanken.

In der Kommunistischen Partei Ungarns begannen sich die Reformkräfte durchzusetzen, das gesamte Gefüge des Staates geriet in Bewegung. In Prag verkündete der westdeutsche Außenminister Hans-Dietrich Genscher die Ausreise von Tausenden DDR-Bürgern. Der Eiserne Vorhang war durchlässig geworden. Höchste Zeit, nach Berlin zurückzukehren. Die Öffnung der Mauer war nicht mehr undenkbar.

Und doch dachte ich in diesen Wochen oft an die Lage im Kosovo und in Jugoslawien. Denn es zeigte sich auch hier ein Hoffnungsschimmer am Horizont. Mit dem 1924 im bosnischen Konjic geborenen Wirtschaftsexperten Ante Marković schien sich ein Gegenspieler zu Milošević herauszukristallisieren. Der Wirtschaftsfachmann und ehemalige Direktor der erfolgreichen und weltweit operierenden Rade-Končar-Fabrik in Zagreb, die auch Turbinen für Kraftwerke herstellte und exportierte, wurde im März 1989 zum Premierminister des jugoslawischen Gesamtstaates bestellt. Und es gelang ihm mit Hilfe internationaler Finanzorganisationen ziemlich rasch, die rasende Hyperinflation, die schon 2600 Prozent erreicht hatte, zu stoppen, den Dinar zu stabilisieren und einige unrentable Betriebe zu schließen.

Sein hart durchgreifendes Wirtschaftsprogramm machte ihn 1989 bei vielen Menschen populär; die wachsende Arbeitslosigkeit als Folge seiner Schocktherapie trieb jedoch andererseits den Nationalisten in allen Landesteilen Anhänger zu. Im Herbst 1989 hatte Marković noch eine Chance, das Steuer in Jugoslawien herumzureißen.

Marković gründete zwar eine eigene Partei, die »Allianz der Reformkräfte«, eine Sammlungsbewegung der Reformer, und lag bei landesweiten Umfragen ganz vorn, dennoch gelang es ihm nicht, die Republikführungen nachhaltig einzubinden. Hätte er stärker die Idee vertreten, Mehrparteienwahlen zunächst für das gesamtjugoslawische Parlament und erst dann in den Republiken abzuhalten, wäre vielleicht alles anders gekommen. Marković sollte zu viele Kompromisse eingehen und ohne wirksame politische Unterstützung aus dem demokratischen Ausland bleiben. Das hatte wiederum mit den dramatischen Ereignissen anderswo zu tun. Die nächsten Wochen und Monate ließen das Problem Jugoslawien und Kosovo in der westlichen und östlichen Öffentlichkeit völlig in den Hintergrund treten.

Als am 9. November um 19.12 Uhr der Ticker anschlug und das SED-Politbüromitglied Schabowski zitiert wurde, der verklausuliert die sofortige Reisefreiheit für die DDR-Bürger andeutete, waren außer mir nur noch die Redakteure Max-Thomas Mehr und Raul Gersson in der Redaktion. Wir mußten nun entscheiden: Bedeutete diese Aussage den Fall der Mauer? Wir hatten noch 20 Minuten, die erste Seite der Berliner Ausgabe umzuschreiben. Wir entschieden uns für ja und titelten angesichts der zu erwartenden Trabi-Flut ironisch und ökologisch korrekt: »Die Mauer ist auf – kommt alle mit der S-Bahn.«

Kurz vor Mitternacht stand ich mit dem West-Berliner Bürgermeister Walter Momper an der Invalidenstraße und fragte ihn, was er in diesem historischen Moment empfinde: »Eine unglaublich große Freude.« Kommt jetzt eine kurze Nacht der Anarchie? »Nein, dazu sind die Menschen viel zu diszipliniert.« Er sollte recht behalten. Nachdem wir auf westlicher Seite gemeinsam den Schlagbaum angehoben hatten, strömten die Menschen von beiden Seiten langsam aneinander vorbei, ohne Hast, mit ungläubigem Staunen, es gab keine Verbrüderungsszenen, keinen nationalistischen Aufschrei, es war ruhig und würdig, deutsch diszipliniert. Die Freudenszenen kamen erst etwas später.

Nationalistische Aufwallungen hielten sich noch in Grenzen. Nach all den Jahrzehnten der manchmal sehr widersprüchlich verlaufenden Auseinandersetzung mit der Vergangenheit zeigte die deutsche Bevölkerung politische Reife. Welch ein Kontrast zu den Haßtiraden serbischer Extremisten, die mir noch in den Ohren klangen.

Freude auch in Polen und während der samtenen Revolution in der Tschechoslowakei. In solchen Momenten ist es einfach großartig, Journalist zu sein und teilhaben zu können an den Ereignissen. Wie diese friedlichen Revolutionen die totalitären Regime wie Kartenhäuser zusammenbrechen ließen, war beispiellos. Der Ruf nach Demokratie erschütterte alle Staaten des Ostblocks. Die Kommunistischen Parteien lagen am Boden, lösten sich auf, spalteten sich in dogmatische Überbleibsel und sozialdemokratische Reformparteien. Die Masse der Parteimitglieder jedoch verließ die Politik oder schloß sich ganz neuen Formationen an.

Als zu Weihnachten die Nachricht von Demonstrationen im rumänischen Temeswar kam, sprang ich ins Auto. An der Grenze angekommen, sah man keine Schlagbäume mehr, die einstmals strikt überwachte Grenze war offen. Wenn auch nur für einige Tage. Temeswar badete in Freude, hier hatte ein erfolgreicher Aufstand stattgefunden. In Bukarest dagegen krochen noch Tage später regimetreue Securitate-Leute aus einem Tunnel und schossen wild um sich. Doch sie konnten das Rad der Geschichte nicht mehr zurückdrehen. In Bukarest fand zwar keine Revolution statt, aber immerhin ein erfolgreicher Putsch unter dem hohen Parteifunktionär Ion Iliescu, der das alte Regime hinwegfegte und den Weg Rumäniens in die Demokratie öffnen sollte. Auch in Albanien war bald etwas zu erwarten.

Als kurz darauf, am 23. Januar 1990, der 14. Parteitag des Bundes der Kommunisten Jugoslawiens abgehalten wurde, kam es zum Eklat. Die slowenischen Kommunisten forderten ultimativ das Ende der Unterdrückungspolitik im Kosovo und die Einhaltung der Menschenrechte. Und sie forderten weitere Reformen in Staat und Wirtschaft. Doch Milošević und »seine« Delegierten aus Serbien, Vojvodina, Montenegro und Kosovo zusammen mit einigen Sympathisanten aus Makedonien und Bosnien »zeigten« es den Slowenen, wie sich ein Delegierter später ausdrückte. Kein Antrag kam durch. Die Anhänger von Milošević triumphierten.

Die Slowenen verließen unter Protest den Parteitag. Wenig später folgten die Kroaten, obwohl ein Drittel der kroatischen Delegierten der serbischen Minderheit in Kroatien angehörten. Der Bund der Kommunisten Jugoslawiens hörte damit faktisch auf zu bestehen. Die Titozeit war endgültig vorbei. Und die Freunde aus Slowenien forderten mich auf, wieder ins Land zu kommen: »Auch hier wird Geschichte gemacht.«

Albaner setzen auf Demokratisierung

Im Februar 1990 reiste ich wieder über Slowenien in den Kosovo. Und wurde in die harte Realität Jugoslawiens zurückgeholt. Denn wenige Tage vor meiner Ankunft hatten serbische Sicherheitskräfte in dem Städtchen Podujevo auf Zivilisten geschossen. 40000 Menschen machten sich am 21. Februar 1990 auf den Weg zum Friedhof. An den Straßenkreuzungen schritten sie an Panzern vorbei, die rechte Hand zum »Victory«-Zeichen erhoben, kein Laut kam über ihre Lippen. Als die nach islamischem Brauch in weiße Tücher gehüllten Leichen in das Grab gelegt wurden, bat die Schwester des ermordeten Fadil Talla nochmals, keine Demonstration abzuhalten. Die Menschenmenge ging ruhig auseinander.

Hinter der Moschee saßen die alten Männer, die Autoritätspersonen des Ortes. »Sie sagen, daß wir Terroristen sind. Das ist eine Lüge. Natürlich behaupten wir nicht, daß wir keine Waffen hätten. Ein paar Waffen haben wir schon, und wenn wir wollten, könnten wir auch töten. Den Krieg aber wollen die anderen. Wir haben unseren Jungs befohlen, nicht zu schießen.

Kein Serbe darf getötet werden, kein Polizist, kein Soldat. Wir wissen, daß sie genau das wollen, wenn sie auf uns schießen. Sie wollen, daß wir auch zu den Waffen greifen, um uns dann niederzumetzeln. Aber wir demonstrieren nur mit zwei Fingern, wir fordern ›Demokratie und Freiheit‹, so wie die Tschechen und die Deutschen es gemacht haben. Ganz friedlich.«

In einem Café nahe der Universität von Prishtina wartete der Menschenrechtsaktivist Isup Bexhisha, der Vorsitzende der »Soziologischen und Philosophischen Gesellschaft«, ein dreiundvierzigjähriger kantiger Mann, der alle Verbrechen aufzeichnete und immer unerschrockener in die Öffentlichkeit ging.

Es herrschte eine offene Atmosphäre in diesem Café: ungezwungene politische Debatten an einem öffentlichen Ort, obwohl die Schüsse in den umliegenden Dörfern noch nicht verhallt waren, obwohl es in der Stadt von Uniformierten nur so wimmelte und die obligatorischen Lauscher an den Nebentischen bereits Platz genommen hatten.

»Machen Sie sich deswegen keine Sorgen, wir haben nichts mehr zu verlieren.« Der Geist der Bewegungen in Osteuropa war im Kosovo angekommen. Die Aktivisten schüttelten ihre Ängste ab. Und sie erzählten von den Begebenheiten in den Dörfern, von den Augenzeugen, die nun langsam zu ihnen in die Stadt zu kommen wagten, von der Arbeit des Dokumentierens. Sie erzählten von Brestovic, wo am 27. Januar die Polizeieinheit des benachbarten größeren Dorfes Drahovic ohne Vorwarnung in eine Dorfversammlung schoß, aus der der Ruf »Demokratie« zu hören war, und von den vier Toten dort. Oder von Malisheva (Mališevo), wo unter ähnlichen Umständen drei Personen ermordet, von Gllogovc, wo am 31. Januar zwei Personen getötet wurden, von Kaçanik, wo am 2. Februar ein zehnjähriger Junge vor dem Hause seiner Eltern von hinten erschossen wurde. Bisher seien 42 Opfer dokumentiert, es seien aber mehr zu beklagen.

»Nach außen hin ist die Repression in der Stadt heute weniger sichtbar, doch sie ist allgegenwärtig und greift in unsere kulturelle Autonomie ein. Nicht nur, daß die albanischen Intellektuellen mit Berufsverboten belegt und aus der Kommunistischen Partei ausgeschlossen werden. Diese kulturelle Unterdrückung hat zum Ziel, die Albaner zu Menschen zweiter Klasse zu degradieren«, erklärte damals Isup Bexhisha. Lehrer seien bevorzugte Objekte polizeilicher Maßnahmen.

Verhaftungen würden wahllos vorgenommen, 6000 Menschen säßen zur Zeit eine sechzigtägige Haft ab, weil dazu kein Gerichtsverfahren nötig ist. Mehr als 2000 Albaner seien zu teilweise langjährigen Haftstrafen verurteilt worden, darunter viele Bergarbeiter aus der Streikbewegung des letzten Jahres. Viele von ihnen würden gefoltert.

Bexhisha zögerte. »Vielleicht werden wir heute verhaftet oder morgen, vielleicht auch gar nicht. Doch wir haben die Angst verloren, wir setzen auf die Demokratisierung, die wie in den anderen Staaten des Ostens einfach kommen muß. Wir setzen darauf, daß die serbische Politik in Jugoslawien isoliert wird.«

Die Albaner protestierten friedlich. Die albanische Bevölkerung des Kosovo wußte nur zu genau, daß die serbische Seite nur darauf wartete, die Gelegenheit zu ergreifen, ohne Rücksicht loszuschlagen. In diesem Frühjahr 1990 zeichneten sich die Konturen der politischen Strategie der Kosovoalbaner ab: Sie leisten nur passiven Widerstand, wenden keinesfalls Gewalt an. Die gewaltlose Strategie würde zum Erfolg führen, weil angesichts der internationalen Entwicklung die Demokratisierung Jugoslawiens nicht mehr aufzuhalten sei, so hofften sie. Nach den friedlichen Revolutionen in Osteuropa könne eine verbrecherische Politik Miloševićs unmöglich von den Demokratien Europas hingenommen werden.

Qualm drang unter der Tür hervor, beißender Qualm. In dem Gebäude des Grand Hotels von Priština könnte ein Brand fatale Folgen haben. Doch der Geruch des Qualms und die Wirkung auf die Augen ließen auf eine Tränengasbombe schließen. Mit einem nassen Handtuch gelang es den Gästen – es handelte sich vor allem um Journalisten –, in die unteren Stockwerke zu fliehen. Provokateure hatten eine Tränengasbombe im Hotel hochgehen lassen.

Die internationale Presse war in ihrer Berichterstattung umgeschwenkt. Nachdem noch vor zwei Jahren aus Belgrad und damit eher aus serbischer Perspektive berichtet worden war, haben sich viele in der Hauptstadt ansässige Korrespondenten mittlerweile mit der Situation im Kosovo vertraut gemacht. Ab diesem Zeitpunkt wurde direkt vom Ort des Geschehens berichtet. Ein Umstand, der dem Anliegen der Albaner zugute kam. Zuvor hatten viele ausländische, in Belgrad ansässige Journalisten den Kosovo gemieden. Jetzt aber machten sie sich ein eigenes Bild. War die Tränengasbombe im Hotel eine Warnung an die Journalisten? Die kroatischen und slowenischen Kollegen gingen davon aus und berichteten am nächsten Tag über den »Anschlag«.

Wir warteten in der Eingangshalle, bis sich der Qualm verzogen hatte. Die jugoslawischen und ausländischen Journalisten kamen ins Gespräch. Wir fragten uns, wie es zu der heutigen Situation hatte kommen können – in einem Land, in dem ein antifaschistischer Befreiungskrieg stattgefunden hatte. Und in dem Tito die »nationale Frage« überwinden wollte.

Die serbischen Berichterstatter hielten sich bewußt abseits. Sie wollten keine Diskussion. Die Gründe konnten am nächsten Tag bestaunt werden: Belgrader Medien berichteten wie gehabt über das »Wüten der albanischen Separatisten«, über »Terroristen« und »Anschläge gegen Serben und Montenegriner«.

Die Polizeieinheiten hatten sich in die Seitenstraßen zurückgezogen und warteten dort gelangweilt auf neue Befehle. Die Baracke war unweit des Fußballstadions gelegen, in dem sich Oppositionelle treffen sollten. Das fast das ganze Jahr 1989 andauernde Kriegsrecht sollte erst im April 1990 formell, aber nicht faktisch aufgehoben werden.

In der Baracke des Schriftstellerverbands wimmelte es von Leuten, die emsig ein und aus gingen, Nachrichten brachten und Anweisungen entgegennahmen. Im Zentrum saß der Schriftsteller Ibrahim Rugova, ein schlanker Mann mit gefurchtem Gesicht und längeren Haaren, statt eines Schlipses trug er einen Seidenschal, der später zu seinem Kennzeichen werden sollte.

Rugova lächelte und lud zum Sitzen auf einem der wackeligen Stühle ein. »Jeden Tag melden sich 10 000 Menschen, die unserer Organisation, der Demokratischen Liga Kosova, beitreten wollen.« Über 300 000 Mitglieder seien schon organisiert, erklärte der Vorsitzende der neuen Partei nicht ohne Stolz. »Wir kämpfen für die Demokratisierung. Bei uns können alle eintreten, ob Albaner, Serben oder Roma. Wir sind nicht nationalistisch, sondern demokratisch orientiert.« Jugoslawien könne gar nicht anders, als endlich den Weg zur Demokratisierung einzuschlagen. Auch die Bundesregierung unter Ante Marković habe dies jetzt wohl eingesehen. Diese müßte ihre Politik nun auf die Europäische Gemeinschaft ausrichten, dann bliebe gar keine andere Wahl.

Rugova und seine Mitstreiter, unter ihnen auch der Arzt Bujar Bukoshi, waren trotz aller negativen Erfahrungen optimistisch und formulierten die politische Strategie der Albaner, die schon in den Dörfern zu hören gewesen war. Passiver Widerstand, Hoffen auf die Demokratisierung, europäische Integration und damit Durchsetzung demokratischer Rechte in Jugoslawien und in Serbien. Der demokratische und europäische Weg verhieß die Beendigung der Rechtlosigkeit der Kosovoalbaner und aller anderen Bewohner des Landes. Und damit trafen die Organisatoren der »Demokratischen Liga Kosova« (LDK) den Nerv der Albaner. Schon wenige Monate später wollten sie nach eigenen Angaben fast 700 000 Mitglieder organisiert haben.

Im Haus der Presse, einem der modernen Hochhäuser im Stadtzentrum, residierten die Organisatoren anderer demokratischer Initiativen. Veton Surroi, der kosovarische Vorsitzende der »Vereinigung für die Jugoslawische Demokratische Initiative«, setzte ebenfalls auf eine demokratische Entwicklung. Surroi, der aus einer Diplomatenfamilie stammt, wollte keine Partei gründen, sondern lediglich Einfluß auf die Diskussion der Verfassung des Bundes und der Republiken zu nehmen versuchen.

»Wir wenden uns ausdrücklich gegen nationalistische Tendenzen«, erklärte der Mann, der später einmal der wichtigste Verleger des Landes werden sollte. Jetzt müßte ein runder Tisch geschaffen werden, an dem alle gesellschaftlichen Gruppen beteiligt sind, forderte er.

Veton Surroi und seine Mitstreiter wie Shkelzen Maliqi organisierten die für Demokratie eintretenden kosovoalbanischen Intellektuellen. Aufgewachsen während des Titoregimes, das ihnen die Möglichkeiten bot, Bildung zu erwerben und an den Universitäten Jugoslawiens oder des Auslands zu studieren, bildeten diese Intellektuellen die dünne Schicht einer neuen Mittelklasse, die dank ihrer Kontakte durchaus Aufmerksamkeit in ganz Jugoslawien erregen konnte. So wurde Shkelzen Maliqi zu einem Kolumnist der jugoslawischen Medien; er schrieb in den Zeitschriften *Nin* (Kroatien), *Teleks*, *Mladina* (Slowenien), wurde von Radiostationen interviewt und zu wichtigen Kongressen eingeladen, um dort seine Position vorzutragen. Ähnliches galt für Veton Surroi. Beide waren in der Lage, sich auf hohem Niveau mit der serbischen intellektuellen Szene auseinanderzusetzen.

Im Gegensatz dazu waren die in Prishtina ausgebildeten albanischen Studenten ziemlich isoliert. Ihre sozialwissenschaftlichen Kenntnisse hatten sie an der Universität Prishtina erworben, an der seit 1968 auch viele aus dem kommunistischen Albanien stammende Professoren wirkten, was vor allem für die Rezeption der Geschichte bedeutsam war. Angesichts der ökonomischen Lage entwickelten sich viele dieser Leute zu einem akademischen Proletariat, das bereit und fähig war, in den neuen Organisationen Fuß zu fassen.

Der vom Dorf stammende Rugova, der Vorsitzende des Schriftstellerverbandes, nahm eine gewisse Zwitterstellung ein: mit einem staatlichen Stipendium hatte er in Paris studieren dürfen; er war eigentlich kein Schriftsteller, sondern Literaturhistoriker. Von der sich schnell entwickelnden LDK fühlte sich ein großer Teil des akademischen Proletariats angezogen, während Surroi und Maliqi die hemdsärmelige Atmosphäre der Massenpartei mieden. Als im Sommer 1990 Adem Demaçi, der »Mandela« Kosovos, der 27 Jahre seines Lebens in serbischen Gefängnissen verbracht hatte, entlassen wurde, bildete sich ein neuer Kristallisationspunkt der politischen Debatte. Denn Demaçi, der zunächst als »Menschenrechtsbeauftragter« fungierte, sollte bald mit eigenwilligen und radikalen Positionen auf sich aufmerksam machen.

Wie in den Dissidentenbewegungen des Ostblocks waren die Intellektuellen und Künstler damals im Kosovo nicht nur gefordert, mutige Kritik zu äußern, sondern auch Verantwortung zu übernehmen. Die kosovarische *Intelligencija* besaß eine Schlüsselrolle für die Zukunft der Volksgruppe.

»Das waren verlorene Jahre«
Interview mit Shkelzen Maliqi, 20. November 2008 in Prishtina

Frage: *Sie lebten in den sechziger und siebziger Jahren als Kosovoalbaner in Belgrad. Was waren Ihre Erfahrungen?*

Shkelzen Maliqi: Seit 1968 war ich in Belgrad in linken Zirkeln aktiv. Wir organisierten etwas gegen Vietnam, empfanden uns jedoch nicht als Dissidenten. Ich arbeitete damals im Albanologischen Institut in Belgrad und lernte jede Menge Leute kennen, manche waren ein bißchen anarchistisch oder glaubten noch an Marx wie Pavluško Imširović. Ich kannte die Philosophen der Praxisgruppe, und ich traf auch Dobrica Ćosić und seine Freunde. Und da fühlte ich mich nicht mehr wohl. Man konnte schon lange vor Titos Tod eine Tendenz des National-Sozialismus serbischen Typs spüren.

Ich las sehr viel, denn es wurden immer mehr antialbanische Positionen veröffentlicht, man schrieb über den Genozid an den Serben etc. Als Historiker studierte ich die Balkankriege, die beiden Weltkriege. Wir dachten, mit 1974 habe eine neue Zeit begonnen, wir würden den Nationalismus überwinden. Das war eine Illusion, das wurde schon bald klar.

Aber erst nach Titos Tod erschrak ich so richtig. Vor allem nach 1981, nach den Demonstrationen in Prishtina, formulierten Freunde und Bekannte aus der Szene, die ich in Belgrad kannte, nationalistische Positionen, die ich ihnen niemals zugetraut hätte. Das war lange vor dem Memorandum der Akademie der Wissenschaften. Sie sprachen auch über Kroatien und Bosnien, aber Kosovo war im Fokus wegen der Ereignisse von 1981. Ich wollte nicht länger in Belgrad bleiben.

Ich hatte zwei Optionen: Entweder gehe ich nach Europa, oder ich gehe zurück in den Kosovo. Und ich entschied mich für das Zurückgehen. Ich war ja ein Kind der Kosovonomenklatura: mein Vater, Mehmed Maliqi, war hoher Polizeioffizier und von 1981 bis 1984 Innenminister, er starb 1985. Ich hatte also einen besonderen Status, von serbischer Seite sogar ein wenig Narrenfreiheit. Gefährlich wurde es für mich zunächst von seiten der albanischen Nationalisten, die mich, weil ich in Belgrad gelebt hatte, in eine bestimmte Ecke stellen wollten.

1982 kam ich zurück. Ich arbeitete hier in der Bibliothek. Es gab eine lokale Szene, die interessant war, Azem Shkredi, Ali Podrimja, Fatmi Agani, es gab Leute, die stillhalten mußten, weil sie aus der Universität geworfen worden waren, Agani hatte Schreibverbot, er war unter ständiger Kontrolle.

Die serbische Politik ist langfristig angelegt. Die Generation meines Vaters hat nach 1981 immerhin eine gewisse Stabilisierung erreicht. Der Ausnahmezustand wurde wieder gelockert. Das war auch der persönliche Erfolg meines Vaters. Nach dieser Periode wollte die serbische Führung die Partisanen, die Tito-Generation, beseitigen, die das hohe Niveau der Autonomie durchgesetzt hatte. Mit den Demonstrationen der Frauen und der anderen Propaganda 1987/88 nutzten sie die Gelegenheit, um die kosovarische Führung erneut anzugreifen, die junge und die alte. Milošević und Ćosić wollten den Kosovo destabilisieren. Ćosić und seine Leute haben viel Energie und Geld investiert.

Was war Ihre Konsequenz?

Ich habe mich mit den kritischen Intellektuellen in Belgrad, Zagreb und Ljubljana verbündet, mit Žarko Puhovski, Gajo Sekulić aus Sarajevo, auch mit Zvonomir Ćićak aus Zagreb. Als im Februar 1989 die Autonomie abgeschafft wurde, gab es ein großes Meeting in Zagreb, wir trafen uns alle, Nenad Popović, der kroatische Serbe Milorad Pupovac, wir wollten in die Politik eingreifen. Wir waren keine Partei, aber manchmal denke ich heute, wir hätten uns zu einer solchen zusammenschließen sollen. Dann hätten wir vielleicht die Medien besser erreicht, hätten uns mit den Reformkräften der Kommunisten, mit Ante Marković, verbinden sollen. So haben wir letztlich nichts ausrichten können.

In Serbien dagegen gab es den Zirkel um Zoran Đinđić und Vojislav Koštunica, der sich zu einer ernsthaften politischen Partei entwickelte. Und Đinđić hatte politische Visionen. Aber auch einen gewissen Opportunismus. Bei einem Meeting in Wien argumentierte er ziemlich nationalistisch in bezug auf Kosovo. Nach der Veranstaltung kam er zu mir und sagte, er müsse wegen der Öffentlichkeit in Serbien so argumentieren. Er hatte die Fähigkeit und den Willen, ein Populist zu sein. Hätte er damals anders gehandelt, wäre er in Serbien wohl politisch isoliert worden. Unsere Gruppe hatte keinen Hang zum Populismus.

Wie war Ihr Verhältnis zu Rugova und den Leuten um ihn?

1986/87 war ich Redakteur des Kulturmagazins *Fiana*, das erschien zweimal im Monat. Ich veröffentlichte selten etwas von ihm, er war nicht so eng mit den intellektuellen Zirkeln verbunden. Als er 1988 Präsident des Schriftstellerverbandes wurde, luden die jugoslawischen Schriftsteller ihn ein. Rugova wollte den Dialog, ich war auch in dieser Gruppe, wir trafen uns in Ljubljana und Belgrad, und dort bewährte er sich. Es gab eine scharfe Auseinandersetzung um den Kosovo, er nutzte die Gelegenheit, eine sehr ernsthafte Position zu beziehen. Und das machte ihn bekannt.

1989 wurden neben den Arbeitern und Kommunisten auch mehrere hundert Intellektuelle festgenommen, einige kamen ins Gefängnis nach Vranje, ohne Gerichtsverfahren. Der Korrespondent der Tageszeitung *Rilindija* in Deutschland, Rexhep Buxhovi, erklärte, man müsse jetzt eine Kosovoorganisation gründen und nicht in einer jugoslawischen Initiative steckenbleiben.

Puhovski kam nach Prishtina, und unser Meeting sollte um 19 Uhr beginnen. Deshalb hatte die Initiativgruppe mit Buxhovi keinen Platz in diesem Raum, sie gingen zum Schriftstellerverband. Dieser Umstand machte Rugova zum Präsidenten der LDK, der Demokratischen Liga Kosova. Und die Organisation hatte plötzlich Hunderttausende von Mitgliedern. Die LDK war eine Bewegung.

Auf einem unserer Treffen sagte jemand, wir müßten auch eine Partei gründen um zu zeigen, daß es hier im Kosovo Pluralismus gibt. (Lacht) Wir machten es, wir gründeten eine neue Partei und nannten uns Sozialdemokraten. Es gab auch Christdemokraten und andere.

Wie konnte sich die LDK so schnell ausbreiten?

Es gab ja schon eine Struktur. Der Kommunistische Bund war auf zwei Ebenen organisiert, als Partei und als Massenorganisation, die Sozialistische Allianz. Es gab Hilfsorganisationen wie den Sozialen Rat, die Jugendorganisationen, die Frauenorganisationen etc. Und darüber hat sich dann die LDK gebildet, diese Organisationen der Allianz sind, soweit sie Albaner waren, teilweise geschlossen in die LDK gekommen. So konnte man schnell eine Parteistruktur aufbauen, die bis ins kleinste Dorf reichte.

1990/91 herrschte eine explosive Stimmung. Wir mußten etwas tun, wir mußten irgendwie mit dem normalen Leben weitermachen. Internationale Hilfsorganisationen berichteten, wie die Südafrikaner und die Palästinenser vorgegangen sind. Sie haben einfach weitergemacht. Das taten wir auch. So gründeten wir, alle Parteien gemeinsam, Parallelstrukturen. Sie hatten allerdings keine Macht, keine administrative Funktion. Die parallelen Gemeindestrukturen waren vor allem dazu da, das Schulsystem zu leiten.

Ihr ganzes Leben dreht sich um die Auseinandersetzung mit dem serbischen Nationalismus. Sind Sie da nicht manchmal müde?

Manchmal ja. Das waren fatale, verlorene Jahre, auch für Serbien war dies alles nicht nötig, es war falsch. Wir alle kamen mit Milošević in eine abnormale Situation.

6
Kosovo und Großserbien

Die ehemalige Schülerin der Musikakademie in Prishtina Besa Luzha war eine talentierte Geigerin und Pianistin, die schon einen wichtigen jugoslawischen Preis gewonnen hatte. 1988 merkte sie noch wenig von den politischen Veränderungen. »Wir hier im Kosovo, ob Serben oder Albaner, konzentrierten uns auf die Musik, unsere Lehrer waren ausgezeichnet, wir wollten alle weiterkommen.« Doch dann begann die Veränderung. »Plötzlich durften wir nicht mehr Albanisch sprechen, das Institut wurde von Serben übernommen. Ich sprach trotzdem Albanisch und wurde sofort zum Direktor zitiert. Im Sommer 1990 wurden alle Albaner vor die Tür gesetzt. Wir durften nicht mehr an der Akademie ausgebildet werden, die albanischen Lehrer nicht mehr das Institut betreten.« Nur eine serbische Lehrerin weigerte sich, diese Politik Serbiens mitzutragen. »Als wir dann anfingen, in Privathäusern weiterzumachen, kam auch sie, um uns zu unterrichten.«

Milošević hat der talentierten Musikerin Besa Luzha wie vielen anderen jungen Menschen die Lebensplanung zerstört. Für eine Künstlerin ist es sehr schmerzlich, nicht mehr öffentlich auftreten zu können. Nur einmal, nach dem Examen 1993, sei es ihr gelungen, einen Saal im Theater zu bekommen, die Vorschriften zu umgehen und die Aufpasser zu überlisten. Sie gab ein Konzert. »Ganz Prishtina kam zu dem Ereignis.« Seit einigen Jahren ist Besa Luzha Leiterin der Friedrich-Ebert-Stiftung in Prishtina. Sie hat die Flucht 1999 überlebt und kam in den Kosovo zurück. Seither unterrichtet sie selbst nebenbei einige Musik-Talente in ihrer Stadt.

Wo man junge Mädchen mit Geigenkästen sehen kann, wohne die Kultur, sagte einmal Milan Kundera. Das Kulturleben der Kosovoalbaner sollte zerstört werden. Und nicht nur das. Dort, wo schon serbischer Ersatz bereitstand, verloren die albanischen Arbeiter und Angestellten ihren Job sofort, in den Institutionen, wo man die bisherigen Arbeitskräfte nicht so leicht ersetzen konnte, durften sie noch etwas länger bleiben. In Fabriken und staatlichen Institutionen wurden Loyalitätserklärungen erwartet, was die meisten Albaner nicht mit ihrem Gewissen vereinbaren konnten. Die Arbeiter des Braunkohletagebaus verloren ihren Job genauso wie die Angestellten der Winzereigenossenschaften Westkosovos. Insgesamt, so sagte Ibrahim Rugova einmal, hätten 130000 Kosovoalbaner ihre Arbeit verloren.

Noch im Frühsommer 1990 gab es 40 auf Albanisch erscheinende Zeitungen. Im August wurde die Tageszeitung *Rilindija* verboten, viele andere Zeitschriften folgten. Die Zeitung für die Bauern *bujko* wurde zum Ersatzmedium für die aktuelle Berichterstattung, machte jedoch Minus, weil die serbische Seite die Druckkosten sehr viel höher als üblich ansetzte. Trotzdem gelang es, sechsmal pro Woche mit 10000 Exemplaren zu erscheinen. Erst als die Soros-Foundation die Zeitung unterstützte, konnte sie für einige Zeit finanziell abgesichert werden.

Über das Telefon und durch Berichte von Flüchtlingen erschloß sich auch aus der Ferne das ganze Ausmaß der serbischen Unterdrückungs- und Trennungspolitik. Die serbischen Behörden verhafteten wahllos Menschen, die Gefängnisse waren derart überfüllt, daß in Zweimannzellen oftmals mehr als 8 Personen eingepfercht waren. Doch ließen die serbischen Behörden die Kosovoalbaner beim Aufbau eines eigenen Systems, mit Hindernissen zwar und zeitweilig starker Repression, aber immerhin doch gewähren. Im Kosovo gab es insgesamt 890 Volksschulen, davon wurden nach 1990 noch 179 gemeinsam von Albanern und Serben im Schichtbetrieb genutzt, 233 waren den Serben vorbehalten, und 478

Schulen blieben in der Regie der Albaner. Das waren Schulen in Dörfern und Landstrichen, wo es gar keine serbischen Kinder gab. Mit 20000 Lehrern konnten die Albaner weitermachen. Es fragte sich nur, wie das neue System finanziert werden sollte.

Die neue politische Führung stand vor großen logistischen Aufgaben. Und wollte ein Zeichen setzen. Anfang Juli 1990 versuchten die im März eingeschüchterten Abgeordneten noch einmal ins Parlament zu gelangen, wurden abgedrängt, riefen aber am 2. Juli die als 7. Republik Jugoslawiens bezeichnete »Republik Kosova« aus. Sie brachten dann sogar den Mut auf, am 9. September in Kaçanik eine Verfassung zu verabschieden.

In ihr heißt es: »Die Republik Kosova ist ein demokratischer Staat der albanischen Nation sowie der Nationalitäten, Minderheiten und Bürger der Serben, Muslime, Montenegriner, Kroaten, Türken, Roma und anderer, die im Kosovo leben.« Mit dieser Verfassung sagten sich die Albaner im Kosovo von Serbien los, noch nicht jedoch von Jugoslawien. Es war ein Signal, das nur vom Staat Albanien aufgenommen wurde, der die »Republik Kosova« anerkannte. Und dennoch war es für die Zukunft bedeutsam, denn die oben zitierte Formulierung steht in der heutigen Verfassung.

Das im Oktober in Slowenien zusammengetretene Parlament etablierte eine »Regierung im Exil«, der es formell weitreichende Vollmachten zugestand. Premierminister wurde der Arzt Bujar Bukoshi. Unbeeindruckt davon verabschiedete das serbische Parlament am 28. September 1990 endgültig die eigene, von Miloševićs Beamten ausgearbeitete Verfassung, die das Autonomiestatut des Kosovo und der Vojvodina aushebelte.

Aber nicht nur die kosovoalbanische Gesellschaft war zunächst wie paralysiert. Auch einige Serben. In einer traditionsreichen serbischen Familie in Priština sah man die Entwicklung ebenfalls mit Sorge. Die Tochter arbeitete als Übersetzerin, der Vater war Professor und die Mutter engagierte sich im Kulturleben. Sie bekamen es mit der Angst zu tun und fühlten sich selbst bedroht. Es war für sie nicht mehr möglich, öffentlich Kritik zu äußern. »Die Politik Belgrads führt uns Kosovoserben in die Niederlage. Das kann nicht gut ausgehen. Milošević und diese *seljaci* (Dörfler) gefährden auch unsere Existenz«, erklärten sie damals in ihrer Wohnung. »Wer Druck ausübt, erzeugt Gegendruck, das ist ein Gesetz der Natur, wer Böses tut, wird Böses ernten«, fügte der Vater hinzu.

Die Familie bemühte sich, ihren Besitz im Kosovo zu verkaufen. Und es gelang ihr noch rechtzeitig, bevor Milošević den Verkauf von Häusern und Land für Serben verbot – sie sollten im Kosovo gehalten werden. Ein Albaner zahlte damals einige Hunderttausend Deutsche Mark für den umfangreichen Immobilienbesitz. Sie kauften mit dem Geld ein Haus in der Region der griechischen Stadt Thessaloniki und eine Wohnung in Belgrad. Andere serbische Familien der Mittelklasse handelten ähnlich. Miloševićs Politik beschleunigte entgegen den laut vorgetragenen Absichten in Wirklichkeit den Exodus von alteingesessenen Serben aus dem Kosovo.

Als im März 1990 ein Programm für die Rückführung von Serben verkündet wurde, hatte sich die Familie gerade abgesetzt. Serben sollten in neugegründete Gemeinden in den Kosovo gelockt werden, Wohnungen wurden gebaut, doch die Erfolge waren mehr als bescheiden. Nicht einmal die lautesten nationalistischen Schreihälse aus Serbien wollten in den Kosovo ziehen, um die Wiege der Nation mit serbischen Menschen zu füllen. So weit ging der Patriotismus doch nicht. Aber es gelang dem serbischen Staat, die Kontrolle über die Provinz in jeglicher Form wiederherzustellen.

Am 9. Dezember 1990 fanden Mehrparteien-Wahlen auch in Serbien statt, nachdem in Slowenien, Kroatien, Makedonien und Bosnien-Herzegowina schon gewählt worden war. Die Kommunisten waren in allen Republiken zu sozialistischen oder sozialdemokratischen Parteien mutiert. Die neugegründeten Nationalparteien hatten überall großen Zulauf.

In Slowenien setzte sich bei der Präsidentenwahl Milan Kučan durch, in Kroatien kam der ehemalige Partisanengeneral und Nationalist Franjo Tuđman an die Macht. Bei Volksabstimmungen kamen sowohl in Kroatien als auch in Slowenien überwältigende Mehrheiten für die Loslösung von Jugoslawien zustande. In Serbien aber gewann Milošević mit seinen Sozialisten haushoch und verfügte über eine Zweidrittelmehrheit im Parlament.

Die Albaner boykottierten die Wahl, was Rugova und der LDK die Kritik von seiten der serbischen Opposition eintrug. Denn mit den albanischen Stimmen hätte die absolute Mehrheit Miloševićs verhindert werden können. Doch Rugova wollte sich offenbar nicht auf taktische Spielchen einlassen. Die serbische Opposition war enttäuscht.

Im Frühjahr erreichten uns aufregende Bilder in Berlin. Zehntausende Demonstranten in Belgrad riefen Anfang März 1991 Parolen gegen Milošević, die Menschen wehrten sich mit Gewalt gegen die das Stadtzentrum einnehmende Polizei. Die Oppositionsbewegung um Zoran Đinđić und den ehemals linksradikalen, dann als Mitglied des nationalen Lagers zu den Demokraten übergewechselten Vuk Drašković versuchte gemeinsam mit der liberalen und demokratisch orientierten Szene in Belgrad das Rad zurückzudrehen. Mit seinem Wahlsieg hatte Milošević zudem den alten Parteiapparat in Serbien gerettet. Die Oppositionellen wollten noch immer einen demokratischen Durchbruch vergleichbar den osteuropäischen

Demokratiebewegungen erreichen. Der oftmals verwirrend widersprüchlich argumentierende Vuk Drašković strebte eine konstitutionelle Monarchie an und wollte den in London lebenden Thronfolger nach Serbien zurückholen, um mit seiner Hilfe Milošević zu stürzen.

Milošević ließ den über Tage andauernden mutigen und verzweifelten Kampf der serbischen Oppositionellen niederschlagen. Gegen die Panzer, die Milošević gegen das eigene Volk auffahren ließ, waren sie machtlos. Die Opposition repräsentierte nur eine städtische Minderheit. Die Massen orientierten sich weiterhin an seiner Politik. Die *Palanka*, erklärte der serbische Schriftsteller und Oppositionelle Bora Ćosić später, das Dorf also, hatte über die Stadt gesiegt. Polizei und Staatsorgane waren ja schon gleichgeschaltet. Es gab Verhaftungen, Verhöre und Tätlichkeiten gegen Oppositionelle. Tausende Mitglieder der Mittelschicht verließen Belgrad, qualifizierte Menschen, Fachleute, kehrten ihrem Land den Rücken. Manche wurden sogar mit Gewalt vertrieben. Das zivilisierte, das zukunftsorientierte, das »andere« Serbien, hatte erst einmal verloren.

Rot-braune Koalition

Die Niederlage der Opposition machte den Weg frei für neue Konstellationen. Der ehemalige bosnische Kommunist und Universitätsassistent aus Sarajevo, Vojislav Šešelj, der jetzt den radikalen Flügel der Nationalisten repräsentierte, lief zu Milošević über und unterstützte nun mit seinen Leuten, dem Kern der »Radikalen Partei«, den zuvor kritisierten Apparatschik Milošević. Bald sollte er eine offene Koalition mit den Sozialisten bilden. Die national-sozialistische, die rot-braune Koalition nahm Konturen an. Später wurde sie zur Kriegskoalition. Die beiden Parteien versuchten sogleich, die nationalistischen Kräfte in der serbischen Bevölkerung Bosnien-Herzegowinas und Kroatiens zu stärken.

Denn jetzt ging es Belgrad um Kroatien und auch schon um Bosnien. Um die serbischen Minderheiten dort. Und um den Bau eines Großserbiens. Bei einem Besuch in der Hauptstadt der serbischen Nationalisten in Kroatien, in Knin, Ende März 1991, kurz nach den Ereignissen in Belgrad, erklärte der durch allerlei Manipulationen an die Spitze gelangte radikale politische Führer der *Krajina*-Serben, Milan Babić, wenn Kroatien sich von Jugoslawien trennen würde, hätten die zur *Republika Srpska Krajina* zusammengeschlossenen serbischen Gemeinden keine andere Wahl, als sich ihrerseits von Kroatien loszusagen.

Vehement forderten die radikalen Serben Kroatiens nicht mehr nur Minderheitenrechte, auch nicht mehr nur eine Autonomie, wie noch Babićs Vorgänger Jovan Rašković, sondern das Recht auf Sezession der serbisch dominierten Gebiete in Kroatien. »Bedeutet das dann Krieg?« fragte ich Babić. Er deutete auf die schwer bewaffneten Milizen, die sein Hauptquartier umlagerten: »Wir sind vorbereitet.« Nach dem Krieg sollte Babić seine Politik bedauern, mit dem Kriegsverbrechertribunal in Den Haag kooperieren und sich bei den »kroatischen Brüdern« für all die begangenen Verbrechen bei der Vertreibung der Kroaten und aller Nicht-Serben aus der sogenannten *Republika Srpska Krajina* entschuldigen. 2006 soll er nach Angaben der Gefängnisleitung kurz vor seiner Aussage gegen seinen ehemaligen Polizeichef von Knin, Milan Martić, im Gefängnis von Scheveningen bei Den Haag Selbstmord begangen haben.

Damals jedoch ist es ihm und vielen anderen Akteuren, auch im internationalen Journalismus und der internationalen Politik, gar nicht aufgefallen, was die serbische Politik gänzlich unglaubwürdig machen sollte: Wie konnte man im gleichen Atemzug jene Rechte in Kroatien und Bosnien für Serben einfordern, die man den Albanern im Kosovo mit Gewalt vorzuenthalten suchte? Die serbische Politik war angesichts dieser Inkonsistenz lediglich über die Ziele nationalistischer Expansion definiert. Der blanke Nationalismus schälte sich nun aus der Position Miloševićs und seiner Unterstützer heraus.

Der Termin für den Kriegsbeginn stand schon fest. Kroatien und Slowenien wollten am 25. Juni 1991 die Unabhängigkeit ausrufen, Babić, Martić und der Kommandeur der Jugoslawischen Volksarmee in Knin, Ratko Mladić, standen bereit, den Kampf aufzunehmen.

Es war an der Zeit, wieder nach Belgrad und in den Kosovo zu fahren. Und diese Tage vor dem kommenden offenen Krieg noch etwas zu genießen, mit den alten, von ihrer erfolglosen Aktion im März gedemütigten Freunden in Belgrad zu reden. Keiner wußte, ob er überleben würde.

Seltsamerweise war es im Juni 1991 ruhiger als noch ein Jahr zuvor. Es war, als hielte Belgrad den Atem an. Die Mobilisierungen für die Versammlungsbewegung waren beendet. Nur im Zentrum umlagerten langhaarige und bärtige Jugendliche die Verkaufsstände mit patriotischer Musik, Totenköpfen mit gekreuzten Knochen, den Karten Großserbiens. Slowenien war außen vor, aber Kroatien war geteilt, selbst die dalmatinische Küste im Westen und Slawonien im Osten fielen an ein künftiges Großserbien, Kroatien blieb noch ein Drittel seines Territoriums, die Demarkationslinie reichte von Biograd an der Küste über Karlovac bei Zagreb bis hin nach Virovitica an der ungarischen Grenze. Die Kriegsziele waren definiert, selbstredend gehörten Bosnien, Kosovo und Montenegro zum neuen serbischen Großreich. Poster des selbsternannten Tschetnik-Führers Vojislav Šešelj waren Verkaufsschlager.

Über den Kosovo wurde in Serbien kaum mehr gesprochen. Serbien hatte sich im Kosovo durchgesetzt. Warum sollte man noch darüber reden? Selbst bei den Oppositionellen war das Thema erledigt. Man hatte andere Sorgen.

Wenn man die damalige *Maršala Tita Ulica* vom Zentrum aus weitergeht, stößt man schließlich auf den *Vracar*-Hügel und wird von einem prächtigen Anblick überrascht. Eine riesige byzantinisch anmutende Kathedrale mit einem gewaltigen kupfernen Dach erhebt sich aus dem umliegenden Häusermeer. Die mit einer Höhe von 80 Metern und einem Innenraum für 12 000 Gläubige ausgestattete Kirche sollte zur größten orthodoxen Kirche der Welt ausgebaut werden. Die serbische Kirche wollte nach dem Fall des Kommunismus an ihre große Zeit anknüpfen. Die nach dem Wirken des Heiligen Sava 1219 autokephal gewordene serbische Kirche – der es seither gestattet ist, die serbischen Könige zu krönen – schuf sich hier das Symbol ihres Machtanspruchs.

Der serbischen Kirche gelang es mit einigen Kompromissen, aber doch recht geschickt, die Gläubigen durch die osmanische Zeit zu schleusen. Sie war identitätsstiftend wie keine andere Institution der Nation. Mit dem Bau der neuen Kirche demonstrierte die orthodoxe Kirche Serbiens ihren Anspruch, neben der russischen und der griechischen Orthodoxie ein gleichberechtigtes Zentrum der Ostkirche zu bilden. Die Kirche ist aus der kommunistischen Zeit gestärkt hervorgegangen, die Gläubigen spendeten reichlich Geld.

Die serbische Kirche fühlte sich stark und selbstbewußt, ihr war es gelungen, sich jahrhundertelang auf engstem Raum gegen den Katholizismus und den Islam zu behaupten.

Die Beziehung der serbischen Kirche zu den sie umgebenden orthodoxen Kirchen spiegelt übrigens bis heute die historisch-emotionalen Beziehungen Serbiens zu anderen orthodox geprägten Staaten wider. So ist das Verhältnis zur griechischen wie auch zur russischen orthodoxen Kirche herzlich, zur bulgarischen dagegen leicht gespannt. Ähnlich gelagert sind die Beziehungen Serbiens zu den genannten Staaten.

Die montenegrinische Kirche wurde im Ersten Jugoslawien serbisiert und hörte als eigenständige autokephale Kirche auf zu bestehen. Als aber im Zuge der Unabhängigkeitsbestrebungen die montenegrinische Kirche wieder auferstand und den damals konfiszierten Kirchenbesitz zurückverlangte, brach ein Kirchenkampf aus. Die Unabhängigkeitsbewegung Montenegros wurde zwar 1991 noch unterdrückt, führte aber parallel zur Erneuerung der montenegrinischen orthodoxen Kirche 2006 in die Unabhängigkeit von Serbien.

Das Verhältnis zur makedonischen Kirche war 1991 schon höchst gespannt, da diese Kirche mit Hilfe Titos 1958 für autokephal erklärt wurde, was die serbische Kirche nie anerkannt hat. Die makedonischen Bischöfe sind bis heute mit dem serbischen Kirchenbann belegt.

Der Referent für außerkirchliche Fragen erklärte mir im Juni 1991 ziemlich erbost, »die Makedonier müßten ja nur unseren Metropoliten in der Liturgie als übergeordnet anerkennen, doch sie tun es nicht«. Die Makedonier revoltierten gegen den serbischen Hegemonieanspruch. Folgerichtig hat sich Makedonien während der letzten 20 Jahre politisch nie auf die Seite Serbiens gestellt. Makedonien bildete 1990 im jugoslawischen Staatspräsidium zusammen mit den katholisch geprägten Republiken Slowenien und Kroatien sowie dem muslimisch dominierten Bosnien-Herzegowina sogar einen Block gegen Milošević. Das Verhältnis zwischen den orthodoxen Kirchen hat auf dem südlichen Balkan einen weit größeren Einfluß auf das politische Geschehen, als man dies in Mitteleuropa wahrzunehmen gewohnt ist.

Und so verstanden viele auch nicht, daß die Umrisse Großserbiens exakt jene Gebiete umfassen, in denen die serbische Kirchenorganisation besteht, auch dann, wenn die Orthodoxen dort in der Minderheit sind. Die orthodoxe Kirche im multireligiösen Bosnien war zwar noch im 19. Jahrhundert dem Metropoliten von Konstantinopel unterstellt, mit dem

Ersten Jugoslawien aber wurde sie serbisch. Die kroatischen Serben gehörten seither ebenfalls kirchenorganisatorisch zu Serbien. Und natürlich auch der Kosovo. Die Konturen Großserbiens stimmen mit denen der Kirchenorganisation überein. Wenn Jugoslawien zerfällt, werden die Serben darum kämpfen, alle Serben in einem gemeinsamen Staat unter der Schirmherrschaft der gemeinsamen Kirche zu vereinigen, lautete die Botschaft, die damals von Belgrad ausging. Auch wenn die Serben in manchen Gebieten in der Minderheit waren.

Titos Grab und die Jugoslawische Volksarmee

Das Grab des Partisanenführers und Gründers des sozialistischen Jugoslawien, Josip Broz, genannt Tito, liegt ebenfalls auf einem Hügel. Es ist ein strategischer Punkt, von hier aus hat man einen herrlichen Blick über die gesamte Belgrader Altstadt. Kein Wunder, daß auch die Deutschen während ihrer Besatzungszeit 1941-45 das weitläufige Gelände mit der komfortablen Villa, die einmal einem serbischen Ingenieur gehörte, zu ihrem Hauptquartier gemacht hatten. 1991 ruhte Tito noch in einem Mausoleum, das, von der Armee bewacht, inmitten des Geländes lag.

Noch 1988 hätte man sich an diesem Ort durch die Massen der Besucher, durch geschlossen das Allerheiligste des Sozialismus besuchende Belegschaften und Schulklassen kämpfen müssen. Doch jetzt lag alles still da, niemand außer den Wachsoldaten war zu sehen. Und diese filzten den einsamen Besucher. Denn die rechtsextremen Šešelj-Anhänger hatten gedroht, die Gedenkstätte mit Gewalt zu besetzen. Tito, der »Verräter«, der »Kroate«, der das serbische Land zerstückelt hatte, war schon seit längerer Zeit zur Unperson nationaler Kreise in Serbien geworden. Jetzt forderten die Radikalen, Titos Sarg in seinen Heimatort nach Kroatien zu verfrachten und das Museum aufzulösen.

Doch die Jugoslawische Volksarmee hielt noch stand. Sie verteidigte das Grab des alten Führers. In titoistischem Geist erzogen, fühlte sie sich damals noch als Verteidigerin Jugoslawiens. Und so standen die Soldaten fast trotzig vor den Gebäuden, in denen Tito einst residiert hatte. Die Wohnräume waren gleichwohl geöffnet, die Geschenke von Staatsgästen lagen noch in den Vitrinen, und in einem speziellen Haus waren die Geschenke der Regionen Jugoslawiens an Tito ausgestellt. Kostbare Stoffe, mit Edelsteinen bestickte Trachten und Zeugnisse des Kunsthandwerks vermittelten einen Eindruck von der Vielfalt des alten Jugoslawien.

Der Oberleutnant, der schließlich den einsamen Besucher zum Kaffee in die verwaiste Cafeteria einlud, stellte sich als überzeugter Titoist vor. Die Jugoslawische Volksarmee, so sagte er, werde nicht zulassen, daß Jugoslawien zerfalle. Die Armee mit ihren mehr als 400000 Mann, der fünftgrößten im damaligen Europa, sei der Garant für den Zusammenhalt des Landes.

Doch die politische Entwicklung machte ihn unsicher. So ganz linientreu war er denn doch nicht. Er beklagte, daß er als Serbe kaum mehr befördert werden könne, denn durch den Nationalitätenschlüssel würden die serbischen Offiziere benachteiligt.

In der Tat drängten in Jugoslawien traditionell vor allem Serben und Montenegriner in die Armee, der sichere Job und das hohe soziale Prestige als Offizier in Serbien waren attraktiv. Kroaten und Slowenen waren dagegen zurückhaltender, es gab im Norden mehr Möglichkeiten, sich beruflich zu entfalten, und die Armee stand dort nicht in hohem Ansehen. Jene Nichtserben, die sich für die Armeelaufbahn entschieden, konnten dafür wegen des Nationalitätenschlüssels relativ schnell aufsteigen.

70 Prozent der mittleren Führungsschicht stellten die Serben. Dies führte zu einem Beförderungsstau. Und zu Unzu-

friedenheit bei den serbischen Offizieren. Ihren Interessen kam es durchaus entgegen, als während des Krieges die Offiziere aus Kroatien, Slowenien, Bosnien und auch die Kosovoalbaner die Armee verließen. Die gemeinsame jugoslawische Volksarmee kam in serbische Hand, mit allen Waffen und der gesamten Infrastruktur.

Ob der Oberleutnant damals schon eine solche Entwicklung voraussah, bleibt natürlich im Dunkeln. Doch er gab einen entscheidenden Hinweis, der für das Verständnis der Entwicklung des Krieges in Slowenien, Kroatien und Bosnien und vor allem auch im Kosovo von Bedeutung ist. Ohne Zögern ließ er durchblicken, bei Unabhängigkeitserklärungen der nördlichen Republiken sei die Jugoslawische Volksarmee bereit einzugreifen, um Jugoslawien zu verteidigen. Und er hoffe, dabei auf keinen Widerstand zu stoßen. Sorgen, so sagte er, machten vor allem die »Territorialstrukturen«. Neben der regulären Armee gebe es leider die unabhängig operierenden Territorialeinheiten. »Und dies könnte in Zukunft gefährlich werden.«

Nach dem Einmarsch des Warschauer Pakts in die Tschechoslowakei 1968 fürchtete Jugoslawien ebenfalls, angegriffen zu werden. Um abschreckende Wirkung bemüht und als Signal an Moskau, daß bei einem Angriff auf Jugoslawien, anders als in der Tschechoslowakei, mit erbittertem Widerstand zu rechnen sei, änderte Tito die Militärdoktrin. Die Armee mit ihren schweren Waffen sollte sich bei einem Angriff zuerst in die Berge zurückziehen. Zur Kommandozentrale wurden die atombombensicheren Militäranlagen in Han Pijesak bei Sarajevo ausgebaut. Gleichzeitig aber sollten die Territorialeinheiten im Rücken des Gegners einen Partisanenkrieg entfachen, bis schließlich die Armee in die Gegenoffensive gehen konnte.

Die Territorialeinheiten bestanden aus Reservisten, verfügten jedoch über ein eigenständiges Offizierskorps und –

unabhängig von der Armee – auch über eigene Systeme aus leichten Waffen, die für den Partisanenkrieg geeignet waren. Und diese Strukturen konnten jetzt bei Kampfhandlungen im Inneren der Armee gefährlich werden.

Seit 1989 bemühte sich die Jugoslawische Volksarmee, die Waffen der Territorialeinheiten in Slowenien, Kroatien, Bosnien und im Kosovo einzusammeln. Am wenigsten gelang dies in Slowenien. Denn die slowenische Führung ließ die Waffen der Territorialeinheiten rechtzeitig an andere, der Volksarmee verborgene Orte bringen. Ähnliches, wenn auch weniger erfolgreich, geschah in Kroatien und in Bosnien.

Aus diesen militärischen Strukturen sollten sich nach Kriegsbeginn 1991 die neuen Armeen in Slowenien, Kroatien und Bosnien bilden. So rettete Jovan Divjak, der Bosnien loyal gegenüberstehende serbische General und Offizier der Territorialeinheiten in Sarajevo, einige Waffen, die überhaupt die Verteidigung der Stadt ermöglichen sollten. Noch 20 Jahre danach ist Jovan Divjak, der Gegner von Karadžić und Mladić, ein Volksheld in Sarajevo. Bei den nationalistischen Serben ist er verhaßt.

Im Kosovo wurden die Territorialeinheiten 1991 kurzerhand aufgelöst. Die Albaner sollten keine Waffen haben. Dagegen wurden die serbischen Zivilisten im Kosovo bewaffnet. Den Albanern blieb nur, friedlich zu protestieren.

Krieg im Norden

Kurz nachdem in der Nacht zum 26. Juni 1991 während einer Zeremonie die slowenische Flagge in Ljubljana gehißt worden war, fielen die ersten Schüsse. Damit begann ein Krieg, der erst 2001, zehn Jahre danach, mit dem letzten Schuß in Makedonien, beendet werden sollte.

Die Jugoslawische Volksarmee wollte die Grenzstationen in Slowenien übernehmen und damit die Souveränität Jugoslawiens verteidigen. Sofort nach der Unabhängigkeitserklärung errichteten slowenische Freiwillige Panzersperren und standen mit ihren zusammengewürfelten Waffen – es waren viele Jagdgewehre, auch hölzerne Attrappen zu sehen – mutig hinter Holzbarrikaden, um den Kampf mit den Panzern der Armee aufzunehmen. An den Grenzen kam es sofort zu Schießereien, die dort konzentrierten besser bewaffneten slowenischen Einheiten verteidigten sich geschickt und erfolgreich. Diesen erbitterten Widerstand hatte die Jugoslawische Volksarmee nicht erwartet, die Slowenen galten – vor allem in Serbien – zwar als gute Arbeiter, aber nicht als gute Soldaten. Überrascht vom breitflächigen Widerstand wurden die Aussagen der Armeeführung schriller, doch die Kampfaktionen flauten nach einem Bombenangriff auf den Flughafen Ljubljana bald ab. Hunderte von Wehrdienstleistenden desertierten, nachdem sie herausgefunden hatten, daß nicht das IV. Deutsche Reich Jugoslawien angriff, wie ihnen gesagt worden war, sondern sie auf Slowenen schossen. Unter den Deserteuren waren Slowenen, Kroaten und natürlich auch Albaner.

Am vierten Tag des Krieges standen Ervin Haldnik-Milharčić und ich vor dem Hauptquartier der Armee in Zagreb, das von hier aus den Krieg in Slowenien befehligte. Der Oberkommandierende war selbst Slowene, ein Titoist, der Jugoslawien zusammenhalten wollte. Ein Interviewtermin war ausgemacht. Da hallten Schüsse innerhalb des Gebäudes. Wir durften nicht mehr hinein, die Wachen fuchtelten aufgeregt mit ihren Waffen herum.

Schnell stellte sich heraus, daß der slowenische General abgesetzt war und ein serbischer General die Führung übernommen hatte. Der Interviewtermin war geplatzt. Zugleich stand die Hoffnung im Raum, der Krieg in Slowenien könnte nun beendet werden. Denn wir wußten, daß Milošević den Krieg in Slowenien nicht wollte. Ihm ging es um Großserbien. An Slowenien hatten die Serben kein Interesse mehr, es gab ja keine serbische Minderheit in Slowenien. Der Krieg in Slowenien war nur noch die Sache der Generalität der titoistischen Jugoslawischen Volksarmee, die Jugoslawien zusammenhalten wollte. Nach zehn Tagen und ein paar weiteren Scharmützeln gab die Volksarmee auf. Sie sollte sich nach einiger Zeit gänzlich aus Slowenien zurückziehen. Die Truppen zogen nach Bosnien und Kroatien ab, um dort in Stellung zu gehen.

Während des Krieges in Kroatien setzten sich die Desertionen fast aller Nichtserben fort, die Jugoslawische Volksarmee entwickelte sich zu einer rein serbischen Armee unter dem Namen »Jugoslawische Armee«. Milošević hatte das wichtigste Instrument des gemeinsamen Staates Jugoslawien unter seine Kontrolle gebracht.

Um so ungeheuerlicher war die Reaktion der internationalen Staatengemeinschaft auf diese Entwicklung. Ihr fiel nichts anderes ein, als ein Waffenembargo zu verhängen. Das konnte Milošević nur recht sein. Denn er hatte alle Waffen des gemeinsamen Staates geerbt. Immerhin war ja Jugoslawien auch Waffenproduzent und gehörte zu den größten Waffenexporteuren Europas. Einige der Produktionsstätten lagen zwar außerhalb Serbiens, doch mit den Eroberungen bis 1995 kontrollierte die »Jugoslawische Armee« die meisten der jugoslawischen Produktionsanlagen. Für Nachschub an Waffen und Munition war also gesorgt.

Kijevo bei Knin hieß das erste kroatische Dorf, das im Sommer 1991 die Taktik der »ethnischen Säuberungen« über sich ergehen lassen mußte. Der damalige Oberst und Oberkommandierende in dieser Region, Ratko Mladić, ließ mit seiner Artillerie das Dorf sturmreif schießen, dann kamen die Soldaten und Freischärler. Und die »räumten auf«. Wer nicht geflohen war, war den Plünderern und Brandschatzern hilflos ausgesetzt. Bei späteren Angriffen kam es zu Morden und Vergewaltigungen. Dieser Sturmangriff sollte zu einem Modell für die serbische Militärtaktik im weiteren Krieg werden.

Es galt, die »anderen« aus den eroberten Gebieten zu vertreiben und diese dann als serbische Gebiete zu definieren.

Doch selbst nach den zerstörerischen Angriffen auf Vukovar und Dubrovnik blieb die Öffentlichkeit in Europa geteilter Meinung über den Konflikt. Nicht nur die politischen Führungen, auch die Mehrheit in Medien und Öffentlichkeit war der Meinung, man solle weiter verhandeln und »Waffenstillstände« schließen. Diese Vereinbarungen aber wurden schon gebrochen, ehe die Unterschrift getrocknet war. Die serbischen Truppen eroberten im Herbst 1991 fast ein Drittel des kroatischen Territoriums.

Erst als von seiten Deutschlands, Österreichs und der baltischen Staaten erkennbar ernsthaft mit der diplomatischen Anerkennung Kroatiens gedroht wurde, gab Milošević nach. Er stimmte der Implementierung von UN-Truppen zu, die im Frühjahr 1992 in den serbisch besetzten Gebieten Kroatiens stationiert wurden und den Krieg in Kroatien bis 1995 einfrieren sollten. Mit der Zustimmung zur UNCRO machte er den Weg frei für die diplomatische Anerkennung Kroatiens und Sloweniens, die am 15. Januar 1992 von allen damaligen EG-Staaten außer Griechenland ausgesprochen wurde.

Das Waffenembargo traf also vor allem die Kroaten und später, noch gravierender, die von den Serben umzingelten Verteidiger von Sarajevo. Es führte zu keiner Zeit zu einer Beruhigung der Lage und hielt die serbische »Jugoslawische Armee« nicht von groß angelegten Offensiven und den Vertreibungen und Massenmorden an den Muslimen in Bosnien und Herzegowina ab, das sich am 6. April 1992 von Jugoslawien für unabhängig erklärt hatte. Die formell unabhängige bosnisch-serbische »Armee der Republika Sprska« eroberte zwei Drittel des Territoriums von Bosnien und Herzegowina. Sie hatte 1993 fast schon das gesamte Gebiet erobert, das auf den Karten als Großserbien ausgewiesen war. Im Kosovo aber war bis zu diesem Zeitpunkt alles ruhig geblieben.

7
Apartheid und Schattenstaat

Am Vorabend des Krieges in Slowenien und Kroatien hatten die Innenminister der Länder nichts Besseres im Sinn, als jene Flüchtlinge ins Krisengebiet zurückzuschicken, die Ende der achtziger Jahre vor den Repressionen in die Bundesrepublik geflüchtet waren. 250 Roma und 1 000 Albaner sollten aus Nordrhein-Westfalen abgeschoben werden. Angeführt von dem Bundestagsabgeordneten des Bündnis 90/Die Grünen Gerd Poppe und dem MDL der Grünen in Düsseldorf Michael Vesper fuhr Mitte Juni 1991 eine Delegation von Flüchtlingsräten in den Kosovo, um sich ein Bild von der Lage zu machen.

In Priština wollte sie das Hospital besuchen. Vor dem Eingang wurden die Deutschen von schwerbewaffneten serbischen Polizisten angehalten, drei Mitglieder der Delegation mußten vorübergehend mit auf die Wache kommen. Dennoch gelang es, Fakten zu sammeln: Die meisten albanischen Ärzte waren entlassen. In der Chirurgie arbeiteten von 19 Ärzten nur noch acht, die meisten von ihnen Serben. In der gynäkologischen Abteilung waren im Vorjahr 12 552 Geburten zu verzeichnen, jetzt kamen kaum mehr albanische Frauen, sie hatten Angst, schlecht behandelt zu werden.

Ohne jegliche Unterstützung lebten die Familien der entlassenen Bergarbeiter in Stari Trg, der Bergarbeitersiedlung, noch immer in den heruntergekommenen und viel zu kleinen Werkswohnungen. Doch es war schon klar, daß sie ausziehen mußten. Hinzu kam der tägliche Terror. Der Tod eines elfjährigen Jungen, der beim Kühehüten von Serben ermordet und verstümmelt wurde, brachte die Menschen eines Dorfes in der Nähe des Braunkohlekraftwerkes Obilić an den Rand der Verzweiflung. Auch Informationen über eine absichtliche

Vergiftung von 7000 albanischen Schulkindern im Herbst 1990 machte die Runde. Hunderte Kinder waren damals schwer erkrankt.

Die Mitglieder der Delegation waren entsetzt. »Wie sollen Flüchtlinge, die aus Angst vor erneuten Verhaftungen nach Deutschland gekommen sind, hier wieder Fuß fassen?« Britta Jünemann, Sprecherin des Flüchtlingsrates Nordrhein-Westfalen, faßte diesen Eindruck gegenüber den serbischen Offiziellen, die der Delegation die Gelegenheit geben wollten, den serbischen Standpunkt kennenzulernen, folgendermaßen zusammen: »Ich könnte nicht ruhig schlafen, wenn ich Kenntnis von solchen Menschenrechtsverletzungen hätte.«

Typisch die Antwort des Finanzministers der Provinzregierung Goran Šimović: Die Flüchtlinge würden von den albanischen separatistischen Organisationen nur eingesetzt, um die Lage zu dramatisieren. Wer sich an die serbische Verfassung halte, habe nichts zu befürchten. Welcher Staat würde es hinnehmen, daß die Lehrer einer Minderheit offen gegen die Verfassung auftreten und die Kinder in »separatistischem Geiste« erziehen? Der Kosovo koste den Staat täglich eine Million Dollar Zuschuß, erklärte ein Vertreter des Belgrader Unterrichtsministeriums: Damit hätte der Staat das Recht, über die Lehrpläne zu bestimmen. Der Kosovo sei serbisches Land, so klang es durch alle Äußerungen, die Albaner hätten sich dem Willen der serbischen Führung zu beugen.

Immerhin hatten es einige Parlamentarier aus Deutschland gewagt, in den Kosovo zu kommen. Es waren Bündnis-Grüne, die anderen Parteien hatten kein Interesse. Der Kosovo lag irgendwo im Abseits, im Dunkeln, war eine »innere Angelegenheit« Jugoslawiens. Kein Grund zur Aufregung. Die Versicherung der jugoslawischen Behörden, im Kosovo sei die Ruhe wiederhergestellt, reichte aus, um Flüchtlinge zurückzuschicken.

Während die Kämpfe im Norden begannen, saßen die Albaner machtlos in der Falle. Es verblieb zu diesem Zeitpunkt nur die Aufgabe, das Überleben der Bevölkerung zu sichern. Die Albaner antworteten auf die Repression mit einer Welle der Solidarität und gegenseitiger Hilfe.

Adem Demaçi, der kleinwüchsige, energiegeladene Schriftsteller, erst 1990 aus einer insgesamt zweiunddreißigjährigen Haft entlassen, war damals noch in Rugovas »Baracke« anzutreffen. Demaçi hatte schon in den fünfziger und sechziger Jahren versucht, eine an nationalen Zielen ausgerichtete Bewegung im Kosovo zu begründen. Und war deshalb verurteilt worden. Er war der klassische politische Gefangene, der über die Gefängnismauern hinweg Politik zu machen imstande war. Dem »Nelson Mandela Kosovos« wurde 1991 der Sacharow-Preis des Europäischen Parlaments verliehen.

Demaçi fungierte im Juni 1991 im Rahmen der Demokratischen Liga als Leiter des Menschenrechtsvereins. Mit der Entwicklung in Slowenien und Kroatien wurden seine Positionen radikaler. Die Hoffnung auf Demokratisierung war für ihn obsolet geworden. Mit dem Sieg Miloševićs bei den Wahlen hätte die Mehrheit der Serben gezeigt, daß sie die Albaner aus dem Kosovo vertreiben wollten, erklärte er. Aber noch stimmte er in anderen Grundsatzpositionen mit Rugova überein.

Ibrahim Rugova bot den Serben weiterhin einen Dialog an. Angesichts der Lage in Kroatien und Slowenien hoffte er, die Europäische Gemeinschaft und die USA würden die Serben an den Verhandlungstisch zwingen. »Bei einer Aufspaltung Jugoslawiens wollen wir kein Überbleibsel sein. Das wäre für uns unerträglich. Wenn in Jugoslawien die Republikgrenzen verändert werden, bleibt uns nichts anderes übrig, als uns mit den Albanern in anderen Republiken zu vereinigen ... In einem solchen Fall werden selbstverständlich auch die Europäische Gemeinschaft und andere Mächte mit in die Verantwortung genommen. Falls aber Jugoslawien gänzlich auseinanderfällt, fordern wir die Unabhängigkeit. Bisher hatten wir die Frage der Grenzen nicht angetastet, denn wir glaubten, daß durch die europäische Integration wir alle hier, auch die Albaner, zu einem Teil Europas hätten werden können«, erklärte er mir gegenüber.

Rugova wußte natürlich, daß die Europäische Gemeinschaft die Kosovofrage noch als eine »innere Angelegenheit« Jugoslawiens ansah und daß Milošević von dieser Haltung profitierte. »Wenn es zum Schlimmsten kommt, wird Serbien nicht zögern, die Waffen gegen uns zu erheben. Es wird viele Opfer geben. Wir selbst sind unbewaffnet, ich denke, daß dann die Intervention von außen einsetzen muß.« Rugova forderte damals schon die militärische Intervention des Westens, hoffte aber auf die langfristige Integration der Region in die damalige Europäische Gemeinschaft. Damit stand er als Träumer da. Denn es gab keinerlei Anzeichen, daß die Staaten der damaligen EG und die USA bereit waren, anders als diplomatisch auf die dramatischer werdende Lage in Jugoslawien zu reagieren. Zu widersprüchlich war vor allem die Position der europäischen Regierungen zur Jugoslawienfrage. Großbritannien und Frankreich waren Schutzmächte des Landes, hatten sie doch nach dem Ersten Weltkrieg das Königreich Jugoslawien aus der Taufe gehoben und die serbische Herrschaft im Kosovo legitimiert. Und Rußland begann gerade wieder, zu überkommenen historischen Positionen zurückzukehren und alte geostrategische Interessen wahrzunehmen. Ein unabhängiger Kosovo war für diese Mächte damals völlig undenkbar. Alle anderen hielten sich zurück. Auch in Deutschland dachte kaum jemand über den Kosovo nach.

»Die ausländischen Diplomaten kamen zwar nach Prishtina, aber sie ermutigten uns in keiner Weise. Der deutsche

Botschafter Eiff hörte sich an, was wir zu sagen hatten, nickte kurz, aber nichts geschah. Daß Journalisten kamen, um über den Kosovo zu berichten, war allerdings für uns sehr positiv«, beurteilte später einmal Bujar Bukoshi die Aktivitäten der internationalen Diplomaten in dieser Zeit.

Der 1947 geborene Arzt war schon damals ein ruhiger, überlegter Mann, der ähnlich wie Rugova keineswegs zu leidenschaftlichen Ausbrüchen neigte, sondern in der Lage war, sachlich die Lage zu analysieren. Der immer korrekt und elegant gekleidete, wie ein Gentleman alter Schule auftretende Bukoshi war deshalb auch fähig zu erkennen, daß weder die Unabhängigkeit des Kosovo noch die Intervention des Westens zu dieser Zeit eine realistische Perspektive waren. »Doch Rugova war ein Visionär, er dachte nicht in kurzen Zeiträumen, er dachte langfristig. Das politische Ziel war die Unabhängigkeit von Serbien und die europäische Perspektive. Militärisch konnten wir damals nichts ausrichten, denn wir hatten keine Waffen. Uns blieb zunächst nur der passive Widerstand. Heute ist doch vieles so gekommen, wie Rugova es vorhergesagt hat, schließlich mußte die Staatengemeinschaft militärisch eingreifen, und dem Kosovo wurde eine europäische Zukunft versprochen«, resümierte er nach dem Einmarsch der NATO 1999. Doch Bukoshi war es auch, der nur wenige Jahre nach Gründung des Schattenstaates gegen den Willen Rugovas eigene Wege gehen und sich für den bewaffneten Widerstand entscheiden würde.

Junge Albaner fliehen nach Mitteleuropa

Bald waren sie in Ljubljana nicht mehr zu übersehen – die jungen Männer mit ihrem leichten Gepäck, die sich am Bahnhof drängten. Das war ein Treffpunkt, von dem aus sie nach Österreich, in die Schweiz oder nach Deutschland reisen konnten. Bis zum Juni 1991 gelang es Zehntausenden, sich über Sarajevo oder Dubrovnik in den Norden abzusetzen, sogar über Serbien und Ungarn flohen Albaner aus dem Kosovo. Selbst Wehrpflichtige. Der alte jugoslawische Paß verbürgte die visafreie Einreise in alle Länder Europas.

Die serbischen Behörden hatten nichts dagegen. Sollten sie doch gehen. Aktive, junge Männer, die gefährlich werden konnten, verließen das Land. Ruhe im Kosovo war erwünscht. Der gewaltfreie Widerstand und der Parallelstaat schafften Frieden im Rücken des Krieges in Kroatien und dann später in Bosnien. Insgesamt über 300000 sollen es gewesen sein, die zu Verwandten in die Schweiz, nach Deutschland und Österreich oder allein auf sich gestellt in die Fremde zogen. Die Flucht der Albaner wurde in Belgrad als stabilisierend für die eigenen Interessen im Kosovo angesehen.

Nach der Entlassungswelle hatte sich die ohnehin schon dramatische wirtschaftliche Lage der Bevölkerung weiter verschlechtert. So drängten die Großfamilien ihre jungen Männer, sich in die Länder Mitteleuropas zu begeben. Die Vorstellungen über die Möglichkeiten der Emigranten dort hatten zwar kaum etwas mit der Realität zu tun, waren aber genährt durch die erste Gastarbeitergeneration, die ihre Familien in der Regel großzügig unterstützten und bei gelegentlichen Urlaubsbesuchen das schöne Leben in Deutschland, der Schweiz oder Österreich herausstrichen. Daß das Geld dort auf der Straße lag und man es nur aufklauben mußte, gehörte zum festen Bestand der Vorstellungswelt der in den abgelegenen Dörfern Kosovos in bitterer Armut lebenden Bevölkerung.

Angekommen in den gelobten Ländern, mußten jedoch viele der jungen Männer feststellen, daß sie es keineswegs leicht haben würden, die Wünsche der Zurückgebliebenen zu erfüllen. Wem es nicht gelang, bei schon lange in der Emigration lebenden Verwandten unterzukommen und sich mit deren Hilfe eine (Schwarz-)Arbeit zu besorgen, fand sich in einer ziemlich bedrückenden Lage wieder. Mit nur geringen Sprachkenntnissen, vor allem in Deutschland lediglich als Flüchtling »geduldet«, ohne Arbeitserlaubnis, suchten die meisten die Nähe jener, denen es ähnlich erging.

Gewohnt, die Meinung der Alten zu respektieren und ihren Anordnungen zu folgen, waren sie auf einmal in einer fremden Welt, die nichts mit ihren bisherigen Erfahrungen zu tun hatte. Die jungen Männer waren plötzlich frei. Mit der Freiheit aber umzugehen, hatten sie nie gelernt. Natürlich fühlten sich viele der mit einer restriktiven Sexualmoral Erzogenen jetzt von Rotlichtdistrikten, Spielhallen und ähnlichen »Attraktionen« der Bahnhofsviertel angezogen. Und damit auch von den Möglichkeiten, illegal das schnelle Geld zu verdienen. Ein wenn auch kleiner, doch angesichts der Masse der Emigranten keineswegs zu ignorierender Teil der nach Mitteleuropa geflohenen jungen Männer war in Gefahr, kriminell zu werden. Die sich bildende albanische Mafia brauchte über Personalsorgen nicht zu klagen. Sie stieg ins Drogengeschäft und in die Prostitution ein und begann auf deutschem Boden mit der Russenmafia um das Terrain zu kämpfen.

Das Image der Albaner war – wie das der Türken – für eine lange Zeit geprägt von diesen jungen Männern aus den Dörfern, die auch bei der Annäherung an das andere Geschlecht verunsichert waren und tradierte machistische Haltungen einzunehmen pflegten. Wer in den Gesellschaften Mitteleuropas keine Ahnung von den Verhältnissen hatte, aus denen diese Männer kamen, fand seine Vorurteile bestätigt. Und diese wiederum sollten politisch bedeutsam werden.

Getrenntes Leben

Zu Hause kümmerte man sich kaum darum, wie das in den Kosovo geschickte Geld verdient worden war. Hauptsache, es half, die Großfamilie zu stützen. Den allermeisten Albanern im Kosovo blieb jedoch nichts anderes übrig, als sich vor allem von der Subsistenzwirtschaft zu ernähren. Manchen gelang es auch, eine Parallelwirtschaft im Land selbst zu entwickeln – auf privatwirtschaftlicher Basis. In dieser Zeit wurden viele Läden und Geschäfte in allen Teilen Kosovos eröffnet, die alles mögliche, von Lebensmitteln bis hin zu Ersatzteilen für komplizierte Maschinen und den neuesten Geräten der Telekommunikation, im Angebot hatten. Import-Export-Geschäfte schossen aus dem Boden, die Zahl der Familienbetriebe stieg von 1700 im Jahre 1989 bis auf 18000 im Jahr 1992 an. Während ein Teil der Familie zu Hause arbeitete, sorgten die Gebrüder im Ausland für die nötigen Verbindungen und bauten dort zum Teil eigene Firmen auf.

Während die Serben im Kosovo weiter am Tropf der Staatswirtschaft mit sinkenden Löhnen hingen, begannen die Albaner mit einer erzwungenen und deshalb radikalen Wirtschaftsreform. Und manche waren trotz der Behinderungen durch den serbischen Staat relativ erfolgreich. Während in serbischen Restaurants altersschwache Fernseher sportliche Großereignisse übertrugen, gab es in den albanischen Cafés und Restaurants schon die modernsten Geräte, die via Satellit Programme aus vielen Ländern und natürlich aus dem sich liberalisierenden Albanien empfangen konnten. Albanische Wohnblocks in Prishtina erkannte man daran, daß auf jedem Balkon eine Satellitenschüssel angebracht war, während die Serben sich mit dem offiziellen serbischen Fernsehprogramm begnügen mußten.

Sprachen zu lernen hatte Tradition bei den Kosovoalbanern, waren sie doch alle gezwungen, Serbisch zu lernen. In Städten wie Prizren oder Rahovec war es zudem üblich, neben der eigenen Sprache und Serbisch auch die Stadtsprache Türkisch bzw. die Rahovec-Sprache, eine Mischung aus slawischen und albanischen Elementen, zu benutzen. So waren auch die in diesen Städten lebenden Minderheiten, die Serben, Goranen, Bosniaken, Roma oder Türken, mehrsprachig. Die vielen Emigranten und Gastarbeiter hatten vor allem Deutschkenntnisse erworben. Und als erste Fremdsprache unterrichteten die albanischen Schulen jetzt Englisch statt Serbisch. Die weit verbreitete Fähigkeit der albanischen Bevölkerung, sich in anderen Sprachen auszudrücken, schuf eine Flexibilität, die sich auch im Wirtschaftsleben niederzuschlagen begann.

Fleißig zu sein, jede Gelegenheit zu ergreifen, Geld zu verdienen, das gehört nicht erst seit dieser Zeit zur kosovoalbanischen Identität. Die jetzt entstehende Schicht von albanischen Geschäftsleuten war durchaus in der Lage, neue Autos zu kaufen und ihren Familien einen weit höheren Lebensstandard zu bieten, als ihn selbst serbische Offizielle hatten. Mit dem Geld aus der Diaspora schossen zum Staunen der serbischen Landbevölkerung neue Häuser aus dem Boden. Neid regte sich. Unter der Hand und trotz der Gesetze, die dieses unter Strafe stellte, verkauften Serben weiterhin Land an Albaner.

Die Apartheidsituation ließ die albanische Gesellschaft im Kosovo näher zusammenrücken. Keine Selbstverständlichkeit in einer Gesellschaft, in der nicht unbedingt die Nation, sondern eher die Sippe der bedeutendste Bezugspunkt gewesen war. Über Jahrhunderte war das Verhältnis von Gesellschaft und fremdbestimmtem Staat gespannt. Zeitweise war der Staat in manchen Gegenden gar nicht existent. Während man in den Städten Türkisch sprach und an die Obrigkeit angebunden war, versuchte die Landbevölkerung, sich vor der Steuerlast zu drücken. Unter osmanischer Herrschaft und auch später erkannte man in den Dörfern nicht einmal die Gerichtsbarkeit an. Dafür gab es ein eigenes tradiertes Rechtssystem, das Gewohnheitsrecht, den *Kanun*, der die Konflikte, aber auch die Blutfehden zwischen den Familien regelte. Ab 1990 setzten sich Studenten und Professoren der Untergrunduniversität dafür ein, die Blutrache zu beseitigen. In mehr als tausend öffentlichen Verfahren wurden vor zum Teil großem Publikum bis 1992 die Streitigkeiten zwischen den Familien verhandelt und eingestellt. Bis auf wenige Ausnahmen während der Kriegswirren 1999/2000 ist die Blutrache im Kosovo Vergangenheit.

1992 wurde ein Parlament gewählt. Eine nicht zu unterschätzende logistische Leistung. 80 Prozent der Bevölkerung haben sich an der Wahl beteiligt, sogar Teile der Minderheiten wie die der Türken, Goranen und Bosniaken, auch einige Roma und Ashkali nahmen an der Abstimmung teil. Das Parlament mit 120 Sitzen hatte sogar 20 Sitze für Serben und Montenegriner reserviert. Doch die boykottierten natürlich die Wahl.

Die serbischen Behörden aber ließen die Albaner gewähren. Nur die konstituierende Sitzung des Parlamentes durfte nicht stattfinden. Dennoch gelang es, die Exilregierung zu bestätigen. Bujar Bukoshi war nun nach allgemeinen Wahlen demokratisch zum Premierminister bestellt. Alleinkandidat Rugova siegte mit über 99 Prozent der Stimmen und wurde damit zum Präsidenten der »Republik Kosova« gewählt. Lieber wäre es ihm gewesen, wenn er einen oder mehrere Gegenkandidaten gehabt hätte, dann könnte man von wirklich demokratischen Wahlen in einem freien Kosovo sprechen, witzelte er, als ich ihn im Herbst 1993 in Prishtina besuchte.

Kontraste

Mitten aus dem Krieg in Bosnien war ich erneut in den Kosovo gereist. Ich wußte nun bereits aus eigener Anschauung, wie brutal die serbisch-jugoslawischen Streitkräfte und Freischärler vorzugehen in der Lage waren. In der kroatischen Stadt Karlovac hatte ich im Herbst 1992 Überlebende der Konzentrationslager Westbosniens getroffen. Ausgemergelte Gestalten, die mit Hilfe des Roten Kreuzes schließlich über die Frontlinien abgeschoben worden waren und grausame Geschichten zu erzählen hatten. Schon damals kristallisierte sich heraus, daß Zehntausende Menschen in den eroberten Gebieten von der entfesselten serbischen Soldateska ermordet worden waren. Hunderttausende von verängstigten und traumatisierten Menschen hinterließ dieser Krieg, die Flüchtlingslager füllten sich mit den Vertriebenen und Flüchtlingen, den Opfern der »ethnischen Säuberungen«.

Als im Frühjahr 1993 die bosnisch-kroatischen Streitkräfte auf Befehl der kroatischen Führung in Zagreb nun ihrerseits gegen die bosnischen Regierungstruppen vorgingen, wurde die Lage in Sarajevo und anderen Gebieten Zentralbosniens noch gefährlicher. Die Kroaten schnitten die Versorgung ab, 1993 herrschte Hunger in dem vor allem von Bosniaken, aber auch einigen Kroaten und Serben verteidigten Restbosnien. Es ging nun ums nackte Überleben.

Ich wollte im Herbst 1993 aus dem belagerten Sarajevo in den Kosovo gelangen. Während die Granaten jeden Gang durch die bosnische Stadt zu einer gefährlichen Unternehmung machten, zeigte sich ein unbedingter Überlebenswille der Bevölkerung. Und immer wieder stellten die Menschen die Frage, wann endlich die Kosovoalbaner den Kampf aufnehmen würden. Zwar kämpften einige von ihnen in den Reihen der bosnischen Regierungstruppen, sogar der Kommandeur des heißumkämpften Stadtteils Dobrinja war ein Kosovoalbaner, doch man hoffte auf einen Aufstand im Kosovo, der die von den Höhen schießenden serbischen Streitkräfte hätte entscheidend schwächen können. Der Hinweis, daß die Kosovoalbaner keine Waffen und Territorialeinheiten hätten, zog nicht. »Wir haben ja auch kaum Waffen«, war die gängige Antwort.

Mit General Jovan Divjak, dem serbischen Vize-Kommandeur der bosnischen Regierungsstreitkräfte, der *Armija BiH*, der zum Entsetzen der serbischen Nationalisten die Verteidigung Sarajevos mitorganisierte, hatte ich ein längeres Gespräch über die Gesamtperspektiven des Krieges. Ich sagte ihm, im Kosovo stünde über kurz oder lang ein Krieg bevor, dort habe alles angefangen, im Kosovo würde es auch enden. Doch er widersprach: »Einen Krieg wird es im Kosovo wahrscheinlich geben, sicherlich, aber nicht sogleich. In einem jedoch liegst du gänzlich falsch: Nicht im Kosovo, in Belgrad hat alles begonnen, in Belgrad wird alles enden.«

Mit solchen Gedanken reiste ich über Dalmatien, Zagreb, Ungarn und Belgrad nach Prishtina. Ich war erstaunt, wie friedlich hier die Lage inzwischen geworden war. Das Unterdrückungswerk wurde von 10000 serbischen Polizisten und angeblich 20000 Soldaten routiniert abgewickelt. Es gab zwar noch Hausdurchsuchungen, ab und zu wurden Albaner verprügelt, einige kamen dabei sogar zu Tode, doch die Repression hatte im Vergleich zu 1990 insgesamt nachgelassen. Das zügellose Treiben war in Routine, Langeweile und die Perspektivlosigkeit der Etappe übergegangen. Beide Seiten hatten sich im Herbst 1993 in der Situation, wie sie war, eingerichtet. Welch ein Kontrast zu Bosnien! Mir fiel es schwer, mich auf die gänzlich anderen Verhältnisse einzustellen. Die junge Journalistin und Aktivistin Evliana Beroni sprudelte nur so, als sie die letzten Jahre resümierte. Wie die entlassenen Ärzte private Praxen eröffneten, um die Patienten weiter behandeln zu können. Wie Lehrer und Professoren in privaten Wohnungen Schulunterricht für Kinder und Seminare für Studenten organisierten. Wie die albanische Gegengesellschaft und der Schattenstaat entstanden sind: »Die Leute bezahlen nun Steuern für den kosovarischen Staat, 3 Prozent hier im Inland und drei Prozent des Einkommens im Ausland. Indem die serbischen Behörden und Militärs versuchten, ein Apartheidsystem zu installieren, zwangen sie die Albaner zur Kreativität.« Sie war merklich stolz, daß dies gelang. »Unser größter Schutz ist unsere Organisation«, zitierte sie ihren Präsidenten.

Die Baracke des ehemaligen Schriftstellerverbandes wurde

gerade renoviert. Sogar neue Möbel hatte man angeschafft. Im Schatten des Stadions und unter den Augen der allgegenwärtigen serbischen Geheimpolizei waren hier immer noch die interessantesten Persönlichkeiten anzutreffen wie zum Beispiel der feinsinnige Fatmi Agani, der später, 1999, von bewaffneten Serben ermordete zweite Mann hinter Rugova. In der Baracke war eine kleine Verwaltung entstanden, Zuständigkeiten wurden verteilt. Die Organisation des Widerstands hatte Form und Namen bekommen, die Regierung im Exil schickte regelmäßig Geld, um den Parallelstaat zu finanzieren.

Auf den Straßen zeigte sich ein trügerisch friedliches Bild. In Prizren schlenderten ungestört bewaffnete Serben durch die Stadt und ließen sich in den Cafés nieder. Im Zentrum der Hauptstadt schien die Zeit stehengeblieben zu sein, Serben wie Albaner teilten sich wie vor 1989 den Boulevard. Doch nur selten sprachen Menschen aus beiden Bevölkerungsgruppen miteinander. Man ging sich aus dem Weg.

»Niemals werden wir aufgeben, darin sind sich alle Serben einig«, erklärte trotzig der »starke Mann« des Kosovo. Živodrag Igić war Vorsitzender der Sozialistischen Partei Serbiens im Kosovo, Mitglied des Belgrader Parlaments und von dessen Verteidigungsausschuß und fungierte als eine Art Gouverneur im Kosovo. Die Albaner seien Bürger Serbiens, das müßten sie eben akzeptieren. Und die Separatisten müßten geschlagen werden, erklärte er in der Pose des Siegers.

Aber es klang hohl. Denn auch die serbische Bevölkerung begann zu resignieren, die aufputschende Versammlungsbewegung war vorbei, die Lebensmittelpreise stiegen, die Gehälter wurden angesichts des weiteren wirtschaftlichen Niedergangs gekürzt. Zwar waren viele Kosovoserben in den verbliebenen Wirtschafts- und Staatsunternehmen aufgerückt und hatten sich auf den Sesseln der entlassenen Albaner breitgemacht, doch die Produktion sank. Der unausgebildete Ersatz war nicht immer in der Lage, die Lücken zu füllen. Serben aus Belgrad zogen in die obersten Etagen der Verwaltung ein.

Die Gemeindeverwaltungen waren serbisch, auch wenn es in manchen Gemeinden nur wenige Serben zu verwalten gab. Albaner mußten horrende Bestechungsgelder bezahlen, um ihre Ausweise verlängern zu lassen und die nötigen Dokumente für Hochzeiten oder Wirtschaftsbetriebe zu organisieren. Oftmals hielten Polizisten albanische Autofahrer an und verlangten Bußgeld, obwohl keine Verkehrsübertretung vorlag.

Zoran war 28 Jahre alt, wie Evliana. Er hatte Englisch studiert. Der Kosovoserbe wollte »so schnell wie möglich weg von hier«. Kürzlich hatte er im Zuge einer Entlassungswelle seinen Job als Fernsehmoderator verloren, jetzt füllte er Formulare aus, die die ausländischen Botschaften für Auswanderungswillige bereithielten. Nach Neuseeland zog es ihn, nachdem die Kanadier abgewinkt hatten. Seit Beginn des Krieges hätten über 300000 Leute aus ganz Serbien bei den Botschaften Erfolg gehabt. Er sei müde geworden, sagte er, »hier gibt es für mich keine Perspektive«.

»Ein unabhängiger und neutraler Staat Kosovo könnte auch die Interessen der hier lebenden Serben sichern«, versuchte Ibrahim Rugova auf einer seiner wöchentlichen Pressekonferenzen eine Lösung zu finden. Es waren auch serbische Journalisten anwesend. Und die winkten ab. »Soll der doch vorschlagen, was er will«, antwortete Igić. »Der Kosovo bleibt serbisch.«

Die albanische Frage

Unter der Federführung Rugovas hatten sich schon 1991 die wichtigsten Parteien der Albaner aus dem Kosovo, Makedonien und Montenegro getroffen. Sie hatten diskutiert und Forderungen aufgestellt. Die Delegationen machten geltend, daß die Albaner mit insgesamt mehr als drei Millionen Menschen die nach Serben und Kroaten drittgrößte Bevölkerungsgruppe in Jugoslawien darstellten – fast zwei Millionen im Kosovo, rund 500000 in Makedonien, einige zehntausend in Montenegro und einige hunderttausend in anderen Landesteilen und im Ausland. Wenn die Republikgrenzen in Jugoslawien verändert würden, so forderten die albanischen Parteien 1991, dann müßte eine eigene Republik gebildet werden, in der sich alle albanischen Gebiete Jugoslawiens wiederfinden sollten. Darin eingeschlossen waren die Siedlungsgebiete in der nordwestlichen Gebirgsregion Makedoniens, die sich von Kumanovo an der serbischen Grenze über Skopje bis nach Ohrid zieht, ebenso wie der südliche, von Albanern bewohnte Streifen Montenegros von Plav bis zur Küstenstadt Ulcinj und die Gebiete in Südserbien bei Preševo und Bujanovac.

Doch diese Idee wurde bald fallengelassen. Mit dem Beginn des Krieges in Slowenien und Kroatien wurden die Visionen kühner. »Die Mauer in Berlin ist gefallen, Deutschland ist wiedervereinigt, warum nicht auch die albanischen Lande?«, war eine oft zu hörende Frage. Die Hoffnungen vieler richteten sich auf die Republik Albanien. Und die Perspektive »Wiedervereinigung« schien ein Ausweg aus der Misere zu sein, in der sich die kosovarische Bevölkerung befand.

Doch so einfach war die Lage nicht. Der mutige Nevzat Halili, der wegen seiner umsichtigen, auf nationalistische Phrasen verzichtenden Politik zeitweise von Heißspornen aus den eigenen Reihen angegriffene Führer der Albaner in Makedonien, hatte Ende der achtziger Jahre darauf geachtet, den Bogen der Forderungen nicht zu überspannen. Die Albaner beklagten zwar nach wie vor, im Staat der Makedonier als Bürger zweiter Klasse behandelt, im Schulsystem benachteiligt zu werden und in der Bürokratie wie in der Polizei eklatant unterrepräsentiert zu sein. Unvergessen war, daß die makedonische Regierung Ende der achtziger Jahre Extremisten freie Hand ließ, sogar die traditionellen Mauern um die Gehöfte der Albaner niederzureißen.

Nach den Wahlen 1989 in Makedonien konnte die albanische »Partei der demokratischen Prosperität« jedoch eine Schlüsselstellung im Staat erringen, wurde sie doch als Koalitionspartner für die zwar siegreiche, jedoch nicht mit absoluter Mehrheit ausgestattete makedonisch-nationalistische Traditionspartei VMRO (Innermakedonische Revolutionäre Organisation) benötigt. Zur Beruhigung hatte auch die makedonische Führung unter Präsident Gligorov beigetragen, die sich im gesamtjugoslawischen Kontext gegen Milošević stellte und gleichzeitig bemüht war, freundschaftliche Kontakte zu Albanien zu knüpfen. Von einer gesamtalbanischen Perspektive konnte deshalb Anfang der neunziger Jahre in Makedonien kaum eine Rede sein.

Auch in Montenegro schienen die Spannungen zwischen Albanern und Montenegrinern abzuflauen – und zwar in dem Maße, wie die Spannungen zwischen Montenegrinern und Serben zunahmen. Mit dem neunundzwanzigjährigen Mile Đukanović war 1991 ein sehr junger Mann ins Amt des Ministerpräsidenten gehievt worden, doch schon zwei Jahre später versuchte sich Đukanović langsam von seinem Ziehvater Milošević abzusetzen, mit dem er schließlich 1996 brechen sollte. In der montenegrinischen Gesellschaft rumorte es. Die damals sehr aktive Liberale Partei forderte vor allem wegen des militärischen Angriffs auf die kroatische Hafenstadt Dubrovnik, der Perle der Adria, schon 1991 offen den Bruch mit Belgrad. Später formierte sich eine breitere Front gegen Milošević.

Doch Partner einer gesamtalbanischen Perspektive konnte nur Albanien selbst sein. Das kommunistische Regime hatte in den Augen der Kosovoalbaner viel zu vorsichtig gegenüber Serbien agiert. Voraussetzung für eine außenpolitische Neuorientierung war der Umsturz des kommunistischen Systems.

Nach dem Tode des »geliebten Führers« Enver Hoxha im Jahre 1985 dauerte es zwar noch einige Jahre, bis das Regime zur demokratischen Öffnung gezwungen werden konnte. Ramiz Alia als Nachfolger Enver Hoxhas im Amt des 1. Sekretärs der Partei der Arbeit Albaniens hatte einige zaghafte wirtschaftliche Reformen in Gang gesetzt. Außenpolitisch jedoch nichts geändert.

Obwohl der allmächtige Geheimdienst Sigurimi noch 1989 sein Personal verdoppelt hatte, begannen die albanischen Oppositionellen zu demonstrieren und erzwangen schließlich am 31. März 1991 Mehrparteienwahlen. Doch die Gesellschaft war zunächst noch nicht bereit, den totalen Bruch mit dem alten System zu wagen. Die Kommunisten gewannen, und Ramiz Alia wurde noch einmal Staatspräsident. Genau ein Jahr später mußte aber erneut gewählt werden, diesmal gewann die Opposition. Ramiz Alia trat zurück, und Sali Berisha wurde der erste nichtkommunistische Präsident Albaniens nach dem Zweiten Weltkrieg.

Der aus dem nordalbanischen Ort Tropoje bei Bajram Çuri stammende Arzt und ehemalige Parteisekretär an der Universitätsklinik Tirana Sali Berisha kam aus einer Gegend, die vor dem Kommunismus enge Kontakte mit der westkosovarischen Stadt Gjakova unterhalten hatte, ja immer noch durch vielerlei Familienbande mit dem Kosovo verbunden war. Zudem hatte Berisha Zivilcourage bewiesen. Bei den Studentenunruhen im Jahr 1990 war er als Staatsvertreter zu Verhandlungen mit den Demonstranten geschickt worden. Berisha verbündete sich mit den Studenten und gründete am 14. Dezember 1990 auf dem Gelände der Universität von Tirana die Demokratische Partei Albaniens. Und so begrüßten die meisten Kosovoalbaner die Wahl Berishas zum neuen Präsidenten. Doch wie er zum Kosovokonflikt stand, war 1993 für Außenstehende noch unklar. So war es an der Zeit, dem Land einen Besuch abzustatten.

Die makedonischen Zöllner in der Nähe der Stadt Debar waren die Ankunft von Reisenden aus anderen Ländern noch nicht gewohnt. Der Grenzübergang nach Albanien war erst kürzlich geöffnet worden. Die Beamten waren überaus höflich, doch in ihrer Nervosität wußten sie nicht so recht, welcher Stempel in den Paß zu drücken war, was zu heftigen Diskussionen führte. Albaniens Öffnung schien auch für die Nachbarn eine Herausforderung zu sein.

Die Straße im Niemandsland war frisch geteert. Nach einigen hundert Metern kam der Schlagbaum der Republik Albanien in Sicht. Im Zollgebäude wurden die Reisenden von freundlichen Beamten mit Handschlag begrüßt. Sorgfältig und ein bißchen umständlich trugen sie die Nummern der Pässe in ein Buch ein. Die Frage, ob Bürger der Europäischen Gemeinschaft nun 10 Deutsche Mark Gebühr entrichten müssen oder nicht, erhitzte die Gemüter. Rat von anderer Stelle einzuholen war nicht möglich, im Zollhaus gab es kein Telefon. Schließlich wurde die Gebühr mit entschuldigender Geste erhoben. »Wir wünschen Ihnen viel Glück in unserem Land.«

Das Tal weitete sich, die karstigen Berge verschwammen blau am Horizont. Bauern ritten auf Mulis, Esel verschwanden unter der Last der getrockneten Maisbüschel. Schafherden und Kühe bewegten sich widerwillig von der Straße. Auf den Feldern waren seltsame Gebilde zu sehen, Pilzen gleich brachen ihre Kappen aus dem Erdreich. In Reih und Glied waren sie in die Landschaft gesetzt. Nur an den Schießscharten war zu erkennen, daß es sich um militärische Befestigungen handeln mußte, um die legendären Bunker des kommunistischen Regimes unter Enver Hoxha.

Zehntausende dieser Bunker sollten zur Zeit der kommunistischen Herrschaft den Menschen Schutz vor Angriffen bieten. Nichts verdeutlicht besser die Paranoia, die das alte Regime beherrschte. Die Bunker stehen für die enorme Verschwendung gesellschaftlichen Eigentums, die auf Kosten der Bevölkerung betrieben wurde. »Der beste Beton, das beste Eisen wurden für den Bau dieser Einmannbunker verwendet«, regte sich der Bauer und ehemalige Agraringenieur Eduard Agoli auf. »Wie viele Wohnungen hätten davon gebaut werden können?«

Er blickte über die Felder und Gärten hin zu dem Dorf, das zehn Kilometer von der Grenze entfernt in einem Talkessel lag. Auf der ungeteerten Straße herrschte reges Treiben. Ein Mädchen zerrte an einem Kalb, das ihre Eltern auf dem Markt erstanden hatten, Frauen trugen Plastikschüsseln und allerlei Bündel. »Das Land ist jetzt privatisiert, jede Familie hat, abhängig von der Anzahl der Familienmitglieder, Land zugeteilt bekommen«, erklärte Eduard Agoli. Und schmunzelnd wies er auf das Gerippe aus Beton, das von einem großen Stall übriggeblieben war. »Die Backsteine dieses Gebäudes der Staatsfarm wurden auch privatisiert.« Und tatsächlich, etwas abseits von der Straße standen einige neue Einfamilienhäuser.

Ein älterer Mann begrüßte uns mit breitem Lächeln. Achtzehn Jahre habe er in zwölf verschiedenen Gefängnissen und Lagern zugebracht, erklärte er, der eigentlich aus Tirana stammt, bis er mitsamt seiner Familie hierher ins »innere Exil« gelangt sei. Seine Frau war schon gestorben. Sie hatte die Strapazen und den Hunger nicht überstanden. Am Rande des Dorfes hatten sie leben müssen. Den Grund für die Verhaftung wisse er nicht, von einem Teil seiner Sippe fehle jede Spur.

Die Zeiten hatten sich geändert, auch der ehemalige Häftling hatte Land zugeteilt bekommen. Stolz wies er auf den kleinen Stall, vor dem sich zwei Schweine im Schlamm suhlten und bezeugten, daß der Islam im Lande nicht gerade tief verwurzelt war. Eine Kuh hatte er und auch ein paar Hühner: »Wenigstens sind die Hungerzeiten vorbei.«

In der kleinen Industriestadt Lac hatte gerade ein *meeting* stattgefunden. Noch waren ein paar hundert Menschen auf dem Platz versammelt und hörten der Folkloregruppe zu, die einen Schlager zum Besten gab. Eine bescheidene Kurzweil, die den Menschen dennoch Freude machte. »Fast unsere gesamte Industrie ist aufgegeben worden«, sagte eine Frau, die früher als Dolmetscherin im Chemiewerk der Stadt tätig war. »Nur Düngemittel werden noch produziert.« Sie deutete auf den großen Industriekomplex, der in der Ferne zu sehen war. »Die meisten Leute hier sind jetzt arbeitslos, über 80 Prozent.«

Weitere Menschen stießen zu uns. Das alte Regime war sicherlich nicht gut, doch in der neuen Zeit hätten sie ihre Arbeit verloren, sagten die Leute. Nur der Kiosk aus roten Plastikwänden, mit der Schokolade, den Zeitungen und dem ausländischen Bier, verhieß den Anschluß an die moderne Welt.

Einst waren die Alleen, die nach Tirana führten, ein Wahrzeichen des Landes gewesen. Doch jetzt standen nur noch vereinzelt Bäume am Straßenrand. In den vergangenen Wintern wurden die Bäume gefällt – die Leute brauchten Brennholz.

Endlich tauchten die Lichter von Tirana auf. Auf den Boulevards, die zum Skanderbeg-Platz führen, flanierten die Menschen. Viele saßen trotz des kühlen Wetters auf den Plastikstühlen der neuentstandenen Straßencafés. »Noch vor einem Jahr traute sich aus Angst vor Überfällen niemand auf die Straße«, freute sich der Hotelportier. »Jetzt ist das Lebensgefühl anders geworden, wir werden wieder eine Stadt«, sagte Dülber Vrioni, Führungsmitglied der Demokratischen Partei.

In einem der neuen Restaurants, die in Hinterhöfen eingerichtet worden waren, herrschte eine entspannte Atmosphäre. »Leider kann ich Sie nicht nach Hause einladen, ich lebe in einer Gemeinschaftswohnung in einem dieser typischen heruntergekommenen Mietshäuser, und da ist es ziemlich beengt«, entschuldigte sich Vrioni, der aus einer der alteingesessenen Familien des Landes stammt. Er bestehe nicht darauf, den ehemaligen Großgrundbesitz seiner Familie zurückzuerhalten: »Wir müssen neue Wege gehen, wir müssen von vorne anfangen, soll das Land meiner Familie doch an die Bauern verteilt werden. Wenn die es richtig bewirtschaften, nutzt das uns allen.«

Vrioni sprach von den Projekten und von den Erfolgen der neuen Regierung. In den 16 Monaten seit deren Amtsantritt sei doch schon einiges erreicht worden. Die Währung sei stabil, weil die Praxis, Löhne für Nichtstun zu zahlen, beendet worden sei. Nur mit der Anhäufung von Auslandsschulden und einer ungebremsten Inflation habe die alte Regierung dies finanzieren können. Mit den Gemeinderatswahlen habe die Demokratie ihren Unterbau erhalten, eine Menschenrechtsdeklaration sei verabschiedet, das Parlament habe in kürzester Zeit viele Gesetze erlassen, die den Weg für eine wirtschaftliche Erneuerung geebnet hätten. Sogar die Reform der Universitäten sei vorangebracht worden.

Doch dieser Optimismus konnte nicht darüber hinwegtäuschen: Albanien lag in Agonie. Der Steinzeitkommunismus Enver Hoxhas hatte das Land fast 50 Jahre im Griff gehabt, die alte Intelligenzija war ausgerottet, alles bürgerliche Leben vernichtet worden. Die Bevölkerung war hin- und hergerissen: einerseits froh, die Diktatur abgeschüttelt zu haben, andererseits in Unsicherheit und völlige Armut abgesunken. Albanien war noch weit davon entfernt, ein Hoffnungsträger für die Kosovaren zu sein. Sollte dieser Staat in der Lage sein, Serbien die Stirn zu bieten?

Endlich saß ich ihm gegenüber. Sali Berisha, der Präsident, war keineswegs berauscht von seiner Macht. Der persönlich etwas unberechenbar wirkende Arzt wußte nur zu gut, in welchem Zustand sich Albanien in Wirklichkeit befand. Albanien sei an internationale Verträge gebunden, erklärte er. Dringlichstes Ziel des Landes sei es, in die Völkergemeinschaft zurückzukehren. Die Forderung nach einem gemeinsamen albanischen Staat lehnte er ab, da die internationale Gemeinschaft an dem Prinzip der Unveränderlichkeit der Grenzen festhalte und Albanien die Akte von Helsinki unterschrieben habe.

Damals wußte allerdings kaum jemand, daß zu dem Zeitpunkt, an dem ich Berisha gegenübersaß, kaum einige hundert Meter entfernt, unter strengster Geheimhaltung die als linksextrem geltende »Volksbewegung Kosova« (LPK) tagte und beschloß, die Kosova-Befreiungsarmee »Ushtria Çlirimtare e Kosovës« (UÇK) zu gründen. Und daß Bujar Bukoshi mit Wissen Berishas das militärische Training von etwa vierzig Mann in Albanien finanzierte. Unter den Kämpfern war auch Adem Jashari, der Bauer aus Drenica, der später zur Symbolgestalt der UÇK werden sollte. »Kurz darauf aber wollte Berisha nichts mehr davon wissen und hielt sich aus diesen Dingen raus«, erklärte Bukoshi kürzlich. Berisha rückte auch von dem 1994 unterbreiteten Vorschlag Rugovas ab, eine Konföderation zwischen Albanien und Kosovo einzugehen. Er blieb vorsichtig. Sein Albanien war damals in keiner Weise bereit, unkalkulierbare Risiken einzugehen.

Die Kosovaren konnten sich nur auf ihre eigene Kraft verlassen. In Makedonien strebten die Albaner nach einer Konferenz aller albanischen Parteien im September 1993 nur noch die Gleichberechtigung an, während die Albaner Montenegros und Südserbiens ein Autonomiestatut forderten. Von der »Wiedervereinigung Albaniens« sprach Mitte der neunziger Jahre keiner der verantwortlichen Politiker mehr. Für die Bevölkerung im Kosovo war klar: Nicht Großalbanien war das Ziel, nicht die Konföderation Kosovo-Albanien, sondern die Unabhängigkeit Kosovos von Serbien.

»Wir wurden von einer Welle der Begeisterung getragen«

Interview mit Bujar Bukoshi, Februar 2009

Der Arzt Bujar Bukoshi war Ende der achtziger Jahre zusammen mit Veton Surroi und Shkelzen Maliqi Mitglied der demokratischen Initiative der jugoslawischen Intellektuellen. Als die Demokratische Liga Kosova, die LDK, gegründet wurde, entschloß Bukoshi sich sogleich, der neuen Organisation beizutreten. Er wurde bald darauf Vorstandsmitglied der LDK und Premierminister des albanischen Schattenstaates im Kosovo. Im Februar 2009 trafen wir uns in Prishtina.

Frage: *Was haben Sie sich damals, am 23. Dezember 1989, von der Gründung der LDK versprochen?*

Bujar Bukoshi: Wir mußten nach der Abschaffung des Autonomiestatutes etwas unternehmen. Also gründeten wir eine Organisation, die Demokratische Liga Kosova. Wenn ich zurückblicke, muß ich sagen, daß wir damals ein ziemlich naiver und unerfahrener Haufen waren. Wir wählten den Vorsitzenden des Schriftstellerverbandes Ibrahim Rugova zum Präsidenten der Organisation.

Rugova war eigentlich ein politischer Nobody. Er war ein introvertierter Mensch, aber gleichzeitig eine starke Persönlichkeit. Er wollte niemandem imponieren, war ruhig, das war gut, das war unser Glück, wir hätten in dieser kritischen Situation keinen Hitzkopf als Führer gebrauchen können. Was dann kam, hat uns alle überrascht: Wir wurden von einer Welle der Begeisterung getragen. Die LDK wurde in kürzester Zeit zu einer Volksbewegung mit Hunderttausenden von Mitgliedern.

Gab es damals schon eine politische Strategie?

Anfänglich nicht. Es gab ja viele Verhaftungen, viele Albaner wurden in den Gefängnissen mißhandelt. Ich sagte zu Rugova, wir müssen reagieren, wir müssen eine Einheit zur Selbstverteidigung aufbauen. Er sagte: Hör mal, Bujar, selbst wenn ich bis zu den Knien im Blut stehe, werde ich nicht zu den Waffen greifen. Rugova war ein echter Pazifist.

Rugovas Haltung war zu diesem Zeitpunkt wahrscheinlich die richtige. Hätten wir eine andere Art Widerstand geleistet, wäre die Reaktion des faschistischen Milošević-Regimes verheerend gewesen. Es wäre brutal vorgegangen und hätte seine Untaten mit unserem Widerstand gerechtfertigt. Man mußte Geduld haben, Kontakte aufbauen und gleichzeitig die eigene Position zusammen mit dem Volk formulieren.

Wir einigten uns auf die Strategie eines gewaltlosen Volkswiderstandes. Der geschlossene Widerstand der albanischen Bevölkerung Kosovos hat letztlich doch einen großen Eindruck auf die Welt gemacht.

Aber die Europäer und Amerikaner waren doch froh, daß es im Kosovo ruhig geblieben ist …

Sicherlich. Die Botschafter in Belgrad waren daran interessiert, mit uns zu sprechen, sie zeigten aber kein Engagement, uns zu helfen. Sie hielten Abstand, das war sehr frustrierend. Ich war wütend über diese Appeasement-Politik, vor allem nachdem der Krieg in Slowenien und Kroatien schon begonnen hatte.

Und die Serben haben den Schattenstaat geduldet …

Sicherlich war Belgrad nicht unglücklich darüber, daß Serbien während des Bosnienkrieges den Rücken frei hatte. Wir mußten zuallererst an das Überleben unserer Bevölkerung denken und konnten uns zu diesem Zeitpunkt nicht auf Abenteuer einlassen.

Die Serben haben das Schulsystem und die Arztpraxen in Privathäusern toleriert, soziale Netzwerke auch, aber nicht unsere Regierung. Deswegen mußten meine Regierung und ich nach den Wahlen im Mai 1992 ins Exil gehen. So kam ich nach Deutschland. In Stuttgart existierte schon ein LDK-Büro, und wir haben in Bonn ein Kosovo-Informationsbüro aufgebaut. Dort habe ich versucht, Kontakte mit Parlamentariern aufzunehmen. Ich war in Brüssel, in Tirana, in skandinavischen Ländern, in Österreich.

Wenn Rugova kam, trafen wir höhere Persönlichkeiten, westeuropäische Politiker, die Außenminister, den Papst, auch Helmut Kohl. Ich konnte in der Bundespressekonferenz reden, habe Kontakte zur Presse aufgenommen. Stefan Schwarz von der CDU hat mir dabei sehr geholfen. Zwar hat Deutschland die Kosovoregierung toleriert, es gab aber keinerlei finanzielle Unterstützung. Dafür mußten wir schon selbst sorgen.

Sie meinen die Drei-Prozent-Steuer?

Wir haben mit der Drei-Prozent-Steuer den gesamten Schattenstaat finanziert. Das Schulsystem allein hat monatlich 1,2 Millionen DM gekostet, die mußten jeden Monat zur Verfügung stehen. Die Hälfte aus dem Ausland, die andere Hälfte aus dem Inland.

Wir haben in Österreich, der Schweiz und Deutschland Gelder gesammelt. Die Exilalbaner haben die Steuer freiwillig bezahlt, es gab keinen Druck, höchstens einen moralischen. Wir eröffneten verschiedene Bankkonten in der Schweiz, in Deutschland, in Tirana. Es konnte nur Geld bewegt werden, wenn gleichzeitig drei Personen anwesend waren, mein Finanzminister, ich und noch jemand. In Deutschland gründeten wir einen gemeinnützigen Verein, der übrigens mehrmals durch das Finanzamt kontrolliert worden ist. In der Schweiz hat sogar Carla del Ponte, die damals als Staatsanwältin gegen die Mafia eingesetzt war, unsere Konten überprüfen lassen, auch sie konnte nichts illegales finden.

Wir hatten eine klare Position: Wir respektieren die Gesetze der Gastländer und machen unsere Aktivitäten für die Behörden transparent.

Wie kam denn das Geld in den Kosovo?

Darüber spreche ich hier das erste Mal öffentlich. Wir haben ein System gefunden, dank dem wir nicht mit der Aktentasche über die Grenze gehen mußten. Es gab ja noch einige Geschäftsleute im Kosovo, die relativ gut verdienten. Wenn ein

Druckereibesitzer im Ausland Materialien zu bestellen hatte, dann bezahlten wir für ihn diese Materialien, er aber gab das Geld direkt dem Finanzbeauftragten des Schattenstaates im Kosovo. Das hat gut geklappt.

Wir hatten auch Geld in der Dardania-Bank in Albanien deponiert. Dann kamen Leute aus dem Kosovo, die Geschäfte erledigen wollten. Sie konnten, ohne Geld in der Tasche zu haben, durch den serbischen Zoll fahren und das Geld in Tirana abrufen. Das war die zweite Schiene. Diese Geschäftsleute haben ihre Schulden dann im Kosovo beglichen.

Das alles hat gut funktioniert. Die Serben waren wütend, sie wußten nicht, wie wir vorgegangen waren, erst später fanden sie es heraus, zu spät für sie. Wir mußten sie auch ein bißchen verarschen, das hatten sie verdient. Mit einem ähnlichen System haben wir später auch Waffen gekauft.

Wann haben Sie mit der Bewaffnung von Kosovoalbanern angefangen?

Nach den Friedensverhandlungen für Bosnien und Herzegowina in Dayton, Ohio, im November 1995. Rugova hatte oft gefordert, eine Friedenskonferenz für das gesamte ehemalige Jugoslawien einzuberufen. Daß dieser Vorschlag nicht aufgegriffen wurde, war sehr enttäuschend für uns. Der amerikanische Unterhändler Richard Holbrooke hat uns nicht einmal zu den Verhandlungen eingeladen. Ich bin dennoch hingefahren, habe eine Pressekonferenz abgehalten und davor gewarnt, Kosovo im Stich zu lassen. Unser friedlicher Widerstand wurde nicht belohnt. Radovan Karadžić und Ratko Mladić, die einen Genozid begangen hatten, bekamen dagegen die Hälfte von Bosnien und Herzegowina zugesprochen. Ich fühlte mich ab diesem Zeitpunkt verantwortlich, ernsthaft mit dem Aufbau eines bewaffneten Widerstands zu beginnen.

Zuerst haben wir einen Verteidigungsminister in Albanien installiert, das war Ahmet Krasniqi, der 1998 in Tirana ermordet worden ist. Seine Aufgabe war es, ehemalige albanische

Offiziere der Jugoslawischen Volksarmee anzusprechen. Und dann sollte er eine militärische Struktur für die Befreiung Kosovos aufbauen. Dabei kam es allerdings zu Konflikten mit der UÇK.

8
Vom Pazifismus zum offenen Widerstand

Als am 12. und 13. Juli 1995 Tausende völlig verstörte, weinende, übermüdete, von Durst und Hunger gezeichnete Frauen und Kinder auf dem Flughafen von Tuzla aus den Bussen stiegen, konnte noch niemand ahnen, daß das Leid dieser Menschen aus Srebrenica die Dinge auf dem Balkan und auch im Kosovo in Bewegung bringen sollte. Der Massenmord an mehr als 8300 Männern in der bosnischen Enklave, die über dreieinhalb Jahre von serbischen Truppen eingeschlossen und 1993 zu einem niemals verwirklichten *save heaven*, zu einer Schutzzone der UN erklärt worden war, hat die Koordinaten im Krieg auf dem Balkan entscheidend verändert.

Das Versagen der UN-Führung, die trotz der Anwesenheit von niederländischen Blauhelmen und trotz der Bereitschaft der NATO, zumindest mit Kampfflugzeugen in Srebrenica militärisch einzugreifen, nicht in der Lage war, dem Morden Einhalt zu gebieten, stürzte die Weltorganisation in eine tiefe Krise. Ging doch mit ihrem Versagen in Bosnien und Herzegowina auch ihr Versagen bei dem noch weit größeren Gemetzel und Massenmord an 800000 Tutsi in Ruanda einher.

Die verantwortlichen Offiziere der UN-Truppen auf dem Balkan, der französische General Bertrand Janvier und der britische General Michael Rose sowie der politisch Verantwortliche für die UN auf dem Balkan, der japanische Diplomat Jasushi Akashi, wurden wegen ihrer Politik selbstredend nicht belangt. Sie mußten aber ihre Posten räumen. Niemand in Bosnien und Kroatien wollte ihnen mehr die Hand reichen, die Abschiedstour von Akashi nach Sarajevo endete im Nichts. Der damalige EU-Beauftragte für die Stadt Mostar, Hans

Koschnick, weigerte sich, noch ein Wort mit Akashi zu wechseln.

Die Katastrophe von Srebrenica führte, was Bosnien betraf, zu einem Umdenken in den Hauptstädten Europas und in Washington, sogar in Zagreb und Sarajevo. Die noch bis März 1994 gegeneinander Krieg führenden Regierungen in Kroatien und in Bosnien rückten wieder enger aneinander. Und der kroatische Präsident Franjo Tuđman erhielt aus Washington grünes Licht für die lange vorbereitete militärische Gegenoffensive im eigenen Land. Als sich in den frühen Morgenstunden des 4. August 1995 eine insgesamt rund 127 000 Mann starke kroatische Armee in Bewegung setzte, mit der die Operation *Oluja* (Sturmwind) begann, war der Wendepunkt des Krieges auf dem Balkan erreicht. In nicht einmal vier Tagen gelang es den Kroaten, den größten Teil des von Serben besetzten Territoriums, immerhin etwas mehr als ein Viertel des Landes, zurückzuerobern.

Dergleichen hatten die serbischen Militärs nicht erwartet. Bei einem 1994 stattfindenden Besuch in der Serbenhochburg Knin in Dalmatien hatte ich feststellen können, daß die serbischen Soldaten glaubten, eine von Kroaten und Bosniern unbezwingbare und erfolgreiche Armee zu besitzen. »Sollen sie doch kommen, sie werden sich eine blutige Nase holen«, hatten die serbischen Soldaten an einem der zahlreichen Kontrollpunkte bei Knin vollmundig erklärt.

Schon gleich nach Beginn der Offensive 1995 überrollten die Kroaten die serbischen Einheiten. Die serbischen Linien lösten sich auf und ganze Einheiten suchten ihr Heil in der Flucht, was wiederum zu einer Massenpanik unter der serbischen Zivilbevölkerung der Region führte.

Die panische Flucht der serbischen Bevölkerung aus der Krajina in die noch serbisch besetzten Gebiete Westbosniens gehört ebenfalls zu den eindrücklichsten Geschehnissen der Kriege in den neunziger Jahren auf dem Balkan. Rund 200 000

Nachkommen der im 18. Jahrhundert unter Maria Theresia angesiedelten Wehrbauern hatten ihrer militärischen und politischen Führung vertraut. Wie 1991 schon die aus der Region vertriebenen Kroaten erlitt die serbische Bevölkerung nun selbst das grausame Schicksal, Heim und Herd verlassen zu müssen und als Habenichtse in die Fremde geworfen zu werden.

Wer geblieben war, mußte sich den Angriffen kroatischer Einheiten der zweiten Reihe, vor allem aber von Zivilisten und Vertriebenen aussetzen, die gleich nach der Offensive in ihre alte Heimat zurückkehrten und fassungslos vor ihren von Serben 1991 niedergebrannten Besitztümern standen. Mancherorts folgte die Rache auf dem Fuß. Jetzt brannten die Häuser der serbischen Nachbarn, nachdem alle bewegliche Habe geraubt worden war. Mehrere hundert Menschen, vor allem alte Leute, die nicht fliehen wollten oder konnten, wurden ermordet.

Dennoch war die militärische Operation, bedenkt man die Größenordnung, relativ glimpflich verlaufen. Auf kroatischer Seite mußten nach offiziellen Angaben 174 Soldaten sterben, bei den Serben waren es 560.

Vor allem für die in der Enklave Bihać zusammengedrängten bosnischen Muslime (Bosniaken) und bosnische Kroaten, die mehr als vier Jahre belagert worden waren, stellte sich die Offensive Kroatiens als ein Glücksfall heraus. Zusammen mit dem Hamburger NTV-Journalisten Mirco Keilberth folgte ich den kroatischen Kampftruppen, die das dalmatinische Hinterland von den Serben zurückeroberten. Die Kroaten stoppten an der Grenze zu Bosnien und Herzegowina. Wir aber fuhren weiter.

Vorbei an verlassenen Stellungen der serbischen Truppen gelangten wir als erste ausländische Journalisten in die über vier Jahre lang von Serben belagerte Enklave Bihać.

Für die rund 200000 Bewohner der Enklave war das erste

Auto mit einem zivilen ausländischen Kennzeichen, dem es gelungen war, den serbischen Belagerungsring zu durchfahren, ein Zeichen der Befreiung. Jubelnd standen die Menschen an der Straße und geleiteten uns zum Hauptquartier der bosnischen Regierungstruppen. Es waren unvergeßliche Szenen der Freude.

Der Zusammenbruch des serbischen Militärs in Kroatien gab nun den Bosniern in den anderen Landesteilen Hoffnung. Nach einem formellen Ersuchen des bosnischen Präsidenten Alija Izetbegović an Franjo Tuđman bei einem Treffen in Split, eine gemeinsame Offensive in Bosnien und Herzegowina zu starten, wurden die kroatischen Truppen in Bosnien verstärkt. Am 8. September begann die Offensive der nun wieder miteinander kooperierenden kroatischen und bosnischen Truppen. Bei der Offensive *Maestral* (Westwind) wiederholte sich die in Kroatien gemachte Erfahrung. Dort, wo die bosnisch-kroatische HVO und die bosnischen Regierungstruppen konzentriert angriffen, löste sich die Front der Serben relativ schnell auf. Gefangene serbische Soldaten berichteten, ihre Offiziere seien die ersten gewesen, die die Stellungen verlassen hätten, so bei der Offensive des 5. Armeekorps der bosnischen Regierungstruppen aus Bihać vor Bosanska Krupa.

Wie Alija Izetbegović später öffentlich zugab, drohte die NATO, die kroatischen und bosnischen Truppen zu bombardieren, falls sie ihre Offensive fortsetzten sollten. Nach dem Willen der sogenannten Kontaktgruppe, bestehend aus je einem Vertreter der USA, Rußlands, Deutschlands, Großbritanniens, Frankreichs und Italiens, sollte Bosnien und Herzegowina je zur Hälfte zwischen Serben auf der einen und Kroaten und Bosniaken auf der anderen Seite, aufgeteilt werden. Izetbegović blieb nichts anderes übrig, als nach der Rückeroberung eines großen Teils Westbosniens den Befehl zu geben, die Offensive am 15. September 1995 abzubrechen.

Der Krieg in Bosnien mündete in einen formellen Waffenstillstand. Die Waffenstillstandsgrenzen entsprachen in etwa dem Plan der sogenannten Kontaktgruppe. Nur die Beendigung der Belagerung Sarajevos stand noch aus. Der serbische Belagerungsring sollte nach dem Willen der Kontaktgruppe aufgelöst werden. Dafür sollten die serbischen Belagerer mit den Enklaven Srebrenica und Žepa entschädigt werden. Die Nachfolger von Karadžić und Mladić durften nach dem Waffenstillstand ausgerechnet diese Stätten des Verbrechens weiterhin beherrschen.

In Bosnien mischten sich Freude und Unmut. Die Zeiten des Hungers waren vorbei. Und die bosnischen Serben waren militärisch fast geschlagen. Doch die Bosniaken und bosnischen Kroaten hätten gern weitergekämpft: »Als die Serben 1992 über 70 Prozent des Landes eroberten, stoppte die NATO sie nicht. Wir aber mußten unsere Offensive anhalten. Das ist eine große Ungerechtigkeit«, erklärte mir der Kommandeur des 5. Armeekorps Atif Dudaković. Diese Meinung teilten die meisten Menschen in Sarajevo. Der Waffenstillstand war teuer erkauft. Das serbische Führungsgespann Radovan Karadžić und Ratko Mladić hatte sich letztendlich die Kontrolle über die ethnisch gesäuberte »serbische« Hälfte von Bosnien und Herzegowina gesichert.

Ethnische Säuberer werden belohnt – Albaner sind enttäuscht

Als im November 1995 die Verhandlungen auf der Wright-Patterson Airforce Base bei Dayton, Ohio, über die konkrete Ausformulierung der Friedensregelung stattfanden, waren die Albaner nicht eingeladen. Die Verhandlungen über Bosnien seien schwierig genug. Den Kosovo einzubeziehen hätte nur die Lösung für Bosnien und Herzegowina behindert, war damals von Teilnehmern der deutschen Delegation unter der Hand zu hören. Unter der Leitung des US-Diplomaten Richard Holbrooke und abgeschirmt von der Öffentlichkeit sollten Slobodan Milošević, der kroatische Präsident Franjo Tuđman und der Präsident Bosnien und Herzegowinas Alija Izetbegović das in Umrissen von der Kontaktgruppe ausgehandelte Abkommen besiegeln. Nach hartem Ringen um Details unterschrieben sie schließlich am 21. November 1995 das Dokument.

Von den bosnischen Serben hat niemand unterschrieben. Ihnen gingen die Konzessionen an die Vertragspartner zu weit. Die Unterschrift von Slobodan Milošević bedeutete implizit das Eingeständnis, daß Belgrad in der Lage war, den Vertrag gegen die bosnischen Serben, also auch gegen Karadžić und Mladić, durchzusetzen. Mit diesem Akt bestätigte Milošević letztlich, für alle Geschehnisse in Bosnien und Herzegowina verantwortlich gewesen zu sein. Später, bei der Verhandlung vor dem UN-Tribunal gegen Kriegsverbrechen in Den Haag, sollte das von ihm abgestritten werden.

Die Staatengemeinschaft und vor allem die EU wollten Milošević für den Frieden in Bosnien belohnen. Die Wirtschaftssanktionen der UN wurden aufgehoben. Im Februar 1996 erkannten Frankreich und weitere Staaten der EU Restjugoslawien – die »Föderative Republik Jugoslawien«, bestehend aus Serbien, Montenegro und den seit der Verfassungsreform an Serbien geketteten ehemals autonomen Provinzen Vojvodina und Kosovo – diplomatisch an. Damit hatte Europa die Politik Belgrads im Kosovo akzeptiert und die Albaner erneut formell an Slobodan Milošević ausgeliefert.

Die Albaner im Kosovo waren tief enttäuscht. Rugova hatte auf eine weitere Friedensregelung auf dem Balkan gesetzt und gehofft, wenigstens eine Nachfolgekonferenz zu erreichen. In Dayton nicht einmal am Katzentisch zu sitzen bedeutete zudem, von den Mächten der Welt nicht ernstgenommen zu werden.

»Belohnt wurden die ethnischen Säuberer und Verbrecher«,

erklärte Bujar Bukoshi und traf mit dieser Aussage den Nerv. Viele seiner Landsleute begriffen, wer die Waffen ergreift und kämpft, bekommt Recht, selbst wenn Verbrechen gegen die Menschlichkeit begangen werden. Dies war für die Kosovoalbaner die Lehre aus Dayton. Von nun an begannen viele umzudenken. Der Pazifismus zementiere nur das Apartheidsystem, war eine allgemein diskutierte Erkenntnis. Der Stern Rugovas begann zu sinken. Da die Serben den Krieg in Kroatien und Bosnien verloren hatten, schwand zudem der bisherige Respekt vor ihrer militärischen Stärke.

»Man konnte damals nicht einfach rumsitzen, nichts tun oder im Exil (gemeint sind Rugova und Bukoshi, E.R.) mit ausländischen Politikern reden, ohne greifbare Ergebnisse zu erzielen«, erklärte mir im März 2009 der zum Premierminister aufgestiegene Hashim Thaçi, der 1995 noch einfaches Mitglied der UÇK gewesen war. »Es war Zeit, die Dinge selbst in die Hand zu nehmen.«

Erste Aktionen des bewaffneten Widerstands

Der 1968 geborene Hashim Thaçi stammt aus dem Dorf Buroje in der Region Drenica, 30 km nördlich von Prishtina. Er studierte an der Universität von Prishtina, wurde Studentenvertreter und befand sich als solcher schon Anfang der neunziger Jahre im Fadenkreuz der serbischen Polizei. Ein Bruder arbeitete in Wien und hatte dem Jüngsten mit seiner Unterstützung das Studium ermöglicht. Denn die Thaçis, einfache Bauern, die einige Hektar Land bewirtschafteten, waren keineswegs reich.

Die sanft hügelige Landschaft in Drenica ist Ackerland. Die Dörfer schmiegen sich an die Hänge und ziehen sich an den Bachläufen entlang. Wald gibt es nur wenig, mancherorts sind die Hügel mit einer dichten Macchia bedeckt. Im Hauptort Skenderaj (Srbica) hatte die jugoslawische Armee Bunkeranlagen und einen wichtigen Stützpunkt errichtet. Unterhalb der Militäranlagen, in einem Tal in Prekaz, gerade ein paar Kilometer vom Hof der Thaçis entfernt, liegt das ansehnliche Anwesen der Jasharis, einer Familie, die den serbischen Offiziellen und Militärs schon lange als Widerstandsnest galt.

Nach dem Abzug der deutschen Truppen 1945 hatten serbische Partisaneneinheiten in Drenica ein Massaker angerichtet, von dem noch Hunderte Gräber in den Dörfern und Weilern der Region zeugen. Diese Untaten waren bei den Menschen unvergessen. Und so war der Geist des Widerstandes hier ungebrochen. Wie sein gesamter Clan weigerte sich Adem Jashari, Kompromisse mit der »Besatzungsmacht« einzugehen. Mit seinen langen Haaren, dem Bart und seiner natürlichen Autorität war der 1957 geborene Adem Jashari aus dem Holz eines Führers geschnitzt.

Seine Radikalität und sein Ansehen reichten jedoch 1990 noch nicht aus, die albanische Bevölkerung der Umgebung zur militärischen Aktion zu bewegen. Zwar stand er den städtischen Intellektuellen distanziert gegenüber; zu jener Zeit jedoch akzeptierte er die LDK und Rugova. Jashari gehörte zu den ersten 30 bis 40 Freiwilligen, die in Albanien das schon erwähnte geheimgehaltene militärische Training durchliefen. Im Kosovo stand er schon lange im Fadenkreuz der serbischen Polizei- und Militärkräfte.

Am 30. Dezember 1991 wollten serbische Polizisten Adem Jashari in Skenderaj verhaften, sie umstellten das einsam gelegene Gehöft der Familie. Und nun geschah, was offenbar niemand erwartet hatte. Jashari und den Seinen gelang es, den Belagerungsring zu durchbrechen. Kurz darauf begann er mit einigen Gesinnungstreuen, serbische Armeepatrouillen und Polizeistreifen zu überfallen.

Die Gruppe verband sich mit der marxistisch-leninistisch ausgerichteten »Volksbewegung Kosova« (LPK). Nach dem Verrat an einer Versammlung von 80 Aktivisten 1993 mußten viele von ihnen nach Albanien fliehen. Auch Hashim Thaçi mußte das Land verlassen, über Makedonien und Albanien gelangte er 1994 nach Mitteleuropa. In der Schweiz angekommen, nahm er das Studium der Politischen Wissenschaften in Zürich auf. Aber viel, so verriet einmal sein Professor, habe er an der Universität nicht gearbeitet. Thaçi überquerte illegal die Grenze, traf sich mit Jashari und dem späteren Geheimdienstchef der UÇK, Xhevat Haliti. Nach dem Abkommen von Dayton wuchs die Gruppe zusammen und wurde schnell größer. Die von den Serben als »Terroristen« angesehene Widerstandsgruppe begann, wie »Fische im Wasser« der eigenen Bevölkerung zu schwimmen. Weitere Zellen bildeten sich im ganzen Land.

Terroristen oder Untergrundarmee?

Nach Dayton hatte das Milošević-Regime das 1993 ausgesprochene Einreiseverbot für internationale Journalisten nach Bosnien wieder gelockert. Und so konnten viele frühere Berichterstatter des Bosnienkrieges wieder nach Belgrad und Kosovo reisen. Die meisten nahmen jedoch den Weg über Podgorica. Denn das Pressebüro in Montenegro beschaffte zügig Akkreditierungen, die auch im Kosovo gültig waren.

In der Baracke des kosovarischen Schriftstellerverbandes hatte sich nicht viel geändert. Rugova war aber nicht mehr ganz so zugänglich wie früher. Der Mann mit dem Schal war enttäuscht, hoffte aber immer noch auf die Hilfe Europas und der USA. Er konnte und mochte sich nicht vorstellen, daß der Westen den Kosovo à la longue im Stich lassen würde. Während seiner unermüdlichen diplomatischen Offensive gewann er zwar viele Sympathien, doch Konkretes kam dabei nicht heraus.

Im Restaurant »Hani« in Prishtina trafen sich die albanischen Journalisten und Politiker, Wirtschaftsvertreter und

Künstler wie eh und je, doch Mißtrauen lag in der Luft. Immer mehr Leute äußerten Kritik an Rugovas passivem Kurs.

Auch Veton Surroi war nachdenklich geworden. Der in Mexiko als Kind eines jugoslawisch-kosovoalbanischen Diplomaten aufgewachsene Intellektuelle traf sich jetzt oft mit dem ehemaligen Professor und stellvertretenden LDK-Vorsitzenden Fatmi Agani. Der Menschenrechtler suchte nach Wegen, die kosovoalbanische Stimme im Inland und im Ausland stärker zu Gehör zu bringen. Schon 1994 war es ihm gelungen, seine 1990 gegründete und zwischenzeitlich verbotene Wochenzeitung *koha* (dt. Zeit) zu reaktivieren.

Doch das reichte ihm nicht aus, er wollte eine größere politische Wirkung erzielen. Und so suchte er nach Geldquellen, um eine neue Tageszeitung im Kosovo zu gründen. Mit Geldern aus der Schweiz, Holland und vor allem der Soros-Stiftung sowie durch List, Intelligenz und langen Atem konnte er schließlich darangehen, sein Projekt in einer extrem angespannten politischen Situation durchzusetzen. Die Tageszeitung *koha ditore* wurde kurz nach ihrem Erscheinen 1997 den Verkäufern aus den Händen gerissen. Sie entwickelte sich zu einem beachteten politischen Faktor im Kosovo. Die Redaktion wurde deshalb bald zu einer wichtigen Anlaufstelle für internationale Journalisten.

Auch an den Universitäten kamen die Dinge wieder in Bewegung. In den Parallelstrukturen waren zwar die Professoren und die Verwaltung bemüht, einen regulären Universitätsbetrieb zu ermöglichen, doch unter den erschwerten Bedingungen litt das Niveau. Für die Naturwissenschaften standen keine adäquaten Räume zur Verfügung, von den benötigten Geräten ganz zu schweigen. Und Repressionen lauerten überall. Daß Polizisten zuweilen in die Kurse der Kunstmaler eindrangen und mit Messern die gerade entstandenen Bilder zerstörten, war eine der fast noch harmlosen Maßnahmen des serbischen Staates gegen die albanische Untergrunduniversität. Doch was sollten die international nicht anerkannten Abschlüsse den Studierenden in Zukunft nützen? Das alles konnte so nicht weitergehen.

Neben anderen Studentenaktivisten trat damals schon ein unbeugsamer junger Mann in den Vordergrund. Albin Kurti und seine Mitstreiter waren es, die seit 1996 wieder politische und streng gewaltlose Demonstrationen der Studenten initiierten. Er lud sogar Studenten aus Belgrad ein, sich den Protesten anzuschließen. Kurti sollte 1998 Assistent des alten Kämpfers Adem Demaçi werden. 1999 wurde er von der serbischen Polizei verhaftet und zu einer langjährigen Gefängnisstrafe verurteilt.

Weniger radikal und doch bemerkenswert konsequent war das Engagement von Sali Kastrati. Der Goldschmied aus Peja (Peć) hatte sich als ehemaliger Gastarbeiter zu einem Unternehmer gemausert, eine Fabrik für Goldschmuck in Mitrovica aufgebaut (die allerdings 1998 von den Serben konfisziert wurde) und das »Thomas-Mann-Institut« für deutsche Sprache in seiner Heimatstadt gegründet. Das mit Computern und Sprachlabors modern gestaltete Institut sollte die deutsche Sprache unter Albanern und Serben verbreiten, albanische und serbische Lehrkräfte wurden eingestellt. Es war rührend, wie Kastrati versuchte, mit seiner privaten Initiative gegen Nationalismus und Krieg anzukämpfen. Leider wurde er von den deutschsprachigen Diplomaten in Belgrad nicht konsequent genug unterstützt.

Als ich ihn 1998 zusammen mit dem damaligen Studenten und heutigen CDU-Bundestagsabgeordneten Michael Brand besuchte, führte Kastrati uns mit zwei jungen Lehrerinnen zu dem wunderbaren orthodoxen Kloster in Peć, das er als Kunstwerk schätzte. Als albanischer Bürger der Stadt, so erklärte er, sei er stolz auf dieses Meisterwerk christlich-byzantinischer Baukunst. Vor dem Kloster aber warteten schon serbische Polizisten; sie nahmen unsere ganze Gruppe fest. Auf dem Polizeirevier wurden wir vernommen. Die Beamten bemerkten, daß die beiden jungen Albanerinnen gleichermaßen gut englisch und deutsch sprachen. Während Kastrati mit dem Polizeichef über die Geldsumme verhandelte, um uns alle auszulösen – es handelte sich um 1 000 DM –, brach aus den übrigen Polizisten der Haß gegen die beiden jungen Frauen hervor. »Was, ihr sprecht mit den Ausländern englisch und deutsch? Das wird euch noch vergehen, ihr werdet sehen, bald wird es so was nicht mehr geben. Und wir freuen uns schon darauf, euch beide rannehmen zu können.« Die unverhohlene Drohung, die Frauen zu vergewaltigen, war ein Schock. Den beiden Lehrerinnen sollte 1999 die Flucht über die Grenze nach Montenegro gelingen.

1996 kamen auch serbische Flüchtlinge aus der kroatischen Krajina ins Land. Sie sollten hier angesiedelt werden. Erste Station war für viele das Hotel Iliria im Zentrum der Stadt. Verhärmte Gesichter, von Furcht gezeichnet, unsicher sich in der fremden Umgebung bewegend und von ihren Betreuern sogar um Teile der humanitären Hilfe betrogen, fristeten sie ein kärgliches Dasein. Ivana, eine smarte Endzwanzigerin fiel da aus dem Rahmen.

Die in Zagreb aufgewachsene Serbin war ein Kind der kommunistischen Nomenklatura, sie war es gewohnt, daß man ihre Wünsche erfüllt. Die Familie besaß einige Wohnungen in der kroatischen Hauptstadt; der Studentin der Anglistik hatte es vor dem Krieg an nichts gefehlt, sie hatte ein eigenes Auto, ein unabhängiges Leben.

Der Niedergang begann, als sich die Familie 1991 wegen der Unabhängigkeitserklärung Kroatiens entschloß, von Zagreb in die Serbenhochburg Knin umzusiedeln. 1995 zur Flucht gezwungen, landete Ivana schließlich in dem heruntergekommenen Hotel mit den verschmutzten Sanitäranlagen.

Immerhin war es ihr mit ihren Sprachkenntnissen gelungen, in der Verwaltung eine Anstellung zu finden. Die Familie habe sich 1991 von der nationalen Euphorie in Serbien anstecken lassen: »Wir wollten Jugoslawien verteidigen, wir wußten ja nicht, wie sich alles entwickeln würde.« Während andere Zagreber Serben während des Krieges weiterhin in ihrer Stadt gelebt und gearbeitet hatten, steckte Ivana nun mitten im Konflikt um den Kosovo, was ihr sichtlich zu schaffen machte.

Die albanische Bevölkerung in Prishtina verhielt sich feindlich gegenüber den Neuankömmlingen. Der Versuch, Serben im Kosovo anzusiedeln, rief die historischen Erfahrungen mit den Anstrengungen des serbischen Staates wieder ins Bewußtsein, die ethnische Zusammensetzung der Bevölkerung zu ihren Gunsten zu verändern. Doch noch blieb alles ruhig in Prishtina.

Während der Fahrt über das flache Land und vor allem durch Drenica aber warfen die kommenden Ereignisse schon ihre Schatten voraus. Viele Menschen spürten die Veränderungen und verrieten ihre Angst. »Natürlich sorge ich mich um die Familie. Es kann aber doch nicht so weitergehen«, sagte der Besitzer eines Cafés in Skenderaj (Srbica) und deutete auf das gepanzerte Fahrzeug, das langsam die Hauptstraße entlangfuhr und von schwerbewaffneten serbischen Polizisten begleitet wurde. »Die brauchen nur einen kleinen Anlaß, um loszuballern.«

Im Jahre 1996 sollen nach Informationen von Menschenrechtsorganisationen 10000 Albaner festgenommen worden sein. 16 Menschen starben an den Folgen brutaler Übergriffe der Polizei.

Die Aktivitäten des bewaffneten Widerstands schreckten die Serben auf. Es kam zu Überfällen auf serbische Polizisten. Von dem Mord an über einem Dutzend »Kollaborateuren«, Albanern also, die im Verdacht standen, mit den Serben zusammenzuarbeiten, wurde in der serbischen und auch kosovarischen Presse breit berichtet. Der Fall paßte in die Logik des bewaffneten Kampfes der UÇK. Die albanische Bevölkerung sollte gezwungen werden, alle Brücken zur serbischen Seite abzubrechen. Albaner, die als Spitzel für die Serben arbeiteten, sollten das Schlimmste befürchten müssen. 1996 wurden 25 Morde an Albanern bekannt, die vermutlich auf das Konto der UÇK gingen.

Neue Hoffnung in Serbien

Noch 1991 von den Panzern Miloševićs auseinandergetrieben, begann sich die serbische Opposition nach den Kriegen in Slowenien, Kroatien und Bosnien zu sammeln und versuchte, wieder aktionsfähig zu werden. Milošević stand in der Kritik. Und zwar von rechts und von links.

Milošević sei nicht mehr tragbar, er habe die Kriege verloren, tönte es aus dem nationalistischen Lager. Wie üblich kursierten sogleich die wildesten Spekulationen und Gerüchte: Milošević sei von den Amerikanern eingesetzt worden, um Serbien zu zerstören. Wie sonst hätte er dem Westen bei den Verhandlungen in Dayton so sehr entgegenkommen können, wurde mir ernsthaft bei einem Besuch Ende 1996 in Belgrad erklärt.

Spekulationen und Meinungen dieser Art übernahmen die demokratischen Oppositionsparteien natürlich nicht. Doch sie profitierten von der Enttäuschung im rechten Lager. Zoran Đinđic, Chef der Demokratischen Partei, erklärte, die Zeit der Diktatoren sei abgelaufen, und forderte seine Landsleute auf, bei den Gemeindewahlen am 19. November 1996 für das Oppositionsbündnis *Zajedno* (Gemeinsam) zu stimmen. Mit der auch für Kosovo engagierten Vorsitzenden der »Bürgervereinigung« Vesna Pešić und dem wankelmütigen Monarchisten und Chef der »Serbischen Erneuerungsbewegung« Vuk Drašković im Schlepptau erreichte das Bündnis ein sensationelles Zwischenergebnis. Es lag in 122 von 188 Gemeinden vorne, in Belgrad errang *Zajedno* 60 von 110 Sitze im Gemeinderat, die

Partei Miloševićs gerade einmal 23. Doch nach und nach korrigierte die Wahlkommission die Ergebnisse zugunsten der Regierungsseite. Schließlich annullierte ein Gericht die Wahlen sogar.

Die offensichtliche Manipulation provozierte die Menschen in ganz Serbien. Die Studenten begannen zu streiken und zu demonstrieren. Jeden Tag versammelten sich Tausende Protestierende im Stadtzentrum von Belgrad. Tag für Tag, bei Schneesturm und Kälte, hielten Đinđić, Pešić und Drašković Reden auf dem Terazije-Platz. Zwar brachte die Körpersprache klar zum Ausdruck, welcher Abstand zwischen Đinđic und Drašković herrschte, doch die Bewegung duldete jetzt keine Spaltungen mehr. *Zajedno* sollte nach dem Willen der protestierenden Studenten zusammenbleiben.

Čedomir Jovanović, dem Führer der Studentenrevolte, waren die Differenzen der beiden Oppositionspolitiker nicht verborgen geblieben. In der Kosovofrage trennten die Oppositionspolitiker Welten. Die Vorsitzende der »Bürgervereinigung« Vesna Pesić protestierte offen gegen die Unterdrükkungspolitik der serbischen Sicherheitsorgane im Kosovo. Für Đinđić war der Kosovo keine Herzensangelegenheit. In einem europäischen, demokratischen Serbien könnten politische Lösungen gefunden werden, sagte er mir. Doch Vuk Drašković, den ich während dieses Winters oftmals in seinem Büro aufsuchen durfte, blieb in dieser Frage hart: »Kosovo ist serbisch und wird es bleiben.« Er nahm Pešić nicht so recht ernst und mißtraute Đinđić zutiefst. Er sah in Đinđić den Konkurrenten, der ihm, dem »natürlichen Führer der Serben«, den Weg zur Macht verbauen könnte.

Doch die Differenzen zwischen den dreien mußten zurückgestellt werden. Jetzt ging es ums Ganze. »Wir müssen Milošević zum Nachgeben zwingen«, erklärte der Studentenführer Jovanović, der es damals mir gegenüber sorgsam vermied, die Kosovofrage anzusprechen. Er opponierte zwar insgeheim gegen die serbische Politik im Kosovo. Doch Jovanović wußte, die meisten Studenten dachten anders. Der Konflikt innerhalb der Opposition durfte nicht öffentlich ausgetragen werden.

Andere Studenten waren naiver. Die nun fast vollzählig angereiste Weltpresse staunte nicht schlecht, wenn die gegen Milošević Protestierenden in bezug auf den Kosovo nationalistisch-chauvinistische Positionen bezogen. An sich sympathische junge Leute unterschieden sich in dieser Frage nicht vom rechten Rand der Gesellschaft.

Nach mehr als dreimonatigen Protesten hatte die serbische Opposition Erfolg. Milošević mußte im Februar 1997 nachgeben. Die ursprünglichen Wahlergebnisse wurden zum Teil anerkannt. Zoran Đinđic wurde Bürgermeister von Belgrad, einer Stadt, die wie alle Gemeinden finanziell vom Staat abhängig war. Damit hatte Milošević ein Instrument in der Hand, die von Đinđić angestrebte Reformpolitik zu boykottieren.

Waffen für die UÇK – der Zusammenbruch Albaniens

Der Präsident Albaniens Sali Berisha war mit seiner Privatisierungspolitik zunächst erfolgreich gewesen. Seit 1993 ging es wieder aufwärts in Albanien, einem Land, das zu den ärmsten der Welt gehört hatte. Kapital der Auslandsalbaner und auch internationale Investitionen flossen in die brachliegende Wirtschaft. Es entstand eine Reihe von Pyramidensystemen. »Institute« oder einfache Privatleute versprachen monatliche Zinsen bis zu 40 Prozent und finanzierten diese Zinsen durch die Einlagen neu gewonnener Kunden.

Bis 1997 hatte mehr als die Hälfte der albanischen Bevölkerung eine für das Land riesige Summe von insgesamt 1,2 Milliarden Dollar in diese Systeme einbezahlt. Die vorausgehenden Warnungen internationaler Berater wurden von der Berisha-Regierung ignoriert. Im Februar 1997 war es soweit: die Systeme kollabierten. Die meisten Albaner standen wieder vor dem Nichts, während einige Profiteure sich rechtzeitig abgesichert hatten. Die Volkswut kannte keine Grenzen und machte die Regierung für den Kollaps verantwortlich.

Als Informationen von Aufständen und Schießereien ins Ausland drangen, versuchten Journalisten natürlich, ins Land zu kommen. Was nicht ganz einfach war. An der albanisch-kosovarischen Grenze bei Prizren scheiterte unser Versuch. Die serbischen Grenzbeamten ließen uns zwar durch, doch die in Sichtweite der Serben an der Grenze stehenden Bewaffneten auf albanischer Seite machten Anstalten, die ganze Gruppe auszurauben. Wir waren gut beraten, schleunigst den Rückweg anzutreten. Die serbischen Zöllner waren freundlich und ließen uns ohne Formalitäten wieder in den Kosovo einreisen.

Ein zweiter Versuch über Makedonien bei Ohrid gelang. Nach einer abenteuerlichen Fahrt erreichten wir Tirana. Vor dem Hotel waren nachts Schießereien zu hören. Die Regierung hatte die Lage aber offenbar im Griff. Im Süden jedoch gab es regelrechte »befreite« Gebiete, in denen die Staatsmacht ausgeschaltet war und angeblich die reinste Anarchie herrschte. Zudem machten Gerüchte die Runde, Regierungstruppen würden zusammengezogen, um im Süden einzugreifen.

Zusammen mit einem Ortskundigen fuhren wir in die schon zu den Aufstandsgebieten zählenden Städte Vlora und Fier. Niemand überfiel uns, höflich bedeuteten Passanten, daß sich die entscheidenden Köpfe des Aufstands in Gjirokaster aufhielten. Bei einem Checkpoint der Aufständischen fragten wir nach einem Interview mit den Chefs und wurden tatsächlich von bewaffneten Zivilisten in die auf einem Hügel liegende altehrwürdige Festungsstadt geleitet. Doch niemand von den Verantwortlichen wollte mit uns reden. Die Straße bevölkerten bewaffnete Männer, von denen einige wild um sich ballerten. Immerhin war zu erfahren, daß das reichhaltige Waffenmagazin der Armee in der Stadt von den Aufständischen geplündert worden war.

Trotz der anarchischen Lage gelangten wir wieder sicher nach Tirana. Zu vermuten war, daß die sozialistische Opposition, die stärker im Süden verankert war, dort, wo auch das griechisch-orthodoxe Element in Albanien eine Rolle spielte, die verworrene Lage ausnutzen wollte, um den aus dem Norden stammenden Sali Berisha von der Macht zu verdrängen. Die regionalen Gegensätze spielten in der albanischen Innenpolitik eine große Rolle. Die Sozialisten zeigten sich zudem sehr skeptisch gegenüber der Rugova-Partei im Kosovo, bauten aber Kontakte zur UÇK auf. Die führenden Leute der UÇK und auch Bujar Bukoshi wiesen jedoch jeden Vorwurf zurück, sie hätten die Hände bei der Destabilisierung Albaniens im Spiel gehabt.

Profitiert haben die Kosovaren von den Ereignissen in Albanien allemal. Denn nun lagen Waffen buchstäblich auf der Straße und brauchten nur aufgesammelt zu werden. Die Preise für eine Kalaschnikow und alle anderen Waffen fielen rapide. Das konnte der UÇK und auch Bukoshis Verteidigungsminister nur recht sein. Im Frühjahr 2009 bestätigte Ibrahim Kelmendi, der damals im Finanzausschuß der UÇK saß, daß die Organisation viele Waffen requirieren konnte.

Die kurze Zeit der Anarchie in Albanien endete, als die Parteien sich auf Neuwahlen einigten und die UN Ende März beschloß, eine 7000 Mann starke internationale Friedenstruppe unter italienischer Führung ins Land zu schicken, um die Ordnung wiederherzustellen. Sali Berisha verlor die Wahlen im Juli, sein Nachfolger wurde der Sozialist Bashkim Fino, am 11. August 1997 verließen die UN-Truppen das wieder stabilisierte Land. Diesmal hatten sie ihre Aufgabe gut gelöst.

Die Prognose, im Kosovo würde es bald zu einem Krieg kommen, stieß in der deutschen Presselandschaft auf Unverständnis. Ebenso in der Politik. Die SPD bereitete sich darauf vor, zusammen mit den Grünen die Regierung Kohl abzulösen. Beide Seiten vermieden es vor den Wahlen 1998, die Entwicklung im Kosovo zum außenpolitischen Thema zu machen. Niemand wollte so genau hinsehen. Der Bosnienkrieg war beendet, er hatte schon Schrecken genug gebracht. Nach den Ereignissen in Albanien ein Krieg im Kosovo, der vielleicht zum Handeln zwingen würde? Das war das letzte, was man brauchen konnte.

Doch die Nachrichten verdichteten sich. In dem Dorf Lausha im Gebiet Drenica kam es am 25. November 1997 zu einem folgenschweren Zwischenfall. Ein Polizeifahrzeug war beschossen worden. Am nächsten Tag kamen die Serben mit Verstärkung zurück. Bei der folgenden Schießerei wurde ein Unbeteiligter, der in der Region sehr beliebte Lehrer Halit Gecaj, durch eine Kugel tödlich getroffen.

Die Beerdigung des Lehrers wurde zu einer gewaltigen Demonstration. Zehntausende Menschen versammelten sich am Grab. Und erstmals zeigten sich Kämpfer der UÇK in Uniform. Das war eine Sensation. Es war gleichzeitig der Hinweis, daß der offene bewaffnete Widerstand begonnen hatte. Um dem Anschein des »Terrorismus« vorzubeugen, trugen die Kombattanten Uniform. Laut Genfer Konvention mußten sie damit als Widerstandsarmee anerkannt werden.

Bei einem Gespräch im Februar 1998 reagierte Rugova ungehalten auf die Frage, wer denn nun eigentlich die UÇK sei. Er murmelte etwas von serbischen Provokateuren, was uns nicht überzeugte. Tom Walker von der *Sunday Times*, der holländische Journalist Harald Doornbos, der Belgier Philippe Deprez von *Le Soir* und ich entwickelten den Plan, mit der

UÇK Kontakt aufzunehmen. Wir wollten in diesen klirrenden Wintertagen nachts nach Drenica fahren. Denn die serbische Polizei und die Spezialeinheiten des Innenministeriums zogen sich während der Nacht in ihre Kasernen zurück.

An einem Abend, gegen 22 Uhr fuhren wir in Prishtina los. Um uns als Ausländer zu erkennen zu geben, hielten wir vor Häusern, in denen noch Licht brannte, und stellten den Bewohnern harmlose Fragen. Unser Kalkül ging auf. Plötzlich wurden wir abseits der Häuser von zwei Autos eingekreist. Kalaschnikows waren auf uns gerichtet. Mit erhobenen Händen stiegen wir aus. Ich überreichte einem der Männer meine Visitenkarte. Die Kalaschnikows senkten sich, und eine Stimme fragte in breitem Schwäbisch: »Wosch macht ihr denn do?« Ein Rückkehrer aus Deutschland hatte sich zu Wort gemeldet. Mit der Bitte an die Chefs, uns zu kontaktieren, endete das Abenteuer.

»Wir hatten von eurer Aktion erfahren«, schmunzelte Hashim Thaçi bei einem Interview im Frühjahr 2009. »Aber es war noch nicht die Zeit für öffentliche Erklärungen.« Leider zeigte sich schon damals, daß die UÇK nicht in der Lage war, mit der Presse umzugehen. Während die serbischen Profis und die erfahreneren albanischen Intellektuellen in der Hauptstadt ihre Positionen klar und ausführlich darzulegen versuchten, waren die Kämpfer vom Land noch zu ungeschickt, diese Möglichkeit der Selbstauskunft zu nutzen. Auch später erwiesen sich die UÇK-Sprecher bei ihrer Öffentlichkeitsarbeit als dilettantisch. Was dann im Jahr 1998 geschah, sollte dennoch zu einer breiten Berichterstattung über die Ereignisse im Kosovo führen.

Die ersten Massaker

Den serbischen Politikern und Militärs war bekannt, daß die Familienbande der Albaner sehr stark sind, daß die Großfamilien zusammenhalten und die UÇK-Kämpfer damit verwundbar werden. Indem die serbischen Sicherheitskräfte die Familien angriffen, hofften sie, den beginnenden Flächenbrand noch löschen zu können. Es waren gut ausgerüstete Einheiten, die über gepanzerte Fahrzeuge und schwere Waffen verfügten. Die Spezialeinheiten des Innenministeriums, die unter dem Befehl des Kommandanten Franko Šimatović (Frenki) standen, einem der schillerndsten Kommandeure, der einige Jahre später in den Mord an Zoran Đinđic verwickelt war und vor dem Kriegsverbrechertribunal in Den Haag landete, waren schon im Land. Wie spätere Nachforschungen des Kriegsverbrechertribunals ergaben, unterstanden seine schwer bewaffneten, mit geländetauglichen Transportern ausgestatteten Einheiten dem direkten Befehl Slobodan Miloševićs. »Diese Spezialeinheiten sind hervorragend trainiert, sehr motiviert und sehr, sehr gefährlich, sie spielten die Schlüsselrolle bei dem Terror im Kosovo. Im Gegensatz zu anderen Freischärlern waren diese Einheiten Milošević direkt unterstellt«, schrieb der britische *Guardian*.

Am 1. März wurde ein Exempel statuiert. Die Familie Ahmeti aus Qirez wurde ausgelöscht – 29 Menschen, darunter Frauen, Alte und Kinder. Serbische Einheiten riegelten alle Straßen in der Region Drenica systematisch ab. Weder Journalisten noch internationale Hilfsorganisationen sollten sich ein Bild von den Ereignissen machen können. Bald darauf hörten wir von einem Massaker an der Familie Jashari in Prekaz. Einen Tag später, am 9. März 1998, gelang es mir, gemeinsam mit dem Journalisten Markus Pučnik, die serbischen Polizisten an einem Kontrollpunkt 30 Kilometer westlich von Priština zu überlisten.

Über versteckte Wege und durch Waldstücke außerhalb der Sichtweite der Serben fuhren wir mit einem Geländewagen tiefer in die Region hinein. Noch eine Anhöhe, dann war das Ziel erreicht. Plötzlich ein schriller und eindringlicher Pfeifton. Unser Geländewagen war von Männern umringt. Erst als sich geklärt hatte, wer die Besucher waren, wurden die Mienen freundlicher. Von dem Hügel aus zeigten die Männer auf ihr Dorf und die weiter entfernt liegende Ortschaft Skenderaj, in der die serbischen Sicherheitskräfte zusammengezogen waren. Sie deuteten auf die Rauchsäulen am Horizont. Plötzlich war ein dumpfes Bellen zu hören. Ein Panzer, der mit bloßem Auge zu erkennen war, hatte eine Granate abgeschossen.

Vorsicht war angebracht. Auf Umwegen und immer darauf achtend, nicht in den Bereich serbischer Scharfschützen zu kommen, führten uns einige der Männer in das Dorf. Viermal sei der Ort innerhalb einer Woche angegriffen worden, erklärten die Männer. Die Spuren auf den Straßen wiesen darauf hin, daß Panzer und gepanzerte Mannschaftswagen ins Dorf eingedrungen waren. Die Uniformierten seien in die Häuser gekommen und hätten Leute herausgeholt, berichtete Halid Kadrija. Doch die meisten Bewohner hätten fliehen können. Die Frauen und Kinder hätten sich zu Verwandten in andere Dörfer oder gar bis Prishtina durchgeschlagen, berichteten sie. Die Männer aber waren in den Wäldern geblieben, um ihre Häuser zu beobachten und in der Nacht die zurückgelassenen Tiere zu versorgen. Keiner von ihnen war bewaffnet. Von der UÇK fehlte jede Spur. Von »Kämpfen« konnte keine Rede sein.

Plötzlich tauchten zwei junge Frauen auf. Die 19jährige Hatixhe und die 17jährige Xhemile, die zum Jashari-Clan gehören, waren 15 Kilometer weit gelaufen, um festzustellen, was mit ihrer Familie geschehen war. Während der Angriffe hatten sie sich in einem anderen Dorf aufgehalten. Hatixhe war in Sorge um ihren Mann. Sie wußte nur, daß er bei den Jasharis gewesen war.

Aus der Deckung in einem nahegelegenen Wäldchen heraus konnten wir das Anwesen der Familie sehen. Die beiden jungen Frauen waren trotz der Gefahr, von Scharfschützen getroffen zu werden, nicht davon abzuhalten, noch näher heranzugehen. Von der dichten Macchia oberhalb des Tales, in dem die Häusergruppe liegt, bot sich eine gute Sicht. Noch qualmten die Balken der Wohnanlagen, Soldaten und Polizisten standen im Hof, einige bargen die Leichen, andere luden das noch brauchbare Hab und Gut der Familie auf Lastwagen. 56 Menschen waren hier unter dem Trommelfeuer der schweren Waffen getötet worden, erfuhren wir später. Unter ihnen Adem Jashari und wieder Frauen, Kinder, alte Leute. Wahrscheinlich auch Hatixhes Mann.

Die Männer, die uns begleiteten, drängten zur Eile. Ein Militärjeep sei gesichtet worden. Aus der Ferne waren wieder Schüsse von Panzern zu hören. Beim Abschied baten sie höflich um Hilfe: Es müßten endlich internationale Hilfsorganisationen und das Rote Kreuz in die Region geschickt werden. »Sie werden nicht zögern, uns zu töten. Die Welt darf doch das, was hier geschieht, nicht zulassen.«

Es dunkelte. Mit dem Geländewagen konnten die serbischen Stellungen umfahren werden. Die völlig in sich gekehrten jungen Frauen wurden zu ihren Verwandten zurückgebracht. Auf der Straße, die schon außerhalb des Belagerungsrings lag, waren acht gepanzerte Transporter der Spezialeinheiten des Innenministeriums zu sehen. Auf ihnen befanden sich je zehn schwerbewaffnete und maskierte Uniformierte. Die Kolonne war auf dem Weg nach Drenica.

Am nächsten Tag hatten die serbischen Behörden die Leichen in einem nahegelegenen Gehöft aufgebahrt und zur Besichtigung durch die Presse freigegeben. Die danach stattfindende Beerdigung sollte zu einer der eindrucksvollsten Demonstrationen des Widerstandswillens der albanischen Bevölkerung im Kosovo werden.

Trotz der serbischen Straßensperren kamen rund 50000 Menschen zu Fuß nach Prekaz und in das Tal der Jasharis. An den Hängen hatten serbische Scharfschützen Stellung bezogen, Maschinengewehrnester waren eingegraben, weitere Mannschaften standen in den umliegenden Militäranlagen bereit. Doch die Menschen strömten unbeirrt zu dem Ort, an dem die 56 Gräber ausgehoben wurden. Die internationale Medienöffentlichkeit war Zeuge der unter unwürdigen Umständen würdig begangenen Zeremonie.

Der serbische Militäraufbau

Die serbischen Sicherheitskräfte setzten die gezielten Strafaktionen gegen die Großfamilien mutmaßlicher Kämpfer in den nächsten Wochen und Monaten fort. Da die wenigen UÇK-Kämpfer nicht in der Lage waren, den Aktionen der serbischen Sicherheitskräfte effektiven Widerstand entgegenzusetzen, war es vor allem die Zivilbevölkerung, die zu leiden hatte. Noch Ende März 1998 begannen die serbischen Sicherheitskräfte mit weiteren Repressionsmaßnahmen im Westkosovo, in dem von den Serben Methohija, »Kirchenland«, von den Albanern Dukagjin genannten Landstrich entlang der albanischen Alpen. In dem Dorf Glodjane bei Deçan (Dečani) wurden die Anwesen von zwei Familien zerstört, angebliche Sympathisanten aus ihren Häusern vertrieben. Auch das Dorf Baballoq geriet ins Fadenkreuz der serbischen Strafaktionen.

Auf dem kegelförmigen Hügel, der sich hinter dem Dorf erhebt und von dem aus man die gesamte Region überblicken kann, wurde eine Stellung der Jugoslawischen Armee ausgebaut. Von hier aus konnte die wichtige Nord-Süd-Verbindung von Prizren nach Peć (Peja) kontrolliert werden. Wir Journalisten überlegten, wie wir dort hinauf kommen könnten. Schließlich kam mir die Idee, einen Brief zu schreiben, den wir einem montenegrinischen Soldaten übergeben wollten.

Das Manöver gelang. Der vom abendlichen Gelage gezeichnete serbische Kommandeur konnte mit dem Namen des angeblichen Rekruten nichts anfangen. Um die lästigen Frager loszuwerden, bedeutete er uns mit einer Handbewegung, selbst den Hügel hinaufzufahren und den Brief persönlich abzugeben. Gesagt, getan. Oben sahen wir eingegrabene Panzer, schwere Artillerie, die im Radius von 360 Grad angeordnet war, dazu schwere Maschinengewehre. Von hier aus konnten die jugoslawischen Streitkräfte mit der Artillerie, die über eine Reichweite von bis zu 25 Kilometer verfügt, das umliegende Gebiet beherrschen. Das war ja höchst interessant. Wir verabschiedeten uns freundlich, der montenegrinische Rekrut war nicht aufzufinden.

Wir mußten annehmen, daß sich die serbischen Streitkräfte auf eine weit größere Militäraktion vorbereiteten. Dann stellten wir fest, daß die Serben auch andere Stellungen dieser Art aufbauten, so auf der Paßhöhe zwischen Štimlje (Shtime) und Suva Reka (Suhareka), die an der südlichen Ost-West-Verbindung zwischen Prishtina und Prizren liegt. Von hier aus konnte die Artillerie das Zentrum des Kosovo und die Hochebene von Mališevo (Malisheva) erreichen. Die serbische Artillerie war von nun an in der Lage, den größten Teil des Kosovo zu beschießen. Und hatte zudem die wichtigsten Verbindungsstraßen im Griff.

War das Ganze nur eine Vorbereitung der serbischen Militärs gegen die »Ausweitung der terroristischen Aktivitäten«, wie sich ein Leutnant ausdrückte? Gegen Terrorismus kämpft man aber nicht mit Artillerie, das war jedem Journalisten klar. Sollte der Krieg gegen die gesamte Bevölkerung geführt werden? Immer mehr serbisches Militärpersonal kam ins Land. Auch die Polizei wurde verstärkt. Bewaffnete Milizen sicherten die serbischen Dörfer, die meisten Männer wurden rekrutiert.

Im Hotel Grand in Prishtina wurden die Stockwerke zwei und drei abgesperrt. Der Fahrstuhl hielt dort nicht mehr. Auf diesen Etagen tummelten sich Spezialisten des Innenministeriums und des Geheimdienstes. Manche Gesichter der in der Hotellobby auftauchenden Offiziellen kamen uns aus den Kriegen in Kroatien und Bosnien bekannt vor. Hatten wir nicht diesen oder jenen in Knin 1991 oder in Pale 1992 gesehen? Waren dies nicht die Spezialisten, die damals die ethnischen Säuberungen vorbereitet hatten? Keiner dieser Herren ließ sich auf ein Gespräch ein.

Die Repressionsmaßnahmen im Frühjahr 1998 führten nicht, wie von den Serben erhofft, zu einer Isolierung der UÇK, sondern zum Ansteigen ihrer Popularität. Es genügten schon Gerüchte, da und dort seien Männer in den Uniformen der UÇK aufgetaucht, um eine Freudenstimmung zu erzeugen. »Wir sind nicht mehr wehrlos«, war die Botschaft, die allein von der Existenz bewaffneter Widerstandskämpfer ausging. Kaum jemand hatte zu diesem Zeitpunkt selbst UÇK-Kämpfer gesehen. Doch Informationen, wonach serbische Polizei- und Armeefahrzeuge angegriffen worden seien, hoben das Selbstbewußtsein der Kosovoalbaner. Und die Serben zogen sich nächtens in ihre Kasernen und Unterstände zurück.

Doch es gelang ihnen, weiterhin die Hauptstraßen zu kontrollieren. Die wichtigen Verbindungen zwischen Priština und Peć, zwischen Mitrovica im Norden mit Priština sowie Priština und der Hauptstadt Makedoniens, Skopje, aber auch die Straße von Priština nach Prizren blieben tagsüber fest in der Hand der Serben. Serbische Einheiten errichteten Straßensperren und Kontrollpunkte. Albanern war es nicht mehr möglich, auf diesen Wegen in die Hauptstadt zu gelangen. Der Verkehr sollte unterbunden werden. Eine Studentin aus Peja (Peć), die in Prishtina ihr Examen abzulegen hatte, mußte wie viele andere den Umweg über Montenegro nehmen, um an ihr Ziel zu kommen. Über Feldwege gelang es findigen Albanern, die notwendigsten Verbindungen aufrechtzuerhalten. Und die Widerstandsorganisation versuchte nach und nach, die serbischen Kontrollpunkte an den Straßen zu bedrohen.

Der serbische Oberst Starčević präsentierte der Presse ein

Video. Mehr als ein Dutzend tote Kämpfer der UÇK waren zu sehen, erschossen bei dem Versuch, Waffen über die Grenze von Albanien in den Kosovo zu schmuggeln. Offensichtlich versuchten die Kosovoalbaner, die in Albanien 1997 beschafften Waffen in den Kosovo zu bringen. Freiwillige, Exilanten aus Deutschland, der Schweiz und Österreich, begannen nach Albanien zu strömen, um sich den kosovarischen Organisationen anzuschließen. Trotz aller Schwierigkeiten bauten die Kosovoalbaner Ausbildungslager in Albanien auf. Die neue albanische Regierung war keineswegs erfreut über diese Aktivitäten. Ibrahim Kemendi, einer der Organisatoren der UÇK, berichtete über das Schicksal von tausend Freiwilligen im nordalbanischen Bajram Çuri, denen im März und April 1998 von der albanischen Regierung unter Präsident Fatos Nano zunächst die Lieferung von Lebensmitteln verweigert wurde, bis ein regionaler Polizeichef schließlich die Anweisung von oben mißachtete. Die Regierung Albaniens scheute aber davor zurück, offen gegen die Kosovoalbaner vorzugehen.

Friedensbemühungen?

Trotz allem: Mußte man nicht versuchen, den drohenden Krieg abzuwenden? War eine Verständigung nicht doch noch möglich? Konnten die Europäische Union, die USA und Rußland nicht Druck auf Belgrad ausüben, um Milošević Konzessionen abzuringen? Und könnte es nicht gelingen, bei einem fairen politischen Ausgleich und einer erweiterten Autonomie den bewaffneten Widerstand wieder einzudämmen?

Nach den Massakern an den Familien in Drenica und der internationalen Kritik gab es Gesprächsangebote Miloševićs an die Albaner. Nach albanischen Studentendemonstrationen am 9. März sollten sogar drei Institute der Universität Prishtina, unter ihnen das Albanologische Institut, wieder an die albanischen Studenten übergeben werden. Und Belgrad zeigte sich bereit, mit dem geschwächten Rugova über ein Abkommen zu Erziehung und Bildung zu verhandeln.

Rugova, dem es nicht gelungen war, die UÇK in eine gemeinsame Politik einzubinden, versuchte bei hastig angesetzten Wahlen zum Parlament des Parallelstaates und zum Präsidentenamt am 23. März 1998 wieder an Einfluß zu gewinnen. Die Bevölkerung ging auch zur Wahl. Doch die meisten Menschen skandierten am Wahltag »UÇK–Rugova«. Sie verstanden die Differenzen zwischen Rugova und dem bewaffneten Widerstand nicht, sie wollten die Einheit der Albaner Kosovos, nicht die Spaltung der politischen Führung.

Rugova mußte also Erfolge vorweisen, wenn es noch eine Verhandlungslösung geben sollte. Und so forderte er – ganz im Sinne seiner langfristigen Strategie, den Kosovokonflikt zu internationalisieren – Verhandlungen unter der Aufsicht internationaler Institutionen. Milošević lehnte dies ab und wollte am 23. April 1998 die serbische Bevölkerung über ein Referendum abstimmen lassen, das jeglichen ausländischen Einfluß auf den Kosovo zurückweisen sollte. Der Kosovokonflikt sei eine rein innerserbische Angelegenheit. Das wiederum war für Rugova inakzeptabel.

Ein Pressebüro neuen Stils sollte die serbische Position den internationalen Journalisten näherbringen. Das *Media Centar*, das den Namen einer Oppositionsgruppe aus Belgrad kopierte, wollte die Fehler von Sonja Karadžić aus dem bosnischen Pale vermeiden. Die Tochter des Serbenführers Radovan Karadžić leitete dessen Pressebüro und hatte Journalisten während des Bosnienkrieges oftmals nur Interviews und Drehgenehmigungen vermittelt, wenn sie vorgaben, der serbischen Sache zugetan zu sein oder wenn sie Geld über den Tresen schoben. Radovan Urošević, der Leiter des *Media Centars*, hatte klargestellt, daß nur eine offene Pressepolitik der serbischen Seite nützen würde. Es blieb jedoch fraglich, ob er sich gegenüber seinen Vorgesetzten wirklich durchsetzen konnte.

Immerhin rieben sich manche von uns bosnienerfahrenen Journalisten die Augen, wenn morgens nicht nur die Ticker der serbischen Presseagenturen vorlagen, sondern auch die Pressemitteilungen aus Rugovas Büro, der Baracke.

Ermutigt von diesem neuen Stil suchte ich den Informationsminister auf, und es war tatsächlich möglich, frei und offen über die politische Lage zu sprechen. Jetzt eine Volksabstimmung in Serbien abzuhalten, in der das Ergebnis von vornherein feststand, erschien mit völlig verfehlt. Natürlich würde die übergroße Mehrheit der Serben auf die Frage, ob der Kosovo die alleinige serbische Angelegenheit sei, mit ja antworten. Eine Volksbefragung dieser Art würde nur die Gräben vertiefen und den Krieg befördern, statt eine Beruhigung des Konfliktes zu bewirken. Der Informationsminister sagte dazu nichts, blieb höflich neutral, entließ mich aber mit den Worten, er habe noch keinen ausländischen Journalisten getroffen, der sich so engagiert für den Frieden eingesetzt habe.

Auch in Brüssel und den europäischen Hauptstädten wuchs die Sorge über die Entwicklung im Kosovo. Jetzt erst, nach den ersten bewaffneten Widerstandsaktionen und den ersten serbischen Massakern, schrillten die Alarmglocken. Doch den europäischen Politikern und Diplomaten fiel nicht viel ein. Sie verhängten wieder einmal ein Waffenembargo, das aber wie schon in Bosnien vor allem den Widerstand, jetzt die UÇK, traf. Die Abgesandten der Regierungen aus den USA, Rußland, Großbritannien, Frankreich und Deutschland in der sogenannten »Kontaktgruppe« kritisierten die Art und Weise des serbischen »Antiterrorkampfes« und forderten Milošević auf, die OSZE-Standards und die UN-Charta einzuhalten sowie den Albanern ein »faires Angebot« zu machen. Aber davon war Milošević nicht wirklich beeindruckt.

Daß einige serbische Auslandskonten eingefroren wurden, tat in Belgrad auch niemandem weh. Daß schon während des Bosnienkrieges eine serbische Finanzstruktur in Nikosia auf

Zypern aufgebaut worden war, daß es dem ehemaligen Bankdirektor Milošević nicht schwerfallen würde, diese Hürden zu umgehen, wurde zumindest öffentlich wenig diskutiert.

Die Erfahrungen mit den Embargos der vorausgehenden Jahre waren ernüchternd gewesen. Letztlich bewirkten sie nichts, der Warenverkehr wurde nur anders organisiert. Mit den illegalen Aktionen wuchs die kriminelle Energie, es entstand ein Netzwerk aus Mafia, Polizei- und Zollstrukturen. Offiziere und Politiker waren in die Aktivitäten verstrickt, die zudem der »nationalen Sache« dienlich zu sein schienen.

Die informellen Strukturen aus Mafia, Teilen des Staatsapparates und den nationalistischen Parteien stellen in den Nachfolgestaaten Jugoslawiens bis heute ein großes Problem für den Aufbau demokratischer Rechtsstaaten dar. Schon damals galt die Faustregel: Je schärfer die Sanktionen ausfielen, um so mehr profitierte die Mafia. Die Gewinnspannen wurden größer.

Die Reaktionen der Weltgemeinschaft waren auch diesmal – wie vor dem Kroatien- und Bosnienkrieg – zu lasch, um an der dramatisch sich zuspitzenden Lage im Kosovo etwas zu ändern. Die Dynamik des Krieges nahm ungebremst zu. Mit schwerwiegenden Konsequenzen für die Bevölkerung.

»Wir brauchen eine Tageszeitung im Kosovo«
Interview mit Veton Surroi im Februar 2009

Frage: *Herr Surroi, im Frühjahr 1998 begann der Krieg im Kosovo. Serbische Einheiten ermordeten ganze Familien. Wie haben Sie damals die Lage analysiert?*

Veton Surroi: Milošević war in Belgrad in die Kritik geraten und sah sich wieder einer Opposition gegenüber. Mit der Kampagne zur Abschaffung des Autonomiestatuts hatte er Ende der achtziger Jahre die Macht in Serbien errungen. Die Verschärfung der Lage im Kosovo 1998 war in seinem Interesse, er konnte sich wieder als serbischer Führer profilieren und die Reihen hinter sich schließen.

Spätestens seit 1997 waren bewaffnete Gruppen aufgetaucht. Vor allem die Landbevölkerung hatte darunter zu leiden. Auf dem Land gab es bewaffnete Aktionen der UÇK, die Serben reagierten mit Mord und Zerstörung, in der Stadt aber lebten die Menschen immer noch relativ ruhig in der Parallelgesellschaft.

Sicherlich, die Bevölkerung auf dem Land mußte mehr leiden. Die politischen Unterschiede waren trotzdem nicht so gravierend, Rugova repräsentierte die Generation der ländlichen jungen Leute der sechziger und siebziger Jahre, die in die Stadt gekommen waren, um hier zu lernen und zu arbeiten. Sie haben hier ihre Familien gegründet und stellten in der Stadt bald die Mehrheit.

So waren die Mitglieder der LDK vor allem ländlich geprägt, sie haben nur selten studiert, sie waren weniger brillant, sozusagen. Jashari und die traditionellen Strukturen der Dörfer folgten zunächst Rugova. Jashari war ein Teil der LDK, bis er sich der UÇK zuwandte.

Die Leute skandierten damals auf Demonstrationen »UÇK–Rugova«, obwohl die UÇK sich explizit von Rugova abgesetzt hatte …

Die Menschen wollten keine Spaltung. Ich selbst war nicht Teil der Bewegung Rugovas, ich sprach zwar oft mit Rugova, aber im Laufe der Jahre entwickelte ich eine tiefere Beziehung zu Dr. Agani, es war eine gute Beziehung. Mitte der neunziger Jahre wurde die Kritik an der Passivität Rugovas lauter. Es mußte gehandelt werden. Und für mich hieß das, mehr Öffentlichkeit zu schaffen.

Sie haben ja dann eine Zeitung gegründet. Wie war es eigentlich möglich, 1997, in Zeiten der Repression, eine Tageszeitung wie die koha ditore *aufzubauen?*

Eigentlich habe ich schon 1990 ein unabhängiges Blatt, die *koha*, gegründet. Es ging darum, eine freie Presse zu schaffen, die von niemandem kontrolliert werden konnte. Mit Hilfe eines kroatisch-albanischen Geschäftsmannes ist es mir damals gelungen, diese Zeitung in Kroatien registrieren zu lassen. Zuerst war *koha* also eine unabhängige »kroatische« Wochenzeitung, die im Kosovo produziert wurde. Das war ganz legal, Jugoslawien existierte ja noch. Mit der Unabhängigkeit Kroatiens aber wurde *koha* in Serbien zu einem »feindlichen Medium«.

1994 haben wir versucht, die Zeitung erneut herauszubringen, und ich bemühte mich um eine Registrierung in Belgrad. Was nach einigen Schwierigkeiten auch gelang. Milošević war auf das Fernsehen konzentriert, auch in Serbien gab es ja einige unabhängige Zeitungen – so konnte das Regime dem Ausland beweisen, daß in Serbien Pressefreiheit herrscht. Das Regime aber hat gleichzeitig mit Erfolg versucht, die Produktion und den Verkauf dieser Medien zu behindern, so wurde die Freiheit systematisch wieder eingeschränkt.

1996 sagte ich mir, eine Wochenzeitung ist nicht genug, wir brauchen eine Tageszeitung im Kosovo. Dazu benötigten wir aber eine Druckerei, im serbischen System konnte sie ja nicht gedruckt werden. Zweitens mußten wir ein unabhängiges Vertriebssystem aufbauen. Und das dritte Problem war, wir konnten die Zeitung nicht mit den Journalisten machen, die aus der kommunistischen Schule kamen. Ich wollte ein professionelles Blatt entwickeln, deshalb sprach ich junge Leute an, die mindestens drei Sprachen beherrschten, Albanisch, Serbisch und Englisch. Ich ließ sie erst einmal ausbilden, machte sie zu Reportern, und dann konnten wir starten. Für den Vertrieb entwickelten wir ein eigenes Netzwerk. Wir haben einfach Zeitungsstände an die *Minimarkets* gestellt. Das funktionierte gut. Wir waren unabhängig vom Staat. Wir bekamen Unterstützung von der Swiss Aid und vor allem von der Soros-Stiftung. Wir hatten damit das Geld, um eine gebrauchte Druckmaschine in der Schweiz zu kaufen. Es war eine Offset-Maschine, die nicht unter die Kategorie Rotationsmaschine fiel, denn die hätten wir nicht einführen dürfen, das hätte die Armee nicht erlaubt. Wir haben am 30. März 1997 mit einer Auflage von 7000 Stück angefangen und schon bald 30000 erreicht.

Wie haben die serbischen Behörden reagiert?

Damals konnten sie schon nicht mehr so einfach eine Zeitung verbieten, denn es gab ja schon viele ausländische Reporter im Kosovo. Das hätte zu großes internationales Aufsehen erregt. Zynisch gesagt: Man konnte zwar viele Menschen umbringen, das wurde international hingenommen, aber eine Zeitung schließen, das ging nicht mehr. Außerdem unterschätzten die Serben die Wirkung der Zeitung. Bei uns konnten sie auch den Druck und den Vertrieb nicht mehr behindern.

Sie haben damit wieder eine kosovarische Öffentlichkeit geschaffen. War Ihre publizistische Tätigkeit also Teil einer politischen Strategie?

Sicherlich wurde eine interne Öffentlichkeit geschaffen und die Stimme des Kosovo international zur Geltung gebracht. Ich suchte Kontakte zum Ausland und wurde dort als Sprecher der Zivilgesellschaft betrachtet. Ich suchte Kontakt zu Politikern und anderen Persönlichkeiten in Washington und führte intensive Gespräche über die Zukunft des Kosovo und natürlich über die Möglichkeiten einer westlichen militärischen Intervention.

9
Der Krieg im Kosovo 1998

In den Redaktionsräumen der *koha ditore* trafen sich die einheimischen und ausländischen Journalisten. Die einlaufenden Nachrichten der Korrespondenten aus den unterschiedlichen Landesteilen ergaben ein widersprüchliches Bild. Einerseits hörten wir immer wieder von Übergriffen serbischer Sondereinheiten und Sicherheitskräfte auf die albanische Bevölkerung, andererseits meldeten die Agenturen Überfälle der albanischen Widerstandsgruppen und Schießereien in fast allen Landesteilen. Der bewaffnete albanische Widerstand entwikkelte sich rasend schnell. Schon war von befreiten Gebieten die Rede, in die sich die serbische Armee nicht hineintraute.

Immer mehr internationale Journalisten tauchten auf, und wie schon in Bosnien trieben die großen TV-Stationen wie CNN die Preise nicht nur der wenigen Hotels und Restaurants in die Höhe, sondern auch die der Dolmetscher. Abends bildeten sich bunt zusammengewürfelte Diskussionsgruppen, die bei Bier und Wein Informationen austauschten. Viele kurzzeitig anwesende Reporter begnügten sich mit den Gesprächen in der Baracke Rugovas, mit den serbischen Offiziellen oder den ausländischen Diplomaten, die als »Zweigstellen« der Botschaften in Belgrad Kontakte zu den Albanern halten und Informationen für ihre Heimatländer sammeln sollten. Nur eine Minderheit der Reporter scheute das Risiko nicht und berichtete aus den umkämpften Gebieten.

Baton Haxhiu und Ardian Arifaj, die verantwortlichen Redakteure von *koha ditore*, machten besorgte Gesichter. Denn es wurde angesichts der serbischen Kontrollstellen für Kosovoalbaner immer schwerer, in die umkämpften Gebiete zu kommen. Immerhin erlaubten die vom serbischen Informationsministerium ausgestellten Papiere den ausländischen Kollegen, die zahlreichen, inzwischen durch Panzer gesicherten Kontrollpunkte zu passieren. Radovan Urošević hielt sich an sein Versprechen, die journalistische Arbeit der Ausländer nicht zu behindern. Und so ergab sich die skurrile Situation, daß viele Reportagen ausländischer Journalisten nach Erscheinen in ihren Heimatländern ins Albanische übersetzt wurden, um in der *koha ditore* gedruckt zu weden. Darunter einige von mir.

Die serbische Seite wurde angesichts der Fortschritte der albanischen »Terroristen« immer nervöser. Denn militärisch sah es in diesen Maitagen nicht mehr so gut aus für die Serben. Den Albanern war es gelungen, Widerstandsgruppen im gesamten Land aufzubauen. Die von den Serben kontrollierten Straßen waren zumindest während der Nacht äußerst unsicher, albanische Scharfschützen nahmen schon tagsüber serbische Positionen und Konvois unter Feuer.

Die Antwort der Serben auf die Anfang Mai zahlreicher werdenden Aktionen der UÇK-Kämpfer war eine Politik der verbrannten Erde. Die serbischen Sicherheitskräfte zerstörten ganze Dörfer entlang der großen Straßen, vertrieben die Bevölkerung, so an der nördlichen und südlichen Ost-West-Verbindung Prishtina–Peja und Prishtina–Prizren. Die UÇK war noch nicht in der Lage, diese Offensiven zu stoppen. Sie provozierte die Serben mit ihren Attacken, konnte aber die Zivilbevölkerung nicht schützen.

Wegen des frühen Redaktionsschlusses der deutschen Zeitungen war ich ab und zu gezwungen, schon sehr früh aufzubrechen. Die meisten Kollegen schliefen noch, wenn ich mich um sechs Uhr in Prishtina auf den Weg machte. Einmal fuhr ich in das Gebiet zwischen Drenica und Peja. Am Vorabend hatte ich das Gerücht gehört, dort sei die Kommandozentrale der UÇK eingerichtet worden.

Es gelang mir nicht ganz, in das bezeichnete Gebiet vorzudringen. Schon aus einiger Entfernung hörte ich das Bellen der serbischen Panzer. Auf einer Anhöhe angelangt, bot sich mir in diesen Maitagen 1998 ein beeindruckendes, geradezu symbolisches Bild. Zu meiner Rechten und zu meiner Linken stiegen Rauchsäulen auf – in zwei Dörfern im Tal brannten Häuser. Dann erst sah ich, was mich erschütterte. Aus jedem der beiden Dörfer bewegten sich Kolonnen von fliehenden Menschen. Auf den Anhängern der Traktoren saßen Mütter mit ihren Kindern, Männer zogen Kühe an Stricken hinter sich her, dazwischen Autos und andere Trecker. Und diese Kolonnen bewegten sich aufeinander zu. In der Mitte der vom Gelb des Löwenzahns überbordenden Wiese trafen sie sich. Und standen still.

Ein Bild, das die ganze Situation bannte: Die Menschen des einen Dorfes wollten in das andere fliehen und umgekehrt. Jetzt wußten sie nicht mehr, wohin sie sich wenden sollten. Die Rauchsäulen ihrer brennenden Dörfer verdunkelten den Himmel. In der Ferne waren Explosionen zu hören.

Von UÇK-Kämpfern war weit und breit nichts zu sehen. Die Information, hier befinde sich ein Hauptquartier, stellte sich als Irreführung heraus. Stattdessen wurde ich Zeuge der beginnenden systematischen Vertreibung von Menschen im Kosovo, von einer humanitären Katastrophe großen Ausmaßes – eine Wiederholung dessen, was sich schon einmal in Bosnien abgespielt hatte.

Ende Mai nahmen die serbischen Streitkräfte den strategisch wichtigen, unweit der albanischen Grenze liegenden Ort Dečani (Deçan) ein und vertrieben erstmals die Bevölkerung einer ganzen Stadt – mehr als 20000 Einwohner. Die Bilder von langen Kolonnen Tausender völlig erschöpfter Menschen, die über die albanischen Alpen nach Albanien oder über den hohen Paß bei Rošaje nach Montenegro flohen, erschütterten die Weltöffentlichkeit. Und lösten erste Befürchtungen aus, die Flüchtlinge aus dem Kosovo könnten sich auf den Weg nach Deutschland, in die Schweiz und Österreich machen. Erste Drohgebärden der NATO an die Adresse Belgrads folgten: Javier Solana, der damalige NATO-Generalsekretär, kündigte für August ein Manöver und die Stationierung von NATO-Truppen in Albanien an.

Flüchtlinge behaupteten, es habe bei der Einnahme von Dečani Tote gegeben. Menschen würden in Kellerverliesen festgehalten und gefoltert. Am 21. Juni gelang es unserer inzwischen fest zusammengeschweißten Reportergruppe aus den Februartagen, Tom Walker, Philippe Deprez und Harald Dornbos, nach Dečani zu gelangen. Kurz zuvor hatte Milošević nach Gesprächen mit dem russischen Präsidenten Boris Jelzin in Moskau und unter internationalem Druck Journalisten und humanitären Helfern freien Zutritt nach Dečani zugesichert. Wir wollten ihn beim Wort nehmen.

Die serbischen Soldaten waren nicht besonders erfreut über den Besuch von Journalisten. In Abständen von hundert Metern hatten sie sich eingegraben, die Maschinengewehre waren auf die albanischen Dörfer der Umgebung gerichtet. Die Soldaten wollten niemanden durchlassen. Wir beriefen uns auf die Zusicherung von Slobodan Milošević. Wir zeigten ihnen die in serbischen Zeitungen abgedruckten Zitate des Staatschefs. Erst nach einigen Telefonanrufen gaben die Soldaten den Weg in die Stadt frei.

Das Bild, das sich uns in Dečani bot, erinnerte an Vukovar und die Städte Bosniens während des Krieges. Gähnende Fensterhöhlen starrten dem Besucher entgegen, ausgebrannte Häuser und ausgeraubte Geschäfte säumten die Straßen. Wo noch vor wenigen Wochen alles voller Leben war, wo Cafés und Restaurants zum Verweilen einluden, herrschte eine gespenstische Stille. Hunde tollten in den Ruinen, eine Kuh streifte durch die von Geröll und Schutt übersäten Straßen. Der Raum, in dem sich das Büro der Menschenrechtskommission der LDK befunden hatte, war vollständig verwüstet. Nur eine Moschee stand noch.

Im Zentrum waren noch einige Häuser intakt, ebenso in dem angrenzenden Stadtteil, wo vor allem Serben wohnten. An einer Kreuzung war ein serbischer Armeeposten eingerichtet, vor dem Polizeihauptquartier standen schwerbewaffnete Polizisten. Wie sollte man hier herausfinden, ob Menschen in Kellerverliesen festgehalten wurden, wie einige Flüchtlinge behauptet hatten?

In einem vierstöckigen Haus waren drei von acht Wohnungstüren gewaltsam geöffnet worden. Die Wohnungen waren verwüstet. Erst nach langem Klopfen reagierten die Bewohner hinter einer der unbeschädigten Türen. Die verängstigten Gesichter eines älteren albanischen Ehepaares tauchten auf. Sie wüßten nicht, was mit ihren Nachbarn passiert sei. Wir brächten sie aber mit unseren Fragen in Gefahr, bedeuteten sie.

In einem Warendepot schließlich trafen wir auf einen alten Mann. Achtunddreißig Menschen habe die Polizei bei ihm abgeliefert, sagte er zögernd. Sie hätten hier übernachtet und seien dann weggebracht oder freigelassen worden. Mehr dürfe er aber wirklich nicht sagen.

Wo waren die Gefangenen geblieben? Wir fuhren nach Peć. Ins Gefängnis. Und forderten vom serbischen Direktor, wieder unter Hinweis auf das Versprechen Miloševićs in Moskau, die Gefangenen sehen zu dürfen. Der gute Mann druckste herum, wußte nicht, wie er reagieren sollte; erst die Drohung, sofort das Informationsministerium in Priština zu verständigen, brachte ihn auf Trab. Wir durften rein. Und in die Zellen sehen, wenn auch nur durch die Gucklöcher.

Der Anblick erschütterte uns. Dicht gedrängt standen die Gefangenen in den völlig überbelegten Zellen und blickten angstvoll auf das Guckloch. Sie wußten ja nicht, wer da draußen war. Alte Männer und Halbwüchsige waren unter den Gefangenen auszumachen. Mit ihnen sprechen durften wir nicht. Aber wir hatten genug gesehen. Nicht Kämpfer der

UÇK saßen hier ein, sondern willkürlich verhaftete Männer aus der ländlichen Bevölkerung. Und die Gefangenen aus Dečani? Die Wärter antworteten nicht. Wir wurden hinausbegleitet. Die Gefängnistore schlossen sich hinter uns.

Entwicklung des bewaffneten Widerstands

»Jeder Befreiungskrieg fordert eben seine Opfer unter der Zivilbevölkerung«, sagte einer der Sympathisanten der UÇK in Prishtina. Es war eine der Formeln, die von der UÇK immer wieder zu hören waren. Wir saßen in einem Restaurant im Zentrum der Stadt. Während auf dem Land der Teufel los war, war in Prishtina äußerlich vom Krieg wenig zu bemerken.

Die Worte klangen hart, oftmals zynisch, und es kam darauf an, wer sie aussprach. Es gab sie natürlich, die Kommandeure, die verantwortlich handeln und das Risiko für die Zivilbevölkerung gering halten wollten. Gleichwohl waren alle überzeugt, der Krieg sei das einzige Mittel für die Befreiung des Kosovo. Doch befremdlich war, wie sich manche dieser städtischen Maulhelden über die Leiden der Menschen hinwegsetzten, die oft genug durch unbedachte Provokationen der UÇK unter der serbischen Feuerwalze zu leiden hatten.

Noch waren die Informationen vage. Doch schon damals gab es Anhaltspunkte dafür, daß zwei unterschiedliche Formationen des albanischen Widerstands existierten. Wie sich später zeigte, entwickelten sich die beiden bis zum Sommer 1998 relativ unabhängig voneinander.

Die von Bujar Bukoshi und der Drei-Prozent-Steuer finanzierte FARK (*Forcat e Armatosura të Republikës së Kosovës* – Bewaffnete Kräfte der Republik Kosova) versuchte, albanische Offiziere aus der ehemaligen Jugoslawischen Volksarmee zu rekrutieren und in der Republik Albanien eine professionell ausgebildete Armee der Kosovoalbaner aufzubauen, die der Exilregierung und dem Parlament rechenschaftspflichtig war.

Im Kosovo selbst hingegen entwickelte sich die von der LPK gegründete UÇK (*Ushtria Çlirimtare e Kosovës* – Befreiungsarmee des Kosovo), die vom Fonds »Die Heimat ruft« unterstützt wurde, zu einer bewaffneten Volksbewegung. Deren Führung saß zunächst in der Schweiz und später in Albanien.

Nach Informationen des Verwalters des Fonds »Die Heimat ruft«, Ibrahim Kelmendi, soll die Gruppe um die Jahreswende 1997/98 etwa 250 Mann stark gewesen sein; davon bildeten etwa 40 Kämpfer den harten Kern. Die UÇK verfügte damals nicht einmal über einen funktionsfähigen Führungsstab.

Die nominelle Führung mit Xhavit Haliti (Deckname Zeka), Ali Ahmeti (Abazi), Azem Syla (Daja und Vogel) und anderen stammte aus dem Vorstand der LPK unter Vorsitz von Gafurr Elshani. Sie alle kamen erst im Frühjahr 1998 nach Albanien.

Nach den Morden an der Familie Jashari bildete sich vor allem in Drenica und Dukagjin (Metohija) eine spontane Aufstandsbewegung. Die Kämpfer nannten sich Soldaten der UÇK, selbst wenn sie gar keinen Kontakt zu Kämpfern der bisherigen UÇK hatten. Die UÇK selbst war nicht in der Lage, den Aufstand zu organisieren, sie lief eigentlich hinter dem Volksaufstand her, so jedenfalls interpretiert Ibrahim Kelmendi den Vorgang.

Diese Entwicklung führte zu heftigen Auseinandersetzungen in der UÇK selbst. Sollte sie sich zu einer Volksarmee entwickeln oder eine Guerilla bleiben? Am 10. Mai setzte sich die Gruppe mit Xhavit Haliti, Azem Syla und Hashim Thaçi innerhalb der Organisation durch – Konkurrenten sprechen bis heute von einem Putsch. Diese Gruppe bevorzugte eine klassische Guerilla-Taktik. Ihr wurde später von anderen Mitgliedern der UÇK vorgeworfen, den bewaffneten Volksaufstand vom März und April 1998 gebremst zu haben, indem sie die Bewaffnung der Aufständischen »sabotierte«. Doch die spontane Mobilisierung der Albaner war im Mai schon viel zu weit fortgeschritten. So führten ab diesem Zeitpunkt jene den Volkswiderstand, die eigentlich eine andere Taktik einschlagen wollten.

Nach und nach versuchte die sich konsolidierende UÇK-Führung dem Ganzen eine feste Struktur zu geben. Um die Aufständischen zu einer Armee zu formen, wurden einige in der Jugoslawischen Volksarmee ausgebildete kosovoalbanische Offiziere, von denen manche zunächst in der FARK organisiert waren, in den Kosovo eingeschleust. Sie schlossen sich der UÇK an, wie der 1991 in Slowenien aktiv gewesene Naim Maluko. Manche Kommandeure vor Ort blieben mißtrauisch und lehnten diese Hilfe ab. Mehr und mehr sickerten auch Kämpfer aus dem Exil ein, die in Albanien ein kurzes Training durchlaufen hatten. Im Sommer 1998 umfaßte der bewaffnete kosovoalbanische Widerstand etwa 6000 Kämpfer.

Die UÇK entwickelte sich aus einer klandestinen Guerillatruppe, verfügte zunächst nur über eine lose hierarchische Struktur, die regionalen Kommandeure handelten oftmals auf eigene Faust, während die FARK zentralistisch, von oben her aufgebaut war und damit zunächst keine vergleichbare Präsenz im Kosovo selbst entfalten konnte.

Militärstrategien

Aus den bewaffneten Auseinandersetzungen im Mai und Juni 1998 ließ sich auf die Militärstrategien beider Seiten schließen. Den Serben gelang es trotz eines Großaufgebotes an Soldaten und Gerät und trotz einer Politik der verbrannten Erde um Dečani zunächst nicht vollständig, die Grenze nach Albanien abzuschotten. Spezialeinheiten verlegten jedoch Tausende von Minen. Die serbischen Militärs versuchten zudem, die verstreuten serbischen Siedlungsgebiete zu sichern und die Hauptstraßen zu kontrollieren.

Auf der Karte war zu erkennen, daß der serbische Militäraufbau einem U glich, einem nach links gekippten U, das nach Westen hin offen blieb. Dieses U oder Hufeisen ermöglichte dem kosovoalbanischen Widerstand, von Westen her eine »Nase« nach Zentralkosovo hineinzubauen. Ziel der Kosovoalbaner im Sommer 1998 war es, von der albanischen Grenze über den Ort Junik nach Rahovec (Orahovac) vorzustoßen und die Gebiete um Malisheva und die Aufstandsgebiete in Drenica bis hin nach Prishtina miteinander zu verbinden.

Beide Seiten versprachen sich, ausgehend von ihrem militärischen Aufbau, die andere Seite entscheidend in die Defensive zu bringen. Um das U zu schließen, mußten die Serben erst einmal die Straße Prizren–Peja unter ihre Kontrolle bringen. Die Albaner mußten genau dies verhindern und versuchen, die »Nase« zu bauen. Ausgehend von der »Nase«, könnten sie dann später nach Norden oder Süden vorstoßen, um alle Straßenverbindungen der Serben zu unterbrechen und damit das Hufeisen zu zertrümmern. Damit wären die serbischen Truppen in Peja oder Prizren isoliert worden.

Doch um die »Nase« zu bauen, mußte die UÇK die Grenze zu Albanien zumindest an manchen Stellen offenhalten, den Ort Junik verteidigen und den Ort Rahovec einnehmen. In dieser Gemeinde waren, anders als in Malisheva, starke Polizeikräfte zusammengezogen worden. Es gab einen von Serben bewohnten Stadtteil und das serbische Dorf Velika Hoča, dessen Einwohner sich schwer bewaffnet hatten.

Ende Mai griffen die serbischen Militärs, um der UÇK zuvorzukommen, vehement die Gebiete an der albanischen Grenze an und versuchten am 5. Juni, den strategisch wichtigsten Ort Junik einzunehmen, was bislang am Widerstand der UÇK gescheitert war. Junik war daher auch das Ziel des Sondergesandten Richard Holbrooke, der am 24. Juni 1998 in den Kosovo kam. Er wollte Kontakt zur UÇK aufnehmen, um doch noch eine Verhandlungslösung herbeizuführen.

Wir Kriegsreporter versuchten am nächsten Tag herauszubekommen, was besprochen worden war. Die diplomatischen Statements waren nichtssagend. Die Frage blieb, wie es gelingen konnte, durch die serbischen Checkpoints und die Frontlinie in das belagerte Junik zu gelangen.

Bis kurz vor Junik gab es keinerlei Schwierigkeiten, die serbischen Kontrollpunkte zu passieren. Doch an der Frontlinie wurden wir gestoppt. Serbische Soldaten schwitzten in ihren Unterständen, aus denen Maschinengewehre ragten. Von hier aus belagerten sie die in einer Senke liegende Stadt. »Dort in den Wäldern und unten in der Stadt«, sagte ein aus Novi Sad stammender serbischer Soldat, »sitzen die Terroristen.« Die Soldaten verrichteten ihren Dienst nicht gerade begeistert. »Du kannst dir vorstellen, wie es ist, wenn du tagelang im Schützengraben liegst.« Die Fronten seien seit zwei Wochen festgefahren.

Überraschend bekamen wir dann doch die Erlaubnis, in die belagerte Stadt zu fahren. Die Straße nach Junik war übersät von Steinen, Granatsplittern, zerschossenen Fahrzeugen. Nach einigen Kurven war das Ziel erreicht. Einige Gestalten mit Kalaschnikows bedeuteten uns, an einer Mauer stehenzubleiben. Plötzlich wurde geschossen, Granaten schlugen ganz in der Nähe ein. Die Kämpfer der UÇK zogen sich in ihre Unterstände zurück und erwiderten das Feuer.

Nur Gani Shehu, der Vorsitzende der Demokratischen Liga in der einst 12000 Einwohner zählenden Stadt, war bereit, mit uns zu sprechen. Er hoffe, daß die NATO eingreifen und Verhandlungen erzwingen würde, sagte er. »Das Schießen muß beendet werden. 1500 Zivilisten sind noch hier.« Es gebe kaum noch etwas zu essen. »Nur Wasser haben wir genug.«

In den Bergwäldern befänden sich noch rund 600 Flüchtlinge, die nach Albanien wollten. Doch dorthin könnten sie wegen der neugelegten Minen nicht zurück, sowenig wie in die eingeschlossene Stadt. Davon habe er Holbrooke berichtet. Und auch davon, daß Anfang Juni Tausende von Flüchtlingen durch die Stadt gezogen waren und sogar zwei montenegrinische Deserteure von hier aus ihren Weg nach Albanien gefunden hatten, noch kurz bevor die Stadt eingeschlossen wurde.

Der energische Kommandeur Lum Haxhiu erschien in schwarzer Uniform. Holbrooke habe bei seinem Besuch betont, die Albaner hätten das Recht, die Stadt zu verteidigen, vor allem nach den Ereignissen von Deçan. Sie sollten jedoch nicht auf der Forderung nach Unabhängigkeit des Kosovo beharren. Die Serben sollten sich zurückziehen und die Bewohner zurückkommen. Die Straßen müßten wieder für alle freigegeben werden. Eine Aktion der NATO zum Schutze der Bevölkerung von Junik habe Holbrooke nicht versprochen.

»Befreite« Gebiete

Die Kämpfer der kosovoalbanischen Befreiungsarmee, im offenen Kampf den serbischen Sicherheitskräften und der Armee weit unterlegen, versuchten dennoch im ganzen Land, serbische Positionen anzugreifen. Und in jenen Gebieten, in denen weder Serben lebten noch die Sicherheitskräfte präsent waren, proklamierte die UÇK »befreite Gebiete«.

Nur knapp 30 Kilometer westlich von Prishtina, dort wo die Ebene endet und Wälder die Hügellandschaft bedecken, begann das »befreite Gebiet Malisheva«. In dieses seit vielen Jahren von einer rein albanischen Bevölkerung bewohnte Gebiet traute sich die serbische Polizei zu diesem Zeitpunkt nicht mehr hinein.

Nachdem die serbische Kontrollstelle passiert war, kam kaum einen Kilometer entfernt die Kontrollstelle der UÇK in Sicht. Der junge Musiker und Übersetzer Biroll Uncam, Mitglied der türkischen Minderheit und somit befugt, durch die serbischen Kontrollen zu fahren, rutschte auf dem Autositz hin und her. »Weißt du, was das für mich bedeutet, nach all den Jahren von Widerstandskämpfern kontrolliert zu werden?« Fassungslos starrte er die Männer in den Uniformen der UÇK mit dem schwarzen albanischen Doppeladler auf rotem Feld an.

Ich brauchte keinen Dolmetscher mehr. Die Verständigung war einfach. Nach einem Blick auf das Autokennzeichen fragten die Soldaten höflich in deutscher Sprache nach den Papieren. »Gute Fahrt«, wünschte der Posten mit militärischem Gruß. Der Weg in die Hauptstadt des »befreiten Gebietes Malisheva« war frei.

Das Städtchen lag im Zentrum des Gebiets, das sich über eine Länge von 30 Kilometern erstreckte und schätzungsweise mehr als 60000 Einwohner hatte. Vor dem Hauptquartier der UÇK standen Wachen in deutschen Uniformen. Diese habe man »billig in Deutschland erstanden«, erklärte einer der herbeigerufenen Offiziere in fließendem Deutsch. Wir mußten lachen. Ich mußte in Malisheva meinem des Englischen mächtigen Übersetzer die auf Deutsch geführte Konversation mit der UÇK übersetzen. Kosovoalbaner aus Deutschland, Österreich und der Schweiz, den Hauptaufnahmeländern der Gastarbeiter und Flüchtlinge der letzten Jahre, gaben in der UÇK den Ton an. »Sie können sich auf unserem Territorium frei bewegen«, sagte er.

Viele Männer standen vor dem Hauptquartier und wollten sich registrieren lassen. »Mein Bruder ist schon bei der Armee. Ich will auch kämpfen, aber vorerst gibt es nur eine Waffe pro Familie«, erklärte ein junger Mann. Noch verfügte die Bewegung also nicht über genügend Waffen, um alle Freiwilligen zu »versorgen«. Die ehemalige Guerilla hätte jetzt zu einer »Volksarmee« werden können. Und so stellte sich die Frage, ob die klandestinen Strukturen der UÇK in einer Situation, in der sich die Dinge rasant entwickelten, noch angemessen waren. Der Mangel an Waffen ließ eine Öffnung der Struktur zunächst nur begrenzt zu.

Die serbische Polizei hatte sich schon 1990 in die Kreisstadt Orahovac (Rahovec) zurückgezogen und ein riesiges, halbfertiges Gebäude hinterlassen. Die UÇK hatte Malisheva gar nicht erobern müssen. Hier gab es also schon seit längerem ein von Kosovoalbanern kontrolliertes Gebiet. Dabei wurden nicht militärische, sondern zivile Mittel angewandt: die des passiven Widerstands und des aktiven Aufbaus einer von den serbischen Institutionen unabhängigen Gesellschaft mit eigenen Strukturen und Finanzmitteln. Das Gebiet um Malisheva war also keineswegs von der UÇK im Kampf »befreit« worden, wie viele Kosovoalbaner glauben mochten. Auch kontrollierte die UÇK keineswegs 40 Prozent des Territoriums des Kosovo.

In dem Büro der »Demokratischen Liga« in Malisheva saßen die alten Kader der Rugova-Partei. Der örtliche Vorsitzende der Liga, Cen Deska, und seine Kollegen waren friedliche Leute und wirkten wie behäbige Familienväter. Ismet Gashi organisierte das parallele Schulwesen in der Region. Er war verantwortlich für rund 10000 Schüler der Grund- und Sekundarstufe sowie für mehr als 600 Lehrer. Da es in dieser Region keine serbische Bevölkerung gab, konnten die Albaner die staatlichen Schulen verhältnismäßig problemlos übernehmen. Schwieriger war die Entwicklung eines Gesundheitswesens. »Wir waren auf uns allein gestellt und haben doch einige Probleme aus eigener Kraft lösen können«, sagte Cen Deska.

Wer hat jetzt die Macht in Malisheva? Wer treibt die Drei-Prozent-Steuer ein, die für den Gegenstaat bestimmt ist, und wer bekommt die Finanzmittel in die Hand? Wer übt Polizeigewalt aus? Die beiden Funktionäre lächelten. Hier bestimme weiterhin die Regierung Rugovas unter Premierminister Bukoshi, das Ministerium für Erziehungswesen und die anderen Institutionen des Gegenstaats. Ein eigenes Polizei- und Justizsystem gebe es aber nicht. Und wie ist das Verhältnis zur UÇK? Die beiden wichen aus.

Auf dem Marktplatz beantworteten Jugendliche diese Frage sofort. Wer hat die Macht in diesem Staat? »Die UÇK.« Und die alte Regierung? »Ich weiß nicht. Wir sind alle UÇK.« Und Rugova? »Der ist unser Präsident.« Auf der Hauptstraße fuhr gerade ein neuer Geländewagen vorbei. Darin saßen bärtige junge Männer mit Sonnenbrillen. Die »Rambos«, wie sich eine Verkäuferin etwas verächtlich ausdrückte, gaben jetzt den Ton an.

Die Spannungen zwischen beiden politischen Lagern waren nicht zu übersehen. Hier die für das zivile Leben der Gemeinde wirkenden Rugova-Leute und dort die aus dem Ausland zurückgekehrten Kämpfer, denen die Unterrichtsplanung für das nächste Schuljahr schnurz war. Die nur eines im Sinn hatten, nämlich, koste es, was es wolle, einen Befreiungskrieg zu führen. Und eine Bevölkerung, die beides wollte, den Befreiungskampf und das Leben in selbstbestimmten zivilen Strukturen.

Auf dem Rückweg nach Prishtina mußten wir die Straße über den Paß zwischen Suva Reka und Štimlje nehmen. Wir wußten, daß die Maschinengewehrnester der Serben im Wald zu unserer Linken eingegraben waren. Und daß rechts, oberhalb von Račak (Reçak), Scharfschützen der UÇK ihre Gewehre auf die Straße gerichtet hatten. Wir waren also im Fadenkreuz beider Parteien. Kein angenehmer Gedanke. Ich legte ein Musiktape ein. Und drehte auf. Mit Wagners *Ring der Nibelungen* ging es den Berg hinab. Die Walküren beschützten uns.

Die diplomatischen Bemühungen der internationalen Gemeinschaft verliefen zunächst im Sande. Die serbischen Militärs machten sich daran, Fakten zu schaffen. Frische Truppen kamen in den Kosovo, und die militärischen Aktivitäten, die »Nase« der UÇK zu zerschlagen, nahmen Ende Juni Gestalt an.

Beide Seiten wußten natürlich, daß Orahovac neben Junik die strategisch wichtigste Stadt war. Sollte es der UÇK gelingen, diese Stadt einzunehmen, wären die Aufstandsgebiete bis vor die Tore Prishtinas miteinander verbunden gewesen. Für die Serben hingegen wäre die Säuberung von Orahovac nach dem Muster Dečanis der wichtigste Schritt, die befreiten Gebiete um Malisheva zu überrollen.

Die um die 20000 Einwohner zählende Stadt liegt inmitten von Weinbergen in einer grünen Landschaft im Zentrum des Kosovo. Von hier aus hat man einen herrlichen Blick auf die Gebirgszüge der albanischen Alpen im Westen, auf das Sharr-Gebirge im Süden und die Bergzüge im Norden, die Grenze nach Montenegro. Orahovac ist eine schöne Stadt mit ihren Moscheen und Kirchen, den verwinkelten Gassen der Altstadt, den Häusern in türkischem Stil und den ummauerten Gärten. Bis in die achtziger Jahre gehörte sie zu den multikulturellen Zentren des Landes. Hier hatten Albaner, Serben und Roma während der Titozeit relativ friedlich zusammengelebt; die aus albanischen und slawischen Wörtern zusammengesetzte Rahovec-Sprache, die von allen benutzt wird, gehört zu den Eigentümlichkeiten des Ortes.

Die orthodoxen Kirchen zeugen von der langen Siedlungsgeschichte der Serben in der dennoch mehrheitlich albanisch-muslimisch geprägten Gemeinde. Die in der muslimischen Bevölkerung stark verankerten schiitischen Derwische sind bis heute berühmt für ihre liberale Haltung weltlichen Dingen gegenüber und waren in Gestalt ihres Führers, des *Shehs* (Scheichs) Myhedin Shehu, immer bereit, Konflikte zwischen den Bevölkerungsgruppen auszugleichen und zu lösen.

Orahovac war eine beschauliche und relativ wohlhabende Provinzstadt, ein Ort, dessen Weinbautradition bis in die Römerzeit reicht. Die Weingenossenschaft machte gute Geschäfte, der als »Amselfelder« vermarktete Billigwein eroberte die deutschen Supermärkte, auch die besseren Marken fanden Käufer. Die Region ist fruchtbar und mild, Obst und Gemüse gedeihen hervorragend, es siedelten sich verarbeitende Betriebe an.

Erst mit der Aufhebung des Autonomiestatuts des Kosovo zerbrach der Grundkonsens in der Stadt. Jetzt gab es nur noch einen serbischen Bürgermeister. Die Stadtverwaltung und die Polizei waren fest in der Hand der Serben mit all den schon bekannten Nebenerscheinungen der ethnisch dominierten Herrschaft, mit den Entlassungen der Albaner aus den Staatsbetrieben, den täglichen Schikanen. 1997/98 bildeten sich auch hier Zellen des albanischen bewaffneten Widerstandes, die im Juni 1998 allerdings noch nicht in der Lage waren, den Kampf um die Stadt aufzunehmen.

So dachte jedenfalls, wie sich später herausstellen sollte, Xhelal Hajda, Deckname »Toni«, der Kommandeur der UÇK im Bezirk. Angesichts der starken Polizeikräfte, der seit Anfang Juli einsickernden Paramilitärs – Arkan-Tiger und Šešelj-Milizen – und der bis an die Zähne bewaffneten serbischen Bevölkerung in Velika Hoča, wo die ultranationalistische Gruppe »Schwarze Hand« das Sagen hatte, wollte er erst Waffen in Albanien organisieren, bevor er den Angriff in der strategisch so wichtigen Stadt wagen wollte. Und er schärfte seinen Leuten ein, auf keinen Fall vor seiner Rückkehr etwas zu unternehmen.

Noch heute, im Jahr 2009, ist ungeklärt, wer den Befehl zum Angriff in Rahovec gegeben hat. Sicher ist nur, daß es sich wohl um den größten militärischen Fehler der Befreiungsarmee im Jahre 1998 gehandelt hat. War es der Statthalter Tonis mit dem Decknamen »Piktor«, oder war es doch das Oberkommando der Region in Malisheva? Bis heute ist das nicht klar. Auch Hashim Thaçi antwortete im April 2009 ausweichend. »Toni« kann nicht mehr Stellung nehmen – er wurde im September 1998 zusammen mit seinem Unterführer »Mici« aus dem Hinterhalt erschossen.

Noch immer gibt es Gerüchte, die Serben hätten bei der Offensive der UÇK auf Rahovec die Hand im Spiel gehabt und den Angriff der UÇK durch Verräter selbst eingefädelt, um dann entsprechend reagieren zu können. Sicher verbürgt ist, daß die serbische Seite über den bevorstehenden Angriff informiert war.

Am 17. Juli 1998 stießen einige UÇK-Gruppen ins Stadtzentrum vor. Die serbische Polizei hatte sich schon im Polizeigebäude, die Freischärler im Hotel »Park« verschanzt. Die Schießereien begannen am späten Nachmittag. Anfänglich gelang es den UÇK-Kämpfern, Teile der Stadt unter ihre Kontrolle zu bringen. Sie belagerten die Polizeistation; angesichts der zu schwachen Bewaffnung waren sie jedoch nicht in der Lage, sie einzunehmen.

Am nächsten Tag ging dann alles ziemlich schnell. Starke motorisierte, durch 80 bis 100 Panzer unterstützte serbische Einheiten aus Prizren und Gjakova setzten sich in Richtung Orahovac in Bewegung. Am Mittag des 18. Juli 1998 erreichten die Entsatzkräfte aus Einheiten der Armee und der Sondertruppen des Innenministeriums die Stadt und ergriffen im Verbund mit Arkan-Tigern sowie lokalen Milizen die Initiative. Die serbischen Einheiten griffen zuerst mit Artillerie an, zerschossen einige Stellungen der UÇK und rückten dann mit der Infanterie vor. Jetzt gab es kein Halten mehr. Die Infanterie, die Arkan-Tiger und die Sondertruppen des Innenministeriums eroberten Haus für Haus. Und was das bedeutete, war aus Bosnien bekannt. Vor allem die schwarzgekleideten Arkan-Tiger taten sich erneut dabei hervor, Zivilisten zu ermorden.

Die albanische Bevölkerung versuchte zu fliehen, aber die Kommandierenden der UÇK befahlen ihr noch am 18. und 19. Juli, in der Stadt auszuharren. Wer in die Weinberge floh, wurde von regulären Armeeeinheiten, die einen Ring um die Stadt gezogen hatten, beschossen. Die Albaner im Zentrum der Stadt flohen zur *Teqja e Sheh Myhedinit* der Derwische. Schließlich drängten sich mehrere Tausend Menschen in dem von Mauern umgebenen Gelände. Dann schossen Panzer auf die Teqja. In Panik liefen die Menschen auf die Straße. Jetzt schossen Infanterie und Milizen auf die Menge, die versuchte, in die Seitengassen zu gelangen.

Vor seiner Teqja fand der allseits, auch unter der serbischen Bevölkerung respektierte Sheh Myhedin Shehu am 19. Juli den Tod. Weitere Menschen starben hier, viele wurden verwundet. Während der Nacht versuchte dann ein großer Teil der Bevölkerung nach Osten, in das noch von der UÇK beherrschte Gebiet um Malisheva zu gelangen. Über 12 000 Flüchtlinge erreichten schließlich das noch freie Gebiet.

Den genauen Hergang der Ereignisse in Orahovac kannte zu diesem Zeitpunkt noch kein Außenstehender. Gerüchte machten die Runde. Von vielen Toten war die Rede; Flüchtlinge sprachen von Massakern an der Zivilbevölkerung.

Ein paar Tage später, am 28. Juli, erreichten die serbischen Truppen auch Malisheva. Die UÇK-Kämpfer konnten nur noch schwachen Widerstand leisten. Frontlinien aufzubauen – daran war nicht zu denken. Wenigstens versuchte die UÇK jetzt, die Flucht der Bevölkerung, rund 80 000 Menschen, zu organisieren. Militärisch bedeuteten die Niederlagen in Rahovec und Malisheva einen empfindlichen Rückschlag für die UÇK. Sie hatte damit ihr Zentrum und das wichtigste »befreite Gebiet« verloren. Das Experiment einer offenen Konfrontation mit den immer noch weit überlegenen serbischen Sicherheitskräften und der Armee war gescheitert.

Am Schauplatz des Massakers

Gerüchte über Tote auf einer Mülldeponie in Orahovac waren seit mehreren Tagen in Priština zu hören. Die serbische Seite hatte eine Erklärung dafür: Bei den Kämpfen habe es 33 Tote gegeben. Nach den Berichten der Flüchtlinge mußte es aber viel mehr Opfer gegeben haben. Dann berichtete R. Jeffrey Smith, Korrespondent der *Washington Post*, er habe frisch zugeschüttete Gräber in der Nähe der Mülldeponie gesehen. Und so versuchten die Kriegsreporter, ebenfalls nach Orahovac zu kommen.

Doch nach dem am 23. Juli »erlaubten« und vom serbischen Pressebüro organisierten und geleiteten Besuch von Journalisten war der freie Zugang zur Stadt versperrt. Die serbischen Militärs und Sicherheitskräfte hatten Kontrollpunkte vor der Stadt eingerichtet. Nur ein trickreiches Durchkommen war möglich.

Da kam uns ein Zufall zu Hilfe. Im Café des Hotels Grand in Priština traf ich auf eine Delegation russischer Diplomaten, die am nächsten Tag nach Orahovac fahren wollten. Mitte der achtziger Jahre hatte ich mit dem damaligen Chef der Presseagentur *Novosti* in West-Berlin, Sergej Guk, freundschaftlich verkehrt. Da ich wußte, daß Sergej als Perestroika-Anhänger inzwischen zum Chefredakteur der Regierungszeitung *Izvestija* aufgestiegen war, entwickelte sich ein lebhaftes Gespräch, und die angeheiterten Russen luden mich auf meine Bitte hin ein, am nächsten Tag mitzufahren.

Der Amerikaner Phil Smucker, der damals für viele große amerikanische Zeitungen schrieb, wollte mitkommen. Und so folgten wir frühmorgens im Geländewagen dem Konvoi der Russen als Teil der Delegation. Von serbischer Polizei begleitet, ging die Fahrt auf den von Serben gesicherten Straßen über Prizren nach Orahovac. An den serbischen Kontrollstellen brauchten wir nicht zu warten, wir wurden durchgewinkt. Hilfreich war, daß mein anthrazitblauer Mitsubishi Pajero serbischen Polizeifahrzeugen ähnelte.

Was wir dann beim Einfahren in die Stadt sahen, verschlug uns den Atem. Menschen waren in den äußeren Vierteln nicht zu sehen, überall lagen Splitter und Holzplanken, viele Häuser waren niedergebrannt, die Mauern übersät von Einschußlöchern, die Fenster der offensichtlich ausgeraubten Geschäfte zerbrochen. Endlich erreichten wir das von serbischen Polizisten und Milizionären wimmelnde Stadtzentrum.

Während die Russen auf einen Parkplatz hinter dem Bürgermeisteramt dirigiert wurden, setzten wir die Fahrt im Schritttempo nach Südosten, Richtung Suva Reka fort. Wir wußten, daß an dieser Straße die Mülldeponie liegen mußte, sie windet sich hinauf zu einem Plateau, auf dem sich ein weitläufiger Friedhof befindet. Die Grabsteine zeigen an, daß hier Muslime wie Orthodoxe ihre letzte Ruhestätte gefunden haben. Ein Stück weiter kam uns ein Bulldozer entgegen. Plötzlich lag ein süßlicher Geruch in der Luft. Wir hatten die Stelle gefunden.

Rechts der Straße war Erdreich über Teile einer Mülldeponie gekippt und von Bulldozern verteilt worden. Auf einem Terrain von etwa zehn mal zehn Metern waren 33 Holzpfosten mit mehrstelligen Nummern in den Boden gerammt. Kaum dreißig Meter entfernt war eine zweite, etwa gleichgroße Stelle zu sehen, die ebenfalls von Bulldozern mit Erdreich überdeckt worden war. Auch hier empfing uns derselbe unerträgliche Geruch. Diesmal waren keine Holzpfosten angebracht. Einige hundert Meter weiter befand sich eine dritte Stelle.

Ein Kadaver war in einem Plastiksack zu erkennen. Deutlich sichtbar war an anderer Stelle der Kopf einer Kuh. Die

Leichen waren offenbar mit Tierkadavern vermischt worden. Einige Autos mit verdunkelten Scheiben fuhren vorbei – das Zeichen für Arkan-Leute. Wir kehrten in die Stadt zurück, stellten uns auf den Parkplatz neben die Autos des Russenkonvois und gingen zu Fuß weiter. Hier im Zentrum hatten einige Geschäfte wieder geöffnet, es waren serbische Läden. In einer Seitengasse klopften wir an die Kellertür einer albanischen Familie, die Phil Smucker früher einmal besucht hatte. Eine alte Frau öffnete voller Angst. Im Kellerraum drängten sich mehr als dreißig Menschen. Seit einer Woche hielten sie sich hier versteckt, sie hätten kein Wasser und nichts zu essen, klagten sie. Von Massengräbern wüßten sie nichts. Sie bedeuteten uns zu verschwinden, weil wir die Aufmerksamkeit der Serben auf sie lenken würden.

Ein paar Gassen weiter winkte uns ein junger Mann zu und führte uns in das Haus einer befreundeten serbischen Familie. Antiterrortruppen des Innenministeriums seien am zweiten Tag der Kämpfe gekommen und hätten die UÇK vertrieben, aber auch die Zivilbevölkerung beschossen. Die gesamte Stadt hätten sie durchkämmt und viele Menschen ermordet. Direkt vor dem Haus in der Gasse seien drei Frauen und zehn Kinder ermordet worden. Ein großer Blutfleck war auf dem Pflaster zu sehen. »Und was ist mit den Leichen passiert?« wollten wir wissen. »Zigeuner«, wie er sich ausdrückte, hätten »viele Leichen« auf sieben Pferdekarren abtransportiert.

Insgesamt, so erzählte unser Informant in Orahovac weiter, seien 567 Leichen abtransportiert worden, darunter 430 Kinder. Er wisse das so genau, weil er Hand habe anlegen müssen. Die Leichen seien numeriert worden. Außerdem habe man Leichen in zwei Lastwagen in die Nachbarstadt Prizren transportiert. Ob die Massengräber oberhalb der Stadt die einzigen seien, wisse er nicht. »Aber wahrscheinlich gibt es noch andere Orte.« In den Wäldern oberhalb der Stadt seien noch mehr Gräber.

Der Informant verschwand. Die serbische Familie verscheuchte uns von dem Hof. Wir kehrten angesichts der herumstreifenden bewaffneten Zivilisten und Polizisten zum Auto zurück. Die Russen waren schon weg. Einige serbische Zivilisten schossen Salven aus ihren Kalaschnikows in die Luft. Es wurde brenzlig. Wir zogen es vor, in Richtung der Müllkippe und Velika Hoča zu verschwinden und von dort aus über die Felder auf die Hauptstraße zu gelangen, um die serbischen Kontrollstellen zu umfahren. Wegen der Hitze waren die Autofenster geöffnet. Plötzlich pfiff eine Kugel an unseren Köpfen vorbei. »Hast du das auch bemerkt?« – »Das wäre ja noch ein Witz«, kommentierte Phil, »wenn ein UÇK-Scharfschütze uns wegen deiner Autofarbe erschossen hätte.«

Auf dem Rückweg diskutierten wir. Stimmen die Informationen? Massengräber können wir vermuten, aber nicht beweisen, buddeln konnten wir ja nicht, die Zahl der Kinder erschien unwahrscheinlich. Viele Tote hatte es auf jeden Fall gegeben. In Orahovac hatte eine ethnische Säuberung stattgefunden, die albanische Bevölkerung wurde mit Gewalt vertrieben, das war sicher. War der Informant zuverlässig? Ein aus Deutschland stammender Albaner, der nach Orahovac gekommen war, um seine Braut abzuholen, und dazu den Polizeichef und andere serbische Offizielle schmieren mußte, um die nötigen Papiere zu erhalten. So war er bekannt und durfte zusammen mit den Roma Leichen sammeln. Das zumindest klang glaubwürdig. Zitieren kann man ihn ja, mit aller Vorsicht, einigten wir uns. »Was bedeutet es, wenn einige Dutzend Leichen zusammen mit Tierkadavern auf eine Müllkippe geschmissen werden? Dies ist ein Massengrab«, sagte Phil.

Mediencoup und viele Dementis

Nach Prishtina zurückgekehrt, rief ich in der *taz*-Redaktion an. Es war zu spät, noch einen Artikel zu schreiben. Aber ich wollte für den nächsten Tag viel Platz für eine lange Reportage. »Schreib ganz kurz auf, was du gehört und gesehen hast«, bat der Redakteur. Dies tat ich unter Einschluß der Zitate des Informanten und schickte die nicht als Artikel gedachten Notizen. Ich schickte sie auch der *Presse* in Wien.

Beide Zeitungen entschlossen sich unabhängig voneinander, die Geschichte doch noch abzudrucken. »Massengräber in Orahovac entdeckt.« Sofort ging die Story um die Welt und erreichte noch am Abend Prishtina. Die Veröffentlichung der von dem Informanten genannten Zahlen war natürlich problematisch, wenn man sie nicht als Zitat, sondern als gesicherte Erkenntnis wertete, wie dies dann die zugespitzten Überschriften in beiden Zeitungen suggerierten. Es hagelte Anfragen von ARD bis BBC. Ich konnte nur sagen, daß wir nicht buddeln konnten. Vermutlich gebe es Massengräber, und mit Sicherheit seien während der Einnahme der Stadt durch serbische Truppen viele Menschen getötet worden.

Am nächsten Morgen ging ich in das mit internationalen Journalisten vollbesetzte serbische Pressebüro im Hotel Grand, um den Artikel zu schreiben. Plötzlich entwickelte sich ein Geschrei vor dem Hotel. »Tötet Erich Rathfelder«, rief eine Menge aufgebrachter Serben. Und plötzlich war ich allein im Raum, die Kollegen aus aller Welt hatten den Saal verlassen. Etwas später kam Radovan und bat mich, nicht in die Stadt zu gehen. Er hatte der Menge den Zutritt zum Pressezentrum verweigert. Radovan, der serbische Chef des *Media Centars*, hatte Stehvermögen bewiesen und vielleicht sogar mein Leben gerettet. Am Abend dann teilte mir der Informationsminister mit, ich sei zur Persona non grata in Serbien erklärt worden und solle das Land sofort verlassen. Er gab mir zum Abschied die Hand. Ich kehrte nach Sarajevo zurück.

Von offizieller Seite wurden die Massengräber in Orahovac geleugnet. EU-Beobachter fuhren, ohne vor Ort Recherche zu betreiben, nach Prizren und angeblich auch nach Orahovac, um der Presse zu erklären: »Massengräber gibt es nicht.«

Auch der amerikanische Unterhändler Christopher Hill, der nur einige Stunden nach den Russen den serbischen Bürgermeister Anđelko Kolasinac gesprochen hatte, dementierte die Nachricht.

Die serbische Regierung leugnete die Toten auf der Müllkippe nicht. In der serbischen Presse wurde ich aber als antiserbischer notorischer Lügner dargestellt. Und auch einige westliche Journalisten übernahmen diese Version und warfen mir – ohne mit mir zu reden – »schlechte Recherche« vor. Alle sprachen nur von Massengräbern, nicht jedoch von den Ereignissen und den Toten von Orahovac.

Eine von der serbischen Regierung angestrengte einstweilige Verfügung, eine Gegendarstellung abzudrucken und Behauptungen über Massengräber zu verbieten, wurde vom Berliner Landgericht abgewiesen. Das Gericht erklärte, der Autor hätte das Recht, Zeugenaussagen zu zitieren.

In Sarajevo erhielt ich einen mysteriösen Anruf vom amerikanischen Außenministerium. »Wenn Sie in Gefahr geraten, rufen Sie diese Nummer an«, erklärte der Anrufer, »wir werden Sie beschützen.« Zwei Tage später, am 12. August 1998, berieten nach einer Meldung von *ap* die Botschafter der sechzehn Mitgliedsstaaten der NATO über begrenzte Luftangriffe, nicht nur im Kosovo, sondern in ganz Jugoslawien.

Nachforschungen

Die Toten von Orahovac fanden international kaum mehr Erwähnung. Dazu hatte beigetragen, daß das an mir statuierte Exempel einschüchterte; es gab viele freie Journalisten, die fürchteten, das Land verlassen zu müssen. Die serbische Propaganda versuchte, das Bild der »deutschen Feinde« zu reanimieren, und warf den ARD-Reporter Friedhelm Brebeck aus dem Land, obwohl er mit der Geschichte in Orahovac gar nichts zu tun hatte.

Nur wenige internationale Journalisten und Institutionen recherchierten weiter zu den Ereignissen der »1. Offensive«, wie die Albaner in Rahovec heute noch sagen. Allerdings trafen sie im Herbst 1998 trotz der nun aufgebauten OSZE-Mission auf eine zutiefst eingeschüchterte Bevölkerung, die nach wie vor Angst vor den serbischen Behörden haben mußte. Auch die UÇK-Leute waren wie zugeknöpft, trugen sie doch mit ihrer zu früh gestarteten Aktion Mitverantwortung an den Geschehnissen.

Das »Ludwig Boltzmann Institut für Menschenrechte« in Wien unter der Leitung des späteren Menschenrechtsbeauftragten der Vereinten Nationen, Manfred Nowak, und dank der Mitarbeit von Katherina Knaus und Enver Hoxhaj, bildete eine Ausnahme und hat nach Befragung zahlreicher Zeugen eine umfangreiche Analyse der Ereignisse in Rahovec erstellt, die 1999 veröffentlicht wurde. Ein Zwischenbericht erschien schon 1998. Die Autoren bestätigen im großen und ganzen den geschilderten Hergang der Ereignisse, ohne sich auf Zahlenspiele einzulassen.

Das Boltzmann Institut betont, daß die albanische Zivilbevölkerung nicht mit dem Angriff der UÇK gerechnet hatte, während es den serbischen Sicherheitskräften zuvor gelungen war, Verstärkung heranzuführen. Die Übergriffe auf die albanische Bevölkerung hätten am 19. Juli systematischen Charakter angenommen. Einheimische Serben hätten Freischärler und Polizei zu den Häusern der Wohlhabenden und zur örtlichen Elite gehörenden albanischen Familien geführt, die zum Teil auf der Stelle ermordet worden seien. Vom 18. bis 20. Juli sei es zu Massenerschießungen gekommen. Die Untersuchung nennt Orte und Namen eines Teils der damals Ermordeten. »Festzustellen ist, daß die meisten Opfer auf der Flucht oder zu Hause erschossen wurden.« Einheimische Serben hätten Häuser geplündert und niedergebrannt. Männer seien von Frauen und Kindern getrennt, Hunderte von Männern am Busbahnhof (150) und vor der Tankstelle »Jaha« (500) festgehalten worden, um dann von der Armee nach Prizren abtransportiert zu werden. 35 Männer aus Rahovec wurden noch im Herbst 1999 in serbischen Gefängnissen, beispielsweise in Niš, festgehalten.

»Eine Gruppe von Roma aus Prizren, geleitet vom serbischen Zivilisten Jovo Vujsić, war für den Abtransport der Leichen zuständig«, heißt es in dem Bericht des Boltzmann Instituts. Vor dem Abtransport seien die Leichen identifiziert, numeriert und fotografiert worden. Mit Lastwagen des staatlichen Unternehmens *Elektroprivreda* seien mindesten 82 Leichen, in Säcken verpackt, abtransportiert worden. Auch mit Lastwagen der staatlichen Firma *1. Maj*, die für Straßenpflege zuständig war, seien Leichen abtransportiert worden. Roma aus Orahovac und Prizren hätten angegeben, am 22. Juli im Zentrum mehr als dreißig Leichen bis zum Müllplatz gebracht zu haben. Am 22. Juli verließen Lastwagen die Stadt in Richtung Prizren, wo auf dem Friedhof schon eine Grube ausgehoben gewesen sei, wie zwei Zeugen berichteten.

Die Befragungen des Boltzmann Instituts ergaben, daß die Leute, mit denen die erste vom *Media Centar* geleitete Journalistengruppe sprechen durfte, »instruiert« worden waren. Sie mußten aussagen, ihnen gehe es gut, sie würden gut behandelt. Ihnen sei die sofortige Erschießung angedroht worden, hätten sie anders ausgesagt, erklärten einige Zeugen später.

Die Systematik der serbischen Vorgehensweise trage alle Merkmale »ethnischer Säuberungen«, heißt es in dem Bericht. »Alle Indizien sprechen dafür, daß die Verschleppung der albanischen Zivilbevölkerung von langer Hand vorbereitet worden war.« Dazu gehörte auch, die Bibliotheken des Shehs und der islamischen Gemeinde zu zerstören und jahrhundertealte kostbare Folianten zu verbrennen. Das kulturelle Erbe der muslimisch-albanischen Bevölkerung sollte ausgelöscht werden.

Das Boltzmann Institut beklagt die geringe Publizität über Orahovac und führt dies auf drei Ursachen zurück: Als sich die Einnahme der Stadt durch die UÇK als folgenschwerer Mißerfolg und als katastrophaler Fehler erwiesen habe, wurde der Fall für abgeschlossen erklärt, wie die lokale UÇK-Führung den Mitarbeitern des Instituts offen eingestand. Andererseits unternahm die jugoslawische Führung wie überall Versuche, die Spuren der begangenen Verbrechen zu beseitigen und den Fall zu vertuschen.

Auch die westlichen politischen Entscheidungsträger wollten den Kosovokonflikt damals noch durch Verhandlungen beilegen und seien auf eine Zusammenarbeit mit beiden Kriegsparteien angewiesen gewesen. So spielte man die Ereignisse in Rahovec herunter. »Die europäischen Regierungsstellen verwendeten die Begriffe ›Menschenrechte‹ oder ›ethnische Säuberungen‹ bezüglich des Kosovo erst seit März 1999, erst nachdem die ersten Bomben der NATO auf die jugoslawischen militärischen Ziele fielen«, heißt es in dem Bericht des Boltzmann Instituts für Menschenrechte.

Nachforschungen, die ich später, nach der NATO-Intervention, zusammen mit dem amerikanischen Journalisten Roy Gutman und einem Team aus Den Haag angestellt hatte, ergaben, daß Leichen aus Orahovac in Kühlwagen der Firma *Higijena* über Prizren nach Suva Reka gebracht worden waren. Dort verlor sich ihre Spur. In dem Ruß der auf 4000 Grad erhitzbaren Verbrennungsöfen der Gummifabrik waren Überreste organischer Substanzen nicht mehr nachzuweisen.

10
Verhandlungen mit Deadline

Traumatisierte, von der Flucht gezeichnete Familien saßen zwischen den Bäumen, Mütter ermahnten ihre Kinder, leise zu sein. Einige Baumwipfel waren von Granaten zerfetzt. Wasser holten sie aus einem Bach, in dem andere ihre Wäsche wuschen. Unvorstellbare Szenen in unserer angeblich so zivilisierten europäischen Welt.

Nach dem Fall von Malisheva irrten Zehntausende in den Wäldern herum, bis sie das Glück hatten, in einem noch intakten Dorf Unterschlupf zu finden. Die Solidarität der albanischen Bevölkerung war groß. Ich sah schon im Juni Gehöfte, hinter deren Mauern sich bis zu zweihundert Menschen versteckt hielten. »Säuberten« die serbischen Sicherheitskräfte auch diese Region, waren wieder Tausende auf der Flucht.

Die serbischen Militärs und Sicherheitskräfte konnten nach der Niederlage der UÇK ihre Offensive und die Strategie der verbrannten Erde fortsetzen. Ende Juli 1998 gingen weiterhin albanische Dörfer in Flammen auf. Es ging nicht mehr darum, die »Terroristen« zu bekämpfen, wie in Belgrad behauptet wurde. Man wollte die Zivilbevölkerung treffen. Die bei Diplomaten und Presseleuten übliche Rede, es handle sich dabei um »Kämpfe«, war zu diesem Zeitpunkt ebenfalls irreführend. Der Beschuß der Dörfer und der Flüchtlinge mit Artillerie ging im wesentlichen von einer Seite aus.

Die wiederholt vorgetragenen Forderungen des serbischen Vizepräsidenten und Rechtsextremisten Vojislav Šešelj, die albanische Bevölkerung müsse aus dem Kosovo vertrieben werden, wurde damals bereits in vielen Landstrichen in die Tat umgesetzt. Häuser und Dörfer zu zerstören war schon in Bosnien ein klares Zeichen gewesen: Die Bewohner sollten nicht mehr zurückkommen können. »Der Kosovo gehört uns«, war die Botschaft, »flieht doch nach Albanien. Dort gehört ihr hin.«

Selbst diese Grenzen waren für Zivilisten, für Familien und Kinder kaum zu überwinden. Dafür sorgten Minen und Soldaten. Die meisten der damals Vertriebenen – sicherlich weit mehr als die vom UNHCR geschätzten 160000 Menschen – konnten weder ins Ausland gelangen noch aus den Wäldern in ihre Heimatorte zurückkehren. Es war ein Drama. Die Menschen bewiesen große Leidensfähigkeit. Sie hatten nichts mehr zu verlieren. Und nach der Niederlage der UÇK klammerten sie sich an die Hoffnung, die »Welt« würde sie nicht vergessen und etwas unternehmen.

Intervention für die Menschenrechte?

In gewisser Weise geschah dies auch – aber für die Vertriebenen viel zu langsam. Die diplomatischen Aktivitäten der amerikanischen Sondergesandten Richard Holbrooke und Christopher Hill, des NATO-Generalsekretärs Javier Solana oder des österreichischen Botschafters in Belgrad, Wolfgang Petritsch, der eine Schlüsselposition besetzte, weil Österreich seit dem 1. Juli 1998 die Präsidentschaft der EU innehatte, waren in diesem Sommer nicht erfolgreich.

Zwar gab es einzelne Stimmen in den USA, der NATO und sogar in Europa, die Milošević mit militärischem Eingreifen drohten, doch noch gab es keine Beschlüsse, um wirksamen Druck auf Belgrad auszuüben. Die Öffentlichkeit in Europa und den USA war auf militärische Maßnahmen in Südosteuropa nicht eingestimmt. Indem die Politik die bereits durchgeführten ethnischen Säuberungen in Dečani, Orahovac, Mališevo und anderswo, das heißt die Massaker und Vertreibungen im Kosovo, offiziell herunterspielte, versuchte sie, die Diskussion zu beruhigen. Milošević, der die Zerrissenheit der internationalen Gemeinschaft kannte, nutzte die Gelegenheit, geschmeidig zu reagieren. Mehrmals gelang es ihm, die internationale Diplomatie zu düpieren.

Nach dem Treffen Miloševićs mit Rugova am 15. Mai 1998 zum Beispiel hatte die sogenannte Kontaktgruppe, bestehend aus den USA, Rußland, Großbritannien, Frankreich, Deutschland und Italien, nichts besseres zu tun, als die gerade ausgesprochenen Sanktionen gegen die Bundesrepublik Jugoslawien am 23. Mai wieder zu lockern. Und was geschah? Einen Tag später, am 24. Mai, starteten die serbischen Streitkräfte die Offensive in Dečani mit den beschriebenen Folgen. Milošević hatte das ihm gegenüber gezeigte Wohlwollen sofort als »grünes Licht« für die längst geplanten Militäraktionen verstanden, zumindest das Entgegenkommen der internationalen Staatengemeinschaft als Schwäche interpretiert.

Zur Verwirrung beigetragen hatte auch die Kakophonie in den Stellungnahmen amerikanischer Diplomaten, die einerseits die Offensive der serbischen Sicherheitskräfte kritisierten, andererseits aber die UÇK als »Terroristen« bezeichneten. Erst das Treffen Holbrookes mit den UÇK-Kämpfern in der Stadt Junik Ende Juni brachte eine Wende. Seither wurde der Terminus »Terroristen« nicht mehr benutzt. Die USA wollten die UÇK von nun an in den politischen Prozeß einbinden, da sichtbar geworden war, daß Rugova die Zügel nicht mehr in der Hand hielt.

Um Milošević tatsächlich drohen zu können, hätte die NATO unverzüglich mit einem massiven militärischen Aufmarsch entlang der Grenzen des Kosovo beginnen müssen. Die Mitte Juni 1998 durchgeführten NATO-Manöver in Albanien und Makedonien hatten lediglich symbolische Bedeutung. Milošević und seine Militärstrategen wußten die Lage einzuschätzen und zeigten sich nicht sonderlich beeindruckt.

Die internationale Gemeinschaft setzte auf Verhandlungen. Dem Gegner einer Militärintervention der NATO, dem russischen Präsidenten, gelang es, seinen serbischen Kollegen am 16. Juni zu dem schon erwähnten Jelzin-Milošević-Abkommen zu bewegen. Immerhin setzte er durch, das Rote Kreuz und die Flüchtlingshilfsorganisation UNHCR im Kosovo zuzulassen; erstmals durften auch internationale Beobachter im Kosovo tätig werden. Am 6. Juli wurde auf der Grundlage des Abkommens mit dem Aufbau einer diplomatischen Beobachterkommission für den Kosovo (KDOM) begonnen, in der die EU, die USA und Rußland vertreten waren. Die serbische Armee sollte sich aus den nicht umkämpften Gebieten zurückziehen.

Jelzin versprach Milošević im Gegenzug, mit seinem Veto im Weltsicherheitsrat etwaige NATO-Militäraktionen zu blokkieren. Und vor allem darauf kam es Milošević an. Im Windschatten des Abkommens mit Jelzin konnte Milošević die militärische Offensive in Orahovac und Mališevo durchführen – eine neuerliche Düpierung der internationalen Gemeinschaft.

Unter diesen Umständen mußte zumindest der Westen ernsthafter vorgehen. Daß es nach den Erfahrungen mit Bosnien wieder zu ethnischen Säuberungen gekommen war, hatte bei einigen Entscheidungsträgern in Washington und Europa Entsetzen ausgelöst. Die Grenze des Zumutbaren war erreicht. Wer für Menschenrechte eintrat, mußte seine Stimme gegen diese Verbrechen erheben.

Vom Weltsicherheitsrat der Vereinten Nationen war nicht viel zu erwarten. Denn mit Rußland und China saßen Staaten in diesem Gremium, für die Aufstände von »Minderheiten« wie in Tschetschenien oder Tibet an der eigenen Staatsraison rüttelten. Der Maßstab für politisches Handeln aber müsse das Schicksal der Menschen vor Ort sein, nicht die nationalstaatlichen Interessen der Großmächte, kommentierte ich am 15. Juni 1998 in der *taz*. »Es geht bei den Diskussionen der letzten Tage deshalb vor allem darum, ob und wie die UNO und damit Rußland und China in den Entscheidungsprozeß miteinbezogen werden können. Kann im Interesse der Menschen im Kosovo ein Kompromiß gefunden werden? Oder handelt der Westen besser auf eigene Faust, weil die Aktionsfähigkeit der UNO durch diese beiden Mächte blockiert wird?« fragte ich und forderte eine »Intervention für die Menschenrechte« zur Beendigung des Krieges im Kosovo.

Ob die Verteidigung der Menschenrechte höher zu bewerten sei als die Resolutionen des Weltsicherheitsrats, in dem die im Umbruch befindlichen und in Menschenrechtsfragen unberechenbaren Mächte Rußland und China ein Vetorecht haben und damit jegliche Anstrengungen, einen erneuten Genozid wie jenen in Bosnien zu verhindern, zunichte machen können – diese Frage war unter Völkerrechtlern seit dem Kosovokrieg heftig umstritten. Die Westmächte müßten, wenn nötig, am »Weltsicherheitsrat vorbei« handeln, war die Konklusion meines Kommentars.

Mit diesem Standpunkt machte ich mir nicht nur Freunde. Es gab vehemente Gegenreaktionen. Ich hatte für viele, vor allem für viele Menschen im pazifistischen Deutschland, das bis dahin Unvorstellbare gefordert: in letzter Konsequenz die militärische Intervention der NATO zugunsten der Menschenrechte im Kosovo. Damit stach ich in ein Wespennest. Selbst jene Bellizisten, die im Bosnienkrieg für eine militärische Intervention eingetreten waren, bekamen bei der Formulierung, der Westen solle am Weltsicherheitsrat vorbei handeln, Bauchschmerzen. Der Aufschrei in der proserbischen Szene Deutschlands war groß.

Natürlich wäre es wünschenswert, mit friedlichen Mitteln, mit Verhandlungen und Kompromissen, mit regionalen Mediatoren und zivilen Konfliktlösungen für eine Beruhigung der Lage zu sorgen. Nach den Erfahrungen mit Milošević und den die Politik Serbiens wesentlich beeinflussenden nationalistisch-faschistischen Strömungen fehlte mir der Glaube, daß »rational« herbeigeführte Konfliktlösungen noch durchsetzbar waren. Verständlich war die Hoffnung jener, die die Lage von außen betrachteten und ihre Dramatik nicht selbst erfahren hatten, ohne militärische Aktion auszukommen. Kein Verständnis konnte man von denen erwarten, die der serbischen Propaganda auf den Leim gingen oder ganz bewußt über die dramatische Lage der kosovoalbanischen Bevölkerung hinwegsahen und die Verbrechen leugneten.

Gleichwohl gerieten die Verantwortlichen unter Entscheidungsdruck, denn die Zerstörung von Dörfern und die Zahl der Vertriebenen nahmen im Sommer 1998 kontinuierlich zu. Die Positionen der Europäer und der USA in der Kosovofrage begannen auseinanderzudriften. Die europäische Diplomatie hatte offensichtlich zu wenig bedacht, welche Auswirkungen die diplomatische Anerkennung Restjugoslawiens auf den Kosovokonflikt haben würde. Mit der diplomatischen Anerkennung der Bundesrepublik Jugoslawien (BRJ) wurde er als »innere Angelegenheit« Restjugoslawiens definiert. Diese Entscheidung lieferte die Kosovoalbaner der Willkür des Milošević-Regimes aus und machte die EU-Staaten zu einem zahnlosen Tiger. Sie konnten nur zum »Dialog und Kompromiß« aufrufen und die Einhaltung der Menschenrechte anmahnen, aber nicht die Internationalisierung des Konfliktes erzwingen.

Die USA konnten hingegen eine andere Position vertreten. Während die Europäer auf der Grundlage ihrer Politik von vornherein die Forderung der Albaner nach einem unabhängigen Staat zurückwiesen, konnten die Amerikaner die Zukunft des Landes, die Statusfrage also, freier betrachten. Diese Differenz sollte bei der weiteren Zuspitzung der Lage 1999 und sogar noch lange Zeit danach bedeutsam sein.

Eine amerikanisch-russische Initiative

Es sollte also verhandelt werden. Immerhin gelang es Holbrooke, die durch innere Widersprüche zerrissene UÇK zu überzeugen, wenigstens einen Ansprechpartner zu präsentieren. Während die Europäer aus Rücksicht auf Belgrad, das keinesfalls mit den »Terroristen« sprechen wollte, zögerten, drängten die Amerikaner darauf, die UÇK in die Verhandlungen einzubeziehen. Ohne sie könne es keine tragfähigen Ergebnisse geben, etwa in der Frage eines Waffenstillstandes. Wer sonst sollte dessen Einhaltung garantieren? Am 13. August 1998 wurde Adem Demaçi Sprecher der UÇK.

Einen Kompromiß zwischen den beiden Parteien zu finden, entsprach der Quadratur des Kreises. Die Positionen der Serben und die der Kosovoalbaner waren nach wie vor diametral entgegengesetzt. Einig waren sich alle Fraktionen der Albaner darin, letztendlich die Unabhängigkeit des Kosovo anzustreben. Kompromisse könnten nur bei zeitlicher Begrenzung eingegangen werden. Die Serben bestanden dagegen weiterhin auf der »Souveränität und Integrität des Staatsgebietes« und hielten nichts von interimistischen Lösungen, wenn sie der »Sezession« eine Perspektive ließen.

Den internationalen Vermittlern blieb nichts anderes übrig, als die Endziele beider Seiten auszuklammern und mögliche Verhandlungen pragmatisch auf die Lösung ganz konkreter Probleme zu lenken. Beide Parteien sollten zudem davon überzeugt werden, daß die Aktivitäten internationaler Organisationen vor Ort von Vorteil sei. So könnten internationale Organisationen die humanitäre Katastrophe mildern und internationale Beobachter einen etwaigen Waffenstillstand überwachen. Um wenigstens Minimalziele zu erreichen, müßten beide Parteien aber einen »Dialog« aufnehmen, forderte die »Kontaktgruppe« mit Zustimmung Rußlands.

Der amerikanische Botschafter in Makedonien, Christopher Hill, und etwas später auch der österreichische Botschafter in Belgrad, Wolfgang Petritsch, als Vertreter der EU, entfalteten eine Pendeldiplomatie. Aber erst nach einem Gipfeltreffen zwischen den USA und Rußland kam etwas in Bewegung.

Denn auch die Russen waren enttäuscht; das Jelzin-Milošević-Abkommen war von Belgrad nicht eingehalten worden. Ende September wurden die internen Flüchtlinge im Kosovo von den internationalen Beobachtern schon auf mehr als 400000 und die Zahl der Toten auf mehr als 1800 geschätzt. Die USA und Rußland forderten Milošević auf, den Rückzug der serbischen Truppen aus dem Kosovo einzuleiten. Die NATO verschärfte den ACTWARN-Befehl mit der *Activation-Order* (ACTORD), in dem die Möglichkeit eingeräumt wird, den Luftraum über dem Kosovo zu überwachen. In der UN-Resolution 1199 vom 24. September 1998 gab die UN der NATO zwar ganz im Sinne Jelzins kein Mandat für Luftschläge, forderte aber die Bundesrepublik Jugoslawien auf, einen Waffenstillstand mit den Albanern zu schließen und Truppen aus dem Kosovo zurückzuziehen, den humanitären Organisationen und der OSZE Zugang zu gewähren und mit dem UN-Kriegsverbrechertribunal in Den Haag zusammenzuarbeiten.

Der Ton verschärfte sich. Die Amerikaner zeigten sich trotz der UN-Resolution bereit, Luftschläge durchzuführen. Nach Gesprächen mit Rußland gab Milošević nach und stimmte einer unbewaffneten OSZE-Mission im Kosovo zu.

Das war ein Durchbruch. Erst durch militärischen Druck der NATO und dank einem gemeinsamen Vorgehen der USA und Rußlands konnte Milošević zum Nachgeben gezwungen werden. Der Kosovokonflikt war internationalisiert. Ibrahim Rugova konnte sich freuen, war damit doch eine seiner Forderungen als Grundlage für weitere Fortschritte erfüllt. Die internationale Gemeinschaft war bereit, sich im Kosovo mit 2000 Beobachtern zu engagieren.

Am 13. Oktober 1998 wurde das Holbrooke-Milošević-Abkommen unterzeichnet. Darin ging es nicht nur um die OSZE-Mission, sondern auch um die Rolle der NATO, der eine *verification mission* eingeräumt wurde. Milošević hatte dem westlichen Verteidigungsbündnis die Tür geöffnet. Mit dem Abkommen sollten die bewaffneten Feindseligkeiten auf beiden Seiten gestoppt werden; die Vertriebenen sollten zurückkehren können. Gleichzeitig wurde im Sinne Rußlands und der EU die territoriale Integrität der Bundesrepublik Jugoslawien bestätigt. Weiterhin wurde die Gleichheit aller Bürger postuliert, eine Selbstverwaltung im Einklang mit internationalen Standards versprochen, Wahlen nach neun Monaten für eine demokratische Selbstverwaltung festgelegt, der Aufbau einer lokalen Polizei nach einem ethnischen Schlüssel beschlossen und die Verfolgung von Kriegsverbrechen angekündigt. Die Truppen des serbischen Innenministeriums sollten sich aus dem Kosovo zurückziehen. Und gleichzeitig sollten NATO-Truppen in Makedonien und Albanien die Sicherheit der OSZE-Beobachter garantieren.

Streitbare Brüder

Die Niederlage in Rahovec und Malisheva war für die UÇK bitter. Es wurde klar, daß mit der bisherigen Strategie der Kampf nicht zu führen war. Die militärische Organisation vor Ort mußte gestrafft, das Chaos in der politischen und militärischen Führung außerhalb des Kosovo beseitigt werden.

Entgegen kam den Albanern, daß die Serben zwar die Dörfer und Landstriche zerstören, nicht aber völlig kontrollieren konnten. Die Bevölkerung war aus den Gebieten Zentralkosovos vertrieben worden, und das hatte für die UÇK den Vorteil, ohne Rücksicht auf unmittelbare Repressionen gegen die Zivilbevölkerung nun ihrerseits gegen die Serben vorgehen zu können. Mochten die serbischen Sicherheitskräfte tagsüber die Lage beherrschen, nachts hatte die UÇK die Kontrolle. Nach und nach konnte sie ihre militärischen Strukturen und ihre Bewaffnung verbessern. Trotz der Niederlage am Ende des Sommers blieben mehrere tausend Mann im Kosovo selbst aktiv. Anfangs in sechs, dann in sieben Militärbezirke gegliedert, fand die UÇK langsam zu einer effektiveren militärischen Struktur, wenngleich die regionalen Kommandeure in ihrem Bereich weiter auf ihre Unabhängigkeit achteten.

In den Ausbildungslagern in Albanien konnte der Zustrom von Freiwilligen kaum bewältigt werden. Der kosovarische bewaffnete Widerstand hatte eine Niederlage erlitten, aber er war nicht geschlagen. Der Konkurrenzkampf zwischen der UÇK und der FARK nahm jedoch bedrohliche Ausmaße an.

Bujar Bukoshi betont bis heute, daß sein ganzes Streben darauf gerichtet war, eine einheitliche Organisation des bewaffneten Widerstandes zu schaffen, die aber in legale Strukturen des Schattenstaates hätte eingebettet werden müssen. Die »Armee« sollte sich in die kosovarischen Schatteninstitutionen einfügen. Im Exil hatte er ein Verteidigungsministerium gegründet. Bereits 1997 hatte er Ahmet Krasniqi als Verteidigungsminister eingesetzt, der unverzüglich damit begann, ehemalige Offiziere der Jugoslawischen Volksarmee anzuwerben.

Für die UÇK verhandelten Hashim Thaçi und Xhevat Haliti. Die UÇK-Leute erklärten, ihre Leute kämpften im Kosovo, während die FARK nur in Albanien ein paar Offiziere rekrutiere. Sie waren natürlich daran interessiert, finanzielle Unterstützung aus der von Bukoshi kontrollierten Drei-Prozent-Steuer zu erhalten, denn immer noch zahlten 80 Prozent der Kosovoalbaner im Exil in diesen Fonds ein, dagegen nur 20 Prozent in den Fonds der UÇK »Die Heimat ruft«. Aber sie waren nicht daran interessiert, sich der Schattenregierung und damit Bukoshi zu unterwerfen. So waren die Gespräche seit Anfang 1998 in angespannter Atmosphäre verlaufen.

Zunächst hatte man sich in Deutschland, in der Schweiz und in Kroatien getroffen, wo Agim Çeku, der spätere Oberkommandierende der UÇK und Offizier der kroatischen Armee, anwesend war, erst dann in Albanien. Der nicht einmal dreißigjährige Thaçi hatte Präsident Rugova und Bukoshi Tatenlosigkeit vorgeworfen: Während das Volk kämpfe, lebten die beiden wie »Maden im Speck«. Im Gegenzug hatte Rugova die UÇK als »Erfindung des serbischen Geheimdienstes« diffamiert, was natürlich ebenfalls absurd war.

Bukoshi, so Thaçi, solle das Geld übergeben und alles Weitere der UÇK-Führung überlassen, was dieser ablehnte. Die Verwendung des Geldes müsse transparent und kontrollierbar sein. »Sie wollten eine undurchsichtige Situation, keine Kontrolle der Gelder«, sagte Bukoshi 2009 in unserem Gespräch. »Sie bezeichneten mich und Rugova als Verräter.« Inzwischen räumt er jedoch auch eigene Fehler ein. Er habe den Willen der UÇK-Leute und deren Fähigkeiten unterschätzt, er habe sich wie ein Aristokrat verhalten und sei bisweilen arrogant aufgetreten.

Trotz aller Differenzen habe er aber der UÇK unter der Hand 40 Millionen DM zukommen lassen. Xhevat Haliti habe jetzt, zehn Jahre danach, zugegeben, daß Geld von Bukoshi über Krasniqi und Ali Ahmeti, den späteren UÇK-Führer in Makedonien, an die UÇK geflossen sei.

Nach der Niederlage im Sommer 1998 schlug Bukoshi vor, einen gemeinsamen Generalstab zu gründen, der sich aus UÇK-Leuten und aus Berufsoffizieren zusammensetzen sollte. Ein Generalstab unter Einschluß der Professionellen wurde zwar gegründet, doch Bukoshi verlor an Einfluß, und die Standpunkte blieben unversöhnlich. Wie unerbittlich um die Macht gekämpft wurde, zeigt der Mord am Verteidigungsminister des Schattenstaates Ahmet Krasniqi im August 1998 in Tirana. Nach und nach gelang es der UÇK sogar, die FARK zu unterwandern. Halil Bicaj, nach der Ermordung von Ahmed Krasniqi neuer Verteidigungsminister Bukoshis, hielt engen Kontakt mit der UÇK.

Auch innerhalb der UÇK waren die Differenzen keineswegs beigelegt. Die Volkskriegsfraktion, also jene, die von der

Guerillataktik abweichen wollten, kontrollierte die Gelder aus Deutschland, die Guerillafraktion jene aus der Schweiz. Die Auseinandersetzungen innerhalb der Organisationsspitze der UÇK sollen teilweise sehr heftig gewesen sein, berichten Insider.

Trotz aller Querelen stimmte die UÇK unter der politischen Führung von Hashim Thaçi dem von Holbrooke verhandelten Waffenstillstand zu, ja er hatte schon am 9. Oktober einseitig die Initiative ergriffen und einen Waffenstillstand ausgerufen. Die UÇK brauchte eine Atempause. Sie gab sich eine effizientere Kommandostruktur, versorgte sich mit Waffen und sollte in den nächsten Monaten als Guerilla an militärischer Schlagkraft gewinnen. Die Strategie, befreite Gebiete zu proklamieren, ohne sie verteidigen zu können, wurde vorerst verworfen.

Die UÇK fand dafür ihre Mittel und Wege. Remi, der UÇK-Kommandeur von Podujevo, erhielt in diesen Monaten nicht nur Nachschub an leichten Waffen via Albanien, er kaufte auch Waffen von den Serben. Serbische Waffenhändler verkauften dem Todfeind Waffen und Munition! So gelang es der UÇK in Podujevo, das von flachem Land umgeben und daher schwer zu verteidigen ist, massiven Widerstand zu leisten.

Eine derart unübersichtliche Lage bietet Stoff für Anekdoten. So berichtet der slowenische Journalist Boštjan Slatošek, der UÇK-Kommandeur Remi aus Podujevo sei im Herbst 1998 abends manchmal in Prishtina aufgetaucht, sogar in der von internationalen Journalisten gegründeten Kaffeebar »Tricky Dick« unweit des Hotels Grand, wo sich auch serbische Journalisten, Mitarbeiter des serbischen Pressebüros und OSZE-Mitarbeiter aufgehalten haben. Sie haben Remi natürlich nicht erkannt, und die internationalen Journalisten hielten ihren Mund.

Der erste Schritt zu einer internationalen Präsenz im Kosovo war getan, doch wie bei Institutionen der internationalen Gemeinschaft üblich, zog sich der Aufbau der OSZE-Mission in die Länge. Die Sollstärke von 2000 Mitarbeitern im Kosovo wurde nie erreicht. Im Dezember 1998 waren lediglich 400 Ausländer und 250 lokale Mitarbeiter für die Organisation tätig.

Dabei waren die Aufgaben der »OSZE-Kosovo-Verifikationsmission« vielfältig. Sie sollte die Bestimmungen der Resolution 1199 des Weltsicherheitsrates überwachen und verifizieren, ob sich die Kriegsparteien an den Waffenstillstand hielten. Deshalb waren vor allem ehemalige Militärs oder Militärfachleute unter den OSZE-Experten; die Abteilung für Menschenrechte dagegen war mit zunächst nur einem Dutzend Mitarbeitern nicht gerade üppig besetzt. Bis März wuchs sie zwar auf rund 70 Mitarbeiter an; angesichts der Vielzahl von Menschenrechtsverletzungen konnte die Mission jedoch nur einen kleinen Teil der von der Bevölkerung an sie herangetragenen Fälle bearbeiten, zumal die Mitarbeiter sehr sorgfältig vorgehen mußten.

Die Mission stand unter keinem guten Stern. Zwar ermutigte die Anwesenheit von Ausländern einen kleineren Teil der Vertriebenen, wieder an ihren Heimatort und in ihre zerstörten Häuser zurückzukehren. Die meisten wagten es aber nicht. Nach wie vor kam es zu tödlichen Übergriffen der Polizei auf die Zivilbevölkerung. An den Grenzen wurde geschossen – die serbischen Sicherheitskräfte versuchten natürlich, den Zustrom an Waffen zu unterbinden.

Während die hochbezahlten OSZE-Experten sich in ihren Büros einrichteten, braute sich draußen eine erneute Konfrontation zusammen. Die nach dem Holbrooke-Milošević-Abkommen von 19000 auf 13000 Mann reduzierten serbischen

Sicherheitskräfte füllten nach und nach ihre Lücken, und die OSZE-Mission hatte keine Handhabe, dies zu verhindern. Wenn Konfliktprävention angestrebt war, dann kam sie nicht zum Zuge. Wie der Friedensaktivist Howard Clarke in seiner Analyse *Civil Resistance im Kosovo* beschreibt, fehlte es an geschultem Personal. Die meisten so gut wie unvorbereitet in den Kosovo geschickten OSZE-Mitarbeiter wußten mit der Situation nicht adäquat umzugehen.

Schon im Dezember 1998 wurde der Waffenstillstand gebrochen. Serbische Einheiten griffen jetzt die Region um Podujevo massiv an, und mehr als 30000 Albaner mußten aus den Dörfern fliehen. Die OSZE-Mission konnte nur hilflos zusehen. Immerhin wurden einige Berichte über die militärische Lage verfaßt und ein Teil der Verbrechen dokumentiert. Zur Mission gehörte auch ein finnisches Forensikerteam, deren Leiterin, Helena Ranta, ins Zentrum einer politischen Debatte geriet, die ihr alles andere als angenehm war. Ihre Expertise über die Toten von Račak sollte bei der Entscheidung über Krieg oder Frieden von ausschlaggebender Bedeutung sein.

Das Massaker von Račak/Reçak

Bis Anfang 1999 hatte es bereits etliche Massaker im Kosovo gegeben. So kam die Nachricht, in Reçak seien am 15. Januar 1999 bei einer neuerlichen Offensive der Serben 45 Albaner, unter ihnen vier Frauen und ein Kind, erschossen worden, für mich nicht völlig überraschend. Fast ein Jahr zuvor hatte ich die Leichen der Familie Jashari gesehen; im Sommer folgten Deçan, Rahovec, Malisheva. Was war von Milošević und seinen Generälen sowie den Truppen des Innenministeriums anderes zu erwarten? In Sarajevo hatte ich durch serbische Quellen die Information erhalten, Milošević wolle nun alles auf eine Karte setzen und seine Vision, die ethnische Zusammensetzung des Kosovo zu verändern, in die Tat umsetzen.

Im Klartext hieß das: Milošević wollte die Albaner aus dem Kosovo vertreiben.

Vor diesem Hintergrund kam der Nachricht aus Reçak größere Bedeutung zu. War dies der Beginn einer neuen Repressions- und Vertreibungswelle? Ich kannte die Lage um Reçak und wies diesen Gedanken erst einmal zurück. Militärisch wäre es aus serbischer Sicht sinnvoll gewesen, das Dorf zu zerstören. Denn es lag bei Štimlje unweit der Straße Prishtina–Prizren, einer der Hauptverbindungen im Kosovo. Die Serben mußten diese Straße kontrollieren, wollten sie nicht die Kontrolle über die Region Prizren verlieren. Schon im Frühjahr 1998 waren alle anderen Dörfer entlang der Straße niedergewalzt worden; sie bestanden nur noch aus Ruinen. Reçak liegt etwa einen Kilometer abseits am Fuße des Passes Richtung Suva Reka. Vom bewaldeten Berg herab konnten Scharfschützen der UÇK auf die Straße schießen, was sie auch taten. Wenige Tage vor dem Massaker war es zu Schießereien in der Region gekommen. Oberhalb des Dorfes hatten die Serben schon vor der Aktion eine 30 Mann starke Truppe postiert. Noch 2001 fand ich an diesem Platz Spuren der serbischen Einheit, leere Büchsen, Zigarettenschachteln, Munitionshülsen.

Nach der serbischen Militärdoktrin handelten die Sondertruppen folgerichtig. Sie beschossen das Dorf zunächst mit Artillerie, dann rückten sie vor und machten Jagd auf die Menschen, die es nicht geschafft hatten, in die Wälder zu fliehen. Sie trennten, wie üblich, die Männer von Frauen und Kindern, führten die Männer ab und richteten sie hin – wie in Bosnien und ein Jahr zuvor im Kosovo. Nichts Neues für die serbischen Sondertruppen.

Daß aber 23 Menschen jeden Alters in einem Graben oberhalb des Dorfes, direkt bei der Stellung der serbischen Einheit und quasi vor den Augen der OSZE hingerichtet worden waren, machte die Sache komplizierter – und unangenehm für

Belgrad. Der amerikanische Sonderbotschafter Walker fuhr sofort zum Tatort und trat verstört vor die Kameras. Seine Interviews, in denen er die Sachlage schilderte, lösten weltweit Entsetzen und Proteste aus.

Natürlich versuchten die serbischen Behörden zu kontern. Walker wurde zur persona non grata erklärt. Die Propaganda zog alle Register und versuchte ihn unglaubwürdig zu machen. Sie ließen die für das Begräbnis vorbereiteten Leichen aus der Moschee holen und von serbischen und weißrussischen Forensikern untersuchen. Das Ergebnis war klar: Es handele sich um UÇK-Kombattanten, denen man die Uniformen aus- und Zivilkleidung angezogen hatte. Wer wollte so etwas glauben, abgesehen von einigen westlichen Medien, wie der *Berliner Zeitung* oder *Le Figaro*, die aus was für Gründen auch immer der serbischen Propagandalüge aufsaßen und damit einige Verwirrung stifteten.

Wieder einmal war das Maß voll. So konnte es nicht weitergehen. Zögern und Zaudern durfte es nicht mehr geben. Bis Sarajevo schlugen die Wellen der Erregung unter den Balkandiplomaten. Bei den Diskussionen und Hintergrundgesprächen mit Botschaftern und Sondergesandten kristallisierte sich heraus, was der Westen zu tun beabsichtigte. Die unbewaffnete OSZE-Mission sei gescheitert. Die Forderung aus dem Milošević-Holbrooke-Abkommen, die serbischen Truppen müßten sich aus dem Kosovo zurückziehen, wurde um das Adjektiv »vollständig« ergänzt. Auch die UÇK müsse entwaffnet werden. Um die Lage im Kosovo zu befrieden, müßten internationale Truppen im Kosovo einrücken. Ohne militärisches Engagement sei kein Frieden zu erreichen. Milošević und die UÇK müßten gezwungen werden, einem Friedensplan zuzustimmen. Dies sei die letzte Chance auf eine friedliche Lösung.

Endlich war ich wieder dabei. Seit meinem Einreiseverbot nach Serbien hatte ich die Entwicklung nur aus der Ferne begleiten können. In einem Hotel nahe dem Schloß, wo die Verhandlungen am 6. Februar aufgenommen werden sollten, traf ich viele bekannte Gesichter aus dem Kosovo und Kollegen, die ich schon lange nicht mehr gesehen hatte, etwa Tom Walker von der *Sunday Times*. Er lud mich vor Beginn der Verhandlungen zu einem Briefing des britischen Außenministeriums ein. Zugelassen waren aber nur britische, amerikanische und französische Journalisten. Das entsprach der Politik dieser Staaten. Deutschland und Italien, die bisher in der Kontaktgruppe zusammengearbeitet hatten, blieben zunächst außen vor. Man schien der neuen rot-grünen Regierung unter Gerhard Schröder und Joschka Fischer nicht recht zu trauen. So bat mich der britische Pressereferent, das Briefing zu verlassen. Die drei westlichen Alliierten des Zweiten Weltkrieges wollten die Sache offenbar allein durchziehen.

Beigetragen zu dieser Haltung hatte in der Tat auch die zögerliche Haltung der Regierung Kohl. Der Balkanexperte der CDU und spätere Hohe Repräsentant der internationalen Gemeinschaft in Bosnien und Herzegowina, Christian Schwarz-Schilling, erklärte einmal, die Haltung Kohls rühre aus den Erfahrungen des Zweiten Weltkriegs her. Die Konsequenz, Deutschland »nie wieder« in einen Krieg zu verwickeln, sei für Kohl Teil der politischen Identität gewesen. Schon im Bosnienkonflikt habe er aus diesem Grund sehr vorsichtig gehandelt; in bezug auf den Kosovo wollte er keine Initiative ergreifen. Die westlichen Alliierten glaubten nun offenbar, mit der neuen rot-grünen Regierung würde sich die zögerliche Haltung Deutschlands noch verfestigen. Was sich zur Überraschung aller als Irrtum herausstellen sollte.

Diesmal wollten die westlichen Führungsmächte klar und

entschieden auftreten. Sie wollten den Frieden erzwingen. Sollten die Verhandlungen scheitern, würde die NATO mit Luftangriffen auf die Bundesrepublik Jugoslawien antworten. Die NATO hatte seit Herbst 1998 Vorbereitungen getroffen. In Italien standen Kampfflugzeuge und Bomber bereit, die in wenigen Minuten die Balkanländer erreichen konnten. Die sechste amerikanische Flotte, die im Mittelmeer operierte, war in Kampfbereitschaft versetzt worden. Die NATO hatte im Sommer 1998 damit begonnen, Truppen in Albanien und Makedonien zu stationieren. Die USA verfügten zudem über Stützpunkte in Ungarn und in der ostbosnischen Stadt Tuzla; NATO-Truppen aus anderen Ländern taten ebenfalls Dienst in Bosnien.

Dort waren keine Truppenverstärkungen zu beobachten. Daß mit den vorhandenen Truppen kein Bodenkrieg geführt werden konnte, war jedem Beobachter klar. Nicht nur die serbische Führung registrierte das, sondern auch die Verhandlungspartner in Rambouillet. War die Drohkulisse glaubwürdig und machtvoll genug, um Milošević zum Nachgeben zu zwingen? Und was würde mit der UÇK passieren? Hatten die westlichen Politiker nicht versprochen, die UÇK aufzulösen? Konnten die Kosovoalbaner ihr Schicksal vollständig vom guten Willen der internationalen Gemeinschaft abhängig machen?

In das Hotel kamen ab und zu auch Berater der im Schloß kasernierten kosovoalbanischen Delegation, die Kontakt zu einigen Mitgliedern des österreichischen Verhandlungsteams hatten. Ibrahim Rugova mußte sich jetzt auch in der Öffentlichkeit damit abfinden, der zweite Mann hinter Delegationsleiter Hashim Thaçi zu sein. Immerhin wurde mit Veton Surroi ein redegewandter Sprecher der Gruppe bestimmt.

Die internationalen Vermittler – die US-Delegation mit Madelaine Albright, Richard Holbrooke, Christopher Hill, sodann Robin Cook, der britische, und Hubert Vedrine, der französische Außenminister, und Wolfgang Petritsch für die

EU – wollten die Delegationen der Serben und Albaner wie in Dayton 1995 im Schloß Rambouillet abschotten. Die Delegationen sollten zusammenbleiben, bis ein Ergebnis erzielt war.

Doch diese Intention wurde von Beginn an unterlaufen. Die Serben waren lediglich mit untergeordneten Abgesandten und einer Reihe fragwürdiger Delegierter der Minoritäten aus dem Kosovo vertreten. Damit brachte Milošević sein Desinteresse zum Ausdruck. Er hatte die Absicht, auf Zeit zu spielen, während er serbische Truppen im Kosovo zusammenzog.

Und Milošević gewann Zeit. Die internationale Gemeinschaft ließ sich auf Verlängerungen ein. Die für eine Woche angesetzten Verhandlungen wurden zunächst um eine weitere Woche verlängert. Die Serben hatten in den Verhandlungen sogar Standpunkte in Frage gestellt, die schon bei den Holbrooke-Milošević-Verhandlungen überwunden zu sein schienen, schrieb Wolfgang Petritsch später in seinem Buch *Kosovo-Kosova*. Auch die albanische Delegation machte den internationalen Vermittlern Sorgen. Hashim Thaçi weigerte sich, seine Unterschrift unter das Dokument zu setzen. Die Konferenz wurde für drei Wochen unterbrochen, was Milošević die Gelegenheit gab, noch mehr Truppen mit schwerem Gerät und Panzern in den Kosovo zu bringen.

Gewiß, das Dokument verlangte den Albanern viel ab: Der Kosovo sollte weiterhin völkerrechtlich der Bundesrepublik Jugoslawien angehören, die UÇK würde aufgelöst werden, der Traum von der Unabhängigkeit würde erst einmal ausgeträumt sein. Doch gleichzeitig würde mit der Implementierung einer KFOR (*Kosovo Force*) die NATO für drei Jahre in den Kosovo einrücken, die OSZE würde den Aufbau einer multinationalen Polizeitruppe beaufsichtigen und diese führen, eine Polizeiakademie würde eingerichtet werden. Es sollte eine Provinzregierung gewählt werden, den Gemeinden wurde ein Höchstmaß an Selbstverwaltung zugestanden, was sowohl den albanischen als auch den serbischen Interessen entsprach. Die Serben hätten zwar ihre Truppen abziehen müssen, die Grenzsicherung wäre aber nach wie vor in ihrer Hand geblieben, genau wie das Steuersystem. Wie alle nationalen Gruppen hätte die serbische Minderheit über eine eigene Repräsentanz verfügt. Aus heutiger Sicht wäre Serbien mit einem solchen Vertrag höchst zufrieden, anders als die Kosovoalbaner. Doch diese Chance für Serbien wurde von Milošević verspielt.

Am 15. März begannen die Verhandlungen erneut. Als die finnische Forensikerin Helena Ranta am 17. März ihre Untersuchungsergebnisse zu den Toten von Reçak bekanntgab, war sie zu ganz anderen Schlüssen gekommen als ihre serbischen Kollegen. Die Toten seien Zivilisten gewesen und keine Kombattanten, wie von serbischer Seite behauptet. Sie seien aus kürzester Entfernung erschossen worden. Dieses Ergebnis war Wasser auf die Mühlen derjenigen, die keine weiteren Verzögerungen hinnehmen wollten.

Noch heute wollen selbst nahe Parteigänger Thaçis angeblich nichts darüber wissen, warum er so lange gezögert hat, das Dokument von Rambouillet zu unterschreiben. Ein großer Teil der Kommandanten und Kämpfer der UÇK waren für die Unterschrift. Adem Demaçi und einige andere aber nicht, erklärte mir im Sommer 2009 ein führendes Mitglied der LPK, der Rechtsanwalt Gafurr Elshani, damals Kombattant im Westkosovo. Mit seiner Verzögerungstaktik habe Thaçi die Spannung erhöht.

Selbst Veton Surroi wunderte sich. Madeleine Albright habe Thaçi klargemacht, daß die NATO bereit gewesen sei einzugreifen, erklärte er mir in einem Gespräch 2009. Es sei eine einmalige historische Chance für die Kosovaren gewesen. Wenn die kosvoalbanische Delegation nicht unterschrieben hätte, hätte die NATO ihr Angebot, Krieg gegen Milošević zu führen, für immer zurückgezogen. Schließlich stimmte Thaçi zu. Die Albaner unterschrieben am 18. März.

Die Unterhändler Miloševićs verweigerten die Unterschrift und reisten ab. Als einer der Gründe dafür wurde von serbischer Seite angeführt, der militärische Annex des Vertragsentwurfes sei unannehmbar gewesen.

In diesem Annex geht es um technische Details der Versorgung der NATO-Truppen, die laut Vertragstext im Kosovo hätten stationiert werden sollen. Die NATO wollte dazu auch Straßenverbindungen in Montenegro und Serbien nutzen. Kritiker des Vertragstextes behaupten bis heute, der militärische Annex hätte es der NATO ermöglicht, ganz Serbien und Montenegro zu besetzen.

Die Diskussion um den militärischen Annex diente den NATO-Gegnern als Argument, den »völkerrechtswidrigen« Krieg um den Kosovo abzulehnen und Verständnis für die Haltung Miloševićs aufzubauen. Nach dem Motto »Der Feind meines Feindes ist mein Freund« entwickelte sich aus der Tradition einer grundsätzlichen Antikriegshaltung eine proserbische Position. Auch die *taz* trug dazu bei. Der Korrespondent in Genf, Andreas Zumach, veröffentlichte wenige Tage nach den Verhandlungen in Rambouillet den ihm zugespielten, damals noch geheimen militärischen Annex und interpretierte ihn in der für Milošević genehmen Weise.

Demgegenüber erklärte der Balkanexperte Jens Reuter in *Der Kosovo-Konflikt*, der militärische Annex sei in Rambouillet gar nicht verhandelt worden, könne deshalb auch nicht der Grund für die ablehnende Haltung Miloševićs gewesen sein. Der dem Abkommen von Rambouillet angehängte Text sei wegen des Zeitdrucks kurzerhand aus dem Abkommen von Dayton 1995 übernommen worden.

Belgrad hatte kein Problem damit, NATO-Fahrzeuge durch Serbien fahren zu lassen. »Ihr Problem war, NATO-Panzer im Kosovo zu haben, und nicht, wie die da hinkamen«, erklärte Veton Surroi im Frühjahr 2009. Für Milošević wäre ein Nachgeben in Rambouillet politischer Selbstmord gewesen. »Milošević hat gefühlt, daß der Kosovo seine Stärke ist, hier ist er zum Führer geworden. Wenn er den Kosovo aus der Hand gegeben hätte, dann wäre das ganze innenpolitische System kollabiert.«

Für mich war es damals ein Rätsel, warum Belgrad nicht nachgegeben und unterschrieben hat. Das Abkommen von Rambouillet ließ den Serben immer noch viele Möglichkeiten, in den Kosovo hineinzuregieren. Das Abkommen stellte die Souveränität der Bundesrepublik Jugoslawien nicht in Frage, noch bei einem der letzten Versuche, Milošević zu überzeugen, wurde sie von Joschka Fischer in Belgrad bestätigt. Welche Karte hatte Milošević im Ärmel? Was würde es sein? Am 20. März waren die Verhandlungen endgültig gescheitert. Die Welt wartete auf die Reaktion der NATO.

11
Der Krieg der NATO gegen Serbien

Das makedonische Zollhaus an der kleinen Grenzstation nahe der Stadt Tetovo lag in Nebel und Schnee, ein unwirtlicher Ort. Nur schemenhaft waren einige Häuser des Dorfes Kotline jenseits der Grenze zu erkennen. Hier auf der Paßanhöhe bei dem makedonischen Dorf Jashince kamen seit Tagen keine Autos mehr durch, »auch nicht die Fahrzeuge der OSZE«, wie mir ein Zöllner erklärte, der fröstelnd auf die andere Seite der Grenze hinübersah.

Am Grenzhäuschen standen ein paar Männer, einer versuchte mit seinem Handy, Verwandte in Kotline zu erreichen. Früher, im alten Jugoslawien, gab es hier keine sichtbare Grenze, die Bewohner der beiden Dörfer fühlten sich zusammengehörig. Doch jetzt lagen Welten zwischen ihnen. Serbische Soldaten griffen Kotline an. Die serbischen Soldaten seien nur noch 150 Meter von ihrem Haus entfernt, rief eine Frau ins Telefon. »Sie schießen, was sollen wir tun? Wir sind 200 Frauen und Kinder in dem Hof.« Im Hintergrund weinten die Kinder.

Dann verstummte das Telefon. Schüsse waren zu hören. Niemand konnte helfen. Auch die NATO nicht. Was mochte jetzt mit den Frauen und Kindern geschehen? Wir standen ratlos und ohnmächtig herum. Dort drüben malträtierten serbische Militärs die Bevölkerung. Die serbische Armee hatte an den Berghängen auf beiden Seiten der Paßstraße Position bezogen. 14000 bis 18000 Mann seien in den letzten Tagen aus Serbien hierher und an andere Stellen der Grenze zu Makedonien verlegt worden, mit Artillerie, Panzern und mit Kurzstrekkenraketen, behauptete einer der Militärbeobachter, der sich ebenfalls am Grenzhäuschen aufhielt und den Vorfall in Kotline notierte.

Valdet Loki, die Frau, die telefoniert hatte, konnte ich einige Wochen später in der makedonischen Stadt Tetovo sprechen. Frauen und Kinder seien damals zusammengetrieben und in das Städtchen Kaçanik gebracht worden, berichtete sie, 22 Männer des Dorfes seien an Ort und Stelle erschossen worden, ihr selbst sei die Flucht von Kaçanik über die Berge nach Makedonien gelungen.

Wie es schien, hatte Slobodan Milošević mit dem Aufmarsch der jugoslawischen Armee an der Grenze zu Makedonien einen militärischen und politischen Trumpf ausgespielt. Denn er stellte das NATO-Kommando in Makedonien vor große Probleme. Sollte nämlich jetzt, wie angedroht, der Bombenangriff der NATO-Flugzeuge erfolgen, waren auch die Mitglieder der OSZE-Mission in großer Gefahr. Würden die Mitarbeiter der OSZE als Geiseln genommen, so wäre die schon im Herbst 1998 im Zuge des Milošević-Holbrooke-Abkommens für diesen Zweck geschaffene und in Makedonien stationierte Truppe der *Extraction Force* gezwungen, in den Kosovo einzudringen – wegen der OSZE wohlgemerkt, nicht wegen der Frauen und Kinder von Kotline.

War die NATO auf eine Invasion in diesem schwierigen Gelände wirklich vorbereitet? Die Angreifer müßten den Bergkamm überwinden. Selbst entlang der Hauptstraße Prishtina–Skopje böte sich den Verteidigern ein ideales Gelände, denn die Straße führt durch einige Tunnel, die leicht gesprengt werden können. Ein Angriff mit Bodentruppen würde also hohe Verluste bedeuten, die serbischen Truppen hatten sich schon eingegraben. Die NATO-Truppen in Makedonien waren für eine solche Aktion viel zu schwach.

2500 Mann aus Großbritannien, Frankreich, Italien, den Niederlanden und Deutschland sollten ursprünglich den Schutz der OSZE-Mission übernehmen. Im Herbst hatte die Bundeswehr mit 500 Mann eine Kaserne im Zentrum von Tetovo übernommen, die früher einmal, vor dem Krieg 1991, der Jugoslawischen Volksarmee gehört hatte und während des Zweiten Weltkrieges von der Wehrmacht genutzt worden war.

Nach dem Plan von Rambouillet sollten 30000 Mann im Kosovo einrücken. 10000 Mann waren jetzt nach Makedonien gekommen, die Bundeswehr allein wollte in wenigen Tagen auf 4500 Mann aufstocken.

Das Gerät war zum größten Teil über die griechische Hafenstadt Thessaloniki herangeschafft worden. Auf dem Militärgelände stand die deutsche »Tierfamilie« einträchtig beieinander: vier moderne Kampfpanzer Leopard 2 – etwas später sollten es 30 sein –, die Schützenpanzer Marder, Büffel-Bergepanzer, Truppentransporter mit dem Namen Elefant, Baufahrzeuge mit Kränen und jede Menge Munition.

»Wir haben alle Möglichkeiten zurückzuschlagen«, erklärte der Oberkommandierende der NATO in Europa, General Wesley K. Clark. Doch auch Clark war nervös geworden. Die NATO bereitete sich zwar vor: Eine Vorhut der schnellen Eingreiftruppe ARRC (*Allied Rapid Reaction Corps*) tauchte in Makedonien auf. Es handelte sich dabei um einen Stab von mehreren hundert Offizieren, vornehmlich britischen, die in wenigen Tagen in der Lage waren, das gesamte Kommando über die anwesenden NATO-Truppen in Makedonien zu übernehmen. Hätten die Politiker einen neuen Auftrag erteilt, hätte die ARRC die NATO-Truppen nach ihrem Aufbau »von einer Sekunde zur anderen« zu Kampftruppen umorganisieren können, erklärte Clark.

Immerhin setzte die Bundeswehr die in 300 Meter Höhe gleitenden Drohnen ein, die mit Spezialkameras das gesamte Gelände fotografieren konnten. So wußten die NATO-Militärs über jede serbische Artilleriestellung an der Grenze Bescheid, mit Luftangriffen hätten diese Stellungen, die serbischen Panzer und Kommunikationssysteme punktgenau ausgeschaltet werden können. »Wir haben unsere Mittel«, sagte

Major Götz, Sprecher des deutschen Kontingents, und lächelte.

Doch man brauchte kein militärischer Fachmann zu sein, um trotz des Zweckoptimismus der Militärs zu erkennen, daß man bedeutend mehr Bodentruppen gebraucht hätte, um von hier aus im Kosovo einzumarschieren. Um eine wirkungsvolle militärische Bedrohung darzustellen, hätte man schon Monate zuvor mit der Verlegung von Bodentruppen beginnen müssen. Das war nicht nur meine Meinung, sondern die hinter vorgehaltener Hand geäußerte Position hoher Militärs verschiedener NATO-Staaten in Makedonien, die keineswegs mit den Vorgaben der Politiker zufrieden waren.

Nicht nur den Militärs, auch den Politikern fiel angesichts der Versäumnisse ein Stein vom Herzen, als die serbische Führung sich entschloß, die OSZE-Mission ziehen zu lassen, wie der damalige deutsche Außenminister Joschka Fischer in seinen Memoiren später freimütig zugab. Am 22. März erreichte ein langer Troß aus Geländefahrzeugen Skopje. Und wie schon in Srebrenica 1995 überließen die »Internationalen« beim Abzug aus Prishtina die lokalen Mitarbeiter ihrem Schicksal.

Welches Schicksal die albanische Bevölkerung im Kosovo erwartete, war in Kotline zu spüren – bereits jetzt, am 22. März 1999. Die serbischen Militärs und Sondertruppen setzten schon vor dem NATO-Angriff ihren Plan in die Tat um, die Zivilbevölkerung aus dem Kosovo zu vertreiben. Sie begannen damit in den Grenzregionen. Widerstand durch Bodentruppen der NATO brauchten sie nicht zu fürchten.

Aus den Geschichten der Flüchtlinge läßt sich ein Bild vom serbischen Vorgehen in der Grenzregion zusammenfügen. Xhemil Bavashi war es gelungen, mit 60 Mitgliedern seiner Großfamilie aus dem Dorf Puštenik zu entkommen. Der ehemalige Professor für Orientalistik berichtete – wie die anderen Flüchtlinge auch – von den Granaten, die auf das Dorf abgefeuert wurden, von dem Benzin, den brennenden Häusern, den Spezialpolizisten und den paramilitärischen Truppen. »In unserem Dorf sind alle Häuser niedergebrannt worden. Auch eine UÇK-Einheit war dort, sie hat sich aber still verhalten, nicht zurückgeschossen, sie wollte die Flucht der Zivilisten nicht gefährden. Sie wissen ja, was in Reçak geschehen ist.« Den meisten Flüchtlingen gelang es trotz des Schneefalls über die Berge nach Makedonien zu entkommen.

»Das alles ist eine klassische ethnische Säuberung.« Professor Fadil Sulejmani, Rektor der albanischen Universität von Tetovo, saß mit einem Kollegen im Zimmer des Rektorats, hörte mit gesenktem Kopf abwechselnd die Nachrichten des albanischen Rundfunks, der *BBC* und der *Deutschen Welle*: die Berichte über die Säuberungsaktionen in Drenica, die Flucht der Menschen durch Schnee und Kälte. Auch die Nachricht vom Überfall auf die Redaktion der *koha ditore*: ein Wachmann sei erschossen und die Einrichtung der Zeitung, die Computer und alles Inventar zerschlagen oder geraubt worden. »Wahrscheinlich gehen sie jetzt gegen die Journalisten und die Intelligenzija von Prishtina vor«, vermutete er. »Da kann nur die NATO helfen. Warum bombardieren die nicht, die Albaner haben doch den Friedensvertrag unterschrieben, Milošević nicht, die müssen doch zu ihrem Wort stehen.« Professor Sulejmani versuchte, seiner Erregung Herr zu werden. »Im letzten Herbst kreißte der Elefant namens NATO-Luftschläge, dann wurde eine Maus geboren, die OSZE-Mission, die nichts ausrichten konnte und abrücken muß.« Richard Holbrooke hielt sich noch einmal für zwei Tage in Belgrad auf. Doch Milošević hatte seine Entscheidung getroffen. Er riskierte den Krieg mit der NATO.

Bomben auf Belgrad – die Hölle im Kosovo

Am 24. März abends begann der Angriff auf die Luftabwehr um Belgrad. In Prishtina trafen Cruise-Missiles das Polizeigebäude unweit des Stadions. Am zweiten Tag des Krieges wurde ein Militärstützpunkt mit Munitionslager am Rande der Stadt getroffen. Auch aus Serbien wurden weitere Bombardements gemeldet.

»Wir saßen in einem Café in der Nähe der Burg Kalemegdan«, beschrieb die damals achtzehnjährige Jovanka später einmal den Beginn des Bombenkrieges gegen Serbien. Am Abend des 24. März waren am Horizont in Richtung Flughafen Blitze zu sehen. Dann folgte ein dumpfes Grollen. »Da wurde uns schon ein bißchen mulmig zumute.« Doch Autos und Busse fuhren, nicht einmal die Straßenbeleuchtung war abgestellt.

Jovanka hatte keine Ahnung, was eigentlich im Kosovo vorging. Sie wußte nur, daß »UÇK-Terroristen die serbische Bevölkerung angriffen« und »die Türken« den Serben erneut den Kosovo wegnehmen wollten, wie schon vor 600 Jahren. Jovanka gehörte zu einer Generation, die mit den Kriegen in Kroatien und Bosnien aufgewachsen war; seit sie denken konnte, hieß ihr Präsident Slobodan Milošević. Anders als die Studentengeneration vor ihr interessierte sie sich nicht für Politik.

Die Kriege der vergangenen Jahre waren für Jovanka weit weg gewesen. Sie hatte nur mitbekommen, daß ein Nachbar mit viel Geld aus Bosnien zurückgekehrt war. Und daß er dann mit seiner Familie in einen anderen Stadtteil umzog. Sie hatte die Schule abgeschlossen und wollte im Herbst ein Sprachenstudium beginnen. Warum die NATO Serbien bombardierte, konnte sie nicht verstehen. »Was haben wir denen denn getan?« fragte sie. In ihrem Umfeld erhielt sie keine schlüssige Antwort.

Denn wer Bescheid wußte, sagte nichts. Oder sympathisierte mit den Maßnahmen der serbischen Militärs. Die Welt habe sich gegen die Serben verschworen, war Jovankas Erklärung.

Die Operationen der NATO schienen die serbische Führung nicht zu beeindrucken. Die Wolken hingen tief, es regnete, und in den Bergen fiel Schnee – das Wetter war auf ihrer Seite. Außerdem waren »die Serben Meister der Camouflage«, sagte später Agim Çeku, Oberkommandierender der UÇK, der am 24. März 1999 in den Kosovo gelangt war und dort das Kommando übernommen hatte (siehe Interview S. 266-270). »Sie hatten die schweren Waffen und Luftabwehrgeschütze ziemlich geschickt versteckt.« Am 27. März gelang es der serbischen Luftabwehr 50 Kilometer nördlich von Belgrad, einen High-tech-Bomber der USA, einen Stealth-Tarnkappenbomber F-117A »Nighthawk«, mit einer russischen Boden-Luft-Rakete S-125 Newa abzuschießen. Zwar gelang es einem amerikanischen Spezialkommando sogleich, den Piloten tollkühn auf feindlichem Gebiet zu bergen und in Sicherheit zu bringen – »ein Hollywood-Bravourstück à la Schwarzenegger«, lachte der amerikanische Journalist Phil Smucker. Aber der Abschuß des »Nighthawk« löste große Unruhe aus. So etwas hatte niemand erwartet.

Der serbische General Pavković landete einen weiteren Coup. In den Tagen der NATO-Offensive ließ er schwere Waffen und Panzer auf Eisenbahnzügen, die sich in den zahlreichen Tunneln verstecken konnten, unbemerkt ins Zielgebiet schleusen.

Endlich waren auch die aus Serbien ausgewiesenen Kriegsreporter in Makedonien angekommen. Sie hatten abenteuerliche Geschichten zu erzählen: Wie alle Reporter aus den NATO-Ländern waren auch sie im Kosovo zu unerwünschten Personen erklärt worden, die sofort das Land zu verlassen hatten. Sie schlugen sich nach Belgrad durch, um sich dann dort letztendlich doch zu entschließen, Serbien zu verlassen. »Die türkische Journalistin Sherif hat sich versteckt, sie will in Prishtina bleiben«, berichteten sie. Sherif hat es tatsächlich bis Kriegsende geschafft, sich im Kosovo aufzuhalten.

Wir diskutierten die militärische Lage. Der Operationsplan der NATO sah vor, zunächst die Lufthoheit in Serbien zu erobern, die Luftabwehr und die serbischen Befehls- und Kommunikationsstrukturen auszuschalten. Weitere Eskalationsstufen sahen vor, die serbischen Truppen in Südserbien und im Kosovo aus der Luft anzugreifen. Sollte Milošević immer noch nicht nachgeben, würden »strategische Ziele« angegriffen werden: Fabrikanlagen, Elektrizitätswerke, Brücken und Eisenbahnverbindungen, vor allem aber die Zentren der Macht in Belgrad.

Die angelsächsischen Journalisten waren skeptisch. Britische und amerikanische Militärs seien unzufrieden, bestätigten sie. Die Luftschläge hätten von Beginn an massiv sein müssen, man hätte die Schaltzentren der Macht in Belgrad sofort angreifen müssen, anstatt erst »die weiche Tour zu fahren« und Zeit zu verlieren, erklärte ein Mitglied der CNN-Crew. »Ein bißchen Krieg gibt es nicht«, sagte auch Tom Walker, ein Brite, der mit einer Serbin verheiratet war, aber in militärischen Dingen britisch dachte. Wie erreichst du das Ziel am effektivsten, in kürzester Zeit und mit den wenigsten Opfern? Dies war für ihn die entscheidende Frage. Man hätte Bodentruppen aufbauen müssen, meinte eine Mehrheit der zufälligen internationalen Journalistengruppe, die abends zusammensaß.

Die Franzosen mit ihrer wankelmütigen Politik und die Deutschen mit ihrem schlechten Gewissen, das aus dem Zweiten Weltkrieg herrührte, hätten einen effizienten Militärschlag verhindert, ein Bodenkrieg sei an den Deutschen gescheitert. Die Angelsachsen sahen mich an. Ich rutschte auf dem Stuhl hin und her und nippte an meinem Wein. Da war kaum etwas zu erwidern. Ich kannte zwar die internen Diskussionen der politischen Spitzen in Berlin nicht, aber vorstellbar waren diese Gründe durchaus. Vor allem wenn ich an die Diskussionen dachte, die ich über die *Deutsche Welle* verfolgte. In den Interviews hatten fast alle Befragten ihre Bedenken geäußert;

eine zweifelnde, zerrissene Öffentlichkeit begleitete die Bombenangriffe auf Serbien. Man stelle sich vor, die Bundeswehr würde in einen Bodenkrieg verwickelt, es würde Opfer geben. Zu diesem Zeitpunkt hätte das in Deutschland keine Regierung vertreten können. Wenn aber der amerikanische Präsident Bill Clinton auf dem Einsatz von Bodentruppen bestanden hätte, hätte auch Deutschland keine andere Wahl gehabt, als mitzumachen, entgegnete ich.

Am 3. April zielten die Angriffe der NATO mitten ins Herz Belgrads. Seit dem Bombardement der Nazi-Luftwaffe am 6. April 1941 hatte die Stadt so etwas nicht mehr erlebt. Marschflugkörper wurden auf das Gebäude des Innenministeriums abgeschossen und damit auf die Zentrale des Geheimdienstes, die Schaltstelle der ethnischen Säuberungen im Kosovo.

Einige Belgrader Bekannte, die früher einmal als freie Mitarbeiter in Bosnien gearbeitet hatten, reagierten gelassen. »Wir saßen im Café und haben uns den ganzen Zauber angeguckt. Präzisionsarbeit«, sagten sie am Telefon.

Am selben Tag zerstörten NATO-Bomber in Novi Sad die 1312 Meter lange und 60 Meter hohe Brücke über die Donau. Die politische Wirkung dieses Angriffs hatten die NATO-Strategen sich offenbar nicht klargemacht. Ausgerechnet der gegen Milošević eingestellten Bevölkerung der Vojvodina zu drohen war politisch unsinnig. Tausende Bürger hatten sich tagelang auf die Brücke gestellt, um sie zu verteidigen. Nach der Zerstörung blockierten die Trümmer noch auf Jahre hinaus die Binnenschiffahrt – und trieben die Mehrheit der Bevölkerung in die Arme der serbischen Extremisten.

Doch der Krieg war damit für die städtische Mittelschicht faßbar geworden. Mit den Worten: »Wir gingen nicht mehr aus, blieben dann jeden Abend mit der Familie und Freunden zu Hause, kochten und tranken Rotwein«, überspielte eine andere Bekannte aus Belgrad ihre Angst. Sie hatte kleine Kinder und machte sich Sorgen. Nachrichten über Bombardements von Brücken und Anlagen der Elektrizitätsversorgung kamen aus dem ganzen Land. In ihr Ferienhaus auf dem Land zu fliehen wagte sie deshalb nicht. Sie überlegte hin und her. Ich gab ihr den Rat, nach Bosnien und Herzegowina zu fahren, dort sei sie mit den Kindern sicher, zumal sie bei Verwandten unterkommen konnte.

Die Bombennächte mit Spaghetti und Rotwein amüsierten einige meiner Freunde in Sarajevo. »Wir waren dreieinhalb Jahre eingeschlossen, hatten nicht einmal genug Wasser, Hunderttausende Artilleriegeschosse prasselten auf uns nieder – wäre nett gewesen, wenn wir zwischendurch ein paar Gläschen hätten trinken können«, scherzten sie. Und sie erinnerten daran, daß es damals einen regelrechten Kriegstourismus aus Belgrad nach Sarajevo gab. »Da kamen Leute aus Belgrad und zahlten 100 Mark, um einmal mit einer Kanone auf die Stadt schießen zu dürfen.«

Viel Mitleid hatten die Bewohner Sarajevos mit den Belgradern 1999 anfangs nicht. Die Nachrichten über die blutige Vertreibung der Albaner aus dem Kosovo schockierten und zeigten erneut die Fratze des serbischen nationalistischen Extremismus. Was sollte man von Leuten wie Milošević und Arkan auch anderes erwarten? Die Erinnerungen an die Belagerung und Beschießung der eigenen Stadt während des Krieges in Bosnien waren unauslöschlich. Doch bald wandelte sich diese Haltung.

Am 12. April bombardierten Flugzeuge der NATO versehentlich einen Personenzug, sechs Menschen starben – der erste schwerwiegende »Kollateralschaden« des Krieges. Je länger der Bombenkrieg dauerte, um so mehr Freunde in Tuzla und Sarajevo fingen an, Päckchen für Bekannte in Serbien zu packen und mit Linienbussen nach Serbien bringen zu lassen.

Die oppositionelle Prominenz aus Belgrad suchte Schutz in Montenegro. Zoran Đinđic und viele andere verbrachten die Kriegszeit an der Küste. Mile Đukanović, der Präsident Montenegros, war schon seit 1996 offener Gegner Miloševićs. Die NATO bombardierte auch Đukanovićs Land, vor allem aber militärische Anlagen der jugoslawischen Armee. Insgeheim sei die montenegrinische Führung darüber nicht unglücklich, berichtete mir der Schriftsteller Jevrem Brković am Telefon.

Und es gab ihn noch, den Widerstand gegen Milošević in Belgrad. Die alte Riege der »Frauen in Schwarz« war aktiv wie immer. Sonja Biserko, die Vorsitzende des Belgrader Helsinki Komitees, veröffentlichte Artikel, in denen sie den »Faschismus« des Systems anprangerte. Die Direktorin des Vereins »Fonds für humanitäres Recht«, Nataša Kandić, fuhr während der Bombardements mehrmals in den Kosovo, um ihre aus Serben und Albanern bestehende Gruppe von Menschenrechtsaktivisten zu unterstützen. Viel konnte sie nicht ausrichten. Aber sie konnte dokumentieren und Informationen sammeln, sie konnte die Existenz des »anderen Serbien« öffentlich machen.

In einem Haus gegenüber dem Hotel Grand in Prishtina schützten die serbischen Nachbarn ihre albanischen Mitbewohner vor Übergriffen serbischer Extremisten und Freischärler – wie zuvor in Bosnien waren auch im Kosovo die »Weißen Adler« und andere paramilitärische Gruppen aus Serbien aktiv, die ihr Mütchen an den verbliebenen Albanern kühlen wollten. Manche serbische Polizeioffiziere verhielten sich korrekt; sie mußten zwar ihre Befehle befolgen, nutzten aber ihren Spielraum aus, um Menschen zu helfen.

So im Fall der Familie Domi, die Ende März mit dem Auto von Prishtina nach Makedonien fliehen wollte. Noch im Stadtzentrum wurde das Ehepaar von einem Serben und einem Rom überfallen. Die beiden stahlen das Auto mit dem darin versteckten Geld. Die Domis gelangten durch Hinterhöfe zu der Wohnung einer Verwandten, die bereits deportiert worden war. Gegenüber dieser Wohnung befand sich die Zentrale des Geheimdienstes; die Wohnung war schon durchsucht worden und deshalb sicher. Hajdar Domi gelang es später, einen Polizeioffizier zu kontaktieren und eine Anzeige aufzugeben. Wundersamerweise wurde das Auto für kurze Zeit zurückgebracht, um dann vom Geheimdienst konfisziert zu werden. Die Familie überlebte; sogar das Auto tauchte nach dem Krieg wieder auf; das Geld blieb freilich verschwunden.

Aus dem Rahmen fiel auch der serbische Freischärler, der zusammen mit seinen Kameraden in einen Keller eindrang, wo eine verängstigte Familie kauerte. Einer der Serben wollte schon den Familienvater erschießen. Da rief der andere: »Halt, den kenne ich.« Der Albaner war politischer Gefangener in Niš gewesen, zusammen mit dem jetzigen Freischärler hatte er dort eine Strafe abgesessen und damals seine Zigaretten mit dem Kriminellen geteilt. Dieser Zufall rettete ihm nun das Leben. Der ehemalige Mitgefangene führte die Familie aus der Stadt, ließ sogar zu, daß sich einige Verwandte dem Zug anschlossen, und kehrte erst um, als er die Familie in Sicherheit wußte.

Blace und die humanitären Helfer

Der alte Traum des Vaša Ćubrilović, die Albaner aus dem Kosovo zu vertreiben, wurde Wirklichkeit. Die serbischen Sicherheitskräfte gingen systematisch vor; die ethnische Säuberung begann in Priština. Spezialtruppen des Innenministeriums (die von Franko »Frenki« Simatović geführte Truppe mit dem Spitznamen »Frankie-boys«) und Paramilitärs, unterstützt von der regulären Polizei, brachen in Wohnungen und Häuser ein und forderten die Bewohner auf, sofort das Land zu verlassen. Wer Glück hatte, konnte ein paar Sachen packen, sich ins Auto setzen und Richtung Makedonien fahren. Viele andere wurden geschlagen und ausgeraubt. Der »Krieg für die Menschenrechte« (Gerhard Schröder) führte – paradox genug – indirekt zu einer kaum noch vorstellbaren Steigerung des Terrors.

In Blace, der Grenzstation an der Hauptstraße von Skopje

nach Prishtina, wurden wir Zeugen bewegender Szenen. Die wartenden Menschen weinten oder lehnten sich, sichtlich geschwächt, aneinander. Die Kinder waren still, sie schmiegten sich an ihre Mütter, den einzigen Schutz, der ihnen noch geblieben war. Es waren Deportierte aus Prishtina. Die meisten waren in einem Zug hier an die Grenze gebracht worden. Bis vor zwei Tagen noch Laden- oder Hausbesitzer, hatten die Menschen jetzt nur noch das, was sie auf dem Leibe trugen.

Jenseits des Schlagbaums der makedonischen Grenzwächter hatte sich eine Schlange gebildet, Menschen, soweit das Auge reichte – ein Troß des Elends und der Verzweiflung. Mindestens fünf Kilometer sei die Schlange lang, behauptete jemand, ein anderer versicherte, sogar fünfzehn Kilometer, die Schlange reiche bis in den Ort Lipljan.

Schon die ersten Ankömmlinge, die noch relativ schnell die Grenze passieren konnten, erzählten, was dann später immer wieder zu hören war: wie sie sich in ihren Wohnungen verbarrikadiert hatten und keinen Schritt vor die Tür zu setzen wagten, wie bewaffnete Serben in Uniform und in Zivil die Straßen unsicher machten und wahllos Albaner zusammenschlugen und auch töteten. »Wir haben drei Nächte im Keller verbracht, die Kinder mit Beruhigungsmitteln ruhiggestellt.« Prishtina sei für die Albaner zur Hölle auf Erden geworden, erklärte ein Arzt. Die Spezialpolizisten und bewaffneten Zivilisten, die Tarnkappen getragen hätten, seien von Haus zu Haus gegangen und hätten die Bewohner mit vorgehaltenen Waffen gezwungen, das Haus zu verlassen. Sie riefen: »Hilft euch jetzt die NATO? Wo ist sie denn, die NATO?« Die Serben hätten Benzin in manche Häuser gegossen und angezündet. Dann seien Albaner zusammengetrieben und zu einem Eisenbahnzug geführt worden, der sie in die Nähe der Grenze brachte, und hier, kurz vor der Grenze, seien vielen die letzten Wertsachen und alles Geld abgenommen worden.

Es gab Listen von exponierten albanischen Intellektuellen,

die als erste verhaftet werden sollten. An den Aktionen beteiligten sich ortskundige Polizisten, Paramilitärs und normale Kriminelle. Die Nachricht, der bekannte Menschenrechtsanwalt Bajram Kelmendi sei mit seinen zwei minderjährigen Söhnen am 24. März erschossen worden, wahrscheinlich von Freischärlern der »Weißen Adler«, machte die Runde. Wo war Fehmi Agani, wo Veton Surroi? Es war das schlimmste zu befürchten.

Veton Surroi sollte es gelingen, sich im Kosovo zu verstekken. Und Fehmi Agani wurde Anfang Mai aus einem Zug nach Kosovo Polje geholt und dann regelrecht hingerichtet.

Humanitäre Helfer

In Blace gab es für die erschöpften Flüchtlinge weder zu essen noch zu trinken. Der Hohe Flüchtlingskommissar der Vereinten Nationen (UNHCR) war in den Osterferien. Nur eine Notmannschaft war vor Ort, konnte jedoch nicht die nötige Hilfe leisten. Mitarbeiter des Roten Kreuzes teilten mit, Nahrungsmittel und Wasser würden demnächst verteilt – jedoch nur an jene, die sich schon auf makedonischem Territorium oder im Niemandsland befänden. Wer weiter hinten auf kosovarischem Territorium in der Schlange stand, ging also leer aus. Die deutsche, von Rupert Neudeck gegründete Organisation Cap Anamur wollte dieses Spiel nicht mitmachen.

Ihre Mitarbeiter versuchten, Wasser, Babynahrung und Eßbares über die Grenze in den Kosovo zu bringen. Wie auch immer Neudeck es geschafft hat, plötzlich wurde eine Seitenstraße geöffnet und ganze Wagenladungen von Cap Anamur und der deutschen Caritas konnten die Grenze ins Niemandsland passieren. Das war großartig. Erneut zeigte sich, daß die kleinen NGOs in solchen Situationen einfach schneller reagieren können. Tage danach erst lief die große Hilfe durch den UNHCR und die anderen Organisationen an.

Die makedonische Regierung schloß ausgerechnet zu Ostern den Grenzübergang, weil die Massen der Ankömmlinge nicht mehr zu bewältigen gewesen wären. So jedenfalls argumentierte ihr Außenminister, um internationale Hilfe zu erhalten. Das kleine Land mit seinen zwei Millionen Einwohnern könne nicht 300000 oder noch mehr Flüchtlinge aufnehmen, erklärte er völlig zu Recht. Aber er spielte dabei auch mit dem Schicksal der an der Grenze Wartenden und versuchte auf diese Weise, von den NATO-Staaten Zusagen für die Aufnahme von Flüchtlingen zu erzwingen. Deutschland und die USA erklärten sich sofort bereit, ein beträchtliches Kontingent von mehreren zehntausend Flüchtlingen aufzunehmen. Premierminister Ljupčo Georgjevski forderte zudem umfangreiche humanitäre Hilfe.

Die NATO-Staaten standen im Wort. Und handelten. Im Minutentakt sollten kurz darauf Transportmaschinen der Bundeswehr, der Amerikaner und der anderen NATO-Staaten auf dem Flughafen Skopje landen und Zelte, Decken, ganze Hospitäler ins Land bringen. Die Bundeswehr stellte bei Tetovo zwei riesige Lager auf, in denen dann später mehr als 50000 Menschen Platz finden sollten. Auch die Amerikaner reagierten schnell und ähnlich konsequent. Selbst die neutralen Schweizer halfen mit einem von ihnen aufgebauten Lager. Und die Regierung in Skopje öffnete die Grenze. Die Wartenden konnten einreisen.

Spannungen zwischen Makedoniern und Albanern

Die Lager wurden von makedonischen Polizisten gesichert. Mit Hunden und Stacheldraht versuchten sie, die Vertriebenen dort festzuhalten. Draußen standen Familienmitglieder und durften nicht einmal mit den Verwandten, die sich im Lager befanden, sprechen. Bei einem Besuch in dem Lager Stenković bat mich ein junger Mann, ihm zu helfen: Seine Frau und seine Kinder hätten es nach Skopje zu Verwandten geschafft, er sei hier ins Lager geraten und könne nicht mehr heraus.

Natürlich wollte ich helfen und faßte den Plan, ihn als meinen Übersetzer auszugeben. Ich sagte ihm, ich würde mit ihm englisch sprechen und er sollte nur immer »Yes« sagen. Laut sprechend ging ich mit ihm auf das Tor zu, sagte auf englisch, er solle noch heute abend die Informationen im Ministerium besorgen und übersetzen, er antwortete mit »Yes, yes« und so foppten wir die Polizisten am Eingang, die uns nicht weiter kontrollierten. Glücklich gelangten wir ins Stadtzentrum von Skopje.

»Erst wurden die Menschen von der serbischen Polizei geschlagen, ausgeraubt und vertrieben, jetzt werden sie hier unwürdig behandelt«, empörten sich Helfer humanitärer Organisationen. Die makedonischen Polizisten schreckten nicht vor Übergriffen zurück, klagten viele der Flüchtlinge.

Angesichts der Fernsehbilder von der Grenze konnte Dimitri P. sich ein Lächeln nicht verkneifen. Der Koch in einem der slawisch-makedonischen Restaurants in Tetovo murmelte: »Der Regen spült die ganze Scheiße fort.« Er meinte die vertriebenen Kosovoalbaner. »Auch hier werden die Albaner verschwinden müssen. Dies ist unser Land.«

Ein Teil der slawisch-makedonischen Mehrheitsbevölkerung wollte die Flüchtlinge nicht länger dulden. Ihre Wut richtete sich zunehmend auch gegen die NATO-Truppen. In slawisch-makedonischen Dörfern rund um Tetovo warfen Kinder und Jugendliche Steine auf Fahrzeuge der NATO. Deutsche Aufklärungsfahrzeuge, deren Besatzungen von einem makedonischen Dorf aus die Grenze beobachteten, wurden wegen der Proteste der slawisch-makedonischen Bevölkerung zurückgezogen. Ihr neuer Standplatz war ein albanisch-makedonisches Dorf.

In den nordwestlichen Gebirgsregionen Makedoniens, zwischen den Städten Tetovo und Ohrid, liegen die traditionellen Siedlungsgebiete der Albaner Makedoniens. In Tetovo gehören 70 Prozent der Bevölkerung der albanischen Volksgruppe an, 20 Prozent sind slawische Makedonier und 10 Prozent Roma und Türken. In der Hauptstadt Skopje besteht Gleichgewicht zwischen den beiden großen Bevölkerungsgruppen, im Osten und Süden sind die slawischen Makedonier absolut in der Mehrheit. In und um Kumanovo, einer Kleinstadt an der serbischen Grenze, gibt es eine starke serbische Bevölkerungsgruppe. Mehr als ein Viertel der Gesamtbevölkerung ist albanisch. Makedonien ist ein multiethnisches und multireligiöses Land.

Die alteingesessenen Albaner verhielten sich solidarisch mit den Vertriebenen. Wer anfänglich über die Grenze kam, konnte bei makedonisch-albanischen Familien unterkommen. Und vor allem: Die Verteilung der Kosovoalbaner wurde durch die Albaner selbst organisiert. Die Kapazitäten waren jedoch bald erschöpft. Manche Familien hatten 30 Flüchtlinge aufgenommen.

Als der serbische TV-Kanal *KISS* in Makedonien wiederholt darüber informierte, daß die Kosovoalbaner vor den NATO-Bomben flohen, und als ein griechisches Team Bilder produzierte, auf denen im Zentrum Prištinas Frauen friedlich beim Einkaufen zu sehen waren, konnte man über die so unverfrorene Manipulation und Kriegspropaganda nur den Kopf schütteln. Auch darüber, daß die meisten slawischen Makedonier dieser Lüge glaubten – und daß diese Manipulationen sogar in westlichen Medien auftauchten. Bei den im serbischen Fernsehen gezeigten Bildern von Ruinen der Wohnviertel von Priština handelte es sich in Wirklichkeit nicht um Folgen der Angriffe der NATO, sondern von serbischen Truppen gezielt zerstörte Häuser der Albaner, wie mir Flüchtlinge glaubhaft versicherten.

Wieder war es Slobodan Milošević gelungen, die westliche

Welt an der Nase herumzuführen. Mit der Entscheidung, die Albaner Kosovos aus dem Land zu werfen, hatte er die NATO zu einem Haufen nervöser Generäle degradiert, die westlichen Politiker zu Hampelmännern herabgewürdigt, das Nachbarland Makedonien destabilisiert. Einen Aktionsplan B der NATO gab es nicht.

Niemand hatte offenbar über hinreichend schwarze Phantasie verfügt, um sich eine derartige Reaktion auf die NATO-Bombenangriffe vorzustellen. Obwohl die serbische Strategie der »verbrannten Erde« und der Vertreibungen schon aus dem Vorjahr bekannt war, hatte die radikale Vorgehensweise von Milošević doch wieder alle überrascht. Selbst der Aufmarsch seiner Armee im Kosovo zu einem Zeitpunkt, als die Konferenz von Rambouillet noch nicht zu Ende war, war den Politikern des Westens keine Warnung gewesen. Die NATO-Aktion hatte den Kosovokonflikt eindämmen und ein Übergreifen auf die Nachbarländer verhindern sollen. Nun stand Makedonien kurz davor, in den Strudel der Auseinandersetzungen hineingerissen zu werden. Die aufmüpfige und Milošević kritisch gegenüberstehende Führung des zweiten jugoslawischen Teilstaates, Montenegro, steckte in einer äußerst schwierigen Lage. Und Albanien, so schien es, könnte unter der Flüchtlingswelle zusammenbrechen.

Albaner und Kosovoalbaner

Die Tour von Tetovo nach Albanien und weiter auf Feldwegen an der albanischen Grenze in den Kosovo gehört wohl zu den eindrucksvollsten Fahrten, die man in diesem Teil Europas unternehmen kann. Selbst der geländegängige Mitsubishi Pajero hatte oftmals Schwierigkeiten, die Bachläufe oder die nach Bergrutschen provisorisch wiederhergestellten Pisten über den Abgründen zu bewältigen. Die Region war bitter arm, die Menschen kamen aus ihren alten Steinhäusern, schauten ungläubig mit offenen Mündern auf die plötzlich einsetzende Reisetätigkeit westlicher Reporter oder humanitärer Helfer.

Hier schien die Zeit stehengeblieben zu sein. Zu kommunistischen Zeiten war diese Grenzregion selbst gegenüber Albanien abgeschottet. Die Bewohner mußten Passierscheine beantragen, um in andere Teile Albaniens fahren zu dürfen. Ein großer Teil der Menschen hier war niemals aus der Region herausgekommen. Ihre Reaktion auf Ausländer – und auch auf die ersten Kosovoalbaner – war verständlich. So schlecht es den Flüchtlingen auch gehen mochte, ihre Kleidung war modern, manche trugen noch ihre Sonnenbrille, hatten kleine Radios dabei, telefonierten mit Mobiltelefonen, bewegten sich trotz des Schocks mit einer gewissen Selbstverständlichkeit, sprachen frei, diskutierten und kommunizierten in verschiedenen Sprachen. Die ärmliche Landbevölkerung Albaniens erschien demgegenüber als rückschrittlich, altertümlich, die Menschen benahmen sich unsicher. Nicht nur die Ausländer, auch viele Kosovoalbaner erschienen ihnen wie Leute aus einer anderen Welt.

Die von Prizren nur 50 Kilometer entfernte Stadt Kukes gehörte ebenfalls zu jenem Gebiet, in dem die Einwohner Erlaubnisscheine beantragen mußten, um in die Hauptstadt ihres eigenen Landes fahren zu dürfen. Die kaum 30000 Einwohner zählende Provinzstadt war jetzt von Vertriebenen aus dem Kosovo überfüllt und plötzlich ins Zentrum des Weltinteresses gerückt. Die großen Fernsehstationen bauten ihre Übertragungswagen auf. In einem abseits, oberhalb eines Stausees gelegenen Hotel, in dem die alte Nomenklatura früher die Sommerfrische genossen hatte, drängten sich jetzt Journalisten, humanitäre Helfer und militärische Beobachter internationaler Organisationen.

Mehr als 300000 Vertriebene waren hier bis Mitte April schon durchgekommen. Die Hilfsorganisationen hatten riesige Zeltstädte aufgebaut und waren nun dabei, dies auch im südlichen Albanien zu tun. Zehntausende Vertriebene sollten dorthin verlegt werden. Aber diese wehrten sich. Lieber kampierten viele auf den Anhängern ihrer Traktoren mitten in der Stadt oder hofften, doch noch bei einer albanischen Familie nahe der Grenze unterzukommen. Sie wollten so schnell wie möglich nach Hause zurück.

Hin und wieder war bei den Albanern der Region Neid auf die Kosovoalbaner zu spüren. Während die Bevölkerung Albaniens unter der Diktatur Enver Hoxhas leben mußte, hatten die Kosovalbaner als Jugoslawen reisen dürfen, sogar im Ausland arbeiten können, erklärte mir der Manager des Hotels. Es kam zu Überfällen auf Flüchtlingstrecks. Manche Albaner vermieteten völlig überteuert heruntergekommenen Wohnraum und sogar Ställe an die Ankömmlinge. Wer von den Kosovoalbanen noch Geld hatte, wollte nicht in die Lager gehen, und manche bezahlten diese Preise.

Die Vertriebenen kamen vornehmlich aus dem Westkosovo, aus Gjakova, Peja oder aus Prizren. In den Lagern empfingen die Flüchtlinge die schockierten Neuankömmlinge mit Wärme, erkundigten sich nach ihrem Schicksal, fragten nach Verschollenen. Die Flüchtlinge versuchten, im Lager Ordnung zu halten. Die Fußböden der Zelte wurden geputzt, alte Menschen gepflegt, die Kinder betreut, so gut es ging. Die italienischen Soldaten sorgten rührend für das Essen. Es gab sogar Espresso.

Unter dem Schleier des Schweigens: Verbrechen an Frauen

Die Ärztinnen der Hilfsorganisationen waren an der Grenzstation achtsam, wenn sie die vorbeiziehenden Flüchtlinge beobachteten. Manche Frauen fielen auf, weil sie nur noch vor sich hinstarrten und nicht ansprechbar waren – Anzeichen einer tiefen Traumatisierung.

Schon lange Zeit befürchteten Frauen- und Menschenrechtsorganisationen, es könnte, wie in Bosnien, auch im Kosovo zu einer Welle von Vergewaltigungen kommen. Die Nachrichten flossen spärlich. Seit Jahren hatten Menschenrechtler den Verdacht, daß serbische Polizisten albanische Frauen vergewaltigten. Doch eine Mauer des Schweigens in der kosovoalbanischen Gesellschaft machte es unmöglich, Beweise zu sammeln.

Ohnehin ist es schwierig für die Opfer, über erlittene Gewalt zu sprechen. Dazu kommt die albanische Familientradition. Die »Schande« darf nicht öffentlich werden – eine Haltung, die es erschwert, den betroffenen Frauen zu helfen. Einige jedoch brachen das Schweigen. Gegenüber Human Rights Watch sagten zwei Frauen aus dem Dorf Dragacin bei Suva Reka aus. Ihre Berichte wurden von acht weiteren Frauen bestätigt. Nachdem die serbische Armee am 21. April begonnen hatte, das Dorf zu umzingeln, seien die meisten Männer im wehrfähigen Alter, die um ihr Leben fürchten mußten, in die Wälder geflohen.

Die Frauen und Kinder sowie elf ältere Männer hätten sich auf einem Feld versammelt, wo sie von den serbischen Uniformierten gestellt worden seien. Die älteren Männer seien zur Seite geführt worden. Man habe Schüsse hören können. Keiner der Männer sei später irgendwo wieder aufgetaucht.

Die serbischen Soldaten hätten die Frauen und Kinder in drei Privathäuser gebracht und dort drei Tage lang festgehalten. Einige von ihnen hätten für die Serben kochen und die Wäsche waschen müssen. Andere wurden von der Gruppe getrennt, mißhandelt, gedemütigt und vergewaltigt.

In anderen Gebieten und Dörfern sei den Frauen außer dem Schrecken, der Angst, dem Verlust des Besitzes nichts weiter geschehen, meinten Mitarbeiter der Hilfsorganisationen. Es hing davon ab, welche Truppen die Aktion dominierten. Bei regulären Polizeikräften seien die Übergriffe seltener gewesen als bei Formationen, in denen auch Freischärler aktiv waren.

Angesichts der Flüchtlingsmassen in Albanien und Makedonien war es für die Mitarbeiterinnen der Hilfsorganisationen sehr schwierig, individuell auf die Betroffenen einzugehen. Dies galt für alle Traumatisierten; viele Kinder konnten den Schock der Vertreibung nicht überwinden. Einige der Waisen hatten sogar zusehen müssen, wie ihre Eltern ermordet wurden.

Von der UÇK rekrutiert

Sie standen auf dem Lastwagen und reckten trotzig die Faust in den Himmel: Hunderte von kosovoalbanischen Männern fuhren vom nordalbanischen Kruma, einer Stadt nahe der kosovarischen Grenze, in die Ausbildungslager der »Kosova-Befreiungsarmee«, die weiter nördlich versteckt in den Bergen lagen. Nur wenige hatten Uniformen an, die meisten trugen die Kleidung, die ihnen geblieben war.

Die Gebiete zwischen Kruma und dem nordwestlich gelegenen Bajram Çuri wurden schon seit geraumer Zeit von der UÇK beherrscht. Über die vom Regen schlammigen Straßen rollte der Nachschub für die Truppen, die sich anschickten, den Kosovo von den Serben zurückzuerobern. Staunend betrachteten die Bewohner des abgeschiedenen, vom Bergbau lebenden Ortes das Treiben auf ihren Straßen. UÇK-Kämpfer mit ihren Abzeichen und dem albanischen schwarzen Doppeladler auf rotem Feld rangierten ihre Autos, leiteten die Lastwagen durch den Ort, patrouillierten in den Straßen. Ab und zu waren auch die schwarzen Uniformen der UÇK-Militärpolizei zu sehen, die zusammen mit albanischen Polizisten für Ordnung sorgten. »Jetzt, nachdem wir unsere Familien in Sicherheit wissen, werden wir um den Kosovo kämpfen«, sagte einer der Rekruten, der aus Gjakova stammte, stellvertretend für die anderen.

Auch ein Bus mit 60 uniformierten und durchtrainierten

Männern war angekommen. Es waren UÇK-Kämpfer, die offenbar schon eine militärische Ausbildung hinter sich hatten. »Woher genau aus Deutschland kommst du?« fragte mich einer plötzlich in schwäbelndem Deutsch. Und dann erzählten sie, daß sie selbst in Bad Cannstadt und Donaueschingen wohnten, in Dortmund und Luzern, und jetzt aus dem Exil zurückgekehrt waren.

Die Straße nach Norden war nicht geteert, doch vor kurzem ausgebaut worden. Sie schlängelte sich an den Berghängen entlang, die die Grenze zum Kosovo bilden. In den Dörfern herrschte ungewöhnlich reges Treiben. Albanische Bauern hatten Vertriebene aus dem Kosovo aufgenommen. Ein lauter Knall, der sich wie ein Artillerieeinschlag anhörte, durchbrach die Stille des Nachmittags. In der Höhe glitzerte ein NATO-Flugzeug, das gerade die Schallmauer durchbrochen hatte. »Es ist wunderbar, daß die NATO hilft«, sagte ein älterer Mann, der vor wenigen Tagen mit seiner Familie hierher geflohen war. Erst vor fünf Jahren habe er in einem Grenzdorf im Kosovo sein Haus gebaut, das Ergebnis von 25 Jahren Arbeit in Deutschland. »Sie haben es abgebrannt.« Jetzt hoffte er, daß es gelingen könnte, seine Rente aus Deutschland nach Albanien zu überweisen.

Rund 15 000 Mann hatte die UÇK in der Region zusammengezogen – keine ausreichende Zahl für eine größere Offensive. »Die Serben haben die Grenzregion vermint, sie haben Infanterie- und Artilleriestellungen errichtet, sogar über Flugabwehrraketen verfügen sie«, erklärte ein amerikanischer Militärbeobachter. Nur mit starken Bombardements der NATO-Flugzeuge und Angriffen von Apache-Kampfhubschraubern könne man die serbischen Stellungen durchbrechen. Durch diesen Korridor könnten die UÇK-Truppen dann in den Kosovo vorrücken, beurteilte er die Lage bei einem Kaffee. Wann? »Das entscheidet das NATO-Hauptquartier, nicht ich.«

Sobald die Zeltstädte in Makedonien aufgebaut waren, gelang es dem dpa-Journalisten Carsten Hoffmann und mir, mit einigen Führungsmitglieder von Rugovas LDK zusammenzutreffen, die sich in Skopje aufhielten. Eingeladen in ein Restaurant hatte der amerikanische Botschafter, wir hatten uns dem deutschen Diplomaten und Koordinator der humanitären Hilfe Hans Kolbow angeschlossen. Auch Edita Taheri, die außenpolitische Sprecherin des Schattenstaates, kam zu dem Treffen. Im Gegensatz zu den Flüchtlingen lebte sie in einem guten Hotel in Skopje.

In dem Gespräch ging es auch um die Diskriminierung der Albaner durch makedonische Behörden. Ich brachte meine Verwunderung zum Ausdruck, daß die LDK mit ihren angeblich über 700 000 Mitgliedern nicht in der Lage war, Komitees in den Lagern zu bilden und dort für eine gewisse Selbstorganisation der Menschen zu sorgen. In jedem Lager müßten doch Hunderte von LDK-Mitgliedern sein. Die verzweifelten und desorientierten Menschen bräuchten eine Stütze und die Makedonier Ansprechpartner, argumentierte ich. Und erntete lediglich das beifällige Nicken der Diplomaten. Schweigen aber bei den Kosovaren.

Die kosovoalbanischen Politiker, die noch in Rambouillet zusammengesessen hatten, konnten sich auf keine gemeinsame politische Position verständigen, die sie vor der internationalen Gemeinschaft hätten vertreten können. Präsident Ibrahim Rugova stand seit dem 25. März in seinem Haus in Prishtina unter Hausarrest. Die Führung seiner Partei brauchte drei Wochen, um in der makedonischen Hauptstadt Skopje das erste Mal zusammenzutreffen. Die Führung der UÇK unter Hashim Thaçi rief kurz nach Beginn der NATO-Bombardierungen eine Exilregierung in Tirana aus; die bisherige Exilregierung unter Premierminister Bujar Bukoshi betrachtete sich aber trotzdem als weiterhin im Amt.

Die UÇK, die Demokratische Liga von Rugova und Bukoshis Exilregierung waren nicht in der Lage, eine gemeinsame politische Plattform herzustellen. Nach seinem Besuch in Tirana erklärte Bukoshi: »Die UÇK hat einen Führungsanspruch, der nicht akzeptabel ist, weil er demokratisch in keiner Weise legitimiert ist. Wir können keinen Putschismus erlauben. Wir brauchen einen politischen Kompromiß, bis wir eine demokratisch legitimierte Führung schaffen können.«

Im Gegenzug kritisierte die UÇK Bukoshi, der »immer noch die ihm zur Verfügung stehenden Gelder der wahren Führung vorenthält«. Die UÇK rechnete mit einem Vermögen von mehreren hundert Millionen Mark in den Händen Bukoshis, was vermutlich übertrieben war. Sowohl die Regierung Albaniens als auch die westlichen Mächte drängten beide Seiten, zu einem Kompromiß zu kommen.

US-Außenministerin Madeleine Albright erreichte von der Führung der UÇK das Zugeständnis, fünf Ministerposten für die Führung der Partei Rugovas offenzuhalten. Aber unter den genannten Bedingungen konnte sich die Führung der LDK nicht dazu entschließen, die Mitglieder einer künftigen Regierung zu benennen.

Und als Hashim Thaçi, das erste Mal seit Beginn der NATO-Luftangriffe in Kukes, vor die versammelte Weltpresse trat, fand er nur wenige Worte des Trostes für seine Landsleute: Es waren knappe, allgemein gehaltene, der dramatischen Lage nicht angemessene Aussagen, die den Menschen keine Perspektive aufzeigten. Er sei unerfahren, sagten die Leute, und sahen ihm seine Unbeholfenheit nach. Auch Rugova und Bukoshi verstanden es nicht, die Chance zu ergreifen für und mit dem Volk zu sprechen.

»Der Schattenstaat ist wie ein Kartenhaus zusammengefallen, und die UÇK will alles bestimmen«, sagte Baton Haxhiu, der Chefredakteur der *koha ditore*, und zuckte bedauernd die Achseln. Der damals Dreiunddreißigjährige und seine jungen

Mitarbeiter handelten, anstatt im Hotel zu sitzen. Haxhiu, der, im Keller eines Hauses in Prishtina versteckt, in den BBC-Nachrichten gehört hatte, er sei ermordet worden, war einige Tage später lebend in Tetovo aufgetaucht und hatte sofort die Dinge in die Hand genommen. Zusammen mit den Mitgliedern der Redaktion und des technischen Stabes, denen ebenfalls die Flucht gelungen war, begann er die Zeitung im Exil wieder aufzubauen.

Die größte Schwierigkeit war, eine Arbeits- und Druckerlaubnis von den makedonischen Behörden zu erhalten. Robin Cook, der britische Außenminister, organisierte 100 000 Pfund Startkapital, auch Joschka Fischer half. Beide Politiker machten Druck auf die makedonischen Behörden. Die Mitarbeiter richteten sich in einem Raum ein, der oberhalb eines Internetcafés im Zentrum der Stadt lag. »Wir sind jetzt via Internetcafé wieder online«, jubelte Ardian Arifaj, der fünfundzwanzigjährige Chef vom Dienst. Seit dem 22. April, dem Tag des Produktionsbeginns, wurden die täglich 10 000 Exemplare den Lieferanten in den Flüchtlingslagern aus den Händen gerissen. *koha ditore* gab den Vertriebenen in den Lagern in Makedonien moralische Unterstützung. Dank der elektronischen Datenübermittlung konnte die Zeitung in Deutschland 20 000 Exemplare für die Kosovoalbaner im Exil drucken lassen.

»Wir brauchen funktionierende politische Strukturen, um in der Lage zu sein, für den Kosovo zu kämpfen«, erklärte Haxhiu und gab selbst ein Beispiel. Während die Politiker stritten, gaben Haxhiu und weitere prominente Intellektuelle im Café Arbi in Tetovo der Weltpresse ein Interview nach dem anderen. »Ich habe die gesamte deutsche Exilliteratur gelesen, Thomas Mann natürlich, ich habe mich mit dem Schicksal von Walter Benjamin beschäftigt, und jetzt sitzen wir hier in Tetovo wie die deutschen Literaten in den Pariser Cafés 1941.« Shkelzen Maliqi lächelte bitter und schwieg. Doch gleich darauf war er als Interviewpartner gefragt. Maliqi und Haxhiu waren auf einmal wichtige politische Stimmen, die international gehört wurden.

Die Zeitung blieb ihrer bisherigen Linie treu. Seit ihrer Gründung war sie politisch gegen den Strom geschwommen. Sie sprach sich gegen die zu weiche Linie Rugovas aus. Sie trat gegen totalitäre Strömungen in den eigenen Reihen auf. Sie hatte die frühere Politik der westlichen Regierungen, allein Rugova zu unterstützen, attackiert. Ausführlich berichtete sie über die UÇK, aber mit gebotener Skepsis: »Wir wenden uns gegen die Usurpation der Staates durch eine politische Gruppierung. Wir wollen eine moderne Demokratie«, so Haxhiu.

Der Aufmacher der nächsten Ausgabe war eine Spekulation über die baldige Erweiterung der Anklage gegen Slobodan Milošević vor dem UN-Kriegsverbrechertribunal in Den Haag; auch die Verbrechen im Kosovo und nicht nur jene in Bosnien sollten nun verhandelt werden. Breiten Raum nahmen auch der Sonderparteitag der deutschen Grünen und das Farbbeutelattentat auf Joschka Fischer ein. »Ich verstehe die deutschen Pazifisten nicht«, erklärte Haxhiu. »Sie stellen sich gegen die NATO und müßten doch wissen, daß sie damit für die Politik von Milošević eintreten. Wo waren die Proteste gegen die Zerstörung von Vukovar, wo die Proteste gegen die Konzentrationslager in Bosnien und Herzegowina? Was ist mit den Menschenrechten?« Immerhin mußte die Runde in der Kaffeebar herzlich über den *taz*-Titel zum Sonderparteitag der Grünen lachen: »Bodenkrieg in Bielefeld«.

Unterdessen saßen die Mitarbeiter an den Computern und redigierten die eingegangenen Artikel ihrer Auslandskorrespondenten in Berlin, Brüssel, Paris, London und Washington. Dort arbeitete man wie gewohnt. Doch »von vielen unserer internen Korrespondenten im Kosovo wissen wir nichts«, sagte Ardian, der Chef vom Dienst.

Anfang Mai wurde der in Prishtina unter Hausarrest stehende Rugova nach Belgrad gerufen. Zur Überraschung aller unterzeichnete er ein Abkommen mit Milošević. Die Vertriebenen sollten sofort zurückkommen können, verkündete der ängstliche Rugova das Verhandlungsergebnis mit Milošević. Daß sich Rugova zu dieser Propagandashow hatte hinreißen lassen, hätten ihm selbst die kritischen kosovoalbanischen Journalisten nicht zugetraut. In Belgrad rief Rugova die NATO dazu auf, den Bombenkrieg zu beenden.

Dann durfte er am 5. Mai nach Rom ausreisen. Schon auf dem Flughafen wiederholte er seine Forderung, den Bombenkrieg zu beenden. Und plötzlich war Rugova in Bonn. Wurde ihm verwehrt, erneut vor die Presse zu treten? Streute man nicht bewußt das Gerücht, er streite sich mit den Deutschen um die Zahl seiner Personenschützer? Bis zum Ende des Krieges gab er keine Interviews mehr.

Die Verhandlungen über die Beendigung des Krieges fanden folgerichtig ohne die albanischen Politiker statt. Mit einem von Joschka Fischer formulierten Plan wurden die Russen wieder ins Verhandlungsboot zurückgeholt. Das von den Albanern in Rambouillet mitverhandelte Abkommen war nun nichts mehr wert. »Unsere Führung war abgetaucht, die Nachkriegsordnung wurde ohne die Albaner ausgehandelt«, bedauerte Veton Surroi nach dem Krieg. Die NATO-Staaten und Rußland entschieden über die Köpfe der Albaner hinweg, wie der Krieg beendet werden sollte.

Bombenkrieg und Verhandlungen

Auf dem Kamm des Pashtrik-Gebirges an der Grenze zum Kosovo konnte man mit dem Fernglas weit in den Kosovo hineinsehen und die NATO-Flugzeuge beobachten. Eines Tages war deutlich zu erkennen, wie sich serbische Panzer von einer Position am Fuße der Berge wegbewegten und wenig später NATO-Kampfbomber die verlassene Stellung angriffen und zerstörten.

War das Angriffsziel verraten worden? Oder hatte die NATO die Serben von sich aus gewarnt? Bis heute ist über solche Begebenheiten Stillschweigen gewahrt worden. Der damals entstandene Eindruck, die NATO habe die serbische Armee nicht zerstören wollen, sollte sich später beim Abzug der serbischen Truppen bestätigen. Auch die serbische Luftabwehr war keineswegs, wie von der NATO behauptet, völlig ausgeschaltet worden. Deshalb blieben die NATO-Flugzeuge in sicherer Höhe und warfen von dort ihre Bomben ab. Die Zielgenauigkeit litt darunter. Daß diese Bombardements Zivilisten gefährdeten, wurde damals in Hintergrundgesprächen von Militärsprechern in Skopje und Tetovo bedauert.

Später stellte sich heraus, daß Streubomben und mit Uran angereicherte Munition im Kosovo und Serbien eingesetzt wurden. Das erweckt den Eindruck, als habe man den Nutzen dieser Waffen testen wollen. Militärisch hatte das keinen Sinn, politisch erst recht nicht.

Ich konnte mich selbst davon überzeugen, daß die NATO wichtige militärische Ziele gar nicht ins Visier genommen hatte: etwa die erwähnte serbische Stellung bei Baballoq, die auf einem Hügel gelegen und damit von oben einsehbar war. Von dort aus schossen die serbischen Truppen weiterhin unbehelligt mit schwerer Artillerie auf die Positionen der jetzt gemeinsam operierenden UÇK und der Bukoshi-Truppe FARK bei Koshare. Dort war die UÇK-FARK einige hundert Meter auf das Gebiet Kosovos vorgedrungen. Die serbische Artillerie erreichte sogar das albanische Gebiet bis Tropoje. Gab es eine politische Entscheidung, die serbischen Militärs an dieser Stelle gewähren zu lassen, um den Einmarsch der UÇK im Kosovo zu verhindern, bevor eine Friedensregelung gefunden war? Als ich im Jahr 2009 Hashim Thaçi nach den Gründen fragte, sagte er: »Da fragen Sie mal lieber Wesley Clark.« Der Fall scheint eindeutig. Die NATO wollte den vorzeitigen Einmarsch der UÇK im Kosovo verhindern. Auch die Bombardierung der chinesischen Botschaft am 7. Mai war eine fragwürdige Angelegenheit gewesen. Schon zuvor hatten wir im Kreise der Kriegsreporter Informationen aus militärischen Quellen diskutiert, wonach die Chinesen in der Lage seien, mit ihren Satelliten die Angriffe der NATO zu beobachten und den serbischen Militärs entsprechende Hinweise zu geben.

Allein die Tatsache, daß der Angriff der Cruise-Missiles punktgenau traf, ließ nicht auf ein verfehltes Ziel oder falsche Koordinaten schließen, wie die NATO offiziell behauptete. Den Kollegen vom britischen *Observer*, John Sweeney und Ed Vulliamy, gelang es, Zeugen aus NATO-Kreisen zu finden, die ihnen bestätigten, daß dieser Angriff keineswegs ein Zufall gewesen war.

Die Kanonade der Dementis machte eher mißtrauisch. So mißtrauisch wie die Argumentation von Joschka Fischer, der in seinen Memoiren diesbezügliche Aussagen mit Nachdruck zurückweist und betont, der Angriff sei die Folge einer Aneinanderreihung von Fehlern gewesen. Natürlich paßte der Angriff auf die Chinesen nicht in sein politisches Konzept. Denn Fischer war es ja, der mit seinem Friedensplan vom April den Anstoß für neue Verhandlungen gegeben hatte und damit einen großen politischen Erfolg verbuchen konnte.

Mit dem Fischer-Plan kam die UNO wieder ins Spiel und mit ihr der Weltsicherheitsrat. Dort aber haben die Chinesen ein Vetorecht. Sollte also die von Fischer – auch mit Rücksicht auf die in Deutschland intensive Diskussion über das Völkerrecht – formulierte Strategie erfolgreich sein, mußten die Chinesen sich bei einer Resolution des Weltsicherheitsrates über Kosovo zumindest enthalten und nicht dagegen stimmen. Jegliche Verstimmung Chinas konnte dieses Konzept gefährden. Und so war es kein Zufall, daß Bundeskanzler Gerhard Schröder bei seinem kurz nach dem Angriff erfolgten Besuch in China den Zerknirschten spielte, sich im Namen Deutschlands und auch der NATO entschuldigte und versuchte, die Wogen zu glätten.

Aus dem Fischer-Plan ist tatsächlich ein neues Verhandlungskonzept entstanden. Die Russen waren wieder im Boot. Vor allem sollte nicht mehr an den Vereinten Nationen vorbei gehandelt werden. Schließlich modifizierten die Amerikaner das Konzept ein wenig und übernahmen die Initiative. Die Russen stiegen trotz scharfer interner Differenzen ein. Ein neues Verhandlungsteam wurde gebildet: Mit dem damaligen russischen Jugoslawienbeauftragten Viktor Tschernomyrdin, dem EU-Vermittler und ehemaligen finnischen Ministerpräsidenten Martti Ahtisaari und dem stellvertretenden US-Außenminister Strobe Talbott gelang es, erfolgreich Druck auf Milošević auszuüben.

Schon Anfang Mai hatte dieser mit seiner im Rugova-Milošević-Abkommen angedeuteten Absichtserklärung, einseitig Truppen aus dem Kosovo zurückzuziehen, so etwas wie Gesprächsbereitschaft signalisiert. Und er beschloß, sogar die Vertreibungen der albanischen Bevölkerung zu stoppen. Ganz konsequent und stalinistisch: Die schon an der Grenze stehenden Vertriebenen wurden in ihre Heimatorte zurückbeordert. So auch die Gefangenen von Smrkovnica.

Einige der Männer waren aus der Region um Mitrovica zusammen mit ihren Familien vertrieben worden. Sie mußten die hundert Kilometer zur Grenze nach Kukes zu Fuß bewältigen. Dann kam der Befehl: zurück. Wieder zu Fuß. An einem Checkpoint in Skenderaj verhafteten die Serben die Männer aus der Kolonne. Sie wurden in das Gefängnis Smrkovnica gebracht. In einem Raum, nicht größer als dreißig Quadratmeter, waren mehr als achtzig albanische Männer zusammengepfercht. Sie durften nicht auf die Toilette. Es war heiß, und es gab nur ein kleines Klappfenster, wie ich nach dem Krieg nachprüfen konnte. Mehrere Männer starben. Die Überlebenden wurden dann auf einen Hungermarsch zurück zur Grenze bei Kukes befohlen, um kurz vor der Grenze noch mit Gewehrkolben geschlagen zu werden. Als sie auf der albanischen Seite der Grenze angekommen waren, warfen sich die völlig verstörten Männer hin, küßten den Boden der Freiheit und Sicherheit. Eine unglaubliche Szene, ein erschütterndes Schicksal, das mich an den Marsch der Gefangenen des Konzentrationslagers Flossenbürg in den letzten Kriegstagen 1945 erinnerte.

Als die NATO auf Betreiben der USA und der Briten am 25. Mai beschloß, doch noch mit dem Aufbau von Bodentruppen zu beginnen, die am 1. September hätten angreifen können, wurde der Druck erhöht. Auch die Aktivitäten der UÇK wurden inzwischen von den NATO-Militärs hervorgehoben. Die UÇK war über Satellitentelefone mit dem NATO-Kommando verbunden, jetzt wurden koordiniert erfolgreiche Angriffe durchgeführt. Ab Mitte Mai fungierten die UÇK-Kämpfer als Bodentruppen der NATO.

Dann lenkte Milošević endlich ein. Er stimmte einer Vorlage des Weltsicherheitsrates zu, die als Resolution 1244 in die Geschichte einging. Sie bildete die Grundlage für den Aufbau eines UN-Protektorats im Kosovo. Am 10. Juni 1999 unterschrieben serbische Generäle in der makedonischen Grenzstadt Kumanovo ein Militärabkommen mit der NATO, das den Rückzug der serbischen Truppen aus allen Teilen Kosovos vorsah. Die NATO stellte den Bombenkrieg ein. Am 12. Juni sollten die ersten NATO-Truppen von Makedonien und Albanien aus in den Kosovo einrücken. Bis zu einer endgültigen Entscheidung über den Status des Kosovo sollte die UN das Land verwalten.

Der Bombenkrieg der NATO war nach 78 Tagen, der Krieg im Kosovo nach 14 Monaten beendet.

Interview mit Agim Çeku am 9. April 2009, Oberkommandierender der UÇK-Truppen während des NATO-Krieges gegen Serbien, Ministerpräsident Kosovos (2006-2008) und Vorsitzender einer von ihm gegründeten Sozialdemokratischen Partei.

Frage: *Herr Çeku, Sie waren General der kroatischen Armee. Warum haben Sie im März 1999 das Oberkommando der UÇK übernommen?*

Agim Çeku: Ich bin ein Kosovoalbaner. Natürlich wollte ich dazu beitragen, mein Land zu befreien. Ich wußte, das wird eine schwierige Zeit, ich wollte bei der Befreiung dabei sein und zwar als Oberkommandierender im Kosovo. Schon Jahre zuvor hatte ich Kontakte mit dem Widerstand aufgebaut. Ich habe 1993, während des kroatischen Krieges, mit LPK-Leuten gesprochen und dann später, ab 1995, mit den UÇK-Vertretern. Wir trafen uns in der Schweiz, in Italien, in Slowenien. Nach dem Krieg in Kroatien war ich bereit für den Kampf im Kosovo. Und nach den Verhandlungen in Rambouillet war es soweit. Ich war ja dort schon Berater unserer Delegation. Wir wußten, daß die NATO handeln mußte. Daß Milošević unsere Bevölkerung vertreiben und die UÇK zerschlagen wollte.

Es gab einen Operationsplan der serbischen Armee, den sogenannten Hufeisenplan, der im Herbst 1998 ausgearbeitet und im Dezember von Milošević akzeptiert worden war. Dabei ging es um die Kontrolle der Hauptstraßen und der Grenzen. Um das zu tun, mußten sie die wichtigsten Straßen nach Albanien und Makedonien sichern, das heißt alles niedermachen, was gefährlich für den Verkehr auf der Straße werden konnte. Das betraf auch das Dorf Reçak. Die Zerstörung der Dörfer entlang der Straßen sollte zeigen: Wer die UÇK unterstützt, der wird ausradiert. Und die Botschaft an die UÇK war: Wenn ihr weitermacht, dann werden die Menschen leiden.

Der Hufeisenplan existierte also wirklich?

Ich habe den Plan selbst gesehen, wir bekamen ihn vor Rambouillet und haben ihn weitergegeben. Es war letztlich der Plan für die ethnische Säuberung des Kosovo. Rambouillet war der letzte Versuch der internationalen Gemeinschaft, Milošević am Verhandlungstisch zu stoppen. Aber er ignorierte das, er wollte alles riskieren.

Und was hieß das Ihrer Meinung nach? Sie kannten ja alle Taktiken der Jugoslawischen Volksarmee?

Ja, natürlich. Ich wurde seit meinem dreizehnten Geburtstag auf der Militärschule erzogen. Die Taktik, die uns eingebleut wurde, lautete: Um den Feind zu besiegen, mußt du alles zerstören, Gebäude und Menschen. Das war der damalige Geist.

Die Serben haben die Jugoslawische Volksarmee übernommen und damit auch die alte Doktrin. War diese also gar nicht ethnisch bestimmt?

Ja, das ist richtig, es geht in dieser jugoslawischen Doktrin darum, den Feind zu zerstören, zu töten. Mit dieser Doktrin sind die serbischen Armeen seit 1991 vorgegangen. Angegriffen wurde zuerst mit schwerer Artillerie, dann mit Panzern, dann mit Infanterie, die alles zerstören sollte, was sich noch regte. Für die westliche Doktrin gilt, du sollst im Feind den Willen töten, weiter zu kämpfen, aber nicht alles zerstören. Die Serben sind gute Taktiker, aber sehr schlechte Strategen. Sie sind militärisch sehr gut, wenn sie angreifen, sie denken aber nicht daran, sich zu verteidigen, wie in Kroatien 1995, als sie beim Gegenangriff zusammenbrachen. Die Serben denken immer an Attacke, an Expansion, sogar auf der politischen Ebene ist das so.

Wie kamen Sie denn im März 1999 in den Kosovo?

Über Pfade in Makedonien bin ich noch kurz vor dem NATO-Angriff in den Kosovo gekommen. Wir agierten unter sehr schwierigen Bedingungen. Die serbischen Streitkräfte waren sehr stark, sie hatten die Grenze abgeriegelt. Es gab praktisch keinen Nachschub für die UÇK. Als erstes habe ich die Strategie unserer Truppen verändert.

Und wie sah die aus?

Es machte keinen Sinn, ein Dorf zu halten oder Frontlinien aufzubauen. Dazu waren wir zu schwach. Die Operationszonen mit ihren Hauptquartieren gab es ja schon. Ich bestand darauf, aus den besten Kämpfern eine manövrierfähige Einheit zu formen, eine Spezialeinheit, die überall operieren kann. Diese Spezialeinheit sollte direkt vom Hauptquartier oder von den Kommandeuren der Operationszonen geleitet werden. Das war sehr effektiv. Wir haben zudem eine Nationalgarde gebildet. Nach meinem Plan sollten wir unsere Substanz erhalten und gleichzeitig in der Lage sein, mit genügend Kräften anzugreifen und die Serben aus der Reserve zu lokken, was wiederum der NATO zugute kam, um die Luftangriffe zu gestalten.

Die serbischen Streitkräfte haben die ethnischen Säuberungen fortgesetzt, und Sie haben nichts unternommen?

Eine große Aktion zum Schutz der Bevölkerung konnten wir nicht riskieren. Viele Zivilisten suchten Schutz in den freien Territorien, das war natürlich die schwierigste Zeit für die UÇK und für Kosovo. Aber wir hatten eine gute Koordination und Disziplin. Die Moral der Soldaten war sehr hoch, sie hatten Vertrauen in die Führung. Wir waren in guter Verfassung, waren vereint und kampfesmutig und standen in direktem Kontakt mit dem Generalstab.

Vereint? Aber die Albaner waren doch zerstritten?

Ich wollte von Anbeginn die Einheit. Wir hatten FARK-Truppen im Kosovo und Albanien, mehr aber in Albanien, während die UÇK im Kosovo überall verankert war. Die FARK hatte eine eigene Befehlskette, sie hatte die Operation in Koshare begonnen und versuchte von Albanien aus, auf kosovarisches Gebiet vorzudringen. Ich versuchte, beide Gruppen, die UÇK und die FARK, in eine einheitliche Befehlsstruktur zu bringen. Die UÇK war ja schon in Brigaden strukturiert, die 131. bis 137. Brigade, die FARK wurde als 138. Brigade eingegliedert. Und sie wurde der Zone von Rramush Haradinaj in Dukagjin zugeordnet. Es war sehr hart für Rramush, dies zu tun, er hatte 1998 Konflikte mit der FARK gehabt. Doch ich unterzeichnete den Befehl, daß die FARK Teil der UÇK zu sein hat und in dieser Operationszone aktiv wird. Also machten wir es.

Wo war eigentlich Ihr Hauptquartier?

Das war in Divjak, einem Dorf zwischen Malisheva und dem Flughafen.

Dann waren Sie nicht weit von Prishtina entfernt, Sie operierten also im ganzen Kosovo?

Natürlich. Wir versuchten, die Serben zu Reaktionen zu zwingen und Situationen zu schaffen, die von der NATO-Luftwaffe genutzt werden konnte. Es war gleichzeitig eine Taktik, den Einsatz von NATO-Bodentruppen vorzubereiten. So haben wir im Mai eine größere Operation begonnen. Es ging zunächst also nicht um den Gewinn von Territorien, sondern um Provokationen, darum, die Serben aus der Reserve zu locken. Die serbischen Streitkräfte waren gut versteckt, sie hielten die Schlüsselstellungen im Kosovo, sie mußten sich bewegen und ihre Stellungen verlassen, damit die NATO zuschlagen konnte. Und so mußten Milošević und seine Generäle damit kalkulieren, daß die UÇK in der Lage ist, den Einsatz von NATO-Bodentruppen zu erleichtern. Einige NATO-Offiziere waren im Kosovo zugegen.

Ja? Aber das Beispiel Baballoq zeigt doch, daß die NATO gezögert hat, Ihr Angebot anzunehmen. Die serbische Artilleriestellung dort wurde von der NATO gar nicht attackiert. So eng war Ihr Verhältnis also nicht.

Die NATO hatte eine klare Position, was zu tun ist. Sie wollten den Willen Miloševićs brechen. Er sollte aufgeben, er sollte wieder verhandeln müssen. Sie wollten so wenig wie möglich zerstören, auch nicht seine Armee, sondern lediglich seinen Willen. Deshalb griffen sie in drei Phasen an. Zuerst sollten die Luftabwehr, die Kommandozentralen und die Radaranlagen zerstört werden. In der zweiten Phase die Wirtschaft, die Ministerien, die Propagandainstrumente wie das Fernsehen. In der dritten Phase sollten auch bewegliche Ziele im Feld angegriffen werden. Das war Mitte Mai.

Aber die NATO wollte doch nicht, daß die UÇK vor den NATO-Truppen das Land befreit.

Richtig, die NATO-Staaten sahen die UÇK leider als Teil des Problems im Kosovo an. Wenn wir in den Kosovo reinkommen, sagte die NATO, dann müsse die UÇK aufgelöst werden.

Viele Kosovoalbaner sagen, sie hatten Glück, einfach Glück, daß die NATO gegen Milošević gekämpft und schließlich im Kosovo einmarschiert ist. Die Albaner waren zerstritten und desorganisiert und hätten das allein nie geschafft.

Ich habe keine Zweifel, daß wir letztendlich auch aus eigener Kraft gesiegt hätten. Es hätte länger gedauert und mehr Opfer gekostet. Alle Freiheitsbewegungen haben am Ende gesiegt. Das zeigt die Geschichte. Aber die NATO war sehr hilfreich für uns, und wir sind sehr, sehr dankbar dafür.

12
Die Rückkehr und die Zeit der Gesetzlosigkeit

Als die Nachrichten sich häuften, es werde bald zu einem Abkommen mit Milošević kommen, hielt ich mich noch in Koshare auf. Von Tirana aus war ich mit Shpend, einem Kämpfer der jetzt unter einem Oberkommando stehenden FARK-UÇK, in das umkämpfte Grenzgebiet im Norden Albaniens gelangt. Weil Ausländer in der Stadt Bajram Çuri häufig überfallen wurden, hielt Shpend seine Kalaschnikow aus dem Autofenster, als wir die Stadt in Richtung Front durchquerten. Und schon bald mußten wir uns in die Gräben werfen: Die serbische Artillerie aus Baballoq hatte uns aufs Korn genommen.

Doch alles ging glimpflich ab; uns gelang es sogar, bis an die vorderste Frontlinie zu kriechen. In Erwartung des Friedensschlusses hatten die UÇK-FARK-Kämpfer ihre Angriffe eingestellt. Sie diskutierten heftig, was nun geschehen sollte. Die Forderung der NATO, die UÇK müsse entwaffnet werden, wurde von einigen nicht akzeptiert. Anderen Kämpfern war es gleich. »Wir wollen zurück nach Hause, mein Dorf ist zerstört. Wenn ich wieder dort bin, werde ich erst einmal unser Haus wieder aufbauen«, gab einer die Stimmung wieder.

Für uns war es Zeit, nach Makedonien zurückzufahren. Von dort aus würde ein großer Teil der NATO-Truppen am 12. Juni in den Kosovo einrücken. Auf den von Schlaglöchern übersäten Straßen Albaniens brauchten wir 24 Stunden bis nach Skopje. Doch wir kamen rechtzeitig vor dem großen Ereignis an. Mit Pedro Fürst, einem Schweizer Journalisten, fuhr ich schon einmal an die Grenze in Blace. Die Flüchtlinge strömten aus den Lagern, säumten die Straße und jubelten uns zu, als seien wir schon die NATO-Truppen. Das deutsche Nummernschild reichte aus, um eine solche Begeisterung zu entfachen.

Ganz anders in Priština: Russische Truppen aus Bosnien waren in die Stadt gekommen; die serbische Bevölkerung tanzte auf den Straßen, die Mädchen stiegen auf die Panzer und küßten die Soldaten. Was sollte nun geschehen? Die zweihundert russischen Soldaten bewegten sich in Richtung Flughafen. Wollten sie ihn besetzen? Sollten noch mehr russische Truppen kommen? War dies der letzte, aber entscheidende Trumpf Miloševićs, doch noch den Einmarsch der NATO zu verhindern? Außenstehende konnten damals nicht ahnen, wie nah die NATO einem heißen Konflikt mit Rußland gekommen war. Der amerikanische General Wesley Clark, so stellte sich später heraus, wollte den Flughafen und damit die russischen Einheiten angreifen lassen. Der britische General Michael Jackson stoppte ihn, und in Moskau setzte sich die Jelzin-Fraktion gegen die pro Milošević eingestellten Militärs durch, die den Flughafen besetzen wollten. Am nächsten Morgen hatte sich die Lage entspannt.

Eine Eskalation war in letzter Minute abgewendet worden. Milošević hatte wieder einmal ein riskantes, aber klug eingefädeltes Spiel verloren. Der Einmarsch der NATO-Truppen in den Kosovo konnte beginnen.

Einmarsch der NATO-Truppen

Die britischen Panzer standen an der Grenze aufgereiht. Endlich setzte sich die Kolonne in Bewegung, stoppte aber vor jedem Tunnel, um ihn nach Sprengfallen zu untersuchen. Diese Aufgabe übernahmen indische Gurkhas, die in der britischen Armee dienten. Die Journalisten durften den ersten Panzerkolonnen folgen. Aus den Bergen nach Kaçanik in die Ebene kommend, gab es kein Halten mehr. Wir überholten die sich langsam bewegende Panzerkolonne, und ich stoppte an einem Parkplatz unterhalb eines Bergabhangs, um eine Reportage per Satellitentelefon durchzugeben.

Da hörten wir ein Motorengeräusch. Es war ein serbischer Panzer. Der Soldat auf dem Turm rief uns etwas zu. Ich ging näher heran. Er fragte nach Wasser. Ich warf ihm ein paar Flaschen Mineralwasser hinauf. Eine verrückte Situation. Die NATO-Panzer rollten ins Land, und der serbische Soldat auf seinem Panzer nahm gleichzeitig mit uns einen Schluck aus der Pulle.

Menschen kamen aus ihren Häusern – ein paar wenige Albaner, die noch nicht vertrieben worden waren. Staunend standen sie da und starrten die Panzer an. Als sie die britischen Soldaten erkannten, brachen sie in Jubel aus, kamen näher an die Straße heran und winkten den NATO-Soldaten zu.

Wieder überholte ich die Kolonne. In Prishtina angekommen, fuhr ich zum Hotel Grand. Vor dem Eingang standen einige Freischärler des Milizenführers Arkan. In einer Seitenstraße wollte ich einen befreundeten Albaner besuchen. Als ich an die Tür klopfte, zischte nur jemand: Warte noch einen Tag! Du bringst uns in Gefahr!

Bei der Tankstelle vor Prishtina hatte die Vorhut der Briten haltgemacht. Es dunkelte. Die britischen Panzer bildeten einen Kreis und ließen uns Journalisten – auch andere waren inzwischen angekommen – in die Mitte. An Schlaf war kaum zu denken. Um vier Uhr begann es zu lärmen. Laute Motorengeräusche.

Und da waren sie. Die ersten abziehenden Panzer der serbisch-jugoslawischen Armee. Nach dem Abkommen von Kumanovo sollten die Serben zuerst die Region Prizren räumen, dann Zug für Zug die anderen Regionen. Die NATO-Truppen würden dann der Reihe nach in die von Serben geräumten Gebiete einrücken: Zunächst sollten die Briten Prishtina besetzen, dann würden die Deutschen nach Prizren gehen, die Italiener nach Peja, die Amerikaner in den Südosten und als letztes die Franzosen nach Mitrovica im Norden. Der Kosovo war in fünf Besatzungszonen aufgeteilt: in eine amerikanische, eine deutsche, italienische, britische und französische. Der Forderung Moskaus, auch eine russische Besatzungszone einzurichten, wurde nicht entsprochen.

Doch erst mußten die Serben abziehen.

Eine intakte Armee zieht ab

Schneller als die NATO-Panzer eingerückt waren, rasten die M-84-Panzer an den verblüfften Briten vorbei. Zum Gruß schwenkten sie ihre Kanone in unsere Richtung und dann wieder zurück in die Ausgangsposition. Sie besaßen völlig intaktes Material. Beim siebzigsten Panzer hörte ich auf zu zählen. Artillerie und Lastwagen mit anderem Material folgten. Eine imposante Armee zog mehr als eine Stunde lang an uns vorüber Richtung Norden – und bestätigte die Vermutung, daß die NATO die serbische Armee ziemlich schonend behandelt hatte, jedenfalls in der Region Prizren. Auch die UÇK hatte dort kaum etwas gegen die serbischen Kräfte ausgerichtet. Die serbische Armee in diesem Militärbezirk war intakt geblieben. Ob dies auch anderswo so war, kann ich aus eigener Anschauung nicht bestätigen.

Der Nebel aus Propaganda und Gegenpropaganda während des Krieges lichtete sich in diesem Augenblick etwas. Die NATO hatte ihren klinisch »sauberen« Krieg aus einigen Tausend Metern Höhe gelobt und erfolgreiche Angriffe auf Militäranlagen und Machtzentralen des Regimes gemeldet. Das Bild eines effizienten, die Zivilbevölkerung schonenden Bombenkrieges war zwar durch ein paar »Kollateralschäden« in Folge fehlgeleiteter Bomben auf Fabriken, Brücken, Eisenbahnlinien und damit verbundenen serbischen Opfern angekratzt, ließ sich aber aus Sicht der NATO-Sprecher weiterhin aufrechterhalten. Schließlich habe man die serbische Führung zum Nachgeben gezwungen, ohne einen einzigen Soldaten zu opfern.

Die serbischen Medien, die ihren »heroischen« Abwehrkampf hochleben ließen, hatten von dutzenden abgeschossenen Flugzeugen schwadroniert. Sie berichteten sogar nach Kumanovo vom »siegreichen« Rückzug der Armee, die sich unter der weisen Führung des Slobodan Milošević gegen die Übermacht behauptet habe. Die Begründung, warum sie nach einem solchen »Sieg« aus dem Kosovo abziehen mußte, hat den Anhängern des Regimes viel Phantasie abverlangt.

Tatsache bleibt, daß die serbische Armee den Krieg zwar verloren, aber fast intakt aus ihm hervorgegangen ist. Die Verluste waren wesentlich geringer als von den westlichen Medien angenommen. Daraus konnte man schließen, daß die NATO, wie von den Bergen Albaniens aus beobachtet, viele Scheinangriffe geflogen und die serbische Seite vor geplanten Angriffen gewarnt hat. Es wurde also politische Rücksicht genommen und vermieden, Serbien völlig zu demütigen.

Konträre Gefühlslagen

Zurück im Hotel Grand – die Arkan-Leute waren noch da, ein griechisches Kamerateam auch – konnte ich für *n-tv* spontan eine Lifeschaltung durchführen: Britische Panzer nähern sich dem Hotel. Kameraschwenk. Arkans Kämpfer fahren in mehreren Dutzend gestohlenen Geländewagen und Luxuslimousinen aus der Hotelgarage und fliehen Richtung Norden.

Aus den Kellern und aus den Häusern kamen einige Albaner; ihre Kinder erklommen die britischen Panzer. Die Serben in der Stadt, die zwei Abende zuvor noch lautstark mit den Russen gefeiert hatten, zogen sich in ihre Wohnungen zurück. Hinter den Vorhängen beobachteten sie die Szenen auf der Straße. Welch ein Wechselbad der Gefühle! Die Hoffnungen, die die Ankunft der russischen Soldaten bei der serbischen Bevölkerung geweckt hatte, waren mit den NATO-Panzern zerstoben. Eine gewaltige Enttäuschung. Noch heute sind viele Serben der Region skeptisch gegenüber russischen Versprechungen. »Den Russen traue ich nicht mehr über den Weg«, sagte mir im Sommer 2009 ein Mann aus der Enklave Čaglavica.

Kein Schuß war gefallen. Die Briten bewegten sich Straße für Straße vorwärts, bis sie die ganze Stadt kontrollierten. Jetzt konnte ich meinen Bekannten treffen. Überglücklich fiel er mir um den Hals.

Es wurde Zeit, in Richtung Prizren aufzubrechen, um die deutsche Panzerkolonne, die bereits auf dem Weg sein mußte, noch am Nachmittag zu erreichen. In Štimlje, 40 Kilometer vor Prizren, landete ein Hubschrauber. Der Pilot berichtete, Journalisten des *Stern* seien ein paar Kilometer weiter den Paß hinauf erschossen und einer schwer verletzt worden. Er werde gerade abtransportiert. Wir warteten auf die deutschen Panzer, die langsam anrückten, und erreichten unter deren Schutz den Schauplatz des feigen Mordes an den Journalisten.

Der Fotograf Volker Krämer und der Übersetzer Senol Alit lagen noch an der Stelle, wo der Mord stattgefunden hatte. Die Blutlachen waren deutlich zu erkennen. Der vom Hubschrauber abtransportierte schwerverletzte Gabriel Grüner starb kurz darauf im Krankenhaus. Noch tags zuvor an der Grenze hatten wir gemeinsam auf die Abfahrt der NATO-Panzer gewartet und miteinander herumgealbert. Gabriel Grüner hatte noch erklärt, in ein paar Tagen würden einige von uns nicht mehr am Leben sein. Ein russischer Freiwilliger, der auf seiten der Serben kämpfte, hatte, wie sich später herausstellte, die drei Kollegen ermordet und ihr Auto gestohlen.

Um Mitternacht erreichten wir Prizren. Das Hotel Feranda war geöffnet. Die ersten Rückkehrer, junge Leute aus den Camps in Albanien, tanzten auf dem Hauptplatz. Der serbische Kiosk dort war noch voller Alkoholika. »Allah wird uns die Sünde verzeihen«, lachte einer und nahm einen großen Schluck Kognak. Immer mehr Leute strömten auf den Platz.

Sie berichteten, der deutsche Brigadegeneral Helmut Harff sei mit der zweiten deutschen Kolonne von Albanien aus vorgerückt. Der serbische General habe 60 Minuten vor dem Termin des NATO-Einmarschs um Aufschub gebeten, um seine Truppen für den Abzug vorzubereiten. »Geben Sie mir noch einige Stunden.« Die Antwort des Deutschen war legendär. »Jetzt haben Sie noch 59 Minuten.«

Die ersten Rückkehrer

Wieder rollten Traktoren mit Anhängern voller Menschen die Straßen Albaniens entlang. Doch diesmal fuhren die Flüchtlinge in die umgekehrte Richtung: nach Hause, in den Kosovo.

Am Grenzübergang Morina, wo viele Menschen vor kurzem noch ausgeraubt und geschlagen worden waren, standen jetzt deutsche KFOR-Soldaten, auch einige Frauen und Männer in den Uniformen der UÇK.

Die Finger der Flüchtlinge formten das Victory-Zeichen. »Ich gehe nach Hause«, rief ein Mann und lachte. Andere weinten vor Freude. Kinder warfen den Soldaten Kußhände zu. Zehntausende setzten sich in einer kilometerlangen Schlange aus Traktoren, Autos, Lastwagen und Bussen in Bewegung.

Der UNHCR hatte die Menschen in den Flüchtlingslagern Albaniens und Makedoniens aufgefordert abzuwarten, bis die Minen geräumt seien. Die tödliche Gefahr war sehr unterschiedlich gestreut; manche Gebiete waren sehr stark, andere kaum oder gar nicht betroffen.

Hashim wußte das alles. Dennoch saß der Bauer mit seiner Frau und den sieben Kindern, dem jüngeren Bruder und dessen fünfköpfiger Familie auf dem Traktor und wollte zurück. Zurück in ein Dorf bei Suva Reka. »Wir wollen das Korn, das wir gesät haben, ernten.« Die Kühe und Schafe, die beiden Pferde seien sicherlich gestohlen oder getötet worden, befürchtete er. »Erst einmal müssen wir unseren Hof aufräumen, dann sehen wir weiter.«

Zu denen, die jetzt zurückkehrten, gehörte auch ein Häftling aus dem Gefängnis Smrkovnica. Er wollte nach Mitrovica in die noch von Serben besetzte Zone. Er suchte seinen Bruder. Die nicht freigelassenen Gefangenen sollten nach Serbien verlegt worden sein. Er hoffte trotzdem, ihn zu finden.

Auch die Gefangenen im Gefängnis von Prizren hatten die serbischen Verantwortlichen nach Serbien verschleppen wollen. Doch ein Bundeswehrsoldat hatte die Ladung eines Lastwagens überprüft und fand halbverhungerte Gestalten. Die Gefangenen wurden freigelassen.

Die Ankunft der Flüchtlinge in Prizren glich einem Triumphzug. Winkend, klatschend und jubelnd wurden sie von ihren Landsleuten in Empfang genommen.

Das Tal des Todes

Die Dächer waren zerborsten, die Fensterhöhlen rußgeschwärzt, die geschnitzten Eingangstore der Bauernhöfe zersplittert. Im Dorf Pirana, einen Steinwurf von der Straße Prizren–Gjakova entfernt, standen von 300 Häusern noch zehn. In den Innenhöfen der Anwesen lagen zerschlagene Möbel, Kleidungsstücke, Arbeitsgeräte und tote Haustiere. Pirana wurde am 24. März 1999 zerstört. Die serbischen Freischärler und die jugoslawische Armee hatten ganze Arbeit geleistet.

Masar Elshani, zwanzig Jahre alt, hat hier überlebt. Die meisten Bewohner waren nach Albanien geflohen, doch er und noch ein paar andere junge Leute hatten ausgeharrt. Er wußte, was hier geschehen war. Er zeigte auf ein Haus, einen Rohbau. Im ersten Stock lag die Leiche einer Frau. Sie war weitgehend verwest, ihre Arme waren vom Körper abgetrennt. Sie wurde, wie er versicherte, am 24. März ermordet.

»Solche Leichen kann ich dir mehrere zeigen«, sagte der

junge Mann. »Auch in den zum Distrikt Orahovac gehörenden Nachbardörfern Velika Kruša (Krusha ë Madhe), Celina, Zrze und Bela Cirkva haben Massaker stattgefunden.« UÇK-Kämpfer wiesen den Weg nach Velika Kruša. Hilmi Duraki, ein älterer Mann, führte mich.

Am 25. März um zehn Uhr morgens seien die Soldaten gekommen, Panzer hätten auf das Dorf geschossen. Viele Menschen seien geflohen, andere seien in die Moschee getrieben worden. Später seien ein Lastwagen, ein Bus und ein PKW gekommen. Er, seine Familie und die Nachbarn seien geflohen, er konnte aber noch mit eigenen Augen sehen, wie rund zwanzig Menschen in das Haus des Nachbarn geführt worden seien. Dann sei das Gebäude in Flammen aufgegangen. Die verkohlten Leichen seien vor wenigen Tagen von deutschen und niederländischen Soldaten gefunden worden.

»Zweimal in meinem Leben mußte ich vor den Serben fliehen«, sagte Hilmi Duraki. Zum erstenmal 1956, unter dem Regime des berüchtigten serbischen Innenministers Ranković. Damals wurde sein Vater ermordet. Erst 1964 konnte Hilmi Duraki zurückkehren. Und nun das zweite Mal. Vor drei Tagen war er aus dem Lager in Kukes zurückgekommen. »Wir werden alles wieder aufbauen. Mit den Serben zusammenleben will ich aber nicht mehr.«

Auf dem ungeteerten Weg in das Dorf Celina waren drei Traktoren unterwegs. Auf den Anhängern saßen Frauen und Kinder und winkten lachend. Sie hatten es nicht weit nach Hause, nach Zrze. Ein Traktor war schon angekommen. Die Menschen standen fassungslos vor dem, was von ihrem Haus übriggeblieben war.

Die Frauen fingen an zu weinen. Im Garten war der Vater erschossen worden. Ein Nachbar hatte ihn bestattet. Dieser Nachbar führte mich auf einen verwilderten Friedhof. Elf Menschen ohne Namen, vier mit Namen sind hier begraben. Sie seien aus dem Dorf Pustasel hierhergeschafft worden, sagte er. Am 4. Mai habe er selbst fliehen müssen. In Pustasel sei es zu einem großen Massaker gekommen.

In Celina wurde ich von Ilmi Rexhepi, einem jungen Mann, der ebenfalls während des Krieges hiergeblieben war, zu einer Hinrichtungsstätte geführt. Patronen lagen herum, ein geborstener Schädel. In den Wänden die Einschlaglöcher. Hier wurden am 26. März dreizehn Menschen erschossen, darunter auch seine Mutter und andere Mitglieder seiner Familie.

Wir gingen weiter auf der Straße des Todes. Ein zerstörtes Anwesen reihte sich an das nächste. In manchen Häusern lagen noch Leichen. Miradije Hoti führte mich an einen Ort, der mir das Blut gefrieren ließ. In einem ausgetrockneten Bachbett hatten sich am 25. März vierundzwanzig Menschen, ausschließlich Frauen und Kinder, vor der serbischen Soldateska verstecken wollen. Man sah noch die Matratzen, man sah noch Kleidungsstücke in dem von Büschen überwucherten Hohlweg. »Sie wurden hier ermordet«, sagte Frau Hoti. Ihr Vater und einige andere Männer hätten sie später in diesem Massengrab beerdigt. Ein dreimal fünf Meter großes Feld ist da zu sehen, mit jungem Gras bedeckt. Dicht daneben weitere Gräber, hier weitere fünf Tote, dort eine unbekannte Frau, zwei Tote aus diesem Haus, drei Tote von dort gegenüber.

Genug. Ich hatte mich in einem Umkreis von fünf Kilometern bewegt. Dieser Teil des Kosovo, nahe Prizren und Rahovec, war ein Tal des Todes, des Schmerzes und der Zerstörung.

Die Politiker kommen

Sichtlich erschüttert standen Außenminister Joschka Fischer und Verteidigungsminister Rudolf Scharping in einem Haus mit zwanzig verbrannten Menschen. Der Hubschrauber hatte sie hierher, nach Velika Kruša, gebracht. In die hingehaltenen Mikrofone konnten sie nicht viel sagen, nur daß »die Kriegsverbrechen gesühnt werden«. Scharping fügte hinzu: »Niemand soll dies für eine leere Drohung halten. Wir werden die Verantwortlichkeiten feststellen. Es wird zwar schwierig werden, die Täter dingfest zu machen, aber wir werden in Zusammenarbeit mit Den Haag alles dafür tun.«

Auf der Pressekonferenz in Prizren kam der wieder gelöste und freundliche Joschka Fischer auf mich zu. Ich gratulierte zum Erfolg. Er lachte und sagte: »Erich, wir hätten es gemacht.« – »Was denn?« – »Wir wären mit Bodentruppen vorgegangen.« Deutschland habe die Entscheidung der NATO vom 25. Mai 1999 mitgetragen.

Für das Dreigestirn Fischer, Scharping und Schröder waren das gute Tage. Sie hatten die wohl schwierigste außenpolitische Lage in Deutschland seit Jahrzehnten gemeistert. Und sie hatten sich im Kosovo große Popularität erworben. Daß die NATO nicht gekommen war, um den Kosovo zu befreien und gleich den Albanern zu übergeben, war den Kosovoalbanern, die »Schreder, Schreder« riefen, aber noch nicht klar. Die Resolution 1244, auf die sich der Westen und Rußland geeinigt hatten, bestätigte die »territoriale Integrität« der Bundesrepublik Jugoslawien und legte gleichzeitig fest, daß der Kosovo bis zu einer »endgültigen Regelung« von den Vereinten Nationen verwaltet wird.

Mit dem Einmarsch der NATO-Truppen waren die Machtverhältnisse auf beiden Seiten definiert. Weder die UÇK noch die serbischen »Sicherheitskräfte«, sondern die aus Kontingenten der NATO- und anderer Staaten gebildeten internationalen Truppen – auch Österreich, die Schweiz und Rußland schickten Kontingente – der KFOR waren von nun an die bewaffnete Ordnungsmacht. Die UN-Mission im Kosovo, genauer: die *United Nations Interim Administration Mission im Kosovo* (UNMIK) sollte zusammen mit der OSZE die Verantwortung für den zivilen Wiederaufbau und den Aufbau der staatlichen Strukturen übernehmen.

Der deutsche Kommandant von Prizren, Brigadegeneral Fritz von Korff, hatte sofort nach dem Einmarsch einen Befehl gegeben, der mich zum Schmunzeln brachte: Der die Stadt durchquerende Fluß Bistrica solle von Unrat gereinigt werden. Die Deutschen wollten den überall verstreuten Müll beseitigen und versprachen jedem, der sich an die Arbeit machte, 10 DM pro Tag. »Das ist ja wie früher, als die Wehrmacht hier war«, erinnerte sich ein alter Albaner. Als die Deutschen 1943 eingerückt waren, habe es als erstes geheißen: den Müll aufräumen. Niemand kann aus seiner Haut.

2000 Serben hatten sich im Zentrum versammelt. Sie wußten nicht, ob sie bleiben oder wegfahren sollten. Die NATO hatte ihnen Sicherheit versprochen. Dennoch, die meisten wollten weg.

Am nächsten Tag setzte sich eine Autokolonne in Bewegung. Albanische Rückkehrer standen am Straßenrand, deutsche Soldaten sicherten die Kolonne. Der amerikanische Journalist Roy Gutman kniff mich in den Arm. »Hey, das ist Wirklichkeit. Deutsche Soldaten bewachen die Serben bei ihrem Abzug aus Prizren, stell dir das mal vor.« Die Welt hatte sich verändert. Die Konstellationen des Zweiten Weltkriegs waren Vergangenheit, Deutschland ein gleichberechtigter Alliierter, und doch wieder hier, am selben Ort, an dem die Wehrmacht einst ihr Hauptquartier in der Region aufgeschlagen hatte.

Eim Kosovoalbaner erkannte sein Auto, das jetzt von einer serbischen Familie genutzt wurde. »Das ist mein Auto, er hat es mir gestohlen«, schrie der Albaner. Der serbische Familienvater zog den Kopf ein. Der Albaner wollte auf die Straße zu dem Auto springen. Doch die deutschen Soldaten hielten ihn zurück. Der Abzug sollte reibungslos verlaufen.

Einige Serben jedoch blieben. Darunter ein älteres Ehepaar, beide Rentner. Der Mann kam auf mich zu und sagte, die

NATO habe ihnen doch Sicherheit versprochen. Nun aber würden UÇK-Leute sie bedrohen.

Wir gingen zu ihrem Häuschen. In der Tat, ein paar Albaner in Uniform hatten sich Zutritt zu der Wohnung verschafft. Die Ehefrau war völlig verängstigt. Mit der Autorität des Fremden ging ich dazwischen. Und hatte Glück, daß UÇK-Polizisten in schwarzer Uniform auftauchten. Sie jagten die Eindringlinge davon.

Bei den Einbrechern und Dieben handelte es sich nicht um UÇK-Kämpfer, aber um Rückkehrer, die sich UÇK-Embleme besorgt hatten und Serben ausrauben wollten, denn die hatten ja zuvor ihnen ihr Eigentum gestohlen oder zerstört. Mein Argument, diese beiden alten Menschen hätten nicht ihr Eigentum gestohlen und auch niemanden umgebracht, wurde mit einem Achselzucken zur Kenntnis genommen. Die Serben sollten jetzt kollektiv bestraft werden.

Als ich am nächsten Morgen nach dem Ehepaar sehen wollte, standen die Türen offen. Die Wohnung war ausgeraubt, von den alten Leuten keine Spur. Ich fand sie auch nicht im Kloster, wohin über hundert Serben geflohen waren und von den NATO-Soldaten bewacht wurden.

Nun brannten die serbischen Häuser. Und Serben, die geblieben waren, mußten um ihr Leben fürchten. Albanische Jugendliche zündeten die Altstadt an – sie führten jetzt ihren eigenen Krieg. Doch auch unter den Serben gab es Brandstifter, die selbst ihr Eigentum anzündeten, bevor sie die Stadt verließen. Bundeswehrsoldaten versuchten, mit ihren kleinen Einmannpanzern Jagd auf alle Brandstifter zu machen. Doch tauchten sie an einer Stelle auf, brannte es an einer anderen. Sogar ein sehr altes, in türkischem Stil erbautes Haus am Ufer ging in Flammen auf. Erst als das nächtliche Ausgangsverbot durchgesetzt war, beruhigte sich die Lage. Die Deutschen richteten ein Gefängnis ein. Und endlich kamen die ersten UN-Mitarbeiter, die eine zivile Verwaltung aufbauen sollten.

Das Rathaus war inzwischen von der UÇK besetzt. Sie wollte die Macht im Ort übernehmen und eine UÇK-Selbstverwaltung aufbauen. Dies trug jedoch keineswegs zur Beruhigung der Lage bei.

Überall im Kosovo ging es ähnlich zu. Die Albaner, die in dem Gebäude gegenüber dem Hotel Grand in Prishtina, von ihren serbischen Nachbarn geschützt, die schlimmste Zeit überstanden hatten, waren jetzt machtlos. Sie konnten ihre serbischen Nachbarn nicht beschützen. Leute vom Land, deren Häuser zerstört worden waren, oder einfach nur städtische Kriminelle drangen in die Wohnungen ein und blieben dort. Da es keine reguläre Polizei gab, die UN-Mission noch nicht aufgebaut war, die britischen KFOR-Soldaten nicht überall sein konnten und zudem kein Wort der hier gesprochenen Sprachen verstanden, hatten sie leichtes Spiel. Nach und nach verließen die altansässigen Serben Prishtina. Die aus Serbien stammenden Beamten, Polizisten, Freischärler und Banditen waren ohnehin längst weg.

Auch einige serbische Dörfer brannten. Nun flohen Serben mit ihren Pferdekarren und Traktoren wie zuvor die Albaner. In einem Dorf, wenige Kilometer nördlich von Prishtina, wurde ich Zeuge, wie die Rückkehrer aus den albanischen Nachbardörfern in den Höfen der serbischen Bauern nach Gegenständen suchten, die ihnen gestohlen worden waren. Dann stahlen sie ihrerseits alles, was nicht niet- und nagelfest war. Zuletzt zündeten sie in aller Öffentlichkeit, vor den Augen der Journalisten, seelenruhig die Höfe an.

Nur in den mehrheitlich serbischen Gemeinden konnte die KFOR die serbische Zivilbevölkerung schützen. Panzer und Soldaten sicherten diese Gebiete. So entstanden die Enklaven, die bis heute existieren. Aus den großen Städten aber flohen die Serben in den Wochen nach dem Einmarsch der NATO.

Nicht nur Serben, auch Roma wurden Ziel von Übergriffen. Viele von ihnen hatten sich während des Krieges auf die serbische Seite geschlagen. Das Milošević-Regime hatte die Roma-Bevölkerung nicht angetastet, ihr sogar – während die Albaner vertrieben wurden – bestimmte Arbeiten zugewiesen. So zum Beispiel den Abtransport von Leichen. Manche Roma nutzten die verworrene Lage und raubten die Häuser der vertriebenen Albaner aus. In einem auch von Roma bewohnten Viertel in Prizren fanden die zurückkehrenden albanischen Nachbarn hinter den Mauern eines Anwesens nicht nur Dutzende von Kühlschränken, Fernsehgeräten, sondern auch anderen Hausrat fein säuberlich aufgestapelt zum späteren Verkauf. Und manche der Nachbarn fanden hier, im Hof der geflohenen Roma-Familie, ihre eigenen Sachen wieder.

Die Bundeswehr stellte einen Panzer in das auch von Roma bewohnte Viertel an der Straße nach Gjakova. Dennoch kam es nachts zu Übergriffen. Albanische Jugendliche warfen Brandflaschen über die Mauern der Höfe. Es wurde versucht, die verbliebenen Roma aus der Stadt zu treiben. Nicht nur jene Roma, die mit den serbischen Behörden zusammengearbeitet hatten, wurden Ziel von Racheakten, sondern auch diejenigen, die sich in dieser Hinsicht nichts hatten zuschulden kommen lassen. Angesichts der Übergriffe flohen viele Roma-Familien in Todesangst nach Nordmitrovica und nach Montenegro.

Doch selbst Kosovoalbaner wurden Opfer der Gesetzlosigkeit und Raffgier, die nun um sich griff. Plötzlich standen bewaffnete Leute in UÇK-Uniform vor der Tür und beschlagnahmten Wohnungen und Häuser. So zum Beispiel in Prishtina. Wer Glück hatte und Englisch sprach, konnte die Briten verständigen. Wenn die Militärpolizei auftauchte, verschwanden die Eindringlinge wieder.

»Wir hätten Ordnung geschaffen, wenn man uns gelassen hätte«, sagte 2009 der ehemalige Vorsitzende der LPK und UÇK-Kämpfer, Gafurr Elshani. Doch dem Plan der NATO zufolge sollte die UÇK sukzessive aufgelöst werden; eine UÇK-Polizei durfte nicht aufgebaut werden. Bei den Einbrechern habe es sich in den wenigsten Fällen um Kämpfer der UÇK gehandelt, sondern um Leute, die das Emblem mißbraucht hätten, erklärte er.

Aber war das wirklich überall so? Führende Persönlichkeiten der UÇK haben kein gutes Beispiel abgegeben. Staatlicher Besitz, Tankstellen und Geschäfte, Betriebe und Immobilienbesitz wurden »privatisiert«. Dabei ging es nicht mit rechten Dingen zu. Manche Führer protzten, kaum daß ein paar Wochen vergangen waren, mit neuen Luxuslimousinen. Hätte die UÇK-Führung energisch zur Mäßigung aufgerufen, hätten sicherlich einige Exzesse vermieden werden können. Aber weder Hashim Thaçi noch andere führende Köpfe ergriffen die Initiative.

Veton Surrois Kritik am albanischen Faschismus

Diese kam von anderer Seite. In einem dramatischen Aufruf in der inzwischen wieder in Prishtina ansässigen *koha ditore* kritisierte Veton Surroi zwei Monate nach Kriegsende nicht nur die UÇK-Führung, sondern das Verhalten seiner Landsleute generell. Er sprach von einem albanischen Faschismus und einer großen Schande. Dafür habe man nicht gekämpft, um so etwas zu erleben:

»Im Verlauf eines Monats wurde eine alte Frau in ihrem Badezimmer zu Tode geprügelt, ein zweijähriger Junge verletzt und seine Mutter erschossen, zwei Jugendliche mit einem Granatwerfer umgebracht Eine Frau wagt es nicht, öffentlich ihren Namen anzugeben aus Angst, daß diejenigen zurückkehren könnten, die versucht haben, sie zu vergewaltigen. Alle diese Opfer waren Serbinnen und Serben.

Ich muß gestehen: Ich schäme mich. Ich schäme mich zu sehen, daß wir Kosovoalbaner zum ersten Mal in unserer Geschichte zu solch monströsen Taten fähig sind [...].

Natürlich kenne ich die naheliegende Entschuldigung, daß

wir einen barbarischen Krieg durchgemacht haben, in dem die abscheulichsten Verbrechen von Serben begangen wurden. Die Intensität der Gewalt hat bei vielen Albanern den Wunsch nach Vergeltung geweckt. Aber das ist keine Rechtfertigung.

Diejenigen Serben, die den Befehlen Belgrads gehorcht und Verbrechen gegen die Albanerinnen und Albaner begangen haben, sind längst geflohen. Mit ihnen haben aber auch andere Serben den Kosovo verlassen, weil sie die Rache der Angehörigen von Tausenden in Massengräbern beigesetzten Menschen fürchteten. Die heutige Gewalt, zwei Monate nach Ankunft der NATO-Truppen, ist mehr als nur eine emotionale Reaktion. Es ist die organisierte und systematische Einschüchterung aller Serbinnen und Serben aus dem einzigen Grund, daß sie serbisch sind und deshalb kollektiv bestraft werden für alles, was im Kosovo geschehen ist.

Dieses Verhalten ist faschistisch. Die Behandlung der Kosovoserben bringt Schande über alle Kosovoalbaner, nicht nur über diejenigen, die solche Verbrechen begehen. Die Last dieser Schande werden wir gemeinsam tragen müssen. Von Opfern der schlimmsten Verfolgungen am Ende dieses Jahrhunderts in Europa sind wir zu Tätern geworden und haben zugelassen, daß der Faschismus von uns Besitz ergreift. Alle, die meinen, die Gewalt werde von selbst enden, wenn erst der letzte Serbe vertrieben ist, sitzen einer Illusion auf. Die Gewalt wird sich dann gegen Albanerinnen und Albaner richten. Haben wir wirklich dafür gekämpft?«

Die Ohrfeige saß. Auch wenn Surroi von manchen heftig gescholten und sogar bedroht wurde und sich nur wenige öffentlich hinter seinen Brief stellten, flauten die Übergriffe nach seinem Aufruf dennoch ab. Beigetragen dazu hatte natürlich auch, daß die UN-Mission Konturen annahm, die KFOR-Truppen nun besser mit der Lage zurechtkamen, die UN ihre Polizei aufbaute und die meisten Leute zurückgekehrt waren und ihre Häuser aufzubauen begannen. Den emotionalen Umschwung aber hatte zum großen Teil dieser Aufruf bewirkt.

In den Dörfern sprachen mich viele Leute darauf an, wollten mit mir darüber reden, erzählten von ihren Leiden und Erfahrungen, betonten aber immer, Albaner seien friedliche Leute und keine Verbrecher, und distanzierten sich somit indirekt von den Übergriffen.

Die Franzosen und Mitrovica

Hatte die NATO-Truppen nicht das gesamte Gebiet des Kosovo besetzen sollen? Warum haben dann die französischen Truppen, die als letzte ins Land kamen, in Mitrovica auf der Brücke über den Ibar haltgemacht? Stacheldrahtverhaue sicherten die neue Demarkationslinie. Durch das Vorgehen der Franzosen standen die serbischen Siedlungsgebiete nördlich der Stadt, die direkt an Serbien grenzten, weiterhin unter Kontrolle der serbischen Behörden und serbischer Kämpfer.

Auf einer gemeinsamen Pressekonferenz mit Joschka Fischer in Prishtina antwortete der französische Außenminister Vedrine auf die Frage, warum die NATO-Truppen nicht bis zur Grenze vorgerückt waren, mit einem Schwall unverständlicher Begründungen, deren Sinn sich mir und vielen Kollegen nicht erschloß. Die geschaffenen Fakten sprachen aber für sich: Das vornehmlich von Serben bewohnte Gebiet nördlich der Stadt blieb unter serbischer Verwaltung; es war der Kontrolle der UNMIK zunächst entzogen. So entstand eine neue geteilte Stadt in Europa. Mit Stacheldrahtverhau und einer anfangs für die Bevölkerung unüberwindbaren Grenze. Ein Versprechen der Resolution 1244 wurde schon damals gebrochen: Nicht alle Vertriebenen konnten an ihre Heimatorte zurückkehren, neben den nicht in den Enklaven ansässigen Serben und Roma von nun an auch jene Albaner, die in diesem Gebiet gewohnt hatten.

An der Brücke über den Ibar sollten sich noch Jahre danach die Emotionen der beiden Bevölkerungsgruppen entladen. Die von KFOR-Truppen streng bewachte Grenze wurde zusätzlich von sogenannten Brückenwächtern kontrolliert. Nicht, daß sie eine offizielle Funktion gehabt hätten; doch allein ihre Anwesenheit auf der serbischen Seite der Brücke ließ es Albanern nicht angeraten sein, in den Nordteil zu gehen. Wer es dennoch versuchte, mußte damit rechnen, zusammengeschlagen zu werden.

Besonders schwierig war die Lage der Menschen in der *Bosanska Mahala*, einem Streifen entlang des Flusses im Nordteil der Stadt, wo Albaner, Roma und Bosniaken wohnten. Sie konnten nur mit Sonderausweisen über die Brücke in den Südteil gelangen. Eine französische Einheit sollte ihre Sicherheit garantieren. Doch bis heute können sich die Bewohner dort nicht sicher fühlen. Immer wieder kam es zu Übergriffen, die oftmals in Schießereien endeten.

Die Mahala der Roma, die auf der albanischen Südseite lag, wurde von albanischen Extremisten zerstört. In diesem Stadtteil an den Ufern des Flusses hatten es die meisten Roma zu bescheidenem Wohlstand gebracht; einige vierstöckige Häuser zeugten sogar von beträchtlichem Besitz mancher Familien. Vor die Wahl zwischen den Mahlsteinen der beiden größeren Bevölkerungsgruppen gestellt, sahen viele Roma im Milošević-Regime die stärkere Seite, mit der man sich arrangieren mußte.

Viele Roma aus der Mahala flohen in die Serbengebiete nach Norden und fristeten dort ein unwürdiges Dasein in Flüchtlingslagern. Im Norden Mitrovicas entstand eine Wellblechsiedlung in einem von Bleistaub kontaminierten Gebiet, die noch heute, 2009, existiert.

Mit dem Stop der französischen Truppen auf der Brücke des Ibar wurde Kosovo faktisch in zwei Teile geteilt: in ein von der internationalen Gemeinschaft verwaltetes und vornehmlich von Albanern bewohntes Gebiet und in die Serbengebiete nördlich von Mitrovica sowie die von der KFOR geschützten, aber weiterhin von Serben verwalteten Enklaven. Damit war eine serbische, territorial abgegrenzte Parallelgesellschaft mit über 100000 Einwohnern entstanden.

Rahovec und Orahovac

Ab Sommer 1999 war auch Rahovec/Orahovac eine geteilte Stadt. Die ursprünglich etwa 3000 Einwohner zählende serbische Minderheit drängte sich in dem Stadtteil am Berghang oberhalb des Zentrums oder hatte sich in das Nachbardorf Velika Hoča zurückgezogen. In der Innenstadt wohnten die zurückgekehrten Albaner. Die umliegenden Felder und Weinberge waren von Unkraut überwuchert. Sie wurden schon seit zwei Jahren nicht mehr gepflegt.

Die deutschen und niederländischen Truppen waren schnell genug in die Stadt eingerückt, um zu verhindern, daß die Serben einen Großteil der Grundbücher und andere Unterlagen der Gemeinde nach Serbien abtransportierten, wie dies in vielen anderen Gemeinden des Kosovo geschah. Zugleich war es ihnen auch gelungen, den serbischen Teil der Stadt und Velika Hoča gegen Übergriffe der ebenfalls schnell in die Stadt einrückenden UÇK abzusichern. NATO-Stacheldraht und Panzer markierten die Checkpoints der NATO-Truppen.

Weil der Vormarsch der NATO in diesem Militärbezirk so zügig vonstatten ging, war es einigen Verantwortlichen der Massaker von 1998 und 1999 nicht mehr gelungen, aus der Stadt zu fliehen. Fischer und Scharping hielten Wort und schickten ein Expertenteam des deutschen Bundeskriminalamtes nach Rahovec/Orahovac. Im Gegensatz zu den Ermittlern des Haager Kriegsverbrechertribunals war es mit exekutiven Vollmachten versehen: Die BKA-Beamten durften mutmaßliche Kriegsverbrecher festnehmen.

Zu den ersten Aufgaben gehörte die Registrierung der Massengräber. Die Experten hatten den expliziten Auftrag, nur die Verbrechen von 1999 zu untersuchen, nicht aber jene von 1998. Am 20. August verhaftete das Team einige der politisch Verantwortlichen und etliche Mörder.

Unter den Verhafteten war auch der bisherige Bürgermeister Anđelko Kolasinac, außerdem der Arzt Vekoslav Šimić, die paramilitärischen Kämpfer Dejan Mikić und Stanko Lević, Arsenje Vitosević, Nenad Matić, Odomir Jovanović, Novica Kristić, Radoslav Misić. Die meisten von ihnen waren Mitglieder der Extremistenorganisation »Schwarze Hand«. Gegen sie wurde am 7. August 2000 vor dem Bezirksgericht in Prizren unter Vorsitz eines internationalen Richters Anklage erhoben.

Bürgermeister Anđelko Kolasinac war bei seinen albanischen Mitstudenten der Juristischen Fakultät beliebt gewesen. Unter dem Einfluß des serbischen Extremisten Vojislav Šešelj habe er sich Ende der achtziger Jahre radikalisiert, erklärten Bekannte seine politische Kehrtwende. Mit großserbischen Ideen machte er Karriere. Nach dem Massaker und den Kämpfen vom Juli 1998 wurde er Bürgermeister von Orahovac.

Der 1950 geborene Stanko Lević stammt hingegen aus einfachen Verhältnissen. Der Mechaniker arbeitete in einer Mühle. Schon Ende der achtziger Jahre habe er Uniform getragen und sich den lokalen serbischen Milizen angeschlossen. Schon damals habe er auch unter Serben als Krimineller gegolten. 1998 sei er Mitglied der Terrortruppe »Schwarze Hand« geworden. Wegen des am 29. März 1999 begangenen Mordes an Veli Topalli und der grausamen Morde an Afrodite Aloshini – ihr wurden die Brüste abgeschnitten –, Magbule Sylka und Hadeije Spahiu lag ausreichendes Beweismaterial für eine Verurteilung vor.

Viele der Freischärler entsprachen dem Typus des SA-Mannes: »kleine« Leute, die es in diesen Zeiten zu »etwas bringen« konnten, die auf einmal an der Macht teilhatten und sie schamlos für ihre persönliche Bereicherung nutzten.

Die kosovoalbanischen Menschenrechtler hielten die Aktivitäten der internationalen Ermittler für nicht ausreichend. Die BKA-Beamten reisten bereits im Oktober ab. Von da an führte Den Haag die Ermittlungen. Professor Sabaudin Çena aus Rahovec erklärte, es lebten noch mehr als achtzig Kriegsverbrecher in den serbischen Enklaven im Zentrum der Stadt und in dem Dorf Velika Hoča. Den meisten von ihnen gelang es, mit Bussen des UNHCR unbehelligt serbisches Gebiet zu erreichen.

Aber auch die Serben hatten Tote zu beklagen. Snežana Simić, Mitarbeiterin des Roten Kreuzes in Velika Hoča, hat mehrere Fälle von 1998 erforscht und an die Öffentlichkeit gebracht. Schon im Juli 1998 seien 17 Serben aus Orahovac und den umliegenden Dörfern entführt und getötet worden. Am 17. Juli 1998, während der serbischen Offensive in der Stadt, habe die UÇK in dem Dorf Retimlje 15 serbische Männer verschleppt. Diese Männer seien seither verschwunden. Die UÇK habe die Frauen und Kinder damals mit einem Bus nach Drenica transportiert und sie nach fünf Tagen in Prishtina freigelassen.

Serbische Organisationen protestierten gegen die Festnahmen der mutmaßlichen Kriegsverbrecher und drohten damit, allesamt die Enklaven Velika Hoča und Orahovac zu verlassen. Plötzlich wurden die Angeklagten vom deutschen Gefängnis in Prizren nach Mitrovica verlegt, wo das Gefängnis nach dem NATO-Einmarsch von einem Amerikaner geleitet wurde. Von dort flohen sechs der Angeklagten. Sie sind in Serbien untergetaucht. Im Mai 2001 schließlich verhandelte ein Gericht in Prizren gegen Anđelko Kolasinac und den paramilitärischen Kämpfer Ćedomir Jovanović. Letzterer wurde wegen der Ermordung dutzender Albaner zu einer Strafe von zwanzig Jahren, Kolasinac wegen Vernichtung von Beweismitteln und unterlassender Hilfeleistung zu fünf Jahren Haft verurteilt. Damit blieb das Gericht im Rahmen der Urteile von Den Haag. In einem zweiten Verfahren in Prishtina im Januar 2004 wurde das Urteil gegen Jovanović bestätigt, das gegen Kolasinac revidiert. Der ehemalige Bürgermeister wurde auf freien Fuß gesetzt.

Und noch ein Thema beschäftigte im Herbst 1999 die Menschen in Rahovec. Nach einer Absprache zwischen den USA und Rußland sollten russische Soldaten die deutschen KFOR-Truppen in der Stadt ablösen. Als die Russen schon unterwegs waren, zogen Tausende zur Straße nach Malisheva und blokkierten sie. »Die Russen kommen nicht in unsere Stadt, nicht einmal in unseren Bezirk«, sagten die Leute. Die gesamte albanische Bevölkerung der Region war über Wochen und Monate mobilisiert: »Russische Freiwillige haben in den vergangenen Monaten auf seiten der Serben gekämpft und viele Verbrechen begangen.« Die russischen Truppen begnügten sich mit dem Standort Malisheva (Mališevo).

Wiederaufbau

Langsam beruhigte sich die Lage. Die Menschen gingen daran, ihre Häuser wieder aufzubauen und sich für den Winter einzurichten. Viele Familien lebten in den Zelten, die sie aus den Flüchtlingslagern in Albanien oder Makedonien in ihr Dorf mitgebracht hatten, zwischen den Ruinen ihrer Häuser. So auch ein Bauer in der Nähe von Klina im italienischen Sektor. Er hatte den Schutt zur Seite geräumt und die verwendbaren Steine zu einer Mauer zusammengefügt. »Ich brauche Mörtel, Zement, Leitungsrohre, Fensterstöcke, Türen und vor allem Ziegelsteine. Damit könnte ich das Wohnhaus wenigstens notdürftig herrichten«, sagte er. Ihm fehlte das Geld, sich die Materialien selbst zu kaufen. Dem Nachbarn ging es ähnlich. »Wir wollen alle arbeiten, können aber nicht.« Der UNHCR hatte die Auslieferung von Notdächern versprochen. Das Material jedoch lag wochenlang herum, weil man erst einmal ein Formular entwerfen wollte.

Daß es auch anders geht, bewies das Technische Hilfswerk aus Deutschland. In Rahovec und den umliegenden Dörfern kannte jeder die blauen Fahrzeuge mit der Aufschrift THW. Denn das Technische Hilfswerk stand an »vorderster Front« beim Wiederaufbau der vom Krieg besonders betroffenen Region. Das Büro befand sich auf dem Gelände einer ehemaligen Baufirma. Auf dem 3500 Quadratmeter großen Hof stapelten sich die Hilfsgüter. »Morgens kommen bis zu acht Sattelschlepper mit Material aus Makedonien oder Montenegro«, sagte Klaus Buchmüller, der langjährige Chef des THW auf dem Balkan, der das »Bauhof-Modell« in Bosnien entwickelt hatte. »Am Nachmittag ist das Material schon auf die Dörfer verteilt.« Schnell, unbürokratisch und kompetent zu helfen ist sein Ziel. Die Leute konnten in den Bauhof kommen, mit den Fachleuten des THW reden, Projekte vorschlagen. »Einer unserer wichtigsten Grundsätze ist, der Bevölkerung selbst alle Möglichkeiten zum Wiederaufbau zu verschaffen«, erklärte Buchmüller damals gutgelaunt. Der Bedarf an Material werde in den Dörfern von Fachleuten festgestellt. Gleich danach werde geliefert.

Die Menschen sollten sich selbst helfen, die Mitarbeiter des THW standen lediglich mit Rat und Tat zur Seite. »Zu unseren Grundsätzen gehört es, einheimische Fachkräfte einzustellen und ihnen die gleiche Verantwortung und Ausrüstung zu geben wie den Deutschen.« Die zehn deutschen Mitarbeiter arbeiteten mit rund 35 Einheimischen – Albanern und Serben – reibungslos zusammen.

Die Bilanz nach nur dreimonatiger Arbeit konnte sich sehen lassen. In den Dörfern der Region stapelten sich die Ziegelsteine, überall wurde gehämmert und gesägt. Das THW hat in der Stadt Rahovec selbst die Strom- und Wasserversorgung wieder instandgesetzt, die Poliklinik in Betrieb genommen, Hunderte von Dächern in den umliegenden Dörfern gebaut, Pumpen und Generatoren in die Region geschafft, von den serbischen Streitkräften mit Öl verseuchte Brunnen gesäubert, Trinkwasser in Ortschaften gebracht sowie Bauholz und Hunderte von Tonnen Material für den Wiederaufbau verteilt. In den anderen Sektoren dauerte der Wiederaufbau länger.

Die UÇK und der Aufbau des UN-Protektorats

Das Wort »Protektorat« sollte man nach dem Willen von Bernard Kouchner, dem ersten Chef der UN-Mission, nicht gebrauchen. Es klang ihm zu martialisch. Doch die Resolution 1244 verschaffte ihm und seiner Administration eine Machtfülle, die an koloniale Verwaltungen erinnert. Bei allen Entscheidungen der sich im Aufbau befindlichen lokalen Behörden hatte er direkt oder mittelbar durch seinen Apparat das letzte Wort.

Noch wenige Wochen zuvor hatten die Menschen sehnsüchtig auf die Vertreter der zivilen internationalen Institutionen gewartet: auf die Mitarbeiter der UN, der internationalen Polizei und der Europäischen Union. Ihre Ankunft versprach Ordnung, Arbeit und Jobs – eine Normalisierung des Lebens.

Im Herbst waren sie endlich da. Alle größeren Gebäude im Zentrum von Prishtina wurden von diesen Institutionen besetzt. Die UN-Mission nahm eine ganze Straße für sich in Beschlag, das Hauptquartier der KFOR befand sich nur einen Steinwurf entfernt von der Zentrale der OSZE, die in einem modernen, glasverkleideten Hochhaus residierte. Die EU hatte sich in dem renovierten Gebäude eines ehemaligen Museums niedergelassen.

Wer versuchte, in eines der Büros vorzudringen, mußte warten. Neu angeheuerte Pförtner suchten in den Namenslisten verzweifelt nach der gewünschten Person. Die Mitarbeiter wußten oft nicht, wo die Büros ihrer wichtigsten Kollegen lagen. Dafür verbreitete sich sofort ein internationales Flair. Die mexikanische Diplomatin, die sich mit einer Mitarbeiterin aus British-Guinea unterhielt, wurde von einem pakistanischen Vorgesetzten zur Sitzung gerufen. Polizisten aus Afrika, aus Nepal, Spanien und Österreich gingen gemeinsam auf Streife.

Die Aufgabe war gewaltig. Aus einem vom Krieg zerstörten Land sollte mit Hilfe dieser Administration eine blühende und friedliche Landschaft geschaffen werden. Die Mission ruhte auf vier Säulen: Der Aufbau der Institutionen und der Verwaltung oblag der UNO selbst, die Sicherheit wurde durch die KFOR verbürgt, die EU sollte sich um die wirtschaftliche Entwicklung kümmern und die OSZE um den Aufbau der Demokratie und die Einhaltung der Menschenrechte. Nach diesen Plänen sollte die UN-Mission aus 1 500 internationalen und lokalen Mitarbeitern und 3 100 UN-Polizisten bestehen – am Ende waren es wesentlich mehr. In den 29 Bezirken Kosovos sollten zudem von der UN geleitete Verwaltungen aufgebaut werden, fast 50 000 Soldaten waren schon stationiert. Die mit der UNMIK verzahnten Organisationen OSZE und EU bauten ihre Strukturen selbständig auf. Die UNMIK sollte die lokale Polizei ausbilden, Steuern erheben, die Registrierung der Bevölkerung durchführen und Ausweise ausgeben. Die OSZE sollte die Wahlen organisieren.

»Anders als in Bosnien konnte hier eine Struktur geschaffen werden, die es ermöglicht, alle internationalen Organisationen auf eine gemeinsame Politik zu verpflichten«, erklärte der österreichische Spitzendiplomat und Balkankenner Albert Rohan damals sehr optimistisch. Problematisch war in den Augen vieler Mitarbeiter etwas anderes, nämlich die inhaltliche und politische Ausrichtung der UNMIK. Wie man den Kosovo einerseits als Teil des Staates Bundesrepublik Jugoslawien – also nicht Serbiens, sondern der Föderation aus Serbien und

Montenegro – behandeln und andererseits ein Protektorat errichten sollte, das nach einigen Jahren den endgültigen Status des Landes vorzubereiten hatte, war vielen Mitarbeitern und Beobachtern ein Rätsel.

Die Demilitarisierung der UÇK und ihre Überführung in nichtmilitärische Strukturen war nicht einfach durchzusetzen. Zwar hatte die Führung der UÇK unter Agim Çeku am 21. Juni das Demilitarisierungsabkommen unterschrieben, was sie dazu verpflichtete, in zwei Schritten, nach dreißig und sechzig Tagen, einen großen Teil der Waffen abzugeben und Zehntausende von Männern zu demobilisieren. Doch Thaçi und Çeku forderten, die UÇK danach als eine Art Nationalgarde weiter bestehen zu lassen. Eine aus der UÇK hervorgegangene bewaffnete Truppe erschien vielen Mitgliedern der Befreiungsarmee – und auch einem großen Teil der Bevölkerung – als unverzichtbares Symbol der eigenen Identität und Sicherheit.

Die UN-Mission und die KFOR gaben nach. Die Uniformen verschwanden, die Rest-UÇK rückte als TMK (Kosovo-Schutzkorps) in die Kasernen ein. Dennoch versuchten Mitglieder der UÇK, jetzt in Zivil, ihre Macht in den Städten und Gemeinden auszuweiten. Viele ihrer Sympathisanten wähnten sich auf der Seite der Sieger. »Nur wir haben wirklich gegen den serbischen Faschismus gekämpft«, rief ein Mitarbeiter der neuen Stadtverwaltung in Malisheva erbost und leitete daraus den Anspruch ab, künftig die politisch-administrative Macht in der Gemeinde auszuüben.

Im ehemaligen Hauptquartier der UÇK in Malisheva waren im Herbst 1999 die Uniformen abgelegt und durch Zivilkleidung ersetzt worden. Aber der alte Geist war noch da. »Wir sind demilitarisiert, wir halten uns an das Abkommen mit der KFOR«, sagte der Mitarbeiter der Stadtverwaltung. Jetzt würde die Gemeinde von der UÇK verwaltet, sie sei während des Krieges im Raum Malisheva aktiv gewesen. »Wir sind die wahren Repräsentanten des Volkes.«

Und Rugovas LDK, fragte ich. Schließlich habe die hier doch vor dem Krieg die absolute Mehrheit gehabt. Dem Mitarbeiter war anzumerken, daß er von den Politikern der LDK nicht viel hielt. LDK-Sympathisanten, die ich anschließend traf, erklärten, als Anhänger der UÇK sei er persönlich gegen die LDK-Leute vorgegangen.

Ein Mitglied der LDK, das gleichwohl ebenfalls in der UÇK gekämpft hatte, erklärte, er sei im Juli von der UÇK-Polizei in Malisheva festgesetzt und geschlagen worden. »Sie bekämpfen uns, sie wollen die alleinige Macht«, sagte er.

Überall im Kosovo kam es zu ähnlichen Machtkämpfen. Die UÇK-Leute versuchten, die LDK aus den Gemeindeverwaltungen zu verdrängen. Dutzende von LDK-Mitglieder wurden sogar ermordet.

Mit der Entwicklung der internationalen Strukturen wurde diesem Treiben bald Einhalt geboten. Die OSZE setzte für das Frühjahr 2000 Kommunalwahlen an, die schließlich im Herbst abgehalten werden sollten. Es werde sich ja zeigen, wer die Bevölkerung auf seine Seite zieht, hieß es im Hauptquartier der UN-Mission.

Seit der Auflösung der UÇK am 20. September 1999 hatte Hashim Thaçi versprochen, eine neue politische Partei aufzubauen. Innerhalb der alten LPK, der »Volksbewegung Kosova«, die an der Gründung der UÇK beteiligt war, hatte es schon gleich nach der Rückkehr aus dem Exil einen Kongreß mit dem Ziel einer neuen Parteigründung gegeben, doch Thaçi hatte sich zurückgezogen. Im Oktober wurde die PDK, die Demokratische Partei Kosova, aus der Taufe gehoben. Ihr schlossen sich das Gros der UÇK-Mitglieder samt ihrer Hochburg Drenica an. Hashim Thaçi wurde zum Vorsitzenden gewählt.

Die UÇK spaltete sich: Einer ihrer einflußreichen Kommandeure im Westkosovo, Rramush Haradinaj, gründete zur gleichen Zeit die AAK (Allianz für die Zukunft Kosovos), die bis heute in der Region von Peja und Gjakova verankert ist. Haradinaj gelang es, nicht nur die alten Kämpfer an sich zu binden, sondern die gesamte Region zu beherrschen. Wer in diesem Gebiet investieren oder nur einen Job haben wollte, tat gut daran, mit ihm zu kooperieren.

Der kleine Boom

Die internationalen Institutionen schufen Arbeitsplätze, vor allem für ausgebildete Leute mit Sprachkenntnissen. Neue Restaurants wurden eröffnet. Albaner vermieteten Wohnungen und Häuser an »Internationale« oder Hilfsorganisationen, was zum Teil hübsche Sümmchen einbrachte und ganze Großfamilien zu ernähren half. Die Prostitution wurde angesichts der 50000 ausländischen Soldaten und tausender UN-Angestellter zum lukrativen Geschäft. Mit Frauenhandel und Drogen ließen sich hohe Gewinne erzielen. Auch mit dem Import von Lebensmitteln, Baumaterialien, Alkoholika und unbesteuerten Zigaretten, mit Benzin und Waren aller Art wurde viel Geld gemacht. Im Herbst 1999 entwickelten sich im Kosovo unkontrollierbare Strukturen aus Spekulanten, Händlern und mafiaähnlichen Zusammenschlüssen.

Die UN-Mission machte die D-Mark zur allgemeinen Währung. Nach anfänglichen Schwierigkeiten begann sich auch die Zusammenarbeit von UNMIK-Administration und den lokalen Behörden zu verbessern. Schon einige Monate später jedoch äußerte sich Unmut. An der Landbevölkerung ging der Boom vorbei. Die internationale Verwaltung wurde für Mißstände verantwortlich gemacht. Wenn der Strom ausfiel, war die UN schuld, wenn der Wiederaufbau in den Dörfern stockte, klagten sogar ausländische Hilfsorganisationen über die »internationalen Bürokraten« in der Hauptstadt. Wenn wieder einmal ein Mord geschehen war und die internationale Polizei im Dunkeln tappte, dann winkten viele nur noch ab.

Den »Coca-Colas« – die UN-Polizisten benutzten rot-weiße Geländewagen – traute niemand etwas zu. Und kaum jemand kam auf die Idee, die mit den einheimischen Verhältnissen nicht vertraute und sprachunkundige UN-Polizei um Hilfe zu bitten oder mit Informationen zu versorgen.

Korruptionsvorwürfe machten die Runde. Bei der Einrichtung von Büros der UN-Polizei sei nicht alles mit rechten Dingen zugegangen. »Ich habe dem Polizeichef meines Distrikts acht unterschiedliche Angebote für die Ausrüstung mit Computern gemacht«, behauptete ein albanischer Geschäftsmann. »Er nahm das billigste.« Das aber lag 30 Prozent über dem handelsüblichen Preis. Der Gewinn wurde zwischen Anbieter und Polizeichef geteilt.

Das ist nur ein harmloses Beispiel. Zum Führungspersonal der UNMIK gehörte Tom Koenigs. Der frühere Frankfurter Stadtkämmerer und Umweltdezernent bekleidete ein Amt, das in etwa dem des Innenministers entspricht. »Sicherlich, wir haben einige Probleme«, bedauerte der grüne Kommunalpolitiker und fügte schelmisch hinzu: »Wenn wir keine hätten, dann wären wir nicht hier. In der Schweiz ist eine internationale Verwaltung nicht vonnöten.« Die Leute seien einfach zu ungeduldig.

Koenigs hatte sich eine gewaltige Aufgabe aufgehalst. Als Chef der Polizei mußte sich der frühere Frankfurter Sponti mit florierenden Mafiastrukturen herumschlagen, die selbsternannten Verwaltungen der UÇK eindämmen und eine funktionierende einheimische Polizei aufbauen.

Die UNMIK sei jetzt in allen Städten und Landkreisen vertreten, erklärte er im Januar 2000 nicht ohne Stolz. Das Kernproblem sei die produzierende Wirtschaft. »Keiner der größeren Betriebe hat bisher die Arbeit aufgenommen.« Im Kosovo sei die Frage der Besitzverhältnisse noch schwieriger zu klären als in Ostdeutschland. »Wir hindern keinen Betrieb daran, die Produktion aufzunehmen, wenn die Arbeiter es wollen.

Wenn aber ein ausländischer Investor eingreifen will, dann müssen die Besitzverhältnisse geklärt sein.« Und eben daran haperte es.

»Wir werden Wahlen durchführen, die Verwaltungen verbessern, Rechtssicherheit herstellen«, erklärte er trotzig. Es gelang ihm, Vertrauen zu gewinnen. Heute noch wird Koenigs bescheinigt, er habe den Grundstein für die Verwaltung und den Aufbau einer Kosovopolizei gelegt.

Rugovas Wiederkehr

Die Unsicherheit, die willkürlichen Übergriffe und der Geist einer neuen Diktatur stieß die Mehrheit der Bevölkerung ab. Auch wenn viele immer noch auf eine Aussöhnung der beiden verfeindeten Lager, der LDK und der UÇK, hofften, gewann der frühere Präsident, den man eigentlich abgeschrieben hatte, an Sympathie. Rugova hatte sich nach seiner Rückkehr in seinem Haus verbarrikadiert und trat öffentlich nicht mehr in Erscheinung. Hin und wieder äußerte er milde Kritik an der UNMIK, hielt sich aber in bezug auf die politischen Gegner zurück. Er umgab sich mit einer Aura der politischen Unangreifbarkeit.

Plötzlich jedoch hofften die Menschen, Rugova möge die Zügel wieder in die Hand nehmen. Der »Ex-Premierminister im Exil« und Parteifreund Rugovas Bujar Bukoshi konnte diesen Stimmungswandel im Herbst 1999 am eigenen Leib erfahren. Der Arzt, der mehr als zehn Jahre in Deutschland zugebracht hatte, verfügte zwar schon längst über einiges Ansehen bei den Direktoren der Betriebe, bei den Mittelständlern und auch bei der Masse der Bevölkerung, schließlich war er der wichtigste Politiker des Schattenstaates. Er war jedoch kein Volkstribun, ein eher zurückhaltender Mann, der für eine liberale Demokratie und die Menschenrechte eintrat. Als er die Arbeiter der Firma Kosova Transport besuchte, war er von dem überwältigend freundlichen Empfang überrascht. Die Arbeiter ließen ihn und Rugova hochleben. Sie wünschten eine Rückkehr der alten politischen Garde.

Doch zwischen den beiden knirschte es. Bukoshi spielte mit dem Gedanken, eine liberal-demokratische Partei zu gründen. Wiederholt erklärte er, Rugova habe zu wenig Initiative gezeigt. Er habe sich während der Vertreibung und danach nicht an die Bevölkerung gewandt. Viele ehemalige Mitstreiter und Berater aus dem engsten Kreis hatten den Präsidenten schon verlassen, von den rund 700000 ehemaligen Mitgliedern war nur noch ein Bruchteil aktiv. Um so überraschter mußten alle feststellen, daß die Bevölkerung ihrem Präsidenten alles verzieh und weiter zu ihm stand. Nach wie vor genoß Rugova die größte Popularität, er lag vor Thaçi und dem unentschlossenen Bukoshi.

Bei den Kommunalwahlen im Herbst 2000 gewann die LDK fast 60 Prozent der Stimmen. Die meisten Bürgermeister wurden nun wieder von der Partei Ibrahim Rugovas gestellt. Nicht daß die LDK die Wähler mit einer neuen, zukunftsorientierten Politik überzeugt hätte. Doch die UÇK hatte sich nach dem Einmarsch der NATO als undemokratische, ethnozentrierte und aggressive Macht etablieren wollen. Die kosovoalbanische Bevölkerung aber lehnte eine neue Gewaltherrschaft im Kosovo ab und entschied sich für das kleinere Übel. Die beiden UÇK-Parteien erreichten zusammen immerhin 30 Prozent der Stimmen.

13
Die Gunst der Stunde

Die Menschen, die seit 1989 in ständiger Angst vor Übergriffen der serbischen Staatsmacht lebten, im Krieg 1998/99 aus der Heimat vertrieben wurden und nach der Rückkehr im Sommer 1999 in eine neue unsichere Lage gekommen waren, sehnten sich nun nach Ruhe, Sicherheit, Stabilität und Ordnung.

Langsam begann sich das Leben zu normalisieren. Die UN-Mission und die KFOR bekamen im Winter 1999/2000 die Lage langsam in den Griff. Die Menschen wandten sich wieder Ibrahim Rugova, ihrem alten Präsidenten, zu. Sie begrüßten den Aufbau der UN-Mission. Wo immer KFOR-Soldaten auftauchten, konnten sie sich der Sympathie der kosovoalbanischen Bevölkerung sicher sein. Zu diesem Zeitpunkt wurden die Ausländer von der Mehrheit der Bevölkerung als Befreier gefeiert.

»Wir haben Glück gehabt«, sagten viele Kosovoalbaner damals, »daß die NATO auf unserer Seite eingegriffen hat.« Zwar versuchte die UÇK, sich selbst als den wichtigsten Befreier des Landes darzustellen. Daß Albaner für ihre Freiheit gekämpft hatten, gab den Menschen tatsächlich ein bißchen Würde zurück. Denkmäler für die Gefallenen wurden überall im Kosovo errichtet. Der heute anzutreffende UÇK-Kult jedoch war damals noch nicht entwickelt. »Kosovo wurde durch die NATO, die UÇK und die internationale Presse befreit«, betonte ihr politischer Führer Hashim Thaçi ziemlich realistisch.

Die Albaner Kosovos konnten die Gunst der Stunde für sich nutzen. Der Westen war bereit gewesen, im Kosovo militärisch zu intervenieren. Im Bosnienkrieg war er das nicht.

Vor allem die Opfer von Srebrenica haben die Albaner Kosovos gerettet. Nach Srebrenica konnten die westlichen Demokratien keinen zweiten Völkermord auf dem Balkan dulden. Ohne das in den westlichen Demokratien verbreitete Bewußtsein, man hätte das Massaker in der UN-Schutzzone im Juli 1995 verhindern können, wenn man mit militärischen Mitteln gegen die Soldateska unter General Ratko Mladić vorgegangen wäre, hätte es wohl kaum die Zustimmung des deutschen Bundestages zur NATO-Intervention gegen Serbien gegeben. Umgekehrt haben die Serben im Kosovo, die sich von Belgrad in den Krieg treiben ließen, wegen Srebrenica vieles, wenn auch nicht alles, verloren. Ohne die NATO-Intervention hätte es einen langen und blutigen Kampf im Kosovo gegeben, den die Albaner nur schwer hätten gewinnen können.

Große Teile der albanischen Bevölkerung hätten vermutlich jahrelang in den Flüchtlingslagern in Albanien und Makedonien festgesessen. Hunderttausende hätten versucht, in die westlichen Staaten auszuwandern, um dort ein neues Leben zu beginnen. Die meisten der vertriebenen bosnischen Muslime und bosnischen Kroaten oder die 1995 geflohenen Serben aus der kroatischen Krajina haben im Exil Wurzeln geschlagen und waren Jahre später nicht mehr geneigt, in ihre ursprüngliche Heimat zurückzukehren. Dank einer besonderen politischen Konstellation in einem bestimmten historischen Augenblick gelang es 1999, die serbische Herrschaft zu brechen, internationale Truppen ins Land zu bringen und Kosovo zum UN-Protektorat zu machen, mit der Option und dem Versprechen vor allem seitens der USA, den Status des Kosovo, wie in der Resolution 1244 festgelegt, nach drei Jahren neu zu definieren.

Der Krieg und die NATO-Intervention im Kosovo hatten direkte und indirekte Konsequenzen für die Nachbarländer. In Serbien begann sich die Kritik an Slobodan Milošević zu verschärfen, der Ruf, ihn zu stürzen, wurde lauter. In den südserbischen, vornehmlich von Albanern bewohnten Gebieten um die Städte Preshevo (Preševo) und Bujanovac begann sich eine bewaffnete Widerstandsbewegung der Albaner zu entwickeln, die nach dem Vorbild der UÇK im Kosovo für die Sezession von Serbien und die Vereinigung mit Kosovo kämpfen wollte. Vor allem aber in Makedonien, wo die Albaner entlang der Grenze zum Kosovo über geschlossene Siedlungsgebiete verfügen und wo mindestens ein Viertel der Bevölkerung Albaner sind, häuften sich Ende 1999 und im Frühjahr 2000 Zwischenfälle zwischen albanischen und slawischen Makedoniern.

Sowohl die serbische Opposition als auch die Albaner in Serbien und Makedonien wollten die Gunst der Stunde nutzen. Die Albaner in diesen Ländern hofften, daß sie wie die Kosovoalbaner die Unterstützung des Westens bekommen könnten. Vor allem setzten sie auf die Amerikaner.

USA – selbstloser Helfer?

Schon in Bosnien und Herzegowina war zu beobachten, daß vor allem die USA, wenn auch nach langem Zögern, den Frieden erzwungen haben. Die wankelmütigen und in bezug auf Bosnien sogar widersprüchlichen Europäer wurden letztlich ins Schlepptau genommen. Großbritannien und Frankreich unterstützten jedoch die Militäraktion im Kosovo 1999 von Anfang an. Die kosovoalbanische Bevölkerung hat die Differenzen innerhalb der westlichen Staatengemeinschaft wahrgenommen und die oftmals höchst subtilen diplomatischen Äußerungen richtig interpretiert.

Die USA wurden von den Albanern immer schon als Freunde betrachtet. Das hat historische Gründe. Die Vereinigten Staaten waren nicht oder nur am Rande an der für die Albaner schmerzlichen Neuordnung des Balkans auf dem Berliner Kongreß 1878 und nach dem Ersten Weltkrieg beteiligt.

Von der »antiimperialistischen« Propaganda des Steinzeitkommunismus unter Enver Hoxha und der zeitweise antiwestlichen Propaganda in Titos Jugoslawien ist seit dem Zusammenbruch des Kommunismus kaum etwas übriggeblieben. Die unter den Albanern nicht nur im Kosovo verbreitete Auffassung, die albanischen Siedlungsgebiete gehörten mit ihrer katholischen Tradition zur westlichen Hemisphäre, dient der Abgrenzung von der Orthodoxie der Serben, die wie Rußland zur Ostkirche mit dem Zentrum Byzanz gehört. Man möchte als Teil des »westlichen« Kulturkreises angesehen werden, obwohl die Mehrheit der albanischen Bevölkerung muslimisch ist. Aus diesem Grund enthält der albanische Nationalismus keinerlei religiöse Prägung. Eine spannende Debatte über diese Frage führten in den letzten Jahren der religiös eingestellte Gelehrte Rexhep Xhosia aus dem Kosovo und der albanische Schriftsteller Ismail Kadare.

Die proamerikanische Haltung der Albaner kann also auch im Kontext eines nationalen Selbstverständnisses interpretiert werden. Ausschlaggebend aber für die jüngste Begeisterung ist natürlich das Verhalten der Vereinigten Staaten gegenüber dem Milošević-Regime. Der damalige demokratische US-Präsident Bill Clinton und seine Außenministerin Madeleine Albright, die die Intervention der NATO vorantrieben, werden bis heute bewundert und verehrt. Ein herausragender Platz in den albanischen Geschichtsbüchern ist ihnen sicher. Und so war es eine Selbstverständlichkeit, daß nach dem Einrücken der NATO im Kosovo den US-Truppen ein riesiges Areal für den Aufbau eines Camps zugestanden wurde, das zu einem der größten außerhalb der USA bestehenden Militärstützpunkt ausgebaut werden sollte. Erst nach dem 11. September 2001, nach Beginn der Kriege in Afghanistan und im Irak, verlor »Camp Boonsteel« bei Ferisaj (Uroševac) an Bedeutung.

Das nach einem Helden aus dem Vietnamkrieg benannte Camp erstreckt sich über mehr als 360000 Quadratmeter auf einer Hochebene. Um es einmal zu umrunden, muß man mehr als zehn Kilometer gehen. Im Frühjahr 2000, wenige Monate nach Ankunft der Truppen, waren nicht nur die Unterkünfte und Hangars für die Waffen installiert, sondern auch eine großzügige Hauptstraße mit Restaurants und Verwaltungsgebäuden fertiggestellt, die quer durch das Lager verläuft. Camp Boonsteel verfügt über ein Hospital, ein Kino, Erholungscenter, zwei Kirchen, eine Post, eine Feuerwehr und über ausreichend Militärpolizei.

Ein Jeep der Presseabteilung der US-Armee hatte uns am Fuße des Hügels abgeholt, um die kleine Gruppe von Journalisten durch das Gelände zu führen. Die Kapazität reiche aus, um mehrere zehntausend Menschen hier unterzubringen, ließ sich der wortkarge Presseoffizier doch noch entlocken, ohne präziser zu werden. Die riesigen Satellitenantennen deuteten auf Aktivitäten der Militärs und der Geheimdienste hin, die weit in den Osten hineinreichten. Das Camp war also keineswegs nur als temporäres Hauptquartier der »KFOR-South East« konzipiert, sondern mußte Bestandteil der strategischen Planungen der US-Armee sein. Ein sicherer Platz in einer islamisch geprägten, aber befreundeten Region, wo von albanischer Seite niemand dumme Fragen stellte oder zu Demonstrationen aufrief. Von hier aus konnte der Nahe Osten und Rußland überwacht werden.

Der albanischen Bevölkerung des Kosovo gab das Camp ein Gefühl der Sicherheit: Die Amerikaner werden uns beschützen, war die Botschaft, die von hier ausging.

Nach dem 11. September 2001 wurde Personal abgezogen. Die Kriege fanden anderswo statt. Dennoch blieb das Camp nicht nur von symbolischer Bedeutung. Angeblich unterstützten die dort installierten Anlagen die Aktivitäten der Amerikaner im Nahen und Mittleren Osten. Dies war in Prishtina ein offenes Geheimnis, über das in der lokalen Presse geschrieben wurde. Auch der Militärattaché der deutschen Botschaft in

Makedonien ging von dieser Tatsache aus. Als sich der Verdacht erhärtete, Gefangene aus dem Irak und Afghanistan seien hier auf dem Weg nach Guantanámo zumindest zwischenzeitlich interniert worden, schrieb ich einen Artikel darüber. Der Anlaß war der Besuch von Alvaro Gil-Robles, dem Menschenrechtsbeauftragten des Europarats, der das Camp als »kleines Guantanámo« charakterisierte. Doch von dieser Anklage nahm in Europa kaum jemand Notiz. Die Kosovoalbaner scherten sich nicht darum. Die US-Armee dementierte. Die Kritik blieb folgenlos. Weitere Ermittlungen seitens der europäischen Institutionen wurden nicht zugelassen. Auch die USA haben die Gunst der Stunde genutzt und in den Albanern Kosovos, Albaniens und Makedoniens Verbündete in Europa gefunden, die tatsächlich untrennbar an ihrer Seite stehen.

Auch Zoran Đinđić nutzt die Gunst der Stunde

Wieder nach Bosnien zurückgekehrt, saß ich am 5. Oktober 2000 im Büro des Hohen Repräsentanten der internationalen Gemeinschaft in Bosnien und Herzegowina. Der ehemalige EU-Unterhändler in Rambouillet, der österreichische Diplomat Wolfgang Petritsch, war 1999 zum Chef dieser Behörde bestimmt worden. Ich half ihm bei der Arbeit an seinem Buch über Bosnien und Herzegowina fünf Jahre nach Dayton. Im Pressebüro war ein riesiger Fernseher aufgestellt. Plötzlich zogen die Bilder, die CNN sendete, unsere Aufmerksamkeit auf sich. An diesem Nachmittag begann der Sturm auf das Parlament in Belgrad.

Wie schon bei den Kommunalwahlen 1996 hatte Milošević seine Wahlniederlage vom 4. September 2000 gegen den Konkurrenten, das DOS-Oppositionsbündnis, nicht wahrhaben wollen. Das Verfassungsgericht hatte eine Wahlwiederholung angeordnet. Was dann an diesem 5. Oktober geschah, war beinahe unfaßbar. Junge, durchtrainierte Männer gingen gegen das Parlament vor, einige Wachleute solidarisierten sich. Hunderttausende von Demonstranten umringten das Parlament. Milošević wurde gestürzt. Zwei Tage später schon wurde Vojislav Koštunica zum neuen Präsidenten vereidigt.

Nach dem Sieg der DOS, der Demokratischen Opposition Serbiens, bei den Parlamentswahlen am 23. Dezember wurde Zoran Đinđić Premierminister. Der oppositionelle Taktiker und Intellektuelle hatte es geschafft. Er hatte sein Ziel erreicht, dem er seit zwölf Jahren alles untergeordnet und für das er sich zeitweise sogar mit dem Teufel verbündet hatte: Milošević zu stürzen und eine Regierung der demokratischen Opposition zu installieren.

Das Oppositionsbündnis war sehr heterogen und wenig tragfähig. Schon bald taten sich Gräben auf zwischen den Anhängern Đinđics und denen von Präsident Vojislav Koštunica. Ein großer Teil der serbischen Rechten war Miloševićs überdrüssig. Doch was Kosovo und die Teilung Bosniens betraf, hielt man an den Zielen der alten Politik fest. Milošević, so zeigten einige Besuche in Belgrad und in der serbischen Provinz, wurde nicht gestürzt, weil er Kriege geführt, sondern weil er sie verloren hatte. Einige Mitglieder der Radikalen Partei von Vojislav Šešelj äußerten in Gesprächen die Vermutung, ihr erklärter Gegner Zoran Đinđić und das DOS-Bündnis seien von den USA, von Europa und vor allem von Deutschland massiv finanziell und logistisch unterstützt worden. Trotzdem sei Đinđić im Augenblick der richtige Mann für den Posten des Premierministers, weil er im Westen anerkannt sei. Mit Đinđić würde Serbiens Position nach der Niederlage im Krieg wieder gestärkt. Die serbische Rechte dachte strategisch und unterstützte zu meiner Verwunderung den sonst heftig bekämpften Oppositionspolitiker.

Das in der Milošević-Zeit gewachsene System aus Kriminellen, Teilen der Polizei und des Militärs, der Justiz, des Staatsapparates, der nationalistischen Extremisten und Kriegsverbrecher, der Kriegsgewinnler und Profiteure der Embargopolitik, dieses Konglomerat fürchtete zwar nichts mehr als die Herstellung transparenter demokratischer Strukturen, konnte aber andererseits Milošević nicht mehr halten und mußte sich nach neuen Bündnispartnern umsehen. Die durchtrainierten jungen Männer, die das Parlament stürmten, kamen nicht aus dem Nichts.

Zoran Đinđić wußte, mit welchen Leuten er sich eingelassen hatte. Und er wußte auch, daß »substantielle Fortschritte nicht möglich sind«, solange Milošević im Lande war, wie er mir bei einem Besuch in Podgorica erklärte. Die Anti-Milošević-Stimmung konnte jederzeit wieder umschlagen, vor allem wenn die notwendigen Wirtschaftsreformen viele Verlierer hervorbringen würden. Diese Stimmung könnte sich schon bald gegen die Reformer wenden.

Milošević zügig an Den Haag auszuliefern war ein folgerichtiger Schritt. Gegen den Widerstand Koštunicas gelang es, Milošević am 1. April nicht nur aus seiner Villa zu holen und zu verhaften, sondern ihn am 28. Juni 2001 auch nach Den Haag zu verfrachten. Damit setzte sich Đinđić sogar über eine höchstrichterliche Anordnung hinweg, denn serbische Staatsbürger dürfen nicht an andere Staaten ausgeliefert werden. Fiel aber das UN-Kriegsverbrechertribunal in Den Haag unter diese Kategorie?

Das nahezu Undenkbare war geschafft. Als das Flugzeug in Richtung Den Haag abgehoben hatte, tat sich in mir fast eine Leere auf. Dann wich der Schock der Freude. Mehr als zwölf Jahre hatte dieser Mann das politische Geschehen auf dem Balkan bestimmt und Serbien in den Strudel des Niedergangs gerissen. Und nun hatte es Zoran Đinđić gewagt, seinen Hauptgegner dorthin zu bringen, wohin er gehörte. In den Nachbarländern rieben sich die Menschen die Augen und konnten kaum glauben, was in Belgrad geschehen war. In Bosnien stieg die Popularität Đinđićs sprunghaft an, und selbst im Kosovo war sein Name in aller Munde, obwohl Đinđić den Albanern keineswegs Hoffnungen in bezug auf die Statusfrage gemacht hatte. Doch er sandte wichtige Botschaften. Viele der in serbischen Gefängnissen inhaftierten Albaner wurden freigelassen. Die Existenz von Massengräbern mit Toten aus dem Kosovo wurde erstmals zugegeben.

2001 unterzeichnete das Außenministerium der Bundesrepublik Jugoslawien ein *Memorandum of Understanding* mit der International Comission on Missing Persons (ICMP) über die Hilfe bei der Identifizierung von Opfern aus dem Kosovokrieg. Noch im selben Jahr gelang es, 800 Tote aus geheimen Massengräbern in Serbien zu bergen. 90 Prozent der Opfer konnten nach DNA-Analysen im ICMP-Zentrum Tuzla identifiziert werden. Laut dem kosovarischen Innenministerium werden heute, im Jahr 2010, noch 1882 Personen vermißt; von ihnen ist anzunehmen, daß sie tot sind, erklärte die Kommission erst kürzlich.

Noch zögerte Đinđić, weiterzugehen und das Zentrum des Systems Milošević anzugreifen. Er selbst und sein Verteidigungsminister, der heutige Präsident Boris Tadić, müssen damals über den Aufenthaltsort der Kriegsverbrecher Ratko Mladić und Radovan Karadžić Bescheid gewußt oder zumindest Untersuchungen darüber angeordnet haben.

Doch Đinđić begann sich ab 2002 von seinen Unterstützern aus der rechten Szene zu lösen. Er wollte Ernst machen mit der Integration Serbiens in die EU und die dafür notwendigen Voraussetzungen schaffen. Dazu gehörte der Kampf gegen die organisierte Kriminalität in Serbien. Als ihn am 12. März 2003 die tödlichen Schüsse trafen, lag die Herkunft der Täter nahe. Zvеždan Jovanović, Vizekommandeur der »Roten Barette«, der Spezialtruppen des Innenministeriums, war direkt am Attentat beteiligt; sein Chef, Milord Ulemek (Legija), war der Drahtzieher. Das System Milošević hatte zurückgeschlagen. Auch der nach Rußland geflohene Sohn Miloševićs Marko soll seine Hände im Spiel gehabt haben. Nach einer beispiellosen Verhaftungswelle von 7000 Verdächtigen wurden die Drahtzieher Ende März 2003 schließlich gefaßt und später zu 40 Jahren Haft verurteilt. In diesen Tagen wollten das Innenministerium und die Führung der Demokraten das Mafiageflecht zerschlagen, was aber nicht in ausreichendem Maße gelang.

Mit dem Mord an Zoran Đinđić wurde der größte Hoffnungsträger Serbiens ausgeschaltet. Die nationalistischen Kriminellen und Spezialpolizisten hatten »ihrer Nation« wieder einmal einen Bärendienst erwiesen. Serbien fiel unter Präsident Vojislav Koštunica zurück in die Herrschaft der *Palanka*, des Dorfes über die Stadt, der Herrschaft der Engstirnigkeit über die weltoffene Vernunft eines Zoran Đinđić. Dies sollte Serbien zunächst wieder weit zurückwerfen.

Viele Kosovoalbaner sehen die Dinge skeptischer. Wenn Đinđić weiter regiert hätte, wäre Serbiens Position gegenüber Kosovo international gestärkt worden. Europa hätte Serbien noch größere Konzessionen gemacht. Die USA unter dem auch bei Albanern wenig beliebten Präsidenten George Bush hätten ihr Verhältnis zu Serbien möglicherweise überdacht, befürchteten einige Kollegen in den kosovoalbanischen Medien. Sie erinnerten sich gut daran, wie nach dem Machtwechsel in Belgrad Ende 2000 die USA und die NATO die Aufstandsbewegung der Albaner in Südserbien verurteilt hatten. Đinđićs Aussage, es handle sich bei den albanischen Kämpfern in Südserbien um »Terroristen«, hat die NATO in der Tat nicht widersprochen.

Die UÇK in Preševo

Gleich nach dem Krieg 1999 begannen politische Kader der LPK, der Organisation also, die 1993 die UÇK gegründet hatte, über eine Vereinigung der Albanergebiete in Südserbien, Montenegro, Makedonien, ja sogar in Nordwestgriechenland mit Kosovo und Albanien nachzudenken. Könnte es jetzt möglich sein, Fakten für die Vereinigung aller albanischen Siedlungsgebiete zu schaffen, war die Frage. Salih Sokoli, ein UÇK-Kämpfer und Kriegsheld aus der Region Prizren, wollte nicht ganz so weit gehen, war aber der Meinung, für den Kosovo sei etwas erreicht worden. Als nächstes ginge es darum, die diskriminierende Lage der Albaner in Makedonien, Südserbien und sogar in Montenegro zu verbessern, erklärte er mir Anfang 2000 in Prizren. Salih Sokoli sollte 2001 zu einem der führenden Kommandeure der neuen UÇK in Makedonien werden.

Zuerst meldeten sich die Kämpfer aus Südserbien, jenen an den Kosovo grenzenden Gebieten, die mehrheitlich von Albanern bewohnt sind. Die US-Posten an der Grenze Kosovos zu Serbien waren in diesen Frühlingstagen des Jahres 2000 wachsam. Gründlich durchsuchten sie das Auto der Journalisten. Es sollten unter keinen Umständen Waffen in diese Gebiete gelangen. Die dort aktiven bewaffneten Truppen der (nach eigenen Angaben) etwa 100 000 Menschen zählenden albanischen Minderheit, der sogenannten UÇPMB (*Ustria Çlirimtare e Presheves, Medvegjes dhe Bujanovcit* – Befreiungsarmee von Preševo, Medvedja und Bujanovac), sollten vom Kosovo isoliert werden. So betonte zumindest der Kommandeur der US-amerikanischen Truppen, General Ricardo Sanchez.

Die Straße führt die Anhöhe hinab in das Dorf Dobrasin, das schon auf serbischem Territorium liegt. Hier sollten sich Truppen der Rebellen befinden. Von serbischer Polizei war weit und breit nichts zu sehen. Das Dorf schien leer zu sein. Unweit einer Moschee jedoch standen einige Männer in den Uniformen der neuen Befreiungsarmee. Mit ihren Kalaschnikows und ihrer wilden Haartracht ähnelten sie den Kämpfern der UÇK. Am 27. Januar 2000 waren die Kämpfer der

UÇPMB in diesem Dorf erstmals in Uniform offen aufgetreten. Und seither hielten sie es besetzt.

Im Hauptquartier der KFOR war man bestürzt. Wesley Clark, der Kommandeur der amerikanischen NATO-Truppen, eilte in die Region, stellte die kosovoalbanischen Politiker zur Rede und zwang sie zu der Erklärung, sie hätten mit der Aufstandsbewegung in Südserbien nichts zu tun. Die KFOR-Friedenstruppen, so bekräftigte General Sanchez, würden keinerlei unterstützende Aktivitäten für die UÇPMB auf dem Territorium Kosovos dulden. Um zu zeigen, daß sie es ernst meinten, durchsuchten US-Truppen albanische Dörfer im Grenzgebiet Kosovos und konfiszierten ein paar alte Gewehre, die dann eilfertig ausgestellt wurden. Solche Aktionen kannte man schon. Wo waren die modernen Waffen? Ganz entgegen ihrer Intention schürten die Amerikaner mit der Ausstellung der alten Waffen das Mißtrauen, sie könnten insgeheim doch die Aufstandsbewegungen unterstützen.

Die neue Armee nahm Gestalt an. Sie konnte in der Pufferzone operieren, die nach dem Militärabkommen zwischen der NATO und der Bundesrepublik Jugoslawien auf der serbischen Seite der Grenze eingerichtet worden war. Serbische Truppen durften hier nicht aktiv werden, lediglich serbischen Polizisten war der Zutritt erlaubt. Was würde geschehen, wenn serbische Truppen die Kämpfer der UÇPMB in diese Zone verfolgten? Würde die KFOR nicht reagieren müssen? General Sanchez verneinte. Die NATO überlege, ob sie die Pufferzone nicht verkleinern sollte, um den Serben die Möglichkeit zu geben, hier militärisch einzugreifen.

Die Kämpfer der UÇPMB kümmerten sich nicht um die offizielle Entrüstung der NATO-Militärs. »Wir haben uns diesen Kampf nicht ausgesucht«, sagte einer ihrer Anführer. Im Juni 1999, nach dem Einrücken der NATO-Truppen im Kosovo, seien serbische Paramilitärs und Truppen der jugoslawischen Armee aus Prishtina hierher, in die ausschließlich von

Albanern bewohnte Grenzregion gekommen. »Die Paramilitärs haben uns sofort angegriffen. Wir waren gezwungen, in den Kosovo zu fliehen«, berichtete er. Jetzt seien viele der Männer in die danach eingerichtete Pufferzone zurückgekehrt; Frauen und Kinder blieben im Kosovo. »Die Häuser waren geplündert, doch wir waren wieder da.« Er deutete auf ein schon etwas verblichenes Graffito an einer der Häuserwände. »Serbien reicht bis Tirana«, stand da in kyrillischer Schrift zu lesen. In allen Dörfern entlang der Grenze würde jetzt, im Frühjahr 2001, die UÇPMB aufgebaut. »Und in den Städten haben wir viele Sympathisanten.« Zehn- bis fünfzehntausend Mann könnte die Truppe umfassen. »Wir wissen, daß die NATO uns nicht helfen wird. Aber was sollen wir tun?«

Die Aufständischen mußten nachgeben. Die NATO öffnete wenige Monate später, im Herbst 2000, die Pufferzone für serbische Truppen. Die UÇPMB ging in den Untergrund, löste sich jedoch nicht vollständig auf. Ihr Kommandeur wurde ermordet. Der Konflikt in Preševo, wo 89 Prozent der Bevölkerung Albaner sind, war damit aber nicht beigelegt. Seither herrscht gespannte Ruhe. 2009 begann Serbien damit, eine Militärbasis mit über 4000 Soldaten in Preševo aufzubauen.

Makedonien am Abgrund

Die Gunst der Stunde nutzen wollten auch andere Kämpfer, die zwar mit der UÇK im Kosovo gekämpft hatten, aber nicht aus dem Kosovo stammten. Der 1959 in Makedonien geborene Ali Ahmeti zum Beispiel war Mitglied des Präsidiums der LPK und einer der Mitbegründer der UÇK im Kosovo gewesen. Im Mai 1998 hatten Thaçi und Haliti ihn zur Seite gedrängt; dennoch blieb er in der Führung der UÇK. Nach der erfolgreichen Befreiung Kosovos richtete sich sein Blick auf Makedonien.

Als 400000 Kosovoalbaner 1999 nach Makedonien geflohen

waren, hatten sich die Spannungen zwischen den beiden Volksgruppen, der slawischen und der albanischen, spürbar verschärft. Die Konflikte in Makedonien schwelten schon lange. Für Ali Ahmeti war der Boden bereitet, eine eigene bewaffnete Formation in Makedonien zu gründen.

Schon die makedonischen Kommunisten hatten 1981 – nach den Studentenprotesten in Prishtina – damit begonnen, den Albanern Makedoniens die im Titostaat verbürgten Rechte streitig zu machen. So sollten sie die Mauern um ihre Gehöfte einreißen oder so niedrig gestalten, daß jeder in die Gehöfte blicken konnte. Das war nicht nur gegen die albanische Tradition und Identität gerichtet, sondern auch gegen die Religion. Die Albaner Makedoniens sind im Unterschied zu jenen im Kosovo streng religiös. Hier steht die Moschee noch mitten im Dorf. Als Bagger anrückten, um die Verordnung durchzuführen, kam es zu Auseinandersetzungen und zu Verhaftungen von Dorfbewohnern. Die Atmosphäre im Land wurde auf diese Weise aufgeheizt, auf beiden Seiten.

In Titos Jugoslawien war die Republik Makedonien als Staat der Makedonier und Albaner definiert. In Wirklichkeit waren die Albaner zwar nie völlig gleichberechtigt, doch die Verfassung gab ihnen das Recht, die eigene Sprache zu benutzen, auch in den Schulen und an der Universität. Das änderte sich jetzt. Der neue Staat Makedonien sollte nach dem Willen der slawisch-makedonischen Bevölkerungsmehrheit ein Nationalstaat der slawischen Makedonier sein. Die Albaner wurden nun zur Minderheit, was zu neuen Auseinandersetzungen führte.

Nach der politischen Öffnung 1990 mußte die internationale Öffentlichkeit staunend zur Kenntnis nehmen, daß die schon vergessene nationalistische Bewegung plötzlich wie ein Phönix aus der Asche auferstand. Die Innermakedonische Revolutionäre Organisation (*Vnatrešna makedonska revolucionerna organizacija*, VMRO), die schon im Königreich Jugoslawien im Untergrund gewirkt hatte und von den serbischen Behörden unterdrückt worden war, konnte im Titostaat nur im Untergrund überleben. Aber es gelang ihren Aktivisten, eine Organisationsstruktur aufrechtzuerhalten.

1988 hatte ich unter großen Vorsichtsmaßnahmen einige der Aktivisten in Skopje getroffen, die sich, noch im Untergrund agierend, als antikommunistische Speerspitze der nationalen Wiedererweckung der slawischen Makedonier herausstellten. Sie strebten ein von Jugoslawien unabhängiges Makedonien an und wehrten sich gegen alle Versuche der Serben, eine gemeinsame Position einzunehmen, obwohl auch sie antialbanisch eingestellt waren. Ihre kritische Haltung gegenüber den Serben ging auf die vielfältigen Repressionen im Ersten Jugoslawien zurück, als das Königreich mit harter Hand regiert hatte. Die Antwort der Exilorganisation der VMRO war damals die Ermordung des serbisch-jugoslawischen Königs Aleksandar 1934 in Marseille.

Die VMRO und die gesamte Nationalbewegung der slawischen Makedonier stellten sich 1990 also nicht nur gegen die Albaner, sondern auch gegen die Serben. Wie tief die serbienkritischen Positionen in Makedonien verankert waren, zeigte das Verhalten des kommunistischen Parteiführers Kiro Gligorov im Konflikt mit Milošević. Gligorov schlug sich auf die Seite Sloweniens, Kroatiens und Bosniens gegen das großserbische Projekt. Mit einer geschickten Politik gelang es ihm, das Land von Jugoslawien loszulösen, ohne einen Krieg führen zu müssen. 1991 folgte die Unabhängigkeitserklärung des zwei Millionen Einwohner zählenden Staates. 1992 zogen die serbisch-jugoslawischen Truppen aus Makedonien ab, was der Anerkennung der staatlichen Unabhängigkeit durch Belgrad gleichkam und Makedonien aus dem Krieg mit Serbien heraushielt.

Die Parteienlandschaft entwickelte sich entlang ethnischer Linien: Die muslimischen Albaner gründeten albanische, die slawischen und orthodox-christlichen Makedonier slawische Parteien. Die VMRO wurde wieder zur Massenpartei. Bei den ersten Mehrparteienwahlen 1990 wurde sie neben den herrschenden Kommunisten, die sich jetzt »Sozialdemokratischer Bund« (SDSM) nannten, zu einer ebenbürtigen Kraft. Weil es aber weder der VMRO noch den Sozialdemokraten gelang, die Konkurrenten im eigenen nationalen Lager entscheidend zu schwächen, mußten die Sieger auch später jeweils mit einer der Albanerparteien zusammenarbeiten. So entstand der Zwang zum pragmatischen Kompromiß zwischen den ethnisch definierten Parteien.

Der »Sozialdemokratische Bund« stellte zusammen mit der größten albanischen Partei, der »Partei der demokratischen Prosperität« die erste Regierung. Auch spätere Regierungen orientierten sich an diesem Modell. Der Wahlsieger auf der slawischen Seite bildete eine Koalition mit der jeweils stärksten Albanerpartei. Nach dem Machtwechsel 1998 wurde eine Regierung der VMRO mit der albanischen Oppositionspartei des charismatischen Politikers Arben Xhaferi (DPA) gebildet. Dank dieser Konstellation waren während der Zuspitzung der Krise in Makedonien in den Jahren 2000 und 2001 nicht alle Gesprächsfäden zwischen den ethnischen Gruppen abgerissen. Als dann im November 1999 der Kandidat der Koalition, der nichtorthodoxe, nichtmuslimische, evangelische Protestant Boris Trajkovski, mit den albanischen Stimmen zum Präsidenten gewählt wurde, schien die Koalition zunächst stabilisiert.

Albanische politische Gefangene wurden entlassen, einige Albaner rückten in die Polizei und in andere Bereiche des Staatsapparates ein, es wurden erste Voraussetzungen geschaffen, die albanische Sprache wieder als offizielle Sprache anzuerkennen. Die hochgesteckten Erwartungen der Albaner, die nach eigenen Angaben 40, nach Statistiken der Regierung 23 Prozent der Gesamtbevölkerung ausmachen – viele albanische Gemeinden boykottierten die Volkszählungen 1991 und 1994 –, wurden aber enttäuscht. Der Reformprozeß stockte; die Stimmung auf beiden Seiten wurde während der Flucht der 400000 Kosovoalbaner 1999 angeheizt. Nachdem die UÇK im Kosovo siegreich war und der Ausgang des Krieges dort auch die Albaner Makedoniens selbstbewußter machte, war der Weg frei für eine neue politisch-militärische Formation, die endlich darangehen sollte, die Diskriminierung der Albaner zu beseitigen.

Was dem ruhig und gelassen auftretenden Ali Ahmeti half, war das Versagen und die Korruption der Albanerparteien. Die DPA des inzwischen schwer erkrankten Arben Xhaferi und die »Partei der demokratischen Prosperität« hatten 2000 an Rückhalt im Volk verloren. Und auch das ungeschickte, gegen die Zivilbevölkerung gerichtete Vorgehen der makedonischen Sicherheitskräfte half den Aufständischen.

Der Krieg in Makedonien

Der Krieg begann mit kleinen Scharmützeln im Februar 2001 oben in den Bergen an der Grenze zum Kosovo. US-Sergeant Matt Solph von der KFOR-Truppe der NATO hatte am 6. März mit seinen Leuten am Rande des Dorfes Debelde Stellung bezogen. Hier, im Berggebiet östlich der Stadt Kaçanik im Kosovo, befand sich angeblich das Zentrum der albanischen Aufständischen. Wenige Tage zuvor waren bei Gosinci makedonische Regierungsvertreter beschossen worden, die sich ein Bild von der Lage an der Grenze machen wollten. Eine Begleitperson ihres Konvois wurde getötet.

»Wir haben nach 19 Uhr etwa vierzig Personen den Berg dort gegenüber hinaufgehen sehen, sie hatten zwanzig Pferde und Packpferde dabei«, sagt Matt Solph. »Etwas später, gegen 22 Uhr, kam es zu einer Schießerei auf der anderen Seite der Grenze, die bis fast 2 Uhr früh andauerte.« Daran müssen auch makedonische Truppen beteiligt gewesen sein, denn es wurde »mit Mörsern geschossen«, berichtete der Amerikaner, »die Albaner haben solche Waffen nicht«.

Im Dorf Debelde hatten sich viele Menschen auf dem Hauptplatz versammelt, der auch als Schulhof diente, darunter 580 Flüchtlinge von der anderen Seite der Grenze aus dem Dorf Tanushec (Tanusevci). Jetzt flohen also Albaner aus Makedonien in den Kosovo. Der Kampf um Tanushec habe am 4. Februar begonnen, berichteten die Flüchtlinge. An dem Tag sei ein junger Albaner von der makedonischen Polizei erschossen worden. 32 Einschüsse wurden in seinem Körper gezählt. Daraufhin habe es Proteste gegeben. Dann hätten die makedonischen Sicherheitskräfte begonnen, das Dorf zu beschießen, 30 Häuser seien durch Granatenangriffe zerstört worden. Die Männer des Dorfes hätten die Gewehre genommen und kämpften jetzt gegen die makedonischen Sicherheitskräfte, berichteten die Flüchtlinge.

Der Chef des deutschen Verbindungsbüros im Kosovo, Michael Schmunk, war an diesem 6. März ebenfalls auf dem Dorfplatz in Debelde. Der agile und sehr aktive Diplomat wollte sich im Gegensatz zu vielen anderen seiner Kollegen Informationen aus erster Hand beschaffen. Die Lage, so stellte sich heraus, wurde noch dadurch verschärft, daß wenige Tage zuvor in einem serbisch-makedonischen Abkommen ein Stück des Kosovo, nämlich das Gebiet zwischen Debelde und Tanushec, von Serbien an Makedonien abgetreten worden war. Die UNMIK hatte gegen diesen Vertrag nichts unternommen. Schmunk wußte, wie gefährlich sich die Lage zuspitzen konnte.

Es war wahrscheinlich, daß die makedonischen Sicherheitskräfte dieses Stück Land nun in Besitz nehmen wollten, was wiederum UÇK-Kämpfer aus dem Kosovo auf den Plan rief. Der Krieg entwickelte sich rasend schnell. Auf einer Fahrt durchs Grenzgebiet auf der makedonischen Seite konnte ich albanische Schulen besuchen, die erst wenige Wochen zuvor von ausländischen Hilfsorganisationen wie der Caritas aufgebaut worden waren. Jetzt starrten dem Besucher ausgebrannte Fensterhöhlen entgegen. Die makedonischen Streitkräfte hatten sie niedergebrannt. Albaner sollten keine eigenen Schulen haben.

Die neue Befreiungsarmee ging systematisch vor. Zuerst tauchten Kämpfer in ihren schweizerischen oder deutschen Uniformen mit dem gut sichtbaren roten UÇK-Emblem im Dorf auf. Dann wurde das Dorf zum »befreiten Gebiet« erklärt. Sollte eine Polizeistreife auftauchen, wurde sie beschossen. Die makedonische Armee reagierte, indem sie ihre Artillerie in Stellung brachte. Das Dorf wurde zerstört, doch aus jeder Familie wuchsen der UÇK neue Kämpfer zu, die es dann zusammen mit den schon mobilisierten Kämpfern verteidigten oder zurückeroberten.

Der Bürgermeister und die demokratisch legitimierten Autoritäten, zumeist Mitglieder der legalen und an der Regierung beteiligten Albanerparteien, wurden vom Kommando der UÇK sogleich abgesetzt und durch ein Zivilschutzkomitee ersetzt. Viele der alten Autoritäten, so der Bürgermeister des Dorfs Slupcane, fügten sich willig in die neue Struktur und wurden selbst Mitglied des Komitees.

Manchmal versuchte die UÇK offen, die Bevölkerung zu kontrollieren. So tauchten im Dorf Šipkovica bei Tetovo Ende März »Politkommissare« auf, die der Bevölkerung verbieten wollten, mit Journalisten zu reden; dies sei den militärischen Kommandeuren vorbehalten. Die meisten Leute ignorierten den Befehl. Wegen der auch im Kosovo nach dem NATO-Einmarsch auffälligen Versuche der UÇK, totalitäre Strukturen zu errichten, wurden sie von politischen Gegnern bezichtigt, »linke und kommunistische« Positionen zu vertreten.

Der Erfolg der UÇK war aber nicht damit zu erklären. Diese schon aus dem Kosovo bekannten autoritären Verhaltensweisen waren der Mobilisierung der Bevölkerung nicht förderlich. Auf makedonischer Seite und im Ausland wurde zudem die Behauptung aufgestellt, die UÇK sei von der Mafia gelenkt und tief in den Drogenhandel verwickelt. Zwar war keineswegs auszuschließen, daß Teile der kosovoalbanischen oder albanisch-makedonischen Mafia die UÇK unterstützten, ihr vielleicht sogar Waffen aus Serbien besorgten und somit vom Kampf profitierten. Doch auch eine mögliche Mafiaverbindung hätte den Erfolg der UÇK nicht hinreichend erklären können.

Ausschlaggebend war, daß sich die Albaner Makedoniens als Bürger zweiter Klasse fühlten. Die bisherigen Albanerparteien waren, selbst wenn sie sich an der Regierung beteiligt hatten, nicht in der Lage gewesen, den mit der Unabhängigkeit verlorenen Status als gleichberechtigte Nation in Makedonien zurückzuerhalten. Mit dem Auftauchen der UÇK schien sich dies zu ändern. Kein Wunder, daß die UÇK rasend schnell die Unterstützung fast der gesamten albanischen Bevölkerung in Makedonien gewann. Schon Ende März 2001 waren die Albaner Makedoniens für den Krieg mobilisiert. Jetzt stellte sich die Frage, ob die UÇK nur die Gleichberechtigung der Albaner durchsetzten wollte oder ob es ihr darum ging, das Land zu spalten, die albanisch besiedelten Gebiete von Makedonien abzutrennen und doch noch ein Großalbanien zu errichten.

Die Kämpfe wurden immer erbitterter. Die makedonische Armee baute Artilleriestellungen in der mehrheitlich von Albanern bewohnten Stadt Tetovo auf und nahm die Dörfer oberhalb in den Bergen unter Beschuß. Hunderte von Journalisten aus aller Welt wurden Zeugen des dröhnenden Spektakels. Tom Walker von der *Sunday Times* und ich machten uns an einem frühen Morgen Ende März auf den Weg. Der Schnee war in diesem Jahr ungewöhnlich früh geschmolzen. Im Sonnenschein wanderten wir die Berge hinauf, bis wir in das von der UÇK gehaltene Gebiet gelangten. Es gelang uns, hinter den Steinmauern, die die Schafweiden umgrenzten, in Deckung zu gehen, wenn geschossen wurde. In der Abenddämmerung, an einem Bachlauf, waren plötzlich Kalaschnikows auf uns gerichtet.

»Wir sind Journalisten!« rief ich ihnen auf deutsch zu. Die verdutzten UÇK-Kämpfer, einer von ihnen war tatsächlich ein Albaner aus Deutschland, ließen ihre Waffen sinken, boten uns Getränke an und führten uns schließlich zum Hauptquartier im Dorf Selce. Sie schickten uns in die Bar, dort sollten wir warten, bis sie uns ein Quartier besorgt hätten. Am nächsten Tag würden wir den Kommandeur sprechen können.

In der Bar bot sich uns ein faszinierendes Bild. Mehr als hundert Männer, mit ihren Albanerhüten und mit Schafpelzen bekleidet, viele mit langen Messern und Pistolen bewaffnet, drängten sich im Kerzenlicht auf Hockern um niedrige Tische und tranken Tee. Die Kalaschnikows waren an die Pfosten gelehnt, die das Dach des relativ großen, mit gestampftem Lehmboden ausgestatteten Raumes trugen. »Balkanischer kann es nicht mehr kommen«, sagte ich zu Tom, mit Blick auf die fast zahnlosen Bergbauern und Schäfer mit ihren schwieligen Händen und wettergegerbten Gesichtern. Wir fanden Platz an einem der Tische mitten unter den Männern, die uns freundlich auf die Schulter klopften und etwas zu trinken für uns bestellten.

Am nächsten Morgen wurden wir ins Hauptquartier im Bürgermeisteramt geführt. Sadri Ahmati, der Kommandeur, empfing uns mit breitem Lächeln, dankte für die Mühen, die wir auf uns genommen hatten, um die »Terroristen« zu besuchen, und kam gleich zur Sache. »Wir streben die Befreiung des gesamten von Albanern bewohnten Territoriums an«, erklärte der Dreißigjährige. Die Albaner wollten nicht Krieg um jeden Preis. Ohne Dialog sei der Konflikt nicht zu lösen. Es sollte unter internationaler Vermittlung verhandelt werden. »Der Konflikt wird innerhalb der Grenzen Makedoniens gelöst werden«, lautete die Botschaft, die er uns mit auf den Weg gab.

Wir gaben sie umgehend an David Foley und Terence Hill weiter, zwei amerikanische Diplomaten. Die beiden begannen zu handeln. Sie wollten sich mit der UÇK-Führung aus Makedonien in Prishtina treffen.

Als das Treffen ruchbar wurde, war die Aufregung in der UNMIK und der NATO groß. Noch war die UÇK in Makedonien auch von den westlichen Mächten als »terroristische« Gruppe eingestuft. Die beiden Amerikaner verloren ihre Posten und wurden nach Hause beordert.

Im Juni 2001 begannen in Ohrid Verhandlungen unter internationaler Aufsicht. Hätte man in den westlichen Hauptstädten die Signale frühzeitig so ernst genommen wie die beiden Amerikaner, hätte man vermutlich viel Leid vermeiden können. Zum Beispiel im Dorf Vakcince.

Die Artillerie saß in der Ebene, während wir – eine Gruppe von Journalisten – in meinem Geländewagen einen Feldweg entlangfuhren, der von unten gut sichtbar war. Schon von weitem hörten wir den pfeifenden Ton der Granaten. Ich stoppte unvermittelt, fuhr jäh wieder an und beschleunigte, um nochmals abrupt zu halten. Ich wollte es den Artilleristen schwerer machen, uns ins Visier zu nehmen. Auf diese Weise gelangten wir in das beschossene Dorf.

In den Kellern einiger schon zerstörter Häuser saßen dichtgedrängt verängstigte Frauen, Kinder und Alte, während die Männer hinter den Lehm- und Steinmauern Position bezogen hatten. Während des ständigen Beschusses war Essen und Trinken knapp geworden – ein Szenario, das mit Vukovar oder Orten wie Gračanica in Bosnien zu vergleichen war: Über Wochen wurde die Zivilbevölkerung terrorisiert.

Im Gegenzug verlagerte sich die Front nach Aračinovo, einem Dorf in der Nähe von Skopje. Es kam zu ethnischen Säuberungen auf beiden Seiten. Einige serbisch-makedonische Dörfer in der Region Tetovo mußten von den Bewohnern zeitweise aufgegeben werden, makedonische Zivilisten wurden aus Tetovo vertrieben. Die makedonische Armee griff noch im Juli mit Hubschraubern Stellungen der UÇK in den Bergen an, konnte jedoch nicht verhindern, daß die UÇK immer stärker und selbstbewußter wurde.

Wieder zeigte sich, daß präventive Strategien für friedliche Lösungen im Vorfeld eines Konflikts nur halbherzig angeboten wurden. Erst nach dem Aufflammen der Kämpfe wurde die internationale Gemeinschaft aktiv. Plötzlich hagelte es Versprechungen. Die EU bot Makedonien die Beitrittsperspektive an, sagte Finanzhilfen zu, wollte bei der Polizeiausbildung helfen. Die NATO wollte mit eigenen Truppen den Frieden sichern und bot langfristig die Mitgliedschaft des Landes in der transatlantischen Verteidigungsorganisation an – vorausgesetzt, der Konflikt in Makedonien werde friedlich gelöst.

Die europäischen und amerikanischen Politiker jener Zeit sind heute noch stolz darauf, durch präventive Konfliktlösung und schnelles Handeln Schlimmeres verhindert zu haben. Dennoch, die internationale Gemeinschaft hat zuviel Zeit verstreichen lassen und frühe Verhandlungsversuche sogar unterbunden und bestraft.

Der Vertrag von Ohrid wurde im August 2001 von den Kontrahenten unterzeichnet. Die UÇK verpflichtete sich zur Auflösung ihrer Organisation. Im Gegenzug gab es eine Generalamnestie. Die Albaner wurden wieder zu gleichberechtigten Bürger im Staat, die Anspruch auf ein eigenes Ausbildungssystem in albanischer Sprache hatten. In Tetovo sollte mit internationaler Hilfe eine zweisprachige Südosteuropa-Universität entstehen. Die bisherige Privatuniversität wurde zur Freude des Rektors Sulejmani anerkannt. Die Albaner sollten gleichberechtigt in der öffentlichen Verwaltung mitwirken. Die Gemeinden sollten mehr Kompetenzen erhalten und einen Teil des Steueraufkommens für sich beanspruchen können. Während die offizielle Sprache des Landes Makedonisch blieb, wurde Albanisch zweite Amtssprache in Gemeinden mit mehr als zwanzig Prozent albanischer Bevölkerung. Die Polizei sollte die ethnische Zusammensetzung der Bevölkerung widerspiegeln und von internationalen Institutionen wie Polizeiexperten aus Deutschland ausgebildet werden. Hinzu kamen Erleichterungen für die Minderheiten im Lande, von der Roma und andere Minderheiten bis heute profitieren.

Kurz nach der Unterzeichnung des Vertrages von Ohrid traf ich in einem der hochgelegenen Dörfer Ali Ahmeti, der schon die Gründung einer Partei vorbereitete. »Wir haben als UÇK unsere Aufgabe erfüllt und sind unserem Ziel, die Gleichberechtigung der Albaner in Makedonien zu erreichen, näher gekommen. Wir haben mit der NATO, der EU und den USA ein Dokument über den Friedensprozeß unterschrieben und uns an alle Vereinbarungen gehalten. Dazu gehörte es, unsere Waffen abzugeben und unsere Organisation aufzulösen«, erklärte er kurz und bündig. »Im Grundsatz haben wir von Beginn an positiv gedacht. Wir sind bereit, an einer gemeinsamen Zukunft zu arbeiten. Das werden auch die slawischen Makedonier begreifen.«

Und offenbar taten sie es. Die makedonische Mehrheitspartei brauchte nach den nächsten Wahlen wieder einen albanischen Koalitionspartner. Die »Demokratische Union für Integration« wurde im Dezember 2002 die stärkste Albanerpartei, und Ahmeti formte mit den jetzt wieder siegreichen Sozialdemokraten eine Koalition. 2008 bildete seine Partei mit der siegreichen VMRO eine neue Regierung. Noch sind nicht alle Vereinbarungen im Abkommen von Ohrid befriedigend umgesetzt, dennoch hat es sich als überaus praktikabel erwiesen. Ali Ahmeti hat die Gunst der Stunde nach 1999 genutzt.

Der Wunsch einiger Mitglieder der ehemaligen UÇK im Kosovo, die albanischen Siedlungsgebiete in einem Staat zu vereinigen, hatte sich als Illusion erwiesen und wurde fallengelassen. Der Kompromiß in Makedonien stabilisierte das Land. Die Aufständischen in Südserbien hatten keine Chance. Die albanische Minderheit in Montenegro unterstützte Staatspräsident Mile Đukanović, der das Land im Jahr 2006 in die Unabhängigkeit von Serbien führen sollte.

Im Kosovo waren alle Parteien und politischen Kräfte nach

2002 realistisch genug, den Status quo zu akzeptieren. Doch als nach drei Jahren der UN-Präsenz noch immer nichts geschehen war, was das Versprechen einer Entwicklung zur politischen Unabhängigkeit eingelöst hätte, machte sich unter den Albanern Kosovos Unmut breit.

14
Die Herrschaft der UNMIK und die Ereignisse von 2004

Wir saßen in der gepanzerten Limousine des »Sondergesandten des Generalsekretärs der Vereinten Nationen im Kosovo«, unterwegs von Prishtina nach Mitrovica. Der deutsche Diplomat und ehemalige Kanzlerberater Michael Steiner war 2001 Nachfolger von Bernard Kouchner als Chef der UN-Mission geworden.

In Mitrovica erwartete ihn eine heikle Mission. Steiner wollte zwischen den Politikern beider Seiten vermitteln, sich der Bevölkerung vorstellen, seine durchaus vorhandene Popularität nutzen und durchsetzen, daß die UN-Mission auch im serbischen Norden Kosovos aktiv werden konnte. Denn bisher hatten die Serben dort keine Bereitschaft erkennen lassen, sich der neuen Herrschaft zu beugen.

Michael Steiner, ein schlanker und eloquenter Mann, 52 Jahre alt, war von der neuen Aufgabe besessen. Er suchte das Gespräch, lernte schnell, sog die Atmosphäre ein und hatte, so schien es jedenfalls, die besten Absichten, das Land voranzubringen.

Die UNMIK oder UN-Mission, genauer die »Interimsverwaltungsmission der Vereinten Nationen im Kosovo«, war jetzt, im Sommer 2002, schon aufgebaut. Kouchner hatte mit seiner Crew die Institutionen der Mission geformt und für eine Beruhigung der Lage gesorgt. Die Verteilung humanitärer Hilfe war koordiniert, die UN-Polizei war mit ihren Mitarbeitern in den meisten Verwaltungsdistrikten des Landes präsent.

Der Wiederaufbau von mehr als 40000 zerstörten Häusern, die Wiederherstellung der Infrastruktur und der Städte war noch in vollem Gange und schaffte temporäre Jobs für viele

Menschen. 1999 bis 2003 waren 2,34 Milliarden US-Dollar in den Wiederaufbau geflossen. Zwar mit abnehmender Tendenz, 2003 waren es nur noch 49 Millionen, doch die UN-Mission selbst beschäftigte neben den 1049 internationalen 2900 einheimische, die OSZE neben 231 internationalen 910 einheimische Mitarbeiter. Die EU, die den Wiederaufbau beaufsichtigte, kam mit weniger Personal aus; in ihren Institutionen arbeiteten 114 internationale und 244 lokale Mitarbeiter. Hinzu kamen 4400 UN-Polizisten, die wiederum Dolmetscher und anderes Personal beschäftigten. Die 18000 KFOR-Soldaten waren zwar kaserniert, doch auch sie beschäftigten einheimisches Personal als Küchenhilfen und Putzkolonnen. Albaner verdienten an der Vermietung von Wohnungen und Häusern. Neue Restaurants wurden eröffnet und auch der Rotlichtdistrikt machte Gewinn. Noch herrschte Optimismus. In der Bevölkerung war Aufbruchstimmung zu spüren.

An Steiner lag es nun, die Institutionen des Staates Kosovo weiterzuentwickeln. Im Herbst 2001 hatten die ersten freien, unter der Ägide der OSZE organisierten Parlamentswahlen stattgefunden. Nach dem Plan der UN sollten einige Kompetenzen der UN-Mission in den Gemeinden an die einheimischen Behörden übergeben werden.

Steiner und ich kannten uns aus Bosnien. Von Ende 1995 bis 1998 war er Stellvertreter des Schweden Carl Bildt gewesen, des »Hohen Repräsentanten der internationalen Gemeinschaft in Bosnien und Herzegowina«. Wir hatten dort einige vertrauliche Gespräche geführt, und so mußte er auch jetzt mit seiner Meinung nicht hinter dem Berg halten. Sorgen bereitete ihm vor allem die Frage, ob er die Serben dazu bringen würde, die Institutionen zu akzeptieren und damit das politische Geschehen in einem »multinationalen und multireligiösen« Kosovo mitzugestalten. Die UN und die OSZE hatten schon goldene Brücken gebaut und im *general framework* 2001 bestimmt, daß die Minderheiten im Staat Kosovo eine Sperrminorität im Parlament bilden konnten. Neben den 20 für sie reservierten Sitzen (davon 10 allein für Serben) im 120köpfigen Gremium war es für die »nationalen Gemeinschaften« – wie die Minderheiten ab jetzt offiziell hießen – möglich, zusätzlich mehr als 20 Abgeordnete über die Parteilisten zu wählen. Damit konnten die nationalen Gemeinschaften eine Zweidrittelmehrheit der Albaner verhindern.

Doch die Signale aus Belgrad und von den Kosovoserben waren wenig ermutigend. Obwohl Zoran Đinđić an der Macht war, gelang es der UN-Mission nicht, die Serben für die Mitarbeit im Protektorat Kosovo zu gewinnen. Im Gegenteil: Belgrad finanzierte parallele Strukturen der Serben im Kosovo. Sie hatten die von der OSZE organisierten Wahlen boykottiert und eigene Wahlen abgehalten.

Während Belgrad von über 200000 Flüchtlingen sprach, waren laut *European Stability Initiative* (ESI) von den 214000 vor 1999 im Kosovo ansässigen Serben später noch rund 130000 im Lande. Das größte Siedlungsgebiet lag im nördlichen Teil Kosovos. Serben lebten in der geteilten Stadt Mitrovica und und in den Gebieten, die sich von dort bis zur serbischen Grenze im Norden erstreckten, außerdem in den von der KFOR geschützten Enklaven, so in Gračanica und Štrpce (Shtërpcë). Es gab auch Gebiete, wo Serben und Albaner noch immer zusammenlebten, wie in manchen ländlichen Gegenden Nord- und Ostkosovos, so in Novo Brdo (Artanë), Gnjilane (Gjilan); selbst in dem Städtchen Ferizaj (Uroševac), Lipljan und einigen Dörfern im Norden entlang des Gebirgszugs nach Montenegro konnten sich Serben in gemischten Gebieten halten. Aus dem Westkosovo hingegen wurden die meisten Serben vertrieben. Die Enklaven in Orahovac, in Velika Hoča und in Goraždevac nahe Peja (Peć) bilden die Ausnahme. Die ESI kam zu dem überraschenden Befund, daß in den Enklaven mit über 70000 Menschen mehr Serben lebten als im Norden, wo sie mit Serbien direkt verbunden waren.

Die ethnische Entmischung machte sich vor allem in den Städten bemerkbar. Aus Prishtina oder Peja und Prizren waren fast alle Serben geflohen. Während die serbische Verwaltung in mehrheitlich von Albanern bewohnten Gebieten Kosovos zusammengebrochen war, funktionierte der alte Staat in den Enklaven und in Nordmitrovica weiter, als sei nichts geschehen. Bezahlt wurde weiterhin mit Dinar, während die Albaner anfangs die DM, dann, mit der Währungsumstellung 2001, den Euro eingeführt hatten. Wie Montenegro ist auch der Kosovo ein Euroland, ohne die komplizierten Bedingungen erfüllt zu haben, denen andere Staaten vor der Währungsumstellung unterworfen waren und sind.

Die Serben im Kosovo bezeichneten den Euro als »Albanergeld«. Das serbische Schulsystem blieb unangetastet, die medizinische Versorgung, die Renten, auch die Post, funktionierten wie in Serbien. Der serbische Staat bezahlte wie zuvor die Gehälter der Staatsangestellten. Wer also in den ländlichen Gebieten der Region Nordmitrovica lebte, spürte relativ wenig von den dramatischen Veränderungen im Land – außer daß manche zwei Gehälter bezogen. Die UNMIK und später der Staat Kosovo bezahlten serbischen Ärzten, Lehrern, Polizisten ebenfalls ein Gehalt. Damit ließ sich verhältnismäßig gut auskommen.

In den südlichen Enklaven war die Lage für Serben schwieriger. In den ersten Jahren der UNMIK-Herrschaft konnten sie sich nicht frei im Kosovo bewegen. Wer von einer Enklave zur anderen, nach Mitrovica und weiter nach Serbien fahren wollte, war auf den Busverkehr des UNHCR angewiesen. Da diese Busse von albanischen Jugendlichen mehrmals mit Steinen attackiert wurden, mußte die KFOR Begleitschutz bereitstellen. Die Lage verbesserte sich nach der Einführung von kosovarischen Autokennzeichen, die allerdings von den serbischen Behörden nicht anerkannt wurden. Doch es fanden sich Mittel und Wege. Viele Serben besorgten sich die

KS-Nummern und konnten somit von Albanern unbehelligt durch den Kosovo fahren. An der Demarkationslinie in Mitrovica schraubten sie die Schilder ab und ersetzten sie durch die alten jugoslawischen.

Eigentlich müßten die Serben in den Enklaven und den gemischten Gebieten ein Interesse am Friedensprozeß und guten nachbarschaftlichen Verhältnissen zu den Albanern haben, dachte Steiner. Doch bei den Bürgern Nordmitrovicas war dieses Interesse von vornherein gering. Würde er sie gewinnen, so wäre der Damm für alle gebrochen.

Zügig näherte sich die Limousine der vom Bergbau geprägten Stadt. Wir durchquerten eine von Industriemüll verseuchte Ebene, im Hintergrund waren die Abraumhalden der Bleiminen des Trepça-Komplexes zu sehen, deren Staub bei Wind die nahen Stadtteile bedeckt. Die ökologische Katastrophe und die gesundheitlichen Folgen für die gesamte Bevölkerung in Mitrovica interessierten Steiner jedoch im Augenblick nur am Rande. Er ließ sogleich die berühmte Brücke über den Ibar ansteuern – Trennpunkt und Verbindung zwischen den beiden Stadthälften. Wer wie Steiner aus Berlin kommt und die dortige Mauer kannte, konnte vielleicht mehr als andere ermessen, was es für eine Stadt bedeutet, durch Stacheldrahtverhaue getrennt zu sein. Hier war es ein NATO-Draht, der die Fahrbahn begrenzte und den Checkpoint der KFOR mitten auf der Brücke sicherte.

Steiner wollte erst eine Art Bürgersprechstunde abhalten, bevor er sich mit den Politikern traf. Von beiden Seiten sollten die Menschen auf die Brücke kommen – und manche kamen auch. Eine elegante Dame Mitte vierzig, die keineswegs aus bescheidenen Verhältnissen zu stammen schien, beklagte sich: Alle ihre Besitztümer lägen im Süden, sie sei nicht einmal in der Lage, sie zu besuchen. Sie beschuldigte die Albaner der ethnischen Säuberungen und forderte von Steiner, sich dafür einzusetzen, daß sie ihr Eigentum zurückerhielt. Er konnte nur auf die Zukunft verweisen. Die UN-Mission würde dafür sorgen, daß allen Vertriebenen ihr Eigentum zurückgegeben würde, auch jenen 11 000 Albanern, die aus dem Norden vertrieben worden waren. Ob der Hinweis, eines Tages werde auch diese Mauer fallen, ein Trost war, sei dahingestellt. Die Dame war mit der Antwort nicht zufrieden.

Eine Mutter aus der bosnischen *Mahala* – dem schmalen Streifen von Häusern, die auf der Nordseite lagen, aber zum Süden gehörten – war vor wenigen Wochen mit ihren sieben Kindern aus Deutschland ausgewiesen und in den Kosovo zurücktransportiert worden. Sie lebte jetzt in einem kleinen Häuschen an einer gefährlichen Stelle, wo hin und wieder Kugeln einschlugen, abgeschossen von der serbischen Seite. Sie verwies auf ihre Kinder, die alle deutsch sprachen, in der Schule integriert gewesen waren und jetzt vor Angst nicht schlafen konnten. »Von was soll ich denn leben?« rief sie. Steiners Mitarbeiter notierte ihren Namen. Jahre später soll nach Auskunft von Nachbarn die Frau mit ihren Kindern den Weg nach Deutschland zurückgefunden haben.

In Mitrovica waren die politischen Folgen der Teilung Kosovos mit Händen zu greifen. Hier auf der Brücke zeigte sich, wie schwierig es sein würde, einen Versöhnungsprozeß in Gang zu setzen, hier kulminierte der weiterhin schwelende Konflikt zwischen Albanern und Serben. Und Steiner wußte auch, daß hier in Mitrovica sogar ernsthafte Differenzen innerhalb der KFOR aufgetreten waren.

Offene Wunde Mitrovica

Die serbischen Gebiete im Norden waren faktisch exterritorial geblieben. Die UN-Polizei traute sich dort zeitweise nicht einmal hinein. Paramilitärische Kämpfer und in Zivil auftretende reguläre serbische Militärs waren in der Stadt geblieben, Kriminelle trieben ihr Unwesen. Die Soldaten der hier stationierten französischen KFOR-Truppen hatten zwar Zutritt, der »Friede« mit den Serben war aber durch eine Reihe von Zugeständnissen erkauft. So ging die KFOR nicht entschieden genug gegen serbische Scharfschützen vor, die immer wieder die bosnische *Mahala* beschossen, obwohl sie nicht nur für die Demobilisierung der UÇK, sondern auch für die der serbischen bewaffneten Gruppen sorgen sollte. Immerhin hatte die KFOR im Februar 2000 geplant, die Wohnungen im Nordteil der Stadt nach Waffen zu durchsuchen. Zur Verstärkung für die Franzosen waren deutsche und amerikanische Truppen in die Stadt gekommen, doch organisierte Trupps von Serben hatten sie mit Steinen beworfen. Um Blutvergießen zu vermeiden, waren die Amerikaner vom französischen Kommando zurückbeordert worden. »Sonst hätten wir schießen müssen«, sagte später Ian Fitzgerald, ein amerikanischer Verbindungsoffizier. Zwischen Franzosen und Amerikanern blieben Animositäten zurück. Ein amerikanischer Militärbeobachter warf den Franzosen in einem Gespräch mit mir sogar vor, die Serben mit Nachtsichtgeräten für ihre Scharfschützen ausgerüstet zu haben.

Die Serben begannen nicht nur in den Griechen und Russen der KFOR – griechische und russische Freiwillige hatten ja 1998/99 auf seiten der Serben im Kosovo gekämpft –, sondern auch in den Franzosen »Freunde« zu sehen, während die Albaner wiederum Amerikaner, Deutsche und Türken als ihre »Freunde« ausmachten. General Wesley Clark beeilte sich zwar damals zu erklären, die KFOR lasse sich nicht spalten. Doch die Besatzungsarmeen wachten eifersüchtig über ihre Grenzen und Zuständigkeitsbereiche, und es haperte an der Koordination.

Nach der Aktion im Februar 2000 wurde die flächendekkende Suche nach Waffen seitens der KFOR stillschweigend aufgegeben. Zwar gab es noch immer Berater und Vertreter der harten Linie, vor allem bei den Amerikanern, die dafür plädierten, die Souveränität der Mission überall, auch in den Serbengebieten durchzusetzen. Doch mit Gewalt wollte man nicht mehr vorgehen.

Die 1999 durch den Stop der französischen Truppen auf der Brücke geschaffene politische Situation blieb unangetastet: Während die Albaner auf einem ungeteilten Kosovo bestanden, wollten die meisten Serben die Herrschaft über den Kosovo zurück. Beide Seiten fühlten sich im Recht. Auch Steiner mußte erkennen, daß die Gegensätze zwischen Albanern und Serben bis zu diesem Zeitpunkt nicht zu überbrücken waren. »Wenn wir die Wirtschaft weiterentwickeln können, werden wir die nationalen Konflikte besser in den Griff bekommen«, hoffte Steiner damals.

Verfehlte Wirtschaftspolitik

Die UN-Mission im Kosovo war für die Weltorganisation ein Experiment. Noch nie hatten die Vereinten Nationen eine derartige Aufgabe übernommen. Die UN regierte und verwaltete mit mehreren tausend Mitarbeitern aus mehr als 40 Ländern die Provinz wie ein Protektorat. Der Weltsicherheitsrat hatte die Mission im Kosovo mit beträchtlichen Vollmachten ausgestattet. Sie bekam die höchste Legislativ- und Exekutivgewalt übertragen. Die UNMIK war für den Wiederaufbau der Justiz im Kosovo verantwortlich. Steiner konnte Gesetze außer Kraft setzen, die mit dem UNMIK-Auftrag unvereinbar waren. Die UNMIK koordinierte die humanitäre Hilfe, ihre Unterorganisationen UNICEF und das Flüchtlingshilfswerk UNHCR waren mit einem eigenen Apparat im Kosovo präsent. Baumaterialien, Lebensmittel und Medikamente wurden an Rückkehrer und Flüchtlinge verteilt, Wohnungen instandgesetzt. Die Mission war verantwortlich für den Energiesektor und die Wasserversorgung. Die Mission versuchte das Schicksal vermißter Personen aufzuklären. UN-Mitarbeiter berieten die Gemeinden beim Aufbau einer funktionstüchtigen Administration und kontrollierten die Budgets. Zu diesem Zweck wurden Regionalbüros in Prishtina, Peja, Mitrovica, Gjilan und Prizren gegründet. Dutzende von UN-Mitarbeitern arbeiteten am Aufbau eines unabhängigen Justizsystems.

Der Wiederaufbau der Wirtschaft sollte sich als die am schwierigsten zu bewältigende Aufgabe erweisen. Denn es ging nicht nur um einen Wiederaufbau. Die Wirtschaft Kosovos hatte traditionell strukturelle Schwächen, die nicht von heute auf morgen zu beheben waren.

Während der Herrschaft des Osmanischen Reiches lebte das Gros der Bevölkerung von Subsistenzwirtschaft; nur in den Städten gab es Handwerk und Handel. Die Menschen im Kosovo spürten nichts von der Industrialisierung im übrigen Europa. Die britische Investition in die Minen von Trepça gab dem Land im 19. Jahrhundert immerhin einen Einblick in die Moderne. Allerdings war sie mit der Feststellung verbunden, daß die ausländischen Mächte lediglich an den Bodenschätzen, nicht jedoch an der Entwicklung des Landes interessiert waren. Im Ersten Jugoslawien wurden zwar Grund und Boden zugunsten der serbischen Bevölkerung neu verteilt, und die Landwirtschaft begann für einen bescheidenen Markt zu produzieren, doch an der Art und Weise, die Bodenschätze auszubeuten, änderte sich nichts. Im Kosovo wurden nur ganz wenige verarbeitende Betriebe angesiedelt. Von einer Infrastruktur konnte man nicht sprechen, sieht man einmal von der Eisenbahnverbindung Prishtina–(Kosovo Polje)–Belgrad ab.

Erst in den sechziger Jahren des 20. Jahrhunderts wurde investiert, vor allem aber in den Energiesektor und die schon vorhandenen Minenkomplexe. Unter Tito wurde das Land flächendeckend elektrifiziert, Straßen wurden gebaut, eine Universität gegründet. Der Titostaat baute Schulen und sicherte die medizinische Versorgung. Nicht alle für den Kosovo gedachten Investitionen versickerten. Es gelang zudem, eine verarbeitende Industrie anzusiedeln: etwa die Textilfabriken in Gjakova und die Stahlröhrenfabrik IMK in Ferizaj, die Tausende von Menschen beschäftigten und für den Export arbeiteten. Der Minenkomplex von Trepça wurde modernisiert. Dennoch konnte das wirtschaftliche Wachstum mit der Bevölkerungsentwicklung nicht Schritt halten und führte zu den anfänglich geschilderten Abwanderungsbewegungen aller Bevölkerungsteile gleich welcher ethnischen Herkunft. Die Struktur der Wirtschaft blieb ungesund. »Es fehlte damals ein Mittelstand«, erklärt Muhamet Mustafa, Professor an der Privatuniversität »Riinvest« und einer der führenden Wirtschaftsexperten des Landes.

Unter Milošević wurden alle Sektoren der Wirtschaft vernachlässigt, der Niedergang wurde mit der ethnischen Segregation noch beschleunigt. Milošević betrieb eine »regelrechte Deindustrialisierung des Landes«, erklärt Mustafa. Belief sich noch in den achtziger Jahren der industrielle Anteil am Bruttosozialprodukt auf 45 bis 48 Prozent, so sank er in den neunziger Jahren auf 15 Prozent, der Export von 800 Millionen Dollar auf 120 Millionen. Das Regime Miloševićs reinvestierte nur noch 20 Millionen Dollar, holte jährlich jedoch über 400 Millionen an Steuern aus dem Land heraus.

Die UNMIK fand eine vom Krieg gezeichnete und wirtschaftlich völlig verwüstete Region vor, die traditionell eine Strukturschwäche aufwies. Erste Maßnahmen hätten dazu führen müssen, die Landwirtschaft anzukurbeln, um den dank der internationalen Präsenz vorhandenen Markt zu nutzen und in die bereits existierenden Weiterverarbeitungsbetriebe zu investieren, von Bäckereien, Verarbeitung von Gemüse und Fruchtsäften, Molkereien bis zu Speiseeis. All dies wäre nach Meinung Mustafas durchaus möglich gewesen. Er führte darüber hinaus Holzverarbeitung, das Druckgewerbe und die Produktion von Baumaterialien an. In diesen Bereichen hätten

Betriebe schon bestanden, sie hätten nur eine Anschubfinanzierung benötigt. Es hätte also eine Industrialisierungspolitik von unten geben müssen.

Was geschah stattdessen? Die Wirtschaftssektion der UNMIK, die von der EU geleitete »vierte Säule« der Mission, öffnete die Grenzen für Waren aus dem Ausland. Zollfrei strömten sie ins Land; die von der EU subventionierten Agrarprodukte wurden zu Niedrigstpreisen angeboten und zerstörten die Ansätze einer eigenständigen Landwirtschaft. Diese Politik öffnete zwar den Markt für Waren aus der EU, machte damit aber eine eigenständige Wirtschaftsentwicklung unmöglich. Auf den Import von Industrieausrüstungsgütern wurden 10 Prozent Steuern erhoben. Hohe Bankzinsen behinderten die Investitionstätigkeit, die sich ohnehin vor allem auf Reparaturarbeiten beschränkte.

Die Privatisierung der Wirtschaft war noch komplizierter als in der Ex-DDR. Indem die Vereinten Nationen die Gesetze Miloševićs von 1989 akzeptierten, konnten die Betriebe zunächst nicht privatisiert werden. Für die UNMIK blieben die vor dem 24. März 1999 geltenden Gesetze des serbischen Staates gültig, die das Staatseigentum im Kosovo als Besitz des serbischen Staates definierten und nicht als Besitz der autonomen Provinz. Das schränkte die UN-Mission in ihren Gestaltungsmöglichkeiten ein.

Steiner versuchte das Dilemma mit allerlei Übergangslösungen zu entschärfen und ermutigte die Wirtschaftsabteilung, dennoch Privatisierungen durchzuführen. Dabei wurden einige Firmen unter Wert verschleudert. Das Baukombinat »Ramiz Sadiku« in Prishtina mit einst 5 000 Beschäftigten zum Beispiel bekam unmittelbar nach dem Krieg keine Bauaufträge. Die Aufträge wurden von der UNMIK an ausländische Firmen vergeben. Das verschärfte die Krise des Betriebes, dessen Wert rapide sank. Das Stahlröhrenkombinat in Ferizaj, das Röhren für Pipelines produziert hatte, wurde ebenfalls für wenig Geld privatisiert. In dem einst produktiven Kombinat mit 2000 Beschäftigten arbeiten heute noch 200 Personen zu Hungerlöhnen.

Die Minengesellschaft von Trepça war bis in die achtziger Jahre eine der großen Bergbaugesellschaften in Europa. Hier wurden Zink, Nickel, Kupfer und Blei gefördert. Das Milošević-Regime begann schon 1991 mit der Privatisierung von Firmen im Kosovo, so auch in Trepça. Die Wirtschaftsabteilung der UNMIK akzeptierte nicht nur die Gesetze nach Aufhebung des Autonomiestatutes; sie akzeptierte auch die Ansprüche ausländischer Firmen, die damals Anteile erworben hatten. Hinzu kommt, daß zwei der Minen auf dem von Serben kontrollierten Gebiet in Nordmitrovica liegen. Belgrad konnte daher mitsprechen und Entscheidungen für den Verkauf an neue Investoren blockieren. Die Minengesellschaft in Trepça ist auch 2009 noch nicht wieder auf die Beine gestellt.

Bei der von der UNMIK durchgeführten Privatisierungspolitik wurde auf die Interessen der Arbeiter und Angestellten keinerlei Rücksicht genommen. Das ehemals unter Tito verbürgte Mitspracherecht der Beschäftigten war ohnehin längst eingeschränkt. Die Wirtschaftspolitik der UNMIK aber machte die Arbeiter und Angestellten in den Betrieben völlig rechtlos, sie konnten bei der Privatisierung keineswegs mitreden. Anstatt soziale Mindeststandards durchzusetzen, überließ man die Belegschaften dem »Spiel der freien Kräfte«, also der Lohndrückerei und Willkür. In den noch öffentlichen Betrieben erhielt ein Arbeiter zwischen 120 und 200 Euro im Monat, die Beschäftigten in den privatisierten Betrieben bekamen noch weniger.

Der Optimismus der Wiederaufbauphase wich 2003 einer Ernüchterung. Der für die Friedrich-Ebert-Stiftung und die Gewerkschaften tätige Kosovoexperte Heribert Kohl beklagte die extreme Armut selbst jener, die Beschäftigung gefunden haben. Eine Studie der Universität »Riinvest« aus dem Jahre

2003 geht davon aus, daß zu diesem Zeitpunkt 12 Pozent der Bevölkerung »in extremer Armut« lebten und 50 Prozent der Bevölkerung »in trostloser Armut auf dem Weg in die absolute Armut«. Der Kosovo sei das ärmste Gebiet in Europa, und der Lebensstandard ließe sich am ehesten mit einem Land wie Tadschikistan vergleichen. 57 Prozent der Bevölkerung seien arbeitslos, in vielen ländlichen Gebieten liege die Arbeitslosigkeit bei 80 Prozent. »34 Prozent der Albaner und 4 Prozent der Serben leben von weniger als einem Dollar pro Tag.« Das betrifft vor allem jene Familien, die keine Verwandten im Ausland haben. Die von der UN-Mission koordinierte humanitäre Hilfe der internationalen Hilfsorganisationen ermöglichte einem Großteil der Bevölkerung, wenigstens zu überleben.

Die UN-Mission in der Kritik

Dafür waren die Menschen dankbar. 2003 begann die kosovarische Öffentlichkeit dennoch, ihre »Regierung«, die UNMIK, zu kritisieren. Denn manche Entscheidungen der UN-Mission blieben unverständlich. Schon die Einführung eines neuen Telefonsystems 1999 hatte zu harscher Kritik geführt. Da die UN angesichts der Resolution 1244 die für Serbien gültige Vorwahlnummer 00381 für den Kosovo weiter gelten ließ und somit Belgrad auch Telefongespräche blockieren und abhören konnte, sollte ein Mobilfunknetz eingerichtet werden.

Ein deutscher und ein französischer Anbieter standen sich gegenüber. Der Franzose Kouchner entschied sich für das französische System, das wesentlich teurer war als das deutsche. Seither ist der Kosovo mit der Vorwahlnummer von Monaco (00377-44) für Mobiltelefone ausgestattet, was der Gesellschaft Unsummen an Mehrkosten auferlegt.

Die Probleme mit der Elektrizitätsversorgung brachten die Menschen auf. Noch vier Jahre nach dem Krieg lag der Kosovo oftmals im Dunkeln. Das Braunkohlekraftwerk Obilić war veraltet, nur zwei der aus vier Blocks bestehenden Anlage waren nach dem Krieg noch funktionsfähig. Unter Milošević war nichts mehr in das Kraftwerk investiert worden, und auch die beiden noch funktionsfähigen Blocks liefen nicht immer. Die Folge waren Stromausfälle.

Die Mitarbeiter der internationalen Organisationen merkten kaum etwas davon. Ihre Arbeitsstätten wurden durch Dieselgeneratoren mit Strom versorgt. Für die normale Bevölkerung wurde die Lage unerträglich. Vor allem während der grauen, nebligen Wintertage wurde ihr nur wenige Stunden Strom pro Tag zugewiesen, und die Wasserversorgung fiel oftmals ganz aus, weil die Pumpen wegen Strommangels nicht mehr laufen konnten. Werkstätten mußten ihre Arbeit nach den Stromzeiten richten oder sich Generatoren anschaffen. Das Rattern der Dieselmotoren beherrschte Prishtina.

Anstatt sofort – auch aus ökologischen Gründen – einen neuen Kraftwerksbau in Angriff zu nehmen oder ein modernes, dezentrales Energiekonzept zu entwickeln, investierte die UNMIK über 400 Millionen Euro in die veraltete Anlage. Nicht genug damit. Die Reparaturarbeiten wurden Firmen übergeben, denen zum Teil keineswegs an einer Sanierung gelegen war, sondern die sich auf das nachsprudelnde Geld für neue Reparaturen verließen. Es gab aus diesen Gründen auch Sabotage, Explosionen zerstörten einige Male gerade reparierte Teile der Anlage.

Die Stimmung gegenüber der UNMIK schlug jedoch erst um, als einige Korruptionsfälle bekannt wurden – etwa die Tätigkeit eines deutschen Hochstaplers, der von der UNMIK ausgerechnet zum Chef des Energieversorgungskonzerns KEK und zum Leiter des UNHCR berufen worden war. Es handelte sich um den damals dreiunddreißigjährigen Joe Trutschler, der weder Ingenieur noch Ökonom war und kein Studium hinter sich hatte, der aber offenbar sehr geschickt dabei war, in die eigene Tasche zu wirtschaften. Im Jahr 2003 verließ er den Kosovo. Mit ihm verschwanden 4,3 Millionen Dollar. Trutschler wurde in Deutschland »wegen Führens falscher Titel« zu einer Gefängnisstrafe verurteilt.

Beispiele für die Korruption innerhalb der UN-Mission gibt es viele, von den seltsamen Vorgängen bei der Einstellung von Flughafenangestellten, wobei Geld geflossen sein soll, bis hin zu den Gerüchten, die italienische Mafia hätte in Peja unter dem Schutz von Teilen der italienischen Carabinieri allerlei dunkle Geschäfte getätigt. Vorwürfe, die sich schwer beweisen lassen. Viele interne Untersuchungen verliefen im Sande. Steiner selbst wurde eine fragwürdige Hilfeleistung nachgesagt, weil der Freund eines Verwandten seiner kosovarischen Frau, der als Chef des Zollamtes in Korruptionsskandale verwickelt war, straffrei ausging.

Die kosovarische Justiz selbst war machtlos. Die »Internationalen« zogen sich auf ihre »Immunität« zurück und waren deshalb scheinbar strafrechtlich nicht zu fassen. Zwar hatte die UN-Zentrale in New York die Immunität ihrer Mitarbeiter gar nicht so definiert, wie sie im Kosovo gehandhabt wurde, doch was konnten die Kosovaren schon unternehmen? Die meisten diesbezüglichen Klagen und Anfragen wurden von der UNMIK abgeblockt. Nicht nur aus kollegialer Verbundenheit, auch um das Ansehen der UN-Mission nicht zu beschädigen. Der Widerspruch, einerseits demokratische Strukturen aufbauen zu wollen, andererseits aber diktatorisch jegliche Kritik und die öffentliche Debatte darüber zu behindern, durchzieht die Zeit der UNMIK-Herrschaft seit ihrem Beginn.

Die anfängliche Aufbruchstimmung während der Wiederaufbauphase war 2003 also geschwunden. Die UNMIK hatte sich eingerichtet, die UN-Leute genossen das privilegierte Leben in der Hauptstadt mit ihren Cafés, den immer besser werdenden Restaurants, den Vergnügungen aller Art. Die in ihrer Heimat keineswegs hochgestellten Experten konnten sich jetzt mit dem Status des UN-Mitarbeiters, mit Geländewagen, Fahrern und Übersetzern »ausgerüstet«, im Land bewegen. Selbsternannte VIPs gab es wie Sand am Meer. Und entsprechend herablassend waren manche Bemerkungen und Verhaltensweisen der *internationals* gegenüber den *locals*.

Das rief Aversionen bei der Bevölkerung hervor. Vor allem, wenn manche *locals* in der UNMIK höher qualifiziert waren als ihre Kollegen von den *internationals*, aber mit einem Bruchteil des Gehaltes abgespeist wurden. Andererseits verdingten sich Ärzte, Lehrer und andere als Dolmetscher, Fahrer und Hilfskräfte, weil sie bei der UN immer noch mehr verdienen konnten als in ihren ursprünglichen Berufen. Diese fehlten dann beim Aufbau des Gesundheits- und Ausbildungssystems.

Bei aller Kritik: Vergessen werden sollte nicht die engagierte Arbeit von Hunderten von Mitarbeitern und Experten, die sich keineswegs bereichert haben. Die kosovarische Bürokratie mußte erst aufgebaut werden, die UN-Mitarbeiter mußten Kleinarbeit übernehmen, Ratschläge geben, Seminare abhalten, Kenntnisse vermitteln, Entscheidungen der Behörden überprüfen und notfalls korrigieren. Erfolgreich war auch der Polizeiaufbau: Nach Beendigung der UNMIK waren mehr als 7000 Polizisten ausgebildet. Und nicht nur Albaner, auch Serben und Mitglieder anderer Minderheiten.

Die Weltorganisation hatte sich aber im Ganzen gesehen mit der Aufgabe, ein Protektorat zu leiten, in dem nicht nur die Bürokratie, sondern auch die Wirtschaft und ein demokratischer Staat aufgebaut werden sollte, übernommen. Die Mission hatte von Anfang an nicht nur personalpolitische, sondern auch strukturelle Schwächen. Diplomaten und Experten, die weder die Sprache noch die Mentalität verstanden, wurde weitgehende Entscheidungsgewalt auf einem Terrain zugestanden, auf dem es nur wenige Erfahrungen gab, sieht man einmal von der internationalen Präsenz in Bosnien ab, die aber nicht von der UN geleitet wurde. Außerdem blieben viele Mitarbeiter viel zu kurz vor Ort. Alle brauchten einige Monate Einarbeitungszeit. Wer jedoch nur für sechs Monate oder ein Jahr angeheuert war, hatte oftmals gerade seine Aufgabe verstanden, sie jedoch noch nicht gelöst. Kosovarische Mitarbeiter klagten, daß die Nachfolger sich dann die Erfahrungen der Vorgänger nicht richtig zu eigen machten. Ein anderer Schwachpunkt war, daß die Diplomaten in der UNMIK vor allem gegenüber den eigenen Regierungen verantwortlich waren, nicht jedoch gegenüber dem Kosovo.

Standards vor Status

Die UN-Mission hatte sich im Status quo eingerichtet. UN-Mitarbeiter weigerten sich, über den letztendlichen Status oder gar die Unabhängigkeit des Landes zu sprechen. Auch die internationalen Politiker wichen den Fragen aus, wie es weitergehen sollte. Joschka Fischer beantwortete bei einem Besuch 2003 in Prishtina meine Frage, wann der Status Kosovos denn entschieden würde, dahingehend: Die Gesellschaft sollte erst einmal die für den Aufbau einer demokratischen Gesellschaft notwendigen »Standards« erfüllen, bis die Frage des Status angepackt werden könne.

Mit den »Standards« war der Aufbau demokratischer Institutionen und eines Rechtsstaats gemeint. Die Bewegungsfreiheit für alle Bürger gehörte zu den in der UNMIK diskutierten Standards ebenso wie die Rückgabe des Eigentums an die Vertriebenen. Ihre nachhaltige Rückkehr sollte ermöglicht werden. Die UNMIK forderte einen Dialog zwischen Prishtina und Belgrad sowie den Schutz der Kulturgüter, womit vor allem die orthodoxen Klöster und Kirchen gemeint waren, gestand den Albanern aber zum Ärger Belgrads weiterhin eine bewaffnete Truppe zu: das Kosovo-Schutzkorps TMK.

Die Zeit der Rechtlosigkeit, der Unsicherheit und Willkür sollte stabilen Verhältnissen weichen. Nur mit demokratischen Institutionen und mit Rechtssicherheit war ein Staat zu bauen, der einmal in die Unabhängigkeit entlassen werden könnte, forderten zum Beispiel Veton Surroi, Shkelzen Maliqi, Enver Hoxhaj oder Bujar Bukoshi in unseren Gesprächen. Zwar forderten alle Parteien der Albaner die Unabhängigkeit Kosovos, doch selbst viele Politiker beschlich die Angst vor der eigenen Courage, schon zu diesem Zeitpunkt in die Unabhängigkeit entlassen zu werden.

Trotz aller Schwächen der UNMIK wäre die Alternative zum damaligen Zeitpunkt noch schrecklicher gewesen. »Man stelle sich vor, wir regierten uns selbst ohne die Überwachung durch die UNMIK. Dazu ist doch noch keiner in der Lage«, erklärten mir einige Funktionsträger hinter vorgehaltener Hand. Das Wort von der »Albanisierung Kosovos« machte die Runde; gemeint war die Herstellung von chaotischen Verhältnissen wie in Albanien. Kaum jemand traute den eigenen, zerstrittenen Führern zu, das Land allein zu regieren. Zuerst müßten die Institutionen gefestigt sein, müßte die Verwaltung und das Rechtssystem funktionieren, die Polizei aufgebaut sein, Schulen und Universitäten normal arbeiten, die mediale Öffentlichkeit kritisch und selbstkritisch berichten können. Und es müßte eine neue, ausgebildete Generation viele Funktionen im Staat übernehmen können, forderten Journalisten und Intellektuelle. Die Diskussion über die Standards erschien ihnen einleuchtend und ein logischer Schritt hin zur Entwicklung einer multiethnischen, demokratischen Gesellschaft; die Entscheidung über den Status dürfe aber nicht auf den Sankt-Nimmerleins-Tag verschoben werden.

Als der Weltsicherheitsrat im November 2003 die demokratischen und rechtsstaatlichen Standards für den Kosovo beschloß, ohne das Statusproblem zu berücksichtigen, erhoben sich viele kritische Stimmen. Als im März 2004 ein Zeitplan für die Umsetzung der Standards, eine Art *road map*, von der UN verabschiedet wurde, wurde die Kritik lauter. Denn die auf mehr als 80 Seiten ausgebreiteten weit über 100 Ausführungsbestimmungen waren so kompliziert und anspruchsvoll, daß selbst manche Diplomaten aus europäischen Demokratien erklärten, die für die Statusdiskussion aufgebauten Hürden seien zu hoch. So gab der ab 2004 amtierende UNMIK-Chef Sören Jessen-Petersen in mehreren Interviews zu erkennen, daß es auch für sein Heimatland Dänemark schwer wäre, die im Kosovo geforderten Standards zu erfüllen.

Vor allem im Lager der UÇK-Nachfolgeparteien gärte es, aber auch Rugova zeigte sich immer unzufriedener. Selbst kosovoserbische Politiker murrten. Denn sie vermuteten zu Recht, daß die Standards von den Kosovoalbanern nie erfüllt werden könnten. Die UN-Herrschaft würde auf unabsehbare Zeit verlängert und damit die erhoffte Rückkehr Kosovos in den serbischen Staat verzögert.

Aufruhr

Am 23./24. März 2004 jährte sich der Angriff der NATO auf Serbien zum fünften Mal. Grund genug, schon ein paar Tage vorher in den Kosovo zu fahren. Es lagen Auseinandersetzungen in der Luft. »Erich, wir mögen dich ja alle«, rief Menita Dyagaj, die Besitzerin des seit den neunziger Jahren berühmten Restaurants Hani, entsetzt, als ich abends ins Lokal eintrat. »Aber wir wissen seit 15 Jahren, wann immer du kommst, passiert etwas Schreckliches. Bitte, fahr wieder nach Hause.« Und stellte ein Glas Wein auf den Tisch. Doch für die Rückfahrt war es schon zu spät.

Am nächsten Tag überschlugen sich die Ereignisse. Serbische Demonstranten hatten schon seit dem 15. März aus Protest gegen den Anschlag auf einen achtzehnjährigen Jungen, der bei der Enklave Čaglavica von einem Auto aus beschossen und dabei schwer verletzt worden war, damit begonnen, die wichtige Lebensader Kosovos, die Straße Prishtina–Skopje zu blockieren. Die Bundestagsdelegation mit dem Militärexperten der Grünen Winfried Nachtwei mußte auf dem Weg zu einem Besuch bei den deutschen Polizeiausbildern in der Gemeinde Lipljan einen Umweg fahren, um nicht die serbischen Straßensperren zu passieren. Nachtwei hatte mich zu dem Besuch eingeladen.

Gerade als der deutsche Chef der Polizeistation, Siegbert Hänsel, darüber berichtete, wie wunderbar der Aufbau fortschreite, wie gut es gelungen sei, die noch in Lipljan lebenden Serben in die Tätigkeit der Polizei einzubinden und wie erfolgreich man in der Stadt arbeite, wurde eine Nachricht in den Raum gereicht. In Mitrovica sei es zu Zusammenstößen gekommen; bei Čaglavica rotteten sich Albaner zusammen, um die Straßensperren der Serben anzugreifen.

Was war passiert? In den Nachrichten kamen Meldungen, drei albanische Kinder seien in der Nähe des Dorfes Cabra in der Gemeinde Zubin Potok von Serben mit einem Hund in die reißenden Fluten des Ibar getrieben worden und dort ertrunken, ein viertes hätte überlebt. Im Laufe des Tages sammelten sich Albaner an der Brücke über den Ibar und versuchten, auf die serbische Seite zu gelangen. Es fielen Schüsse. Serbische Heckenschützen schossen auf die albanischen Demonstranten. Nach albanischen Informationen gab es Tote und Hunderte von Verletzten. Französische Truppen stellten sich zwischen die Parteien und versuchten, mit Tränengas gegen die Albaner vorzugehen, während die serbischen Schützen unbehelligt blieben, was die Albaner nur noch mehr aufbrachte. Die schließlich eintreffenden amerikanischen Einheiten gaben Warnschüsse auf die Sniper ab, berichteten mir albanische Journalisten am Telefon.

Die Nachrichten aus Mitrovica verbreiteten sich wie ein Lauffeuer. Und plötzlich begann ein Flächenbrand. Das Flugzeug der deutschen Delegation hatte schon abgehoben, als ich Prishtina erreichte. Sogleich begab ich mich in Richtung Çaglavica. Ich brauchte mich nur dem Strom der Menschen anzuschließen, um den Ort der Auseinandersetzung zu finden. Vor allem junge Leute, Studenten aus den Gebäuden der nahegelegenen Universität zogen zur breit ausgebauten Ausfallstraße Richtung Süden, die einen Berg hinaufführte. Oben konnte man schon Rauch erkennen. Internationale Polizisten hatten dort eine Position aufgebaut und versuchten verzweifelt, die anströmenden Albaner mit Tränengas am Vordringen zu hindern. Dahinter hatten sich junge Serben postiert, was die Albaner als Provokation empfanden. Die Polizisten waren einem Steinhagel ausgesetzt, wichen jedoch nicht zurück.

In Prishtina belagerten junge Albaner einen Wohnblock, in dem die serbischen Angestellten der UNMIK wohnten. Scheiben gingen zu Bruch. Aus einer Wohnung quoll Rauch. Es gelang der internationalen und der Kosovopolizei KPS, die Angegriffenen aus dem Wohnblock zu evakuieren.

Ehemalige UÇK-Kämpfer demonstrierten am gleichen Tag gegen eine Polizeiaktion der UNMIK. Sie protestierten gegen die Verhaftung einiger UÇK-Mitglieder wegen angeblicher Kriegsverbrechen und forderten Informationen über das Schicksal von Verschwundenen. Noch in der Nacht brannten die Häuser von Serben in den gemischten Gebieten, es brannten Gotteshäuser und Klöster in der Region. Der spontane Protest richtete sich plötzlich gegen die UNMIK: Jetzt brannten auch Fahrzeuge der UN. Mitglieder der Mission legten ihre Dienstkleidung ab und flüchteten zu den Stützpunkten der KFOR.

In den rauchenden Ruinen von Lipljan

Rauch lag noch in der Luft, es roch nach verbrannten Balken. Die Fensterhöhlen waren geschwärzt, in den Ruinen sah man einen verbrannten Ofen, einen halbverkohlten Schrank, im Eingang lagen Kinderschuhe. Die Besitzer waren verschwunden. Die serbischen Familien im nördlichen Stadtteil von Lipljan waren ein paar hundert Meter weiter geflüchtet – dorthin, wo noch andere serbische Häuser und eine Kirche standen und wo finnische KFOR-Soldaten ihre Panzer plaziert hatten.

Die Gemeinde Lipljan hatte damals 70000 Einwohner, davon bis vor kurzem 14000 Serben – ungewöhnlich im Kosovo. Während des Krieges 1999 und der Vertreibung vieler Albaner durch die serbischen Sicherheitskräfte schützten einige serbische Bewohner die albanischen Häuser. Als die Albaner nach dem Einmarsch der NATO im Juni 1999 zurückkamen, gab es deswegen kaum Racheakte. Lipljan galt sogar als Vorzeigestadt der internationalen Gemeinschaft. Doch dann kam die Gewalt auch hierher.

Es war schwer, die Ereignisse zu rekonstruieren, denn jeder kannte nur einen Ausschnitt, selbst die Polizei hatte die Übersicht verloren. Abends, wenn die Schießereien wieder aufflammten, würde sich die Polizei zurückziehen, erklärte ein Beamter. Die KFOR-Soldaten versuchten zwar, Albaner und Serben zu trennen. Für viele Familien kam diese Hilfe aber zu spät.

Über 60 Häuser seien schon niedergebrannt, berichteten einige serbische Männer, die hinter den KFOR-Panzern Position bezogen hatten. Balill besaß einen Laden in unmittelbarer Nähe. Albaner und Serben waren bis vor drei Tagen seine Kunden gewesen, sagte er. »Sie kauften bei mir ein, alles war normal. Die Situation ist jetzt schlecht.« Wer in der Nacht schoß, wollte er nicht sagen, auch nicht, wer die Häuser angezündet hatte. Es stand eine Mauer des Schweigens. Hazni Gajtani, ein anderer Nachbar, erklärte sich den Ausbruch der Gewalt so: Nach der Blockade der in der Nähe befindlichen Hauptstraße Pristina–Skopje durch Serben, nach dem Tod der drei albanischen Kinder in Mitrovica und den Toten und Verletzten dort seien eben auch hier viele Leute wütend gewesen.

Auch in der 20 Kilometer entfernten Stadt Kosovo Polje rauchten noch die 20 serbischen Häuser, die hier angezündet worden waren. In einem Wohnkomplex harrten 150 serbische Bewohner aus, Kinder waren darunter, schwangere Frauen. Petar, ein serbischer Anwohner, hatte wenig geschlafen und genau beobachtet, wie die albanischen Brandstifter durch die Stadt gezogen waren. Die lokale albanische Polizei hätte nichts gegen sie unternommen. Wasser und Strom seien abgedreht gewesen. Die afrikanischen UN-Polizisten hätten ihre Sachen gepackt und seien verschwunden, als es brenzlig wurde. Jetzt stand zwar wieder lokale Polizei vor dem Haus, doch kein Panzer der KFOR ließ sich sehen. Die Menschen warteten auf die Evakuierung. »Das, was du hier siehst«, sagte Petar zum Abschied, »nennt man ethnische Säuberung.«

Spätere Nachforschungen der internationalen Organisationen ergaben, daß die drei Kinder vermutlich bei einem Unfall ums Leben gekommen und nicht von Serben in den Fluß getrieben worden waren. Doch der Fall zeigt, wie viel angestaute Wut sich da Luft gemacht hatte. 19 Menschen, so die später veröffentlichte offizielle Zahl, sind während der Ereignisse getötet worden: 11 Albaner und 8 Serben. 1000 Menschen, zumeist Albaner in Mitrovica, wurden verwundet, 730 serbische Häuser zerstört, 36 Kirchen und Klöster beschädigt oder zerstört. Insgesamt 4100 Menschen, Serben, Roma und Ashkali wurden aus ihren Wohnstätten vertrieben. Im Gegenzug mußten 350 Albaner aus dem Gebiet nördlich von Mitrovica in den Süden fliehen.

Serben wollen die geteilte Stadt

Dragan deutete auf die Brücke über den Ibar, die eine Woche nach den Kämpfen durch NATO-Draht und Betonbarrieren blockiert ist. Schwerbewaffnete französische Soldaten duckten sich hinter die Sperren. Seit in der Nacht ein »besoffener Serbe«, wie der bärtige Fotograf sich ausdrückte, eine Handgranate auf die Brücke geworfen hat, sind die Sicherheitsmaßnahmen für die KFOR-Soldaten an der Demarkationslinie zwischen Albanern und Serben geteilten Stadt nochmals verschärft worden.

Dabei schien auf der serbischen Seite des Flusses jetzt alles friedlich zu sein. In der unter Serben berühmten Bar »Dolce Vita« direkt gegenüber der Brücke drückten sich ein paar Pärchen in den Ecken herum. Spaziergänger flanierten die hier einmündende Hauptstraße entlang, in der sich Menschen in den Cafés drängten. Die Läden waren offen, selbst die »Brükkenwächter«, die stämmigen, kampfbereiten und manchmal Besuchern gegenüber aggressiv auftretenden Männer, waren verschwunden. Der Verkäufer eines Schuhgeschäfts lächelte freundlich, auch wenn er die gesamte Situation »zum Kotzen« fand und die Albaner zum Teufel wünschte. Die Stadt sei »nicht wiederzuerkennen«, viele Alteingesessene seien fort, serbische Flüchtlinge aus anderen Teilen Kosovos hereingeströmt – »Bauern vom Lande«, wie er ein wenig verächtlich sagte.

Seit die Albaner wegen der Angriffe auf die serbischen Enklaven im Kosovo in die internationale Kritik geraten sind, seit der EU-Außenpolitiker Javier Solana just am fünften Jahrestag des NATO-Angriffs auf Serbien, am 24. März, wutentbrannt eine Sitzung mit den albanischen Politikern in Prishtina verlassen hatte, weil sie sich nicht klar genug für die Angriffe entschuldigt hätten, sind die Serben gegenüber den internationalen Vertretern freundlicher geworden. Der politische Wind hatte sich gedreht, und sofort veränderten sich kollektive Verhaltensweisen.

Viele, die früher ausländischen Reportern gegenüber zurückhaltend bis ablehnend aufgetreten waren, wollten jetzt bereitwillig ihre Geschichte erzählen. So auch Svetlana. Als Frau eines Übersetzers bei der UN-Mission lebte sie mit Mann und zwei Kindern in einem kleinen Haus in einem Vorort und nicht in dem von Serben bewohnten Wohnkomplex, der von albanischen Demonstranten zerstört wurde. »Dort wurden die Leute wenigstens von der KFOR evakuiert, wir aber mußten uns selbst durchschlagen«, klagte sie. Rasch seien Jugendliche in das Viertel eingedrungen, sie packte noch ein paar Sachen, setzte sich mit den Kindern ins Auto und fuhr davon. »Gott sei Dank war es das Auto eines bosnischen Freundes, eines Muslim«, lachte sie. »Der hatte das Auto mit den bosnischen Nummernschildern bei uns abgestellt.« Sie wurde von den Albanern für eine Bosnierin gehalten und gelangte unbehelligt nach Nordmitrovica. Ihr eigenes Auto mit jugoslawischen Nummernschildern ging in Flammen auf.

»Mit den Albanern zusammenzuleben ist für uns nicht möglich«, murmelte der fünfundfünzigjährige Dragan und nippte an seinem Schnaps. Wie die Zukunft aussehen könnte, darüber hatte er keine Vorstellung. Über die serbischen Schützen und die getöteten Albaner wollte er nichts sagen. »Fest steht nur, daß die Serben mit den Albanern nichts mehr zu tun haben wollen. Wir Serben müssen auf eigenen Füßen stehen.« Nur dank der sogenannten Parallelstrukturen könnten die Serben im Kosovo leben. Er wollte die Grenze und die geteilte Stadt.

Bundeswehr in Prizren

»Hätten wir denn in die Menge schießen sollen?« fragte der Offizier der Bundeswehr. Einige Tage nach den »Ereignissen« standen wir vor den Ruinen der orthodoxen Kirche im Zentrum Prizrens. Hunderte von Jugendlichen hätten die Wachen bedrängt. »Was wäre passiert, wenn Tote auf dem Platz liegengeblieben wären, wer hätte das verantworten können. Gebäude kann man wieder aufbauen«, sagte er mit Blick auf die Ruine. »Tote zum Leben erwecken können wir nicht.«

Die Bundeswehr war in Deutschland in die Kritik geraten. Hätte die KFOR nicht doch mehr tun können als von der Kirche in Prizren abzurücken, bevor es wirklich brenzlig wurde? Der oberkommandierende General der Sektion West der KFOR, ein Italiener, hatte den Befehl zum Rückzug der deutschen Wachen vor der Kirche gegeben. Der Mob war dann in die Kirche geströmt und hatte sie niedergebrannt. Jetzt standen einige ältere Leute fassungslos vor den Trümmern. Es waren alteingesessene Bewohner der Stadt. Mit der Kirche war auch ein Stück Identität der traditionell multikulturellen Stadt zerstört. »Das waren junge Leute aus den Dörfern, nicht unsere Leute aus der Stadt«, sagte ein älterer Mann.

Wir, der Journalist Markus Bickel und ich, machten uns auf die Suche nach den Organisatoren des Veteranenverbandes und fanden sie schließlich in einem Café. Als die Sprache auf das weitverbreitete Spitzelwesen im Kosovo kam, sprang am Nebentisch ein Mann auf und rannte aus dem Lokal. Wir mußten alle lachen. Unsere beiden Gesprächspartner bestritten, die Aktionen gegen serbische Wohnungen, Häuser und Einrichtungen geleitet zu haben.

Zafir Berisha, Vorsitzender des Veteranenverbandes der UÇK in Prizren und Abgeordneter im Stadtparlament für die Demokratische Partei Kosova (PDK), war immer noch erbost über die wahllose Verhaftung von 193 ehemaligen UÇK-Mitgliedern durch die UNMIK im Vorfeld der »Ereignisse«. In Prizren habe die Festnahme eines Sohnes des ehemaligen regionalen UÇK-Kommandeurs Selim Krasniqi zu Spannungen geführt. Der Veteranenverband habe am 16. März in vielen Städten des Landes friedliche Protestdemonstrationen gegen die Verhaftung von drei anderen ehemaligen UÇK-Mitgliedern organisiert. Gleichzeitig habe man gegen die Straßenblockaden serbischer Demonstranten südlich von Prishtina und die lasche Haltung der UN-Mission protestieren wollen. Der Veteranenverband hätte weitere friedliche Demonstrationen gegen die Politik der UN-Mission durchführen wollen, da diese zur Stagnation im Lande geführt habe.

Als dann die Nachricht von den drei im Fluß ertrunkenen Kindern und getöteten albanischen Demonstranten kam, sei der Funke aus Mitrovica nach Prizren übergesprungen und habe auch hier zu spontanen Ausschreitungen geführt. Der Veteranenverband und er selbst, so Zafir Berisha, hätten in Prizren mitten in der Demonstration versucht, gegen den Vandalismus vorzugehen. Doch die Demonstration sei nicht zu kontrollieren gewesen, es seien viele junge Menschen gekommen, auf die er keinen Einfluß habe ausüben können. »Wir haben versucht, die Leute davon abzuhalten, die orthodoxe Kathedrale in Brand zu setzen, und sogar vier ältere Serben vor dem Mob gerettet«, erklärte Isa Berisha, ein weiteres Mitglied des Veteranenverbandes.

Am zweiten Tag der Demonstrationen habe das »Kosova-Schutzkorps« TMK, die offiziell zugelassene Militärorganisation Kosovos, eingegriffen und eine weitere Eskalation verhindert, behaupteten die Veteranen. »Das zeigt, daß die ehemalige UÇK Autorität im Volk genießt, wir aber nichts mit dem Vandalismus zu tun haben.«

Konsequenzen

Bei den Demonstrationen waren UN-Fahrzeuge zerstört und UNMIK-Mitarbeiter angegriffen worden. Fahrzeuge der KFOR und der UN-Hilfsorganisationen wie des UNHCR blieben aber verschont. Die politische Strategie der Veteranen war nicht auf eine Konfrontation mit den Serben, sondern mit der UNMIK ausgerichtet. Wie sich nach weiteren Gesprächen herausstellte, sollten die Truppen der KFOR (mit Ausnahme der Franzosen in Mitrovica) geschont werden. Als der damalige Chef der UN-Mission, der Finne Harri Holkieri, der im Sommer 2003 Steiner auf diesem Posten abgelöst hatte, zusammen mit dem NATO-Generalsekretär Jaap de Hoop Scheffer vor die Presse trat, war ihnen die Anspannung der letzten Tage anzumerken. Schließlich hatten die Institutionen der internationalen Gemeinschaft die Angriffe nicht verhindern können. Weder Harri Holkieri noch Jaap de Hoop Scheffer versuchten, dieses Versagen herunterzuspielen. Holkieri, der kurz darauf von seinem Posten zurücktrat, rief die Bürger des Landes dazu auf, sich ruhig zu verhalten und mitzuhelfen, die Hintermänner der Unruhen dingfest zu machen. Der Niederländer Hoop Scheffer versicherte, in Zukunft würden alle Bürger Kosovos sicher sein. Die NATO werde die 18 000 im Lande befindlichen KFOR-Soldaten mit zusätzlichen Truppen verstärken.

Kein Wort über die Gründe für die *riots*. Harri Holkieri wollte lediglich zugestehen, daß der Zeitplan für die Erfüllung der »Standards« überprüft werden müsse. Statt ihre bisherige Politik zu überdenken, schien der UN-Mission und der KFOR nicht mehr einzufallen, als weiterzumachen wie bisher, mit stärkerer Präsenz der internationalen Polizei und noch mehr Militär. Dagegen forderte der ehemalige US-Sondergesandte für das ehemalige Jugoslawien, Richard Holbrooke, man müsse die Politik der UNMIK neu formulieren und die Statusfrage endlich entscheiden.

Dies war der neuralgische Punkt: Die Unsicherheit über die Statusfrage hatte entscheidend zu den *riots* beigetragen. Anstatt der Gesellschaft eine klare Perspektive über die Schritte vorzugeben, die zu unternehmen waren, um eines Tages die Statusfrage zu lösen, beließ man die Albaner in einer Unsicherheit über die zukünftige Entwicklung und schuf mit den Standards fast unüberwindliche Hürden. Das ständige Nachgeben gegenüber Serbien ließ unter den Albanern die Befürchtung wachsen, die serbische Herrschaft über den Kosovo könnte wieder errichtet werden.

Auch die Kosovoserben lebten in Unsicherheit. Auch sie wußten nicht, woran sie sich orientieren sollten. Immerhin gab es eine Minderheit der Serben im Kosovo, die in den neuen Institutionen mitarbeiten wollten und sich nicht dem Wahlboykott angeschlossen hatten. Die Unklarheit über die künftige Entwicklung gab den nationalistischen Kräften in Belgrad aber die Möglichkeit, die übergroße Mehrheit der Kosovoserben an sich zu binden. Die von Belgrad ausgesandten Signale, die serbische Armee werde über kurz oder lang in den Kosovo zurückkommen, die Serben im Kosovo müßten nur einige Zeit bis zur Wiederherstellung des serbischen Staates warten, wurden durch die unglücklichen Auftritte von Harri Holkieri in Belgrad unterstrichen. Er hatte mit Belgrad über die Parallelstrukturen verhandelt und wollte den serbischen Gemeinden einen autonomieähnlichen Status geben.

Die Einrichtung eines Verbindungsbüros der UNMIK in der serbischen Hauptstadt wurde von den Albanern ebenfalls als ein Signal in diese Richtung verstanden. Und da gleichzeitig der zum EU-Außenpolitiker aufgestiegene Javier Solana nichts unversucht ließ, den Unabhängigkeitsbestrebungen in Montenegro entgegenzuwirken, mußten selbst die kooperativsten Kosovoalbaner mißtrauisch werden. Die von Solana und der EU unterstützte, scherzhaft als »Solania« bezeichnete Föderation Serbien-Montenegro war in den Augen der Albaner nichts anderes als ein Versuch Europas, die Statusfrage Kosovos ungelöst zu lassen. Denn solange »Solania« bestand, tendierten die Aussichten für die Unabhängigkeit Kosovos gegen Null. Indem die UNMIK und die EU damit begannen, die Forderungen der Albaner zu ignorieren, lösten sie nicht nur Unruhe in der Gesellschaft aus, sondern degradierten die kosovoalbanischen Parteien und Institutionen zu einer Art Marionetten. Das konnten diese nicht mehr hinnehmen.

Hashim Thaçi fordert mehr Macht für die Albaner

Ende März 2004 war der Vorsitzende der PDK, Hashim Thaçi, gerade aus den USA zurückgekehrt. Thaçi forderte als Konsequenz aus den Ereignissen mehr Macht für die Institutionen Kosovos.

Frage: *Herr Thaçi, die internationale Gemeinschaft ist wütend auf Sie. Der EU-Außenpolitiker Javier Solana hat sich am 24. März sogar geweigert, Ihnen die Hand zu reichen. Die internationale Diplomatie will eine klare Distanzierung der kosovoalbanischen Politiker von der Gewalt.*

Hashim Thaçi: Wir sind in eine dramatische Phase der Politik im Kosovo eingetreten. Der Tod der drei Kinder am Ibarfluß führte zu Eruptionen, die nicht hätten passieren sollen. Das ist nicht zu rechtfertigen und nicht zu tolerieren. Wir verurteilen die Zerstörung serbischer Häuser, das Niederbrennen von Kirchen und historischen Denkmälern. Wir verurteilen jegliche Gewalt. Um die Situation wieder in den Griff zu bekommen, müssen die lokalen und internationalen Kräfte kooperieren.

Aber die Revolte richtete sich auch gegen die UN-Mission. Viele Leute haben offenbar die Nase voll von der internationalen Verwaltung.

Wir müssen jegliche Konfrontation zwischen den lokalen Kräften und den internationalen Institutionen vermeiden. Es gibt aber eine Reihe von Problemen, die ungelöst geblieben sind. Niemand von kosovoalbanischer Seite kann die serbischen Parallelstrukturen akzeptieren. Eine Teilung des Landes kommt überhaupt nicht in Frage. Niemand versteht, daß die UN-Mission mit der Regierung in Belgrad über die Kantonalisierung, also die Legalisierung der Parallelstrukturen in den Enklaven, und sogar über die Teilung des Landes sprechen konnte. Nach wie vor gibt es im Rechtssystem doppelte Standards. Wir können nicht verstehen, daß Kriminalität in den internationalen Institutionen toleriert wird.

Welche Konsequenzen ergeben sich daraus?

Wir sind alle nicht perfekt, die internationalen Institutionen nicht und auch nicht die lokalen Politiker. Aber wir müssen in die Zukunft sehen. Der Kosovo muß von den Kosovaren verwaltet werden, die UN-Mission sollte weiter bleiben, aber mehr in einer beratenden Funktion. Diese Position habe ich schon vor den dramatischen Ereignissen eingenommen, jetzt um so mehr.

Sie treten weiter für eine Unabhängigkeit Kosovos ein. Gerade in diesem Punkt zögern die Europäer. Javier Solana hält nichts von neuen Kleinstaaten, er tritt für den Zusammenhalt von Serbien und Montenegro ein. Die Europäer fragen sich, was mit den Serben im Kosovo geschehen soll.

Da brauchen sie keine Angst zu haben. Wir streben einen Staat mit gleichen Rechten für alle Bürger an, ganz gleich welcher ethnischen Gruppe jemand zugehört. Ein unabhängiger Kosovo ist also für alle da, für Albaner, für Serben, Roma, Türken, Bosniaken, Goranen und andere.

Das klingt gut, aber während der Revolte geschah doch etwas anderes. Die Veteranenorganisation ist doch an Ihre Partei gebunden, die Demonstranten wollten nach Meinung der UNMIK den Kosovo ethnisch säubern. Können Sie diese Leute noch kontrollieren?

Sie sind nicht richtig informiert. Die Revolte ist sehr komplex, es waren nicht nur Veteranen involviert. Die Bürger des Kosovo revoltierten aus wirtschaftlichen und politischen Gründen. In der Tat war es eine Solidarisierungswelle mit den Protesten in Mitrovica. Aber es gab keine ethnischen Säuberungen. Trotz allem bin ich optimistisch, daß wir positive Veränderungen im Kosovo erreichen. Die NATO wird immer von unseren Bürgern respektiert werden. Die UNMIK sollte ihre Rolle aber verändern, von einer exekutiven Gewalt zu einem die gewählten Institutionen des Kosovo beratenden Gremium.

Was sind Ihre konkreten Forderungen an die internationalen Institutionen?

Nach den Ereignissen hat sich alles verändert. Wir werden niemandem mehr erlauben, unverantwortlich zu handeln, wir wollen nicht mehr wie unmündige Kinder behandelt werden. Die internationalen Institutionen sollten uns mehr vertrauen und zutrauen. Die gewählten Vertreter des Volkes müssen mehr Einfluß erhalten. Die wirtschaftliche Lage ist schlecht, die Jugend hat keine Perspektiven. Im Kosovo gibt es die höchste Präsenz internationaler Institutionen und Mitarbeiter, und zur gleichen Zeit sind wir international nirgends vertreten. Wir haben keine Außenpolitik, wir brauchen ein Außenministerium, wir brauchen mehr Einfluß in der Wirtschaftspolitik und auch bei den Sicherheitsstrukturen. Das Kosovo-Schutzkorps TMK sollte auch an den Außengrenzen eingesetzt werden. Wir haben ein gewähltes Parlament und eine gewählte Regierung, wir können jedoch nichts durchsetzen und bewegen. Wir brauchen mehr Macht, um die Interessen unserer Bevölkerung zu vertreten.

15
Die Quadratur des Kreises

Die Forderungen Holbrookes und Thaçis sollten nicht ungehört bleiben. Es konnte ja mit der UN-Mission nicht mehr so weitergehen. Über das »Wie« der Veränderung herrschte noch Unklarheit. Selbst der langjährige Chef des Pressebüros, Alexander Ivanko, ein Ukrainer, den ich schon seit seiner Tätigkeit für die UN aus Kroatien 1992 kannte, zeigte sich etwas unsicher. Der frühere Journalist, der in der sowjetischen Zeit in Afghanistan gearbeitet hatte und später, nach dem Fall des Kommunismus, zur Weltorganisation gestoßen war, gehörte zu den Balkanveteranen in der Organisation. Er hatte einen distanzierten Blick auf die Dinge und war wegen der Angriffe auf die UN-Fahrzeuge keineswegs verstört. Lachend erzählte der massige Mann, wie er sich in Zivilkleidung mit Taxis fortbewegt hatte. Die UN-Fahrzeuge mußten ja erst einmal im Hof der UN-Mission stehen bleiben. Nach den Unruhen, das war ihm bewußt, mußte eine neue Phase der Politik beginnen, die der Gesellschaft »endlich Perspektiven« aufzeigen sollte. Wie diese aber aussehen sollte, darüber verlor er kein Wort.

Er gab mir aber den Tip: Ein hoher Repräsentant der UN, der norwegische Diplomat Kai Eide, sei in den Kosovo gekommen. Er sei damit beauftragt, Konsequenzen aus den Ereignissen für die UN zu formulieren. Schwierig war es nicht, den Mann ausfindig zu machen und mir rechtzeitig in dem Restaurant einen Nachbartisch zu suchen, wo er zusammen mit Mitarbeitern das Abendessen einnehmen wollte.

Noch am selben Abend kam ich mit seinen Begleitern ins Gespräch. Die UN-Emissäre hatten ja auch ein Interesse, die unterschiedlichsten Seiten anzuhören und die Erfahrungen von langjährig aktiven Journalisten miteinzubeziehen. Sie waren von der Notwendigkeit überzeugt, die UNMIK zu reformieren, dem Staat Kosovo mehr Kompetenzen zu übertragen, die Erfüllung der Standards an eine politische Perspektive zu binden und dann, nach einer gewissen Zeit, mit Statusverhandlungen zu beginnen.

Wie sich später herausstellte, hatte die Eide-Crew damit schon vage die Empfehlungen an den Weltsicherheitsrat angedeutet, die erst 2005 in Gänze veröffentlicht werden sollten. Die UN-Mission sollte gestrafft werden. Die bisher von der UNMIK fast unabhängig operierenden Säulen Wirtschaft (verantwortlich dafür war die EU) und Demokratisierung (OSZE) sollten sich einer Gesamtstrategie unterordnen. Um den Serben entgegenzukommen, sollte man die Dezentralisierung der Gemeinden anpacken, forderte Eide, so daß serbische Gemeinden über ein hohes Maß an Selbstverwaltung verfügen könnten. Aus der Liste der Standards müßte man vor allem jene umsetzen, die letztendlich den Statusverhandlungen dienlich seien. So sollte mit dem Transfer von Macht an die Institutionen Kosovos begonnen, die multinationale Polizei KPS professionalisiert und weiter ausgebaut sowie das Justizsystem modernisiert werden. Auch wenn Eide die Frage nach der Rückkehr der Flüchtlinge zu einem Kernanliegen der neuen Strategie erklärte, so blieben doch einige Fragen in bezug auf die Minderheiten offen. Die Lage der Roma und der anderen nichtserbischen Minderheiten wurde in seinem Papier leider nur gestreift. Die beiden für ihn wichtigsten Seiten, die Albaner und Serben, so die politische Botschaft Eides, sollten von den Vorteilen der neuen Strategie der UNMIK überzeugt werden.

Auf der kosovoalbanischen Seite waren die Kräfteverhältnisse nicht geklärt. Die UÇK-Parteien waren in den Augen vieler UNMIK-Mitarbeiter noch immer unberechenbare Partner, die zwar über erheblichen Einfluß in der Gesellschaft verfügten, doch auch in Kriminalität und Korruption verstrickt zu sein schienen. Es war für die Umsetzung der neuen Strategie entscheidend, wie sich die politische Szenerie Kosovos entwickelte und wie die UÇK-Parteien eingebunden werden konnten.

Rugovas Sieg bei den Parlamentswahlen 2004

Nach den Wahlen am 24. Oktober 2004 kristallisierte sich das Bild klarer heraus. Der serbische Premierminister Vojislav Koštunica und die orthodoxe Kirche hatten zum Boykott aufgerufen. Nicht einmal ein Prozent der wahlberechtigten Serben ging an die Urnen. Doch Alexander Ivanko setzte auf die Zukunft. »Das ist ja so kurz nach dem Krieg und nach den Ausschreitungen 2004 nicht ganz verwunderlich«, erklärte er, »aber wir arbeiten daran, die Serben für die nächsten Wahlen zu gewinnen. Immerhin haben einige serbische Vertreter sich bereit erklärt, im Parlament mitzuarbeiten. Aber befriedigend ist das natürlich nicht.«

Nach dem erneuten Sieg der Demokratischen Liga (LDK) von Präsident Ibrahim Rugova auf der kosovoalbanischen Seite war man bei der UNMIK erleichtert. Mit 47 Prozent der abgegebenen Stimmen verfehlte die LDK nur knapp die absolute Mehrheit. Es folgten mit 27 Prozent die Demokratische Partei (PDK) von Hashim Thaçi und mit 8 Prozent die »Allianz für die Zukunft« (AAK), die von Rramush Haradinaj geführt wurde. Einen erstaunlichen Erfolg von 6 Prozent der Stimmen verbuchte Veton Surroi mit seiner neu gegründeten Partei ORA (Partia Reformiste ORA).

Er sei zu der Kandidatur und zum Aufbau der ORA gedrängt worden, erklärte Surroi bei einem Gespräch 2009, und zwar von internationaler Seite wie auch von den modernen Sektoren der Gesellschaft, von den städtischen Intellektuellen und von hohen Politikern in den USA und Europa. Der Vertreter einer Bürgergesellschaft, der Mann, der nach dem Einmarsch der NATO im Alleingang Außenpolitik betrieben und Gespräche mit US-Präsident George Bush und ranghohen Politikern in Europa geführt hatte, konnte jedoch mit dem Ergebnis nicht zufrieden sein. Trotz einer aktiven Wahlkampagne war es der ORA nicht gelungen, in den ländlichen Gebieten gewählt zu werden. Mit den wenigen Abgeordneten im Parlament konnte sie zwar oppositioneller Treibstoff sein, doch die neue Partei war zu schwach, um die Dinge in die Hand zu nehmen und politische Entscheidungen in der Innenpolitik zu beeinflussen.

Die Demokratische Liga LDK hätte zwar auch mit der ORA koalieren können und damit den Wünschen vieler internationaler Politiker entsprochen. Doch Rugova überlegte es sich anders. Er entschied sich für eine Koalition mit der AAK, der Partei Rramush Haradinajs, und holte sich so die zweite UÇK-Partei mit in die Regierung. Mehr noch, der kleinere Regierungspartner sollte sogar den Regierungschef stellen. Haradinaj wurde Premierminister. Ein ungewöhnlicher Vorgang. Und das, obwohl Rugova wußte, daß gegen ihn ein Verfahren vor dem UN-Kriegsverbrechertribunal in Den Haag anhängig war und daß er für Morde an Mitgliedern seiner eigenen Partei LDK in Dukagjin verantwortlich gemacht wurde. Bedeutete Haradinajs Berufung eine Art Friedensvertrag zwischen beiden Parteien?

Mit einem Bein in Den Haag

Für seine Anhänger war der damals sechsunddreißigjährige Haradinaj ein makelloser Kriegsheld. Weit mehr Albaner im Kosovo jedoch fürchteten ihn. Hinter dem freundlichen Gesicht verberge sich ein knallharter Mann, der ins organisierte Verbrechen verwickelt sei und nicht davor zurückschrecke, politische und geschäftliche Gegner zu liquidieren, meinten seine Kritiker. So auch Donika Gervalla, lange Jahre Pressesprecherin für Rugova und den Schattenstaat in Deutschland. Die Tochter des legendären, in Deutschland ermordeten Dichters Jusuf Gervalla stammt ebenfalls aus dem Westkosovo. »Den Haradinaj haben nicht einmal 9 Prozent der Kosovaren gewählt, denn viele bezeichnen ihn als gewöhnlichen und primitiven Kriminellen, der mit Gewalt und sehr undemokratisch vorgeht. Haradinaj ist durch einen schlichten Machtpoker in die Position des Ministerpräsidenten gerutscht. Ibrahim Rugova hat ihn ins Boot geholt, um als Präsident wiedergewählt zu werden. Ich finde das sehr unappetitlich und unverantwortlich«, erklärte sie damals in einem Interview mit der ARD.

Doch die Kritik nützte nichts. Haradinaj wurde ein energischer Ministerpräsident. Haradinaj, der Held, der Kriminelle, der Unbarmherzige und Brutale, der Türsteher, der Charmeur, der hochintelligente und verläßliche Politiker – je nach Blickwinkel wird die Person von unterschiedlichen Leuten gänzlich anders beschrieben. Der fließend Serbisch, Deutsch, Englisch und Französisch sprechende ehemalige UÇK-Kommandant ist jedenfalls eine der schillernsten und widersprüchlichsten Persönlichkeiten im heutigen Kosovo.

In dem von Bardh Hamzaj herausgegebenen Buch *Erzählungen über den Krieg und die Freiheit* gibt Haradinaj bereitwillig über sich selbst Auskunft. Am 3. Juli 1968 im Dorf Gllogjan nahe der Stadt Deçan im Westkosovo geboren, interessierte er sich nach der Schule für Atomphysik und wollte ein naturwissenschaftliches Studium absolvieren. 1988 leistete er freiwillig seinen Wehrdienst in der jugoslawischen Volksarmee und ist noch heute stolz darauf, nach nur drei Monaten zum Unteroffizier und Spezialisten für chemische Kampfstoffe avanciert zu sein.

1991 emigrierte Haradinaj. Er lebte fortan in der Schweiz und schlug sich dort als Türsteher durch, er war in Frankreich und auch in Albanien. Schon früh hatte er Kontakt zur LPK (Volksbewegung Kosova), bewegte sich also im inneren Zirkel jener Leute, die schließlich die UÇK gründen sollten. Er glaubte schon damals, daß der Kosovo nur mit Gewalt zu befreien sei, erklärte er in seinem Buch. Schon 1994 will er Waffen in den Kosovo geschmuggelt haben.

1998 kehrte er endgültig in seine Heimat zurück und stieg schnell zum Kommandeur der UÇK im Westkosovo auf. Er wurde zu einer legendären Gestalt, weil es ihm gelungen war, der serbischen Armee mit seiner Guerillatruppe empfindliche Niederlagen beizubringen. Nach dem Einmarsch der NATO im Juni 1999 übernahmen er und seine Leute auch die zivile Gewalt in den Regionen Peja und Gjakova. Er begann ein Studium der Jurisprudenz und gründete schließlich im April 2001 »seine« Partei, die »Allianz für die Zukunft« (AAK).

Von Serben vertriebene und wieder in den Kosovo zurückkehrende Geschäftsleute aus Peja mußten nach eigenen Aussagen Schutzgelder an Haradinaj bezahlen. In den Regionen Deçan, Klina und Peja kam es nach dem Krieg zu mehreren Morden, darunter einige Anschläge auf frühere Mitglieder der mit der UÇK konkurrierenden Militärorganisation FARK. Im Zusammenhang mit einem 2002 im Kosovo geführten Prozeß gegen Haradinajs Bruder Daut und vier andere UÇK-Kämpfer wurden fünf Menschen erschossen – drei Zeugen und zwei der ermittelnden Polizeibeamten.

Nach den Ermittlungen des Tribunals in Den Haag soll Haradinaj 1998 Kriegsverbrechen begangen haben. Der frühere serbische Justizminister Vladan Batić sprach von 67 Morden und Hunderten von Entführungen. Auch wenn die Ermittler von Den Haag um die Parteilichkeit dieser Quelle wußten, so lagen doch tatsächlich erhebliche Verdachtsmomente vor, die schließlich im März 2005 zur Anklageerhebung führten. Interessanterweise wurde Haradinaj in Den Haag nur wegen der Verbrechen von 1998 angeklagt, nicht jedoch wegen der ihm unterstellten kriminellen Aktivitäten danach.

Haradinaj trat am 8. März 2005 von seinem Posten zurück,

stellte sich freiwillig dem UN-Kriegsverbrechertribunal und verbrachte drei Monate in Haft. Danach wurde er bis zu Beginn seines Prozesses auf freien Fuß gesetzt. Und wie es sich so traf, starben bis Prozeßbeginn im Frühjahr 2007 einige Zeugen der Anklage. Am 16. Februar 2007 wurde in Montenegros Hauptstadt Podgorica der zur Ashkali-Minderheit zählende Kujtim Berisha von einem Auto überfahren. Daraufhin zogen weitere Zeugen ihre Aussagen zurück. Haradinaj konnte in Den Haag nichts nachgewiesen werden. Er wurde schließlich im Sommer 2008 von allen Vorwürfen freigesprochen.

Nicht nur Haradinaj, auch der Geheimdienst der Thaçi-Partei »Shik« soll Anfang des Jahrzehnts in einige Morde verwickelt gewesen sein. Nazim Bllaca, ein ehemaliger Agent des Geheimdienstes, gestand im Dezember 2009, für den Shik 17 Verbrechen, darunter Auftragsmorde, Erpressung und Folter, begangen zu haben. Drahtzieher seien neben Azem Syla, dem ehemaligen UÇK-Generalstabschef, auch andere hochrangige UÇK-Führer gewesen. Diese dementierten umgehend.

In einer vielzitierten Analyse des deutschen Bundesnachrichtendienstes BND von 2006 über die Mafiastrukturen politischer Kreise werden Rramush Haradinaj, Hashim Thaçi und Xhavet Haliti nicht nur als korrupt dargestellt, sondern auch verdächtigt, die Köpfe einer international operierenden organisierten Mafia zu sein. Es ist das genuine Interesse der deutschen, österreichischen und schweizerischen Sicherheitsdienste, möglichst viel über die kosovarischen kriminellen Strukturen zu wissen, leben doch in diesen Ländern Hunderttausende von Kosovoalbanern. Für die Amerikaner, Briten und Franzosen trifft das nicht im gleichen Maße zu. Ihre Erkenntnisse werden nicht öffentlich gemacht. Bei näherer Betrachtung werden jedoch in der BND-Analyse lediglich Gerüchte zusammengetragen; Beweise für die Anschuldigungen enthält das Papier nicht.

Die UNMIK hätte die Macht gehabt, aufzuklären und zu

handeln. Sie hätte die Beschuldigten jederzeit verhaften können. Sie verfügte über Tausende von internationalen Polizisten im Kosovo. Mehrere Geheimdienste waren und sind im Kosovo aktiv. Doch nichts geschah. Waren also die von vielen Medien aufgegriffenen Anschuldigungen gegenüber den UÇK-Parteien nicht stichhaltig genug?

Trotz seiner zweifelhaften Vita verkehrte Haradinaj während seines »Hafturlaubs« seit Sommer 2005 ganz offen mit den Spitzen der UN-Mission. Der Chef der Mission, der Däne Sören Jessen-Petersen, bezeichnete Haradinaj plötzlich als »seinen Freund«. Für einen amerikanischen Geheimdienstmann war »Rramush ein verläßlicher Partner«. Der 2006 zum Nachfolger Jessen-Petersens berufene Finanzchef der Mission, Joachim Rücker, empfing Haradinaj vor seiner zweiten Abreise nach Den Haag im Chefbüro der UN-Mission.

In Bosnien hatte sich schon gezeigt, daß die verantwortlichen internationalen Diplomaten und Politiker Konflikte scheuten, um nicht während »ihrer« Mission in karrierehemmende Schwierigkeiten zu geraten. Waren auch die Vertreter der UN-Mission geneigt, den Weg des geringsten Widerstandes zu gehen? Die Vermutung, daß sich niemand einen »Feind« Haradinaj leisten konnte, der in der Lage war, militante Anhänger zu mobilisieren, und der, auch wenn nur ein Bruchteil der gegen ihn erhobenen Vorwürfe wahr wäre, nicht zögern würde, noch radikalere Mittel zu ergreifen, liegt nahe. Seine Einbeziehung stellte den umtriebigen, intelligenten und machthungrigen Haradinaj in gewisser Weise ruhig.

Haradinaj erwies sich als sehr kooperativ. Kritiker wie der ehemalige Studentenführer Albin Kurti vermuten hinter der freundschaftlichen Beziehung der internationalen Vertreter zu Rramush eine regelrechte Strategie: Wegen ihrer Verbrechen erpreßbare Politiker seien Wachs in den Händen der internationalen Politiker und bereit, für die Kosovoalbaner nicht immer vorteilhafte Kompromisse einzugehen.

Ein beklemmendes Resultat der wohlwollenden Einstellung gegenüber Haradinaj jedenfalls scheint festzustehen. Mit dieser Politik wurden die Machtstrukturen der UÇK-Parteien aufrechterhalten. Konnte man mit diesen Parteien aber einen neuen Staat aufbauen?

Die UÇK-Generation und die Macht

Der Krieg und die Vertreibung hatten einen Schock ausgelöst. Die Menschen waren plötzlich durcheinandergewürfelt, sie fanden sich in Flüchtlingslagern fern der Heimat wieder, Familien waren auseinandergerissen. Viele Opfer waren zu beklagen. Auch nach der Rückkehr war es schwer, sich wieder in ein normales Leben einzufügen.

Die Hierarchien der traditionellen Gesellschaft waren in Frage gestellt. Der Familienvorstand, der Mann mit dem *Plis*, dem Albanerhut, hatte die Ordnung nicht aufrechterhalten und die Familie schützen können. Während die Alten zögerten, besorgt um Frauen und Kinder, um Hab und Gut, konnte schon die reine Anwesenheit von Kämpfern der UÇK die serbischen Militärs veranlassen, das Dorf niederzubrennen, die noch anwesenden Männer zu erschießen und die gesamte Bevölkerung zu vertreiben. Gelang es den Kämpfern aber, Widerstand zu leisten, waren sie die Helden, die Beschützer, die Garanten für das Überleben. In beiden Fällen bestimmten oftmals ortsfremde oder zumindest junge Bewaffnete mit ihrem Tun die Lage.

Die alten Autoritäten, die Vorstände der Großfamilien, mußten sich fügen; ihnen blieb nichts anderes übrig, als abzuwarten, sie verloren an Macht und Einfluß. Der junge Kämpfer, der zumeist schon einige Jahre im Ausland zugebracht hatte und nun triumphierend zurückgekehrt war, wurde zur treibenden Kraft, zur Autoritätsperson. Das konnte nicht ohne Folgen für die Familien- und Denkstrukturen nach dem Krieg bleiben.

Für diese Entwicklung steht symbolisch, daß der noch nicht

dreißigjährige Hashim Thaçi die Führung der Delegation der Albaner schon bei den Verhandlungen in Rambouillet 1999 an sich gerissen hatte. Präsident Ibrahim Rugova durfte nur die zweite Geige spielen. Die einstmals ins Ausland vertriebenen, hartgesottenen, teilweise in kriminelle Aktivitäten verstrickten und höchstens halbgebildeten Männer vom Dorf bewiesen während des Krieges großen Mut, ließen sich nicht unterkriegen, »zeigten es den Serben« und trugen den Sieg davon. In ihren Augen waren die städtischen Intelligenzler »Waschlappen«, die zwar schön reden konnten, aber nichts verändert hatten. Rugova wurde als unfähige Made im Speck angesehen, wenn nicht sogar als Werkzeug der Serben. Nach dem Krieg war dann klar, wer ihrer Meinung nach die Früchte des Sieges ernten sollte.

Auch wenn Rugova und seine LDK die Wahlen nach dem Krieg gewinnen konnten, die Entwicklung zurückzudrehen vermochten sie nicht. Die mehr als 30 Prozent der Stimmen für die UÇK schon bei den ersten Wahlen waren ein deutliches Zeichen für den gesellschaftlichen Wandel und für die Neubestimmung von Werten innerhalb der Gesellschaft. Es ist zu vermuten: Hätte die Führung der UÇK in den ersten Monaten nach der Rückkehr für Sicherheit und Ordnung gesorgt, wäre der Machtwechsel unmittelbar auch politisch sichtbar geworden. So dauerte es einige Jahre, bis er vollzogen wurde.

Der Krieg hat also eine bestimmte Art der Modernisierung im Kosovo bewirkt; die Herrschaft der Albanerhüte ist seither gebrochen, wenn auch nicht verschwunden. Die ehemals jungen Männer vom Dorf gaben jetzt den Ton an, sie waren und sind durch gewachsene Loyalitäten miteinander verbunden, was sich in zwei Parteigründungen widerspiegelt: der Thaçi-Partei PDK und der AAK von Rramush Haradinaj. Nicht mehr die Großfamilien allein verbürgten Solidarität und Sicherheit in einer Mangelgesellschaft. Die neuen Parteien sicherten nun mit ihrem Loyalitätsgefüge effektiv den

Zugang zu Arbeit, Wirtschaft und Bürokratie, schützten vor Strafverfolgung und erteilten wirtschaftliche Monopole.

Die Art der im Kosovo praktizierten Korruption ist zunächst vor diesem Hintergrund zu sehen. In den »Herrschaftsbereichen« der Parteien kann niemand etwas werden, der sich nicht mit der jeweils herrschenden gutstellt. Wer ein Geschäft eröffnen will, braucht eine »Genehmigung«. Um die zu erhalten, muß er in der Regel Geld bezahlen oder etwas für die Gemeinschaft tun, Schulen renovieren oder ein Stück Straße bauen. Die Korruption ist nicht immer losgelöst von gesamtgesellschaftlichen Interessen. Geschäftsleute, die da nicht mitspielen, haben kaum eine Chance.

Der Mann an der Spitze kann sich andererseits nur als solcher behaupten, wenn er den Ansprüchen seiner Gefolgschaft genügt. Für Haradinaj war es großartig, von Rugova ins Amt des Ministerpräsidenten berufen zu werden. Er konnte seinen Anhängern etwas bieten. Plötzlich kamen jeden Morgen Busse aus seiner Region nach Prishtina. Jetzt arbeiteten Leute in der Verwaltung, die wie ihre Vorgänger von der konkurrierenden Partei für ihren Job nicht oder nur wenig qualifiziert waren.

Das Prinzip, Parteigängern aus der eigenen Region Jobs zu vermitteln, für die sie nicht qualifiziert waren, Verwandten zu helfen, sogar auf Bitten von Kampfgefährten und Verwandten einzugehen: »Gib doch bitte der Cousine meiner Freundin einen Job«, zeichnet den »starken« Parteiführer aus. Hält er sich selbst nicht an die Regeln, bröckelt die Gefolgschaft, was für ihn gefährlich werden kann. Deshalb begannen Mitte des Jahrzehnts erbitterte Kämpfe um das Terrain, die Ressourcen und den Einfluß im Staat zwischen Haradinaj und Thaçi. Für die Thaçi-Fraktion war es keineswegs patriotische Pflicht, Haradinaj aus den »Klauen« Den Haags zu befreien. Die Kampagne dafür mußte er schon selbst mit seinen eigenen Anhängern organisieren.

Mitte des Jahrzehnts steckten die UÇK-Nachfolgeparteien ihre Terrains ab. Hashim Thaçi gelang es, die Region Drenica zu halten, im Ostkosovo dazuzugewinnen, den einflußreichen Ex-Kommandanten Remi in Podujevo zu integrieren und Rahovec unter die Kontrolle der PDK zu bringen. Der Partei gelang auch der Durchbruch in Suva Reka und anderen Orten Südwestkosovos. Haradinaj beherrscht bis heute den Westkosovo mit den Städten Peja, Gjakova, Deçan und den umliegenden Landstrichen.

Daß damit rechtsstaatlich-demokratische Strukturen unterlaufen oder funktionalisiert wurden, liegt auf der Hand. Der UNMIK ist es nicht gelungen, diese gesellschaftliche Neuorientierung wesentlich zu beeinflussen oder gar bestehende Loyalitäten aufzubrechen. Die Wünsche, einen Rechtsstaat zu entwickeln, müssen aus der Gesellschaft selbst und sogar aus den Reihen der etablierten Parteien kommen.

Der Tod Rugovas und die Krise der LDK

Als am 21. Januar 2006 Ibrahim Rugova starb, war die kosovoalbanische Öffentlichkeit schockiert. Irgendwie war sein Tod unvorstellbar gewesen. So harsch die Kritik von vielen Seiten an ihm auch gewesen sein mochte, war er doch der »Vater der Nation«, ein zurückhaltender, unsichtbarer, aber doch existierender Schiedsrichter und emotionaler Halt. Sein Tod riß eine Lücke, und das ausgerechnet kurz vor den anstehenden Statusverhandlungen über den Kosovo.

Über alles konnte man mit ihm reden, in vielen Dingen war er nachsichtig und kompromißbereit. In einem Punkt jedoch nicht: in der Forderung nach der Unabhängigkeit Kosovos von Serbien. Da hatten sich viele internationale Politiker und Diplomaten die Zähne ausgebissen, als sie versuchten, Rugova in dieser Frage zu einem Kompromiß zu bewegen.

Vor allem für seine Partei war sein Tod eine Katastrophe.

Die Massenbewegung Anfang der neunziger Jahre hatte sich überwiegend auf die Loyalität der traditionellen Autoritäten des Dorfes und der kleinbürgerlichen, vom Lande stammenden Stadtbewohner gestützt. Nach dem Krieg gelang es der schon fast zerstörten Partei, dank der Fehler der UÇK noch einmal zurückzukehren und damit beim Rennen um die Kontrolle der knappen Ressourcen des Landes den ersten Platz einzunehmen.

Doch hinter Rugova klaffte eine personelle Lücke. Die wenigen, die über ein politisches Profil verfügten wie der Chemieprofessor und Parlamentspräsident Nexhat Daci, der nach Rugovas Tod bis zur Wahl von Fatmir Sejdiu am 11. Februar Interimspräsident war, kamen niemals richtig zum Zuge. Dacis programmatische, auf die Entwicklung einer modernen Demokratie ausgerichtete Vorstellungen überforderten viele Mitglieder der Demokratischen Liga. Und der mit dem Habitus eines Akademikers auftretende Daci entsprach auch nicht dem Bild eines Führers, der seine Gefolgschaft mit Zuwendungen und Privilegien befriedigen konnte.

Die Partei war schon vor Rugovas Tod nicht in der Lage, sich auf eine programmatische und zukunftsgewandte personelle Erneuerung zu einigen. Nach dem Tod des Präsidenten brachen Diadochenkämpfe aus, die bis heute anhalten. Der seit 2006 amtierende Präsident Fatmir Sejdiu, ebenfalls Professor an der Universität, erwies sich als Oberhaupt des Landes wegen seiner freundlichen und unverbindlichen Art zwar als Glücksgriff, doch ist er ebenfalls nicht vom Schlage eines Politikers, der die Demokratische Liga Kosovos mit harter Hand wieder zusammenschweißen könnte. Viele Köpfe verließen die Partei, die Basis bröckelte. Daci gründete seine eigene Partei.

Die Demokratische Liga war zu diesem Zeitpunkt eine heterogene Ansammlung von lokalen Persönlichkeiten und konnte sich nicht mehr auf die Macht der alten Autoritäten in den Dörfern verlassen. Von einem kämpferischen Geist war nach dem Tod Rugovas nichts mehr zu spüren.

Die UÇK-Parteien versuchen sich zu reformieren

Dagegen verstand Hashim Thaçi die Zeichen der Zeit. Er bereitete seine Partei PDK schon seit 2004 zielstrebig auf einen Machtwechsel bei den nächsten Wahlen 2007 und auf den Verhandlungsprozeß über die Unabhängigkeit des Landes vor. Hashim Thaçi wollte das Bild seiner Partei zu modernisieren und ihr ein sozialdemokratisches Profil zu geben. Die Parteiorganisation wurde gestrafft. Thaçi versuchte, jüngere und unverbrauchte, im Ausland ausgebildete Leute in den Beraterstab und die engere Parteiführung zu hieven. Plötzlich dominierten bei den Zusammenkünften der Parteispitze die gepflegten Schlipsträger, während die alten Kämpfer ins Abseits gerieten.

Thaçi sprach auch einen etwa gleichaltrigen Studienkollegen aus den neunziger Jahren an, Enver Hoxhaj, mit dem er zusammen 1994 via Makedonien und Albanien nach Mitteleuropa geflüchtet war – Thaçi nach Zürich, Hoxhaj nach Wien. Der aus Suva Reka stammende Hoxhaj hatte dort Geschichte studiert, sich zum Menschenrechtsaktivisten entwickelt und wollte nach seiner Rückkehr eigentlich zusammen mit Veton Surroi und anderen oppositionellen Intellektuellen eine alternative Partei aufbauen. Doch Hashim Thaçi überzeugte seinen alten Freund 2004, in die PDK einzutreten. Er bot dem in Wien promovierten Historiker und als Professor an der Universität Prishtina tätigen Sozialwissenschaftler den Posten des stellvertretenden Parteivorsitzenden an.

Sollte er das Angebot annehmen? Enver Hoxhaj überlegte und entschloß sich dann zu diesem Schritt. »Ich will ja gestalten, will die Dinge im Kosovo verändern. Dazu muß man an die Macht kommen und das geht eben nur im Rahmen einer großen Partei«, erklärte er damals mir gegenüber. Kurz darauf wurde Hoxhaj tatsächlich auf diesen Posten gewählt. Thaçi äußerte sich von nun an zu vielen der politischen Probleme in moderatem Ton und zeigte sich der internationalen Gemeinschaft gegenüber als äußerst kooperationsbereit.

Auch Rramush Haradinaj versuchte, seine Partei zu reformieren. Der Prozeß in Den Haag kostete ihn jedoch viel Zeit; er konnte erst nach dem für ihn günstigen Urteil am 3. April 2008 damit beginnen. Danach gelang es ihm, wichtige, intelligente und unbescholtene Persönlichkeiten in seine Partei zu locken, so den Chefredakteur der Zeitschrift *Zeri*, Blerim Shala, den er zum Parteivize erhob und der alte Kämpfer wie Naim Maluko und Bajram Kosumi auf diesem Posten ablöste.

Doch Haradinaj hatte trotz seiner guten Kontakte zu den Spitzen der internationalen Institutionen die Entwicklungen Mitte des Jahrzehnts verpaßt. Thaçi dagegen festigte damals seinen Einfluß in der Gesellschaft und gegenüber den internationalen Institutionen. Zwar blieb er im Hintergrund, doch zog er viele Fäden. So schlug er 2006 Enver Hoxhaj zu einem der kosovarischen Unterhändler für die Verhandlungen mit Serbien vor. Der überparteilich auftretende ehemalige Oberkommandierende der UÇK Agim Çeku leitete die Delegation. Der Doyen der österreichischen Außenpolitik Albert Rohan wurde zum Stellvertreter des UN-Beauftragten Martti Ahtisaari ernannt. Die beiden hofften nun, auch in Serbien kompromißbereite Verhandlungspartner zu finden.

Serbiens Rückfall

In Serbien hatten sich seit Đinđićs Tod die politischen Koordinaten deutlich verändert. Das war nicht besonders ermutigend für den Ausgang der Verhandlungen. Der seit 2004 regierende Ministerpräsident Vojislav Koštunica definierte sich gern ebenso als »Patriot« wie als »Legalist«; er hielt sich also alle Wege zu den Nationalisten und den Liberalen offen. Koštunica wollte Serbien nach Europa führen. Doch er war gleichzeitig bereit, mit allen zur Verfügung stehenden Mitteln »um jeden Meter serbischen Bodens« zu kämpfen.

Der 1944 geborene gläubige orthodoxe Christ Vojislav Koštunica war im Oktober 2000 als Kompromißkandidat der DOS, der »Demokratischen Opposition« Serbiens, für die Präsidentschaftswahlen nominiert worden. Und es war ihm als konservativem Demokraten, der weit in das rechte Lager einbrechen konnte, gelungen, Milošević zu schlagen. Doch als Đinđić ein Jahr später Milošević an das UN-Kriegsverbrechertribunal nach Den Haag ausliefern wollte, stellte sich Koštunica quer. Der Präsident machte dem Premierminister das Regieren schwer. Nach dem Mord an Đinđić nahm er die Zügel wieder in die Hand, gewann die Wahlen 2004 und wurde Regierungschef.

Da aber mit Boris Tadić zugleich ein Parteifreund von Zoran Đinđić zum Staatspräsidenten gewählt wurde, versuchte Koštunica die politischen Gewichte in eine konservativ-nationalistische Richtung zu verschieben. Einerseits koalierte er mit den Wirtschaftsliberalen der Gruppe G17-plus, mit Miroljub Labus, andererseits ließ er sich von den Sozialisten Slobodan Miloševićs tolerieren. Kritische Intellektuelle wie der Schriftsteller Bora Ćosić warfen Koštunica vor, er verkörpere den Opfermythos, mit dem die serbischen Untaten während der letzten Balkankriege entschuldigt und umgedeutet würden. Koštunica repräsentiere das vorherrschende kleinbürgerlich beschränkte und durch christlich-orthodoxe Normen geprägte Bewußtsein.

Koštunica ging ungern Kompromisse ein. Er steuere Serbien wieder in eine Konfrontation mit EU und NATO, befürchtete der ehemalige Studentenführer und seit 2005 Vorsitzende der »Liberalen Partei«, Čedomir Jovanović. Der EU-Außenpolitiker Javier Solana forderte zwar, Serbien müsse die Kriegsverbrecher Radovan Karadžić und Ratko Mladić ausliefern, denn nur so könnten Fortschritte hinsichtlich der Integration Serbiens in die EU unternommen werden. Doch in Wirklichkeit sah man in Brüssel und den westlichen Hauptstädten angesichts der Stärke der antiwestlichen Radikalen Partei Koštunica als das kleinere Übel an, zumal mit Boris Tadić als Staatspräsident ein Vertreter der Demokratischen Partei an der Spitze des Landes stand.

Schon im Herbst 2005, am Vorabend der Verhandlungen um den Kosovo, nahm Koštunica eine kämpferische Haltung ein, noch mehr nach dem Tod von Slobodan Milošević am 11. März 2006 im Gefängnis von Scheveningen. Serbien werde keinesfalls der Unabhängigkeit Kosovos von Serbien zustimmen, erklärte er nachdrücklich. In dem mit Serbien in der Föderation verbundenen Montenegro versuchte er alles, um die Volksabstimmung über die Unabhängigkeit Montenegros zu beeinflussen. »Er war sehr frustriert, als dies nicht gelang und Montenegro unabhängig wurde«, sagte mir damals ein politischer Berater des Regierungschefs.

Milo Đukanovic und die Unabhängigkeit Montenegros

Der Haß, der ihm von serbisch-nationalistischer Seite entgegenschlug, war nur mit dem Haß auf Hashim Thaçi zu vergleichen. Milo Đukanović, einst Ziehkind von Slobodan Milošević, der sich in den neunziger Jahren nach und nach von dem serbischen Präsidenten abgesetzt hatte, steuerte 2005 unbeirrt auf die Unabhängigkeit des Landes zu. Indem Đukanović die Minderheiten der Bosniaken, Albaner und Katholiken vor den Angriffen serbischer Extremisten in Schutz genommen hatte, gewann er deren Unterstützung bei den Wahlen und für die im Mai 2006 anstehende Volksabstimmung über die Unabhängigkeit des Landes. Und das trotz der Widerstände von europäischer Seite.

Javier Solana war es, der schon um die Jahrtausendwende

versucht hatte, Đukanović auszubremsen. Denn die Unabhängigkeit Montenegros von der damals noch aus Serbien und Montenegro bestehenden Bundesrepublik Jugoslawien hätte sogleich die Frage nach dem Status des Kosovo aufgeworfen. Hätte sich also Montenegro für unabhängig erklärt, wäre das Problem aufgetaucht, wie mit dem in Rambouillet und in der Resolution 1244 als Teil Jugoslawiens – nicht Serbiens – definierten Kosovo umzugehen sei. Und so übte Solana Druck auf Montenegro aus, 2003 in eine erneuerte Föderation mit Serbien einzutreten, die als Rechtsnachfolgerin von Jugoslawien definiert und sogleich mit dem Spitznamen »Solania« belegt wurde.

Ohne diplomatische Anerkennung der EU-Staaten wäre eine Unabhängigkeitserklärung auch sinnlos gewesen, deshalb mußte sich Đukanović fügen. Aber immerhin war vereinbart worden, daß nach drei Jahren, also 2006, ein Referendum über die Unabhängigkeit Montenegros stattfinden könne, mit der Bedingung allerdings, daß 55 Prozent der abgegebenen Stimmen für die Unabhängigkeit votieren müßten. Bei den bisherigen Wahlen hatten die für die Unabhängigkeit eintretenden Parteien nie die 55 Prozent Hürde knacken können. So rechneten Belgrad und wohl auch Solana mit einem für Đukanović negativen Ergebnis.

Im Frühjahr 2006 begann die Propagandaschlacht. Koštunica und Đukanović setzten alle Hebel in Bewegung, um Einfluß auf die Abstimmung zu nehmen. Von serbischer Seite wurde sogar gedroht, die beträchtliche Anzahl von in Belgrad lebenden Montenegrinern nach Montenegro zurückzuschikken. Diese hätten jedoch dann auch gegen die Serben in Montenegro vorgehen können.

Am Tag der Abstimmung frotzelten wir Journalisten, die Abstimmung würde wohl mit 55,2 Prozent zugunsten Đukanovićs ausgehen. Und mußten dann doch lachen, als am Ende bei 86,39 Prozent Wahlbeteiligung 55,49 Prozent der wahlberechtigten Bevölkerung für die Unabhängigkeit gestimmt hatten. Als Serbien aufgrund der Verfassungslage nichts anderes übrigblieb, als am 15. Juni 2006 den neuen Staat diplomatisch anzuerkennen, war die Unabhängigkeit Montenegros endgültig besiegelt.

Damit richteten sich die Augen wieder auf die Statusverhandlungen des Kosovo. Denn warum sollten nun, nachdem sich auch die letzten »slawischen Brüder« von der Gemeinschaft mit Serbien losgesagt hatten, ausgerechnet die nichtslawischen Albaner im serbischen Staatsgebiet verbleiben?

Martti Ahtisaari und die Statusverhandlungen

In den Cafés in Prishtina gab es 2006 für viele nur ein Thema: die Statusverhandlungen. Der österreichische Diplomat Albert Rohan und der Finne Martti Ahtisaari bemühten sich zwar um eine »konstruktive« Atmosphäre, hieß es aus »informierten« Kreisen. Aber die Unterhändler hatten eine unmögliche Aufgabe zu meistern. Die Ausgangspositionen waren nach wie vor unvereinbar: die Albaner forderten die staatliche Unabhängigkeit, und die Serben waren höchstens bereit, eine erweiterte Autonomie im Rahmen des serbischen Staates zuzugestehen. Seit Februar war es lediglich gelungen, sich in einigen untergeordneten praktischen Einzelfragen anzunähern.

Es mußte ab April 2006 also Druck ausgeübt werden. Die Unterhändler, so der Plan der UNMIK im Einklang mit dem UN-Generalsekretär, sollten bis zum Jahresende einen Lösungsvorschlag erarbeiten, der dann vom UN-Weltsicherheitsrat oktroyiert werden könnte. Doch dort gab es ebenfalls unterschiedliche Standpunkte. Die USA unterstützten die Wünsche der Albaner, die Russen und Chinesen die der Serben.

Auch innerhalb des Weltsicherheitsrates wurde also von Beginn an um den Status des Kosovo gerungen. Ein diplomatisches Tauziehen begann, Zauderer traten auf. Spanien, die Slowakei und Rumänien fürchteten wie Chinesen und Russen, die Minderheiten im eigenen Land, die Basken, Katalanen und Ungarn könnten sich die Albaner zum Vorbild nehmen. Einige Europaparlamentarier meinten, die Entscheidung für die Unabhängigkeit könnte Serbien in schwere innenpolitische Auseinandersetzungen treiben und das Land destabilisieren. Belgrad erklärte plötzlich, die Unabhängigkeit des Kosovo werfe die Frage nach der Unabhängigkeit der serbischen Teilrepublik in Bosnien und Herzegowina auf – eine unmißverständliche Drohung. Zudem könnte ein unabhängiger Kosovo großalbanische Wünsche wecken.

In der UN-Mission in Prishtina winkte man zwar ab. Die Kosovaren wollten nichts weiter als die Unabhängigkeit, lautete die Einschätzung von Alexander Ivanko. Keine albanische Partei fordere den Anschluß an Albanien oder die Destabilisierung des Vielvölkerstaates Makedonien. Doch die serbischen Drohungen lösten ungute Gefühle aus. Die Integrität des Staates Bosnien und Herzegowina stehe außer Frage, betonte der damalige Hohe Repräsentant der internationalen Gemeinschaft in Bosnien und Herzegowina, Christian Schwarz-Schilling. Eine Volksabstimmung in der serbischen Teilrepublik über die Loslösung von Bosnien sei illegal. Es sei ein großer Fehler gewesen, nicht gleich nach dem Einmarsch der NATO 1999 über den Status des Kosovo entschieden zu haben, fügte er hinzu.

Dann kristallisierten sich doch Verhandlungslinien heraus. Bereits bei den ersten Gesprächen war es um die Fragen der Sprache, der Religionsausübung und der Finanzierung der serbischen Gemeinden gegangen. Die serbische Seite drängte darauf, den von Serben bewohnten Enklaven weitgehende Autonomie zu gewähren. Das konnte noch durchgehen, erklärten die Unterhändler, eine Abspaltung des nördlichen und von Serben bewohnten Teils des Kosovo zwischen der Stadt

Mitrovica und der serbischen Grenze sowie der Anschluß an Serbien jedoch stünden nicht zur Diskussion. Es werde nicht über die Grenzen verhandelt. »Wir sind gegen jede Aufteilung des Kosovo«, erklärte Albert Rohan.

Das doppelte Gehalt für serbische Staatsangestellte wollten die Albaner nicht mehr dulden. Die Finanzierung der Gemeinden könne nur über die Kosovoregierung laufen, hieß es in Prishtina. Gelder könnten nach Ansicht der Albaner bei konkreten Projekten fließen, ein allgemeiner Anspruch bestehe aber nicht, verriet mir Enver Hoxhaj. Die Albaner wollten keinen Staat im Staate, seien jedoch bereit, den Serben alle Möglichkeiten zu geben, ihre kulturelle Selbstbestimmung auch in einem künftigen unabhängigen Staat zu verwirklichen. Dies setze voraus, daß die serbische Bevölkerung ihrerseits bereit sei, die Institutionen des Staates Kosovo anzuerkennen. Und das bedeute, daß sie im Parlament und in der Verwaltung mitarbeiten sollten wie die anderen Minderheiten auch.

Ahtisaari und Rohan sammelten alle Argumente und erarbeiteten nach und nach einen ihrer Meinung nach fairen Kompromiß, der allerdings weitgehende Konzessionen an die serbische Seite enthielt, etwa in der Frage der Gemeinden. Entgegen den Versprechungen Rohans sollten diese nun doch autonom werden und künftig befugt sein, »spezielle Beziehungen« zu Belgrad zu unterhalten. Das aber hieß nichts anderes, als daß Belgrad in die Serbengebiete des Kosovo und damit in den neuen Staat hineinregieren würde.

Die Albaner schluckten diese Kröte. Sie stimmten sogar zu, die serbischen Gemeinden und Enklaven im Kosovo zu vergrößern, den Besitz der orthodoxen Kirche um die berühmten mittelalterlichen Klöster herum zu vervielfachen. Manches albanische Dorf sollte administrativ sogar einer serbischen Gemeinde angegliedert werden. Die Serben erhielten nach den Vorstellungen von Ahtisaari bei knapp 6 Prozent der Bevölkerung die Kontrolle über fast ein Viertel des Territoriums.

Andererseits komme eine territoriale Teilung und die Angliederung von Nordmitrovica an Serbien nicht in Frage, versprachen Ahtisaari und Rohan den Albanern erneut. Bei einem Rückzug der UN werde eine EU-Mission mit einem starken Mandat im Land bleiben und die Umsetzung des Ahtisaari-Planes überwachen, die Minderheiten schützen und beim Aufbau der Institutionen und der Wirtschaft helfen. Die Militärpräsenz der NATO bzw. der EUFOR werde für Sicherheit sorgen, das Kosovo-Schutzkorps TMK bliebe bestehen.

Der Plan führe nicht zu einer Unabhängigkeit Kosovos, sondern zu einer Herrschaft der EU, die nichts verändere, warnten sogleich einige Kritiker wie der ehemalige Studentenführer Albin Kurti. Wie die UNMIK und die Unterhändler selbst werde die EU bereit sein, immer weitere Konzessionen an die Serben zu machen und letztendlich die serbischen Parallelstrukturen als rechtmäßig bestätigen. Das sehe man schon daran, daß für einen unabhängigen Kosovo kein Sitz in der UNO vorgesehen sei. Selbst einige Mitglieder der albanischen Verhandlungsdelegation begannen im Herbst 2006 zu murren.

Demgegenüber konterte Ahtisaari mit der Verheißung, der Kosovo würde endlich ein diplomatisch anerkannter Staat werden. Die EU werde schon dafür sorgen, daß Investitionen ins Land kämen, und den Kosovaren beim Aufbau eines Rechtsstaates unter die Arme greifen. Der Regierung würden weitere Kompetenzen übertragen werden, sie könne außenpolitisch frei agieren. Wenn ihr jetzt nicht zugreift, ist eine historische Chance vertan, wurde der Verhandlungsdelegation der Albaner bedeutet. Das war ein starkes Druckmittel.

So sah der Plan aus. Die UN-Administration würde das Land endlich verlassen können und in einer feierlichen Zeremonie durch eine Administration der EU abgelöst werden. Die EU-Mission würde den Kosovo in die europäische Zukunft führen. Für Serbien blieb die Perspektive, den Status als Paria der Staatengemeinschaft zu verlieren und wieder als gleichberechtigter Partner in Europa wahrgenommen zu werden. Und die internationale Gemeinschaft garantierte mit der Formulierung der »begrenzten Souveränität Kosovos« den Fortbestand der serbischen Minderheit und des serbischen Einflusses im Lande.

Die Albaner waren schließlich zähneknirschend bereit, das Abkommen zu unterschreiben, und hofften, schon im Juni 2007 könne die Unabhängigkeit des Staates Kosovo ausgerufen werden. Doch zum Entsetzen der westlichen Diplomaten, der UN und Martti Ahtisaaris blieb die Regierung unter Ministerpräsident Vojislav Koštunica in Belgrad hart: Serbien werde den Kosovo, das Herzland des mittelalterlichen Staates, die »Wiege des Serbentums«, niemals aufgeben, erklärte er.

Die Vereinten Nationen gaben nach. Der UN-Generalsekretär werde erst nach den serbischen Wahlen am 21. Januar 2007 entscheiden, hieß es in New York. Koštunica war es gelungen, die Entscheidung über den Status noch weiter hinauszuzögern, und er hoffte auf die Rückendeckung Rußlands.

Wladimir Putin und die Sicherheitskonferenz in München

Bundeskanzlerin Angela Merkel tuschelte mit einem US-Senator, als wollten sie sich gegenseitig vergewissern, was in diesen Minuten gesagt worden war. Wladimir Putin, der russische Präsident, hatte am 10. Februar 2007 auf der Sicherheitskonferenz in München das Wort ergriffen und in scharfen Worten die beabsichtigte Stationierung eines Raketenschilds der USA in Osteuropa kritisiert. Er warf den USA den Drang nach einer »monopolaren Weltherrschaft« vor; die NATO und die USA hätten »ihre Grenzen in fast allen Bereichen überschritten«. Rußland, so der Tenor der Rede, werde die Osterweiterung der NATO bis an die russischen Grenzen nicht dulden und einer Konfrontation nicht aus dem Wege gehen.

Ich sah die Rede auf *Phoenix* via Satellit in Sarajevo, und mir war sofort klar, daß Putin die USA unter Druck setzen konnte, indem er die serbische Position im Kosovo bedingungslos unterstützte. Mit dem Vetorecht im Weltsicherheitsrat konnte er den Ahtisaari-Plan zu Fall bringen und auch die Dinge in Bosnien und Herzegowina verkomplizieren. Mit den Investitionen der russischen Energiewirtschaft in der serbischen Teilrepublik und in Serbien zeigte Putin, daß Rußland in Südosteuropa nach all den Niederlagen der Jelzinzeit wieder als starker Spieler auftreten wollte.

Zuerst wollte man das in Serbien nicht so recht glauben. Zu enttäuscht war man über die Wankelmütigkeit der russischen Politik in der Vergangenheit. So warnten einige serbische Kommentatoren davor, Putin beim Wort zu nehmen. Doch im rechten Spektrum Serbiens keimte Hoffnung. Und plötzlich sprachen manche – typisch für die serbische Rechte, emotional und wenig realistisch – von einer Konföderation mit Rußland, Belarus und Griechenland; die orthodoxen Länder sollten ein Gegengewicht zur westlichen EU bilden.

Man müsse im Gegenzug Serbien die europäische Perspektive schmackhafter machen und das Assoziierungsabkommen mit Serbien vorantreiben, hieß es bei den westlichen Diplomaten in Sarajevo. Die Forderung, Radovan Karadžić und Ratko Mladić auszuliefern, sei ein Hindernis für die prowestlichen Kräfte in Serbien, sagten sie in Hintergrundgesprächen. Nur die Niederländer und die Belgier sperrten sich vehement gegen diese Haltung und bestanden auf der Auslieferung der Kriegsverbrecher.

Widerstand – die Gruppe »Selbstbestimmung«

Ein Zufall? Sicherlich. Ebenfalls am 10. Februar 2007, am Tag der Putinrede, schossen rumänische Polizisten mit Gummigeschossen in eine Demonstration der Organisation »Vetevendosje« (Selbstbestimmung). Die jungen Leute um Albin Kurti hatten schon zuvor eine große Demonstration mit Zehntausenden von Menschen mobilisieren können. Es waren nicht nur Studenten, sondern Leute aus dem Herzen der städtischen Gesellschaft, die gegen den Ahtisaari-Plan demonstrierten.

Die zweite Demonstration sollte an den Erfolg der ersten anknüpfen. Doch die etablierten Parteien wandten sich gegen die erneute Demonstration, warnten vor der Militanz der Organisatoren und verbreiteten das Gerücht, Albin Kurti wolle die NATO aus dem Land vertreiben. Was zwar eine glatte Lüge war, aber geglaubt wurde. So kamen diesmal nur etwa 3000 bis 5000 Studenten und junge Leute. Die Demonstranten bewarfen die Mauern des UNMIK-Gebäudes mit Farbbeuteln und Eiern.

Nach Angaben der Polizei weigerte sich die Menge, nach Beendigung der Demonstration auseinanderzugehen. Die Polizei mußte Tränengas und Plastikgeschosse einsetzen, um sie zu zerstreuen, begründete die UNMIK das Vorgehen der Polizei. 87 Menschen wurden verletzt, sieben von ihnen schwer. Die Studenten Mon Balaj und Arben Xheladini wurden getötet.

Das Vorgehen der 500 vornehmlich rumänischen, aber auch polnischen und ukrainischen Sicherheitskräfte war unverhältnismäßig hart gewesen. Albin Kurti und einige Mitstreiter wurden als »Rädelsführer« verhaftet, Kurti nach einem fragwürdigen Prozeß für sieben Monate ins Gefängnis geworfen. Die UN-Mission weigerte sich, die Verantwortlichen für die Todesschüsse zu bestrafen. Es entwickelte sich ein handfester Skandal.

Der Sondergesandte des UN-Generalsekretärs, Robert Dean, UNMIK-Sonderstaatsanwalt, sollte die Vorkommnisse untersuchen. Dean erklärte, daß die Todesfälle durch unsachgemäße Verwendung von veralteten Gummigeschossen verursacht worden waren. In Ermangelung von Beweisen könne man aber keine Anklage gegen die rumänischen Polizisten und Einsatzleiter erheben.

Amnesty International protestierte. Weder den Opfern noch deren Familien sei Gerechtigkeit widerfahren, erklärte die Organisation, da von seiten der UNMIK keine strafrechtliche Untersuchung zu den Ereignissen stattgefunden habe. Es gab weder eine Wiedergutmachung für die Familien der Opfer oder für jene, die verletzt worden waren, noch eine Entschuldigung. Die UNMIK zog die rumänischen Polizisten im März 2007 aus dem Kosovo ab. Der polizeiliche Einsatzleiter, der Brite Steven Curtis, wurde nach London zurückbeordert. Damit wurde jede weitere Untersuchung der Vorfälle unmöglich gemacht.

Die UN-Mission handelte nicht nach den von ihr selbst gesetzten demokratischen Standards. Albin Kurti mußte ins Gefängnis und wurde danach unter Hausarrest gestellt. Was die jungen Leute noch mehr verbitterte, war die Tatsache, daß gegen die serbischen Todesschützen von Mitrovica 2004, die ja immerhin elf Albaner auf dem Gewissen hatten, nicht einmal eine Untersuchung eingeleitet worden war. Albin Kurti sprach aus dem Gefängnis heraus von »neokolonialem Verhalten« der UN-Mission und hatte damit keineswegs unrecht.

Hinzu kam die Diffamierungskampagne. Natürlich störte die Existenz der Gruppe die internationalen Diplomaten, regte sich hier doch eine eigenständige, nicht von ihnen steuerbare Bewegung. Kurti sei ein gefährlicher Extremist, war da auf den Gängen der UN-Mission zu hören. Im Ausland übernahmen serbophile Autoren wie Wolf Oschlies diese Terminologie und fügten noch das Attribut »nationalistisch« hinzu. Sie unterstellen Kurti Verbindungen zur UÇK und zur Mafia, ohne jemals mit ihm geredet zu haben. Viele Albaner hielten Kurti dagegen für einen Revolutionär.

Asketisch wie ein Revolutionär ist der am 24. März 1975 geborene Albin Kurti wirklich. Er unterwirft sich gänzlich seiner politischen Mission, arbeitet Tag und Nacht, schreibt und diskutiert wie ein Besessener. 1999 von der serbischen Polizei verhaftet, von einem Gericht in der südserbischen Stadt Niš zu 15 Jahren Gefängnis verurteilt, saß er bis Dezember 2001 in serbischen Gefängnissen. Proteste und internationale Petitionen führten zu seiner Freilassung. Er kehrte nach Prishtina zurück und legte sich sogleich mit allen möglichen Autoritäten an. Er warf Hashim Thaçi und Rramush Haradinaj vor, sich von der UN erpressen zu lassen. »Haradinaj wurde vom Kriegsverbrechertribunal in Den Haag nach Hause geschickt. Deshalb macht er alles, was die UN will, und verkauft so unsere Interessen«, erklärte er mir gegenüber. Das Establishment schlug zurück. Albin Kurti stand im Fadenkreuz der von der UN geleiteten kosovarischen Polizei. Mehrmals wurde er 2006 verhaftet und im Gefängnis mißhandelt.

Ihn aber als Nationalisten einzuordnen ist völlig falsch. Der ehemalige Pazifist, der ehemalige Helfer von Adem Demaçi, der unbeugsame politische Häftling in serbischen Gefängnissen ist ein unerbittlicher Kritiker der Korruption, der Mafia, der von der Gesellschaft losgelösten Macht, der internationalen Institutionen, die ihre Aufgabe nicht erfüllen. Er ist ein präziser Analytiker der politischen Lage. Und als solcher ist er keineswegs gewillt, faule Kompromisse mit irgendwem zu schließen, wenn es um Menschenrechte und Gerechtigkeit geht.

Inwieweit er sich mit seiner asketischen Haltung und unerbittlichen Kritikfähigkeit wirklich als ein Führer der jungen Generation herauskristallisiert, muß abgewartet werden. Der Kosovo besitzt die jüngste Gesellschaft Europas. Die heute Zwanzigjährigen fordern eine Zukunft für sich und ihre Generation. Sie sind eine aktive Generation, eine die lernen will, die mitspielen will in der globalisierten Welt. Für diese Generation ist die Welt der Albanerhüte, die ich noch bei meinem ersten Besuch im Kosovo 1987 kennengelernt habe, ein Relikt aus längst vergangener Zeit. Und das Loyalitätsgefüge der UÇK-Parteien ist für sie ein Hindernis auf dem Weg in eine moderne, mit Westeuropa kompatible Gesellschaft, in der auch sie eine Chance haben, ihre Zukunft zu gestalten.

Viele dieser Bedürfnisse werden durch Kurti aufgegriffen. Seinem Büro und seiner Organisation hatten sich 2006 landesweit schon Hunderte junger Leute angeschlossen, Leute mit Sprachkenntnissen und Erfahrungen im Ausland, aber auch Aktivisten aus den Kleinstädten und Dörfern. »Wir sind die Kinder, die damals auf den Leiterwagen saßen, als unsere Eltern aus dem Kosovo fliehen mußten«, sagte einmal eine Aktivistin. Kurtis Kritik an der UÇK-Generation spricht viele junge Leute an. Der innenpolitische Kampf der Zukunft wird wohl zwischen den nachdrängenden Jungen und der UÇK-Generation ausgetragen werden.

Kurti kratzte 2006 an dem durch die UN etablierten Machtgefüge. Wie die Demonstrationen zeigten, gelang es ihm, Zehntausende Menschen auf die Straße zu bringen; in Umfragen stimmte eine Mehrheit der Albaner seiner Analyse zu, wenngleich sie seine Radikalität als nicht der Lage angemessen empfanden. Die Propaganda der etablierten Parteien, er sei gegen die NATO, schadete ihm und der Bewegung »Selbstbestimmung« jedoch sehr.

Der politische Berater bei der UN-Mission, Jeff Bieley, ein seit 1998 im Kosovo tätiger Amerikaner, war zwar nicht so oberflächlich, die Einschätzung vieler UN-Leute über Kurti zu teilen. Der politische Horizont sei jedoch weiter gespannt, als es die Positionen Kurtis sind, erklärte er. Man müsse eigentlich von zwei UN-Missionen sprechen, von der vor und der nach 2004. »Die UN-Mission hat die Grundlage für die Unabhängigkeit des Staates Kosovo gelegt, hat dafür gesorgt, daß demokratische Wahlen abgehalten werden, hat geholfen, ein Parteiensystem zu entwickeln, hat der Regierung unter Agim Çeku in den letzten Jahren mehr Macht gegeben, hat

Kosovaren in vielerlei Hinsicht ausgebildet, die multinationale Polizei aufgebaut, die Struktur für ein multiethnisches Zusammenleben geschaffen, das ist doch nicht nichts«, erklärte er. Daß die Entwicklung sehr langsam vor sich ging, daß viel Geld verbraucht wurde, daß man an der Effektivität zweifeln könne, sei unbenommen. »Aber man muß auch die Erfolge sehen.«

Jetzt, im Sommer 2007, trete der Prozeß in seine entscheidende Phase. Jetzt tobe der politische Kampf im Hauptquartier in New York, im Weltsicherheitsrat und in den Hauptstädten der wichtigsten beteiligten Länder. »Um den Status des Kosovo zu verändern, müssen auf höchster Ebene große Anstrengungen unternommen werden.«

Die Troika und die Entscheidung

Die Propaganda der albanischen Parteien, Anfang Juni 2007 werde die Unabhängigkeit ausgerufen, führte zu einer großen Enttäuschung in der albanischen Bevölkerung Kosovos. Denn es geschah nichts. Der Westen zögerte noch immer. Putins Rede hatte Wirkung gezeigt. Rußland stimme einer Lösung des Kosovoproblems nur zu, wenn Serbien damit einverstanden sei, erklärte Putin wiederholt. Nur auf höchster Ebene konnte der Westen antworten, um die albanische Bevölkerung zu beruhigen.

Deutschland hatte in diesem Jahr die einmalige Chance, gestaltend auf dem Balkan einzugreifen. Die Chefs der UN-Mission und der OSZE im Kosovo waren zu diesem Zeitpunkt Deutsche, und die Bundeswehr stellte das stärkste Kontingent der KFOR-Truppen. Der Hohe Repräsentant in Bosnien war Christian Schwarz-Schilling; ein deutscher General kommandierte die EUFOR-Truppen. Deutschland hatte den Vorsitz in der EU inne und leitete in diesem Jahr die G-8-Staaten.

Wer sich so in Szene setzt, der sollte über ein gut durchdachtes Konzept verfügen. Doch von einem außenpolitischen Konzept war wenig zu bemerken. Christian Schwarz-Schilling beklagte sich in Sarajevo mehrmals, Deutschland verschanze sich hinter den internationalen Organisationen. Der Balkan hatte in Deutschland keine Priorität. Warum aber nicht? Die Menschen nicht nur in Bosnien und Kosovo, in ganz Südosteuropa – dies war jedenfalls meine Erfahrung, die sich mit jener Schwarz-Schillings deckte – erwarteten schon seit Jahren, daß Deutschland tonangebend politisch aktiv werde. Warum überließ man die Lösung der Balkanprobleme erneut den Russen und Amerikanern?

So etwas hatte George W. Bush bei einer Auslandsreise noch nicht erlebt. Als er nach einem Gipfeltreffen in Deutschland im Juni 2007 in der albanischen Hauptstadt Tirana eintraf, wartete schon über eine Million jubelnder Menschen auf ihn. Viele Albaner aus dem Kosovo waren nach Albanien gekommen, um die Botschaft des US-Präsidenten anzuhören. Unendlicher Jubel brach aus, als Bush erklärte, Kosovo werde noch in diesem Jahr ein unabhängiger Staat sein. Ab diesem Zeitpunkt stand er im Wort. Die Antwort der Amerikaner auf Putin fiel klar aus.

Noch einmal sollte ein Versuch unternommen werden zu verhandeln. Und zwar zusammen mit den Russen. Der deutsche Diplomat Wolfgang Ischinger als Repräsentant der EU, der russische Vertreter Alexander Bozan-Chartschenko und der Amerikaner Frank Wisner bildeten eine sogenannte Troika, die wiederum mit einer Shuttle-Diplomatie zwischen Prishtina und Belgrad eine Lösung finden sollte. Die Troika wollte ganz offen an die Probleme herangehen, sagte Ischinger und provozierte mit der Position, es könne auch über eine Teilung Kosovos nachgedacht werden. Mit dieser Äußerung widersprach er der bisherigen deutschen und europäischen Außenpolitik, die er nicht ganz unmaßgeblich mitgestaltet hatte. Er wollte den Serben damit signalisieren, das Paket werde wieder aufgeschnürt, sorgte aber für Verwirrung.

Über drei Monate zogen sich die Verhandlungen hin, bis dann endlich im Herbst 2007 das Eingeständnis des Scheiterns kam. Am 10. Dezember übergab die Troika ihren Bericht an den Generalsekretär der UN, Ban Ki Moon. Prishtina war nicht bereit, noch weitere Konzessionen an Serbien zu machen, und Belgrad war nicht bereit, den Kosovo aufzugeben. Die Troika war gescheitert.

Jetzt gab es kein Zurück mehr, sonst hätte man größere Unruhen bei den Kosovoalbanern provoziert. Pieter Feith, der 2008 zum Chef der EU-Mission aufgestiegen war, bestätigte im Sommer 2009 diese Befürchtung: »Wir mußten handeln.« Prishtina bekam von seiten der USA und der wichtigsten Mächte in der EU grünes Licht, die Unabhängigkeit des Staates Kosovo zu erklären: als multinationaler Staat mit einer von der EU kontrollierten begrenzten Souveränität.

Hashim Thaçi kommt wieder an die Macht

Agim Çeku, der letzte Kommandeur der UÇK, hatte als Ministerpräsident und Nachfolger von Haradinaj die Statusverhandlungen für die kosovarische Seite entscheidend geprägt. Doch mit den Wahlen am 17. November 2007 kam Hashim Thaçi erneut an die Macht. Seine PDK wurde bei einer Wahlbeteiligung von rund 50 Prozent mit 34,3 Prozent der abgegebenen gültigen Stimmen die stärkste Partei. Jetzt zahlte sich aus, daß Thaçi seine Partei von der Spitze her modernisiert und die Organisation der Partei gestrafft hatte.

Dagegen mußte die LDK eine vernichtende Niederlage hinnehmen. Ihr Stimmenanteil wurde im ganzen Lande halbiert und fiel auf 22,6 Prozent. Nur Bujar Bukoshi gelang ein beachtlicher Erfolg. Der spät auf den Wahlzug gesprungene Bukoshi fand sich zwar am Ende der Kandidatenliste der LDK wieder, doch das Wahlsystem ermöglicht den Wählern, für einzelne Persönlichkeiten zu stimmen. So erreichte er den 17.

Platz und errang noch einen Sitz im Parlament für die vernichtend geschlagene Partei. Die Wahlbeteiligung der Serben war wiederum verschwindend gering.

Auch die ORA verlor mit 4,1 Prozent. Haradinaj konnte seinen Stimmenanteil mit 9,6 Prozent halten; andere Akteure tauchten auf wie die mit den Christdemokraten zusammenarbeitende Partei von Nexhat Daci, »Demokratisches Bündnis von Dardanien« (LDD) mit 10 Prozent oder die »Allianz neuer Kosovo« (AKR) eines im Ausland tätigen Unternehmers mit 12,3 Prozent. Doch keine der kleineren Parteien war in der Lage, eine Rolle bei der Regierungsbildung zu spielen. Thaçi bot der geschlagenen und doch noch an zweiter Stelle stehenden LDK eine Koalition an, und diese stimmte zu.

Am 9. Januar 2008 wurde Thaçi von 85 der 120 Abgeordneten zum Premierminister gewählt. In seiner Regierung übernahm die PDK sieben, die LDK fünf, die Minderheiten drei Ministerposten, davon gingen zwei an die Serben. Fatmir Sejdiu blieb Präsident. Thaçi und Sejdiu sollte die Ehre vorbehalten bleiben, am 17. Februar 2008 die Unabhängigkeit Kosovos von Serbien zu verkünden.

»Es ist noch ein langer Weg zur wirklichen Unabhängigkeit«

Interview mit Albin Kurti im Dezember 2007

Frage: *Sie haben mit Ihrer Bewegung »Selbstbestimmung« zum Boykott der Wahlen aufgerufen, und gerade einmal die Hälfte der Wähler hat abgestimmt. War das ein Erfolg für Sie?*

Albin Kurti: Viele Leute sind nicht zur Wahl gegangen, weil sie nicht wissen, für wen sie sich entscheiden sollen. Die UNMIK will mittels willfähriger kosovarischer Politiker, die wegen ihrer Korruption erpreßbar sind, die Interessen der internationalen Gemeinschaft durchsetzen. Das spüren die Leute. Wenn Sie zum Beispiel die Gehälter der Politiker auf der einen und ihr Vermögen auf der anderen Seite betrachten, wird Ihnen etwas auffallen. Die Funktionäre haben teure Häuser, Autos und Kinder, die in privaten Schulen unterrichtet werden. Das alles bezahlen sie nicht mit ihren normalen Gehältern, sondern durch Verbindungen mit fragwürdigen Unternehmen. Die internationalen Akteure wissen davon. Und sie können mit diesem Wissen unsere Politiker dazu drängen, Belgrad weitgehend entgegenzukommen. Mit unserer Bewegung »Selbstbestimmung« hat sich Widerstand formiert. Deshalb versuchen sie, uns zu isolieren und speziell mich mundtot zu machen.

Die UNMIK stellte Sie im vergangenen Februar vor ein Gericht, und dieses verurteilte Sie wegen der Organisation einer militanten Demonstration zu sieben Monaten Haft und später zu Hausarrest. War das nicht rechtsstaatlich abgesichert?

Nein. Mein Fall wurde von internationalen Richtern verhandelt. Eigentlich sind die nur zuständig für Kriegsverbrechen und innerethnische Konflikte. Beides trifft auf mich nicht zu. Ich hatte kein Recht, Einspruch zu erheben oder eine übergeordnete Instanz anzurufen. Das entspricht nicht den rechtsstaatlichen Gepflogenheiten.

Aber Sie könnten doch zum Europäischen Gerichtshof für Menschenrechte gehen.

Nein, die UN-Mission ist nicht europäisch.

Bald ist das alles Geschichte. Wahlsieger Hashim Thaçi hat versprochen, nach dem 10. Dezember zu handeln, und US-Präsident Bush sprach von Unabhängigkeit noch in diesem Jahr. Das muß Sie freuen.

Nicht so eilig. Wenn unsere Führung die Unabhängigkeit ausruft, wird sich nicht allzuviel ändern. In Wirklichkeit befinden wir uns nämlich in einer Sackgasse. Selbst wenn die EU-Mission die UN-Mission ablösen sollte, wird es dabei bleiben: Kosovo wird von den internationalen Mächten beherrscht. Und die haben im Ahtisaari-Plan bestimmt, daß ein Viertel unseres Territoriums zukünftig von Belgrad aus kontrolliert werden wird, obwohl Serbien dem Plan gar nicht zugestimmt hat.

Weiterhin wird von den internationalen Organisationen eine Privatisierung vorangetrieben, die unsere Ressourcen verschachert. Die internationalen Institutionen wollen, daß wir Albaner uns an die Regeln halten, die Serben aber brauchen dies nicht zu tun. In den Serbengebieten herrscht nach wie vor Belgrad. So gibt es zum Beispiel in den Albanergebieten Straßenschilder auf Serbisch und Albanisch, in den Serbengebieten nur auf Serbisch. Verstehen Sie mich nicht falsch. Wir haben nichts gegen die Serben, wir haben etwas gegen den serbischen Staat, der versucht, die Entwicklung des Kosovo zu behindern.

Die Mehrheit der Kosovoserben beharrt ebenfalls auf dem Recht auf nationale Selbstbestimmung und beteiligt sich deshalb nicht an den Wahlen.

Wir sehen das Selbstbestimmungsrecht nicht als Recht auf rein ethnischer Basis. Wir fordern das Selbstbestimmungsrecht für die gesamte Bevölkerung im Kosovo. Milošević hat in der Vergangenheit das Selbstbestimmungsrecht nur für Serben in Bosnien und Kroatien gefordert. Dieses Recht verweigerte er den Albanern im Kosovo, den Ungarn in der Vojvodina und den Muslimen im Sandžak. Das Selbstbestimmungsrecht, das Milošević einforderte, war kein universales, sondern ein partikulares Recht. Die Realität zeigt aber, daß saubere ethnische Grenzen unmöglich zu ziehen sind. Immer wieder wird es Albaner oder Serben auf der jeweils anderen Seite der Grenze geben. Wer das Recht auf Selbstbestimmung auf ethnischer Basis fordert, ist für ethnische Säuberungen. Das Selbstbestimmungsrecht auf ethnischer Basis kann nur mit kriminellen Methoden umgesetzt werden. Aus diesem Grund widersprechen wir dem ethnischen Prinzip und fordern das Selbstbestimmungsrecht der gesamten Bevölkerung im Kosovo.

Ist das nicht auch durch die europäische Position eines multiethnischen Staates abgedeckt?

Nein. Denn der Ahtisaari-Plan forciert die ethnische Trennung der Gesellschaft durch die Gemeindereform und die Ausweitung des Grundbesitzes der orthodoxen Kirche. Die EU als Nachfolgerin der UN wird zwar weniger Leute hierher bringen als die Vereinten Nationen, aber vor allem Richter und Polizisten. Warum das? Wir brauchen Lehrer, weil das Ausbildungsniveau noch zu niedrig ist, wir brauchen Wirtschaftsberater und Investitionen. Das sind Leute, die wir gern hier haben wollen. Wenn die Richter das Justizsystem reformieren, dann ist das ebenfalls willkommen. Wir brauchen aber keine Aufpasser, die uns beherrschen und einschränken wollen und gleichzeitig Belgrad immer wieder entgegenkommen, obwohl es sich weigert zu kooperieren. Der sogenannte unabhängige Kosovo wird also nicht so unabhängig sein. Es ist noch ein langer Weg zur wirklichen Unabhängigkeit. Wir brauchen einen echten Staat, wir wollen einen Sitz in der UN, wir wollen den Kosovo in die EU bringen, wollen aber nicht die EU als Beherrscherin des Kosovo.

Auf der anderen Seite benötigen wir eine schnelle ökonomische Entwicklung, die dem ganzen Volk zugutekommt. Nach dem Krieg 1998/99 hat die UNMIK gemeint, man könne ohne jeglichen ökonomischen Fortschritt das Zusammenleben zwischen den nationalen Gemeinschaften organisieren. Die UNMIK wollte, daß wir uns ineinander verlieben. Ich glaube aber, die Integration ist ein permanenter Entwicklungsprozeß, der in den Schulen des Landes beginnen muß. Das praktische Zusammenleben muß auf der Basis der Gleichheit, ohne jegliche Unterdrückung fortgesetzt werden. Ich bin für ein Zusammenleben, das sich von unten entwickelt.

Die Worte »Gleichheit« und »Gerechtigkeit« sind in unserem Land de facto verboten, wir benötigen Gleichheit und soziale Sicherheit. Die UNMIK und die EU sprechen aber nur von Stabilität. In dieser Definition von Stabilität ist aber der soziale Fortschritt nicht enthalten.

16
Die neue Freiheit – die Republik Kosovo

Einige der ehemaligen Journalisten von *koha ditore* wetteten, welches Land den Kosovo zuerst diplomatisch anerkennen würde. Virtyt Gacaferi, jetzt Mitarbeiter einer internationalen Bank, und Biroll Uncam, der umtriebige Fernsehjournalist, verfolgten in einer Kaffeebar in Prishtina die neuesten Nachrichten. Sie setzten auf Frankreich. Richtig. Die Grande Nation beeilte sich, erster zu sein. Albanien, Großbritannien, die Türkei und die USA folgten sogleich. Die Deutschen dagegen ließen sich, wie von den beiden prognostiziert, Zeit und sprachen die Anerkennung erst einige Tage später aus. Wohl um jeden Eindruck zu vermeiden, Deutschland sei die treibende Kraft gewesen, wie er nach der diplomatischen Anerkennung Kroatiens und Sloweniens 1992 entstanden war.

Beunruhigt waren die Kosovoalbaner jedoch, weil kein islamisches Land den Kosovo diplomatisch anerkennen wollte. Die proamerikanische Haltung der Albaner schien bei den meisten islamischen Staaten ein Hindernis zu sein. »Außerdem hat Hashim Thaçi zwei Berater aus Israel«, verriet mir Biroll. Erst einige Monate später sollten die Emirate, dann auch Saudi Arabien und Jordanien den Kosovo anerkennen; wichtige Staaten wie Ägypten oder der Iran taten es jedoch nicht. Die Warnungen aus Serbien, der Kosovo würde sich nach der Unabhängigkeit in einen islamischen Staat verwandeln, wurden immerhin widerlegt.

Kroatien und Slowenien waren zügig, Montenegro und Makedonien aber brauchten Monate. Die serbische Diplomatie versuchte alles, diese Länder an der Anerkennung zu hindern. Ohne Erfolg. Anders in Bosnien und Herzegowina. Die Vertreter der Bosniaken und Kroaten und der nichtnationalistischen Parteien hätten die Anerkennung ausgesprochen, doch die bosnisch-serbische Führung verweigerte ihre Zustimmung.

Die EU war 22:5 gespalten: Rumänien, die Slowakei, Zypern und das traditionell serbienfreundliche Griechenland weigerten sich. Das war nach den Positionen im Vorfeld der Verhandlungen nicht anders zu erwarten. Spannend aber wurde die Entscheidung in Spanien. Die Regierung in Madrid war nicht nur besorgt, weil die Anerkennung des Kosovo den Nationalisten in Katalonien und im Baskenland Auftrieb geben konnte. Sie war auch verschnupft. Die EU hatte ihren Wunsch, die Ausrufung der Unabhängigkeit auf einen Termin nach den spanischen Wahlen im März 2008 zu verschieben, nicht erfüllt. Der Einfluß Spaniens in der EU reichte nicht aus, die Verschiebung des Termins durchzusetzen, das sei die bittere Erkenntnis in Madrid gewesen, steckten mir Diplomaten verschiedener EU-Staaten. Madrids Einfluß in Lateinamerika jedoch war stark genug, auf Brasilien, Argentinien und die meisten lateinamerikanischen Staaten einen negativen Einfluß auszuüben. Auch in Afrika waren die meisten Staaten nicht geneigt, die Anerkennung auszusprechen.

Das alles war eine Enttäuschung. Der Einfluß der USA, Großbritanniens, Frankreichs und Deutschlands reichte nicht aus, die Mehrheit der in der UN-Vollversammlung vertretenen Staaten für die Anerkennung des Kosovo zu gewinnen. Die serbische Diplomatie war klug genug, diesen Umstand sogleich auszunutzen und ein Verfahren vor dem Internationalen Gerichtshof in Den Haag anzustrengen: Anfang Dezember 2009 begannen die Anhörungen. Mit einem Urteil ist im Jahr 2010 zu rechnen.

Belgrad ging auf Konfrontationskurs und lehnte folgerichtig die Implementierung der EU-Mission ab, die nach den ursprünglichen Absprachen zwischen dem Generalsekretär der Vereinten Nationen und der EU Anfang Juni 2008 die UNMIK ablösen sollte. Moskau beharrte auf der Resolution

1244 des Weltsicherheitsrates. Belgrad und Moskau forderten die UN-Mission auf, im Kosovo zu bleiben, was aber die serbische Seite nicht davon abhielt, die UN-Polizei kurz nach der Unabhängigkeitserklärung im Kosovo zu attackieren.

Die Angriffe militanter Serben auf die Grenzanlagen öffneten im Februar 2008 erneut die Grenze. Belgrad forderte die unter UN-Kontrolle stehenden serbisch-kosovarischen Polizisten auf, sich aus der KPS, der bis dato gemischten Kosovopolizei, die für die Grenzkontrollen zuständig war, zurückzuziehen.

Der Schmuggel von Serbien in den Kosovo lohnte sich wieder. Nur wenige hundert Meter von der Demarkationslinie zu den Albanergebieten bei Zuban Potok standen plötzlich Benzintanks am Straßenrand. Für etwas mehr als 50 Cent pro Liter konnte man da unversteuertes Benzin kaufen. Die Besitzer der wilden Tankstellen machten ein riesiges Geschäft. Es war hübsch mitanzusehen, wie viele Autos aus den Albanergebieten zu diesen serbischen Tankstellen fuhren. Auch andere, über Nordmitrovica eingeführte unversteuerte serbische Waren strömten durch Nordmitrovica in die Albanergebiete. Sie sollten dem Fiskus des neuen Staates nicht unerhebliche Mittel entziehen.

Militante Serben besetzten ein Gerichtsgebäude in Nordmitrovica, in dem internationale Richter tätig waren. Die UNMIK reagierte und ließ am 7. März 2008 das Gebäude räumen. 500 ukrainische und polnische Polizisten stürmten es, KFOR-Soldaten sicherten das Gelände. Die Polizisten verhafteten 53 Besetzer. Als die Verhafteten in einem Konvoi abtransportiert werden sollten, griffen serbische Demonstranten mit Schußwaffen, Handgranaten und Molotowcocktails den Konvoi an; es gelang ihnen, etwa zwanzig der Festgenommenen wieder zu befreien. Zahlreiche Einsatzfahrzeuge wurden bei der Aktion demoliert.

Rund 70 Serben sowie dutzende internationale Polizisten

und Soldaten wurden bei den gewalttätigen Auseinandersetzungen verletzt, ein ukrainischer Polizist getötet. Die Verhafteten würden vor ein Gericht gestellt, erklärte ein politischer Berater der UN-Mission. Man werde auf keinen Fall dem Mob nachgeben, sondern Recht und Ordnung in Nordmitrovica wiederherstellen, erklärte er.

Doch den großen Worten sollten keine Taten folgen. Die internationalen Polizeiverbände wurden unverrichteterdinge aus dem Norden der Stadt abgezogen. Recht und Ordnung – *rule of law* – blieben dabei wieder einmal auf der Strecke. Während Albin Kurti wegen weit geringerer Delikte verhaftet worden war, gingen die Serben straffrei aus.

Serbische Militante griffen wenig später auch das Gebäude der sich formierenden EULEX-Mission in Nordmitrovica an und erzwangen den Auszug der Mitarbeiter aus der Stadt. Eine klare Grenze war gezogen. Belgrad und die meisten Serben im Land lehnten im Frühjahr 2008 eine Zusammenarbeit mit der internationalen Polizei, mit internationalen Richtern und der EU-Mission insgesamt ab. Und sie wußten weiterhin Rußland und China hinter sich.

Bürokratisches Monstrum oder effektiver Helfer?

Das verspiegelte Gebäude erstrahlt in schönstem Europablau und ist schon von weitem auszumachen. Auf dem Hügel über dem Botschaftsviertel thronend und nahe dem Hauptquartier der internationalen Truppen gelegen, ist es mit seiner Architektur wenigstens ein kleiner Lichtbick in Prishtina.

Im Inneren herrscht unaufdringliche Eleganz. Bilder von Malern aus der Region schaffen eine beruhigende Atmosphäre. Hier sollte im Frühjahr 2008 die Arbeit aufgenommen werden, um bis zum 15. Juni in der Lage zu sein, die UN-Mission gänzlich zu ersetzen. Noch im März standen die Räume aber fast leer.

27 Staaten rangelten um Einfluß, Posten und politische Ausrichtung der EU-Mission. Die Planer mußten auf jene Staaten Rücksicht nehmen, die der diplomatischen Anerkennung Kosovas skeptisch oder ablehnend gegenüberstanden.

Die Pressesprecherin, die Österreicherin Verena Ringler, versuchte, dem Schweizer Journalisten Norbert Rütsche und mir den Aufbau der EU-Mission zu erklären, und antwortete geduldig auf alle Fragen. Der Aufbau der Mission war ja auch schwierig zu verstehen.

Die Mission, sagte sie, solle nach den Beschlüssen der EU vom 4. Februar 2008 auf drei Säulen stehen. Die politisch führende Behörde werde das IOC/EUSR sein, das *International Civilian Office/European Union Special Representative.* Die Amerikaner würden den Vizeposten besetzen, aber die Europäer würden den Ton angeben. Der niederländische Diplomat Pieter Feith würde die Behörde mit ihren 275 Mitarbeitern leiten, erklärte sie.

Die zweite Säule der Mission bestünde aus einer operationellen Einheit, der *European Union Rule of Law Mission im Kosovo* (EULEX), mit ihren aus Europa stammenden rund 2000 Mitarbeitern, vor allem Polizisten, Zollbeamten und juristischen Beratern, die beim Aufbau des Staates aktiv mitwirken sollen. Und drittens bestünde die Mission aus einem Verbindungsbüro zur Europäischen Kommission mit 80 Mitarbeitern, das langfristige Reformen planen und durchsetzen helfen solle.

Die internationalen Institutionen des Westens hatten ihren politischen Kompromiß im institutionellen Aufbau vergegenständlicht. Weil nicht alle Staaten der EU den Kosovo anerkannt hatten, sollte das ICO die Anerkennungsländer innerhalb der gesamten EU-Mission und die USA vertreten. Pieter Feith war demnach sowohl Chef einer Behörde, die vor allem die Interessen der Anerkennungsländer und damit die Umsetzung des Ahtisaari-Plans vertreten sollte, als auch EU-Sondergesandter (EUSR), der statusneutral vorzugehen hatte. Ein heikles Konstrukt. Pieter Feith mußte in seiner Person gegenläufige politische Interessen vereinen.

Doch nicht genug damit: Die zivile EULEX-Mission, zu deren Chef der französische General Yves de Kermabon auserkoren wurde, war zwar von der EU entsandt, aber dem ICO nicht unterstellt, sondern er operierte im Namen aller EU-Staaten und damit auch der Länder, die den Kosovo nicht anerkannt hatten. Das gleiche galt für die dritte Säule, das Verbindungsbüro der EU-Kommission.

Ein mit Widersprüchen behaftetes bürokratisches Monstrum schien im Entstehen begriffen zu sein. Reibungsverluste waren zu befürchten. Jede dieser Säulen würde über kurz oder lang Eigeninteressen anmelden.

Wie in Bosnien war die internationale Präsenz im Kosovo aber nicht nur auf die EU-Strukturen beschränkt. Die UN-Mission war 2008 nach der Unabhängigkeitserklärung weiterhin mit Hunderten von Mitarbeitern präsent. Daneben existierte eine OSZE-Mission mit ihren 800 Beschäftigten unter dem österreichischen Diplomaten Werner Almhofer. Und die noch immer 12000 Soldaten umfassenden KFOR-Truppen, die für die Sicherheit zu sorgen hatten, rundeten das Bild der internationalen Institutionen ab.

Daß die EU ihre Strukturen im Kosovo von Beginn an durch strukturelle und politische Gegensätze belastete, ist schon ungewöhnlich. Brüssel verzichtete von vornherein darauf, eine eindeutige Hierarchie zu schaffen. Das Zivilbüro ICO mit Pieter Feith verfügte in diesem Konstrukt zwar über Machtbefugnisse, aber nur gegenüber der Regierung des Kosovo. Pieter Feith konnte im Rahmen dieser Konstruktion deren Beschlüsse kassieren, er konnte Ermittlungen wegen Korruption oder organisierter Kriminalität einleiten und sogar hochrangige Beamte und Politiker absetzen. Aber er konnte nicht in die Angelegenheiten der anderen Missionen hineinreden.

Im Zentrum des Ahtisaari-Planes steht die Sicherung der Rechte der serbischen Minderheit. Die Serben aber lehnten den Ahtisaari-Plan und damit die gesamte EU-Mission bzw. die EU-Missionen ab. Auf die Frage, ob angesichts dieses Tatbestands der Ahtisaari-Plan noch gültig sei, antworteten die Sprecher der EULEX und des ICO mit »Ja«. Also wollten die EU-Missionen am Ahtisaari-Plan festhalten. Wie die EULEX im von Serben bewohnten Norden des Landes agieren wollte, nachdem sie schon im März 2008 ihr Büro in Nordmitrovica verlassen mußte, blieb unklar.

Die EU-Verantwortlichen in Brüssel hofften offenbar, daß Belgrad über kurz oder lang einlenken würde, zumal der aus der Demokratischen Partei stammende und als proeuropäisch eingestufte Präsident Boris Tadić am 21. Januar 2008 als Präsident des Landes bestätigt worden war. Die proeuropäischen Parteien konnten im Mai 2008 die Wahlen zum serbischen Parlament hauchdünn gewinnen. Doch nicht Serbien, sondern die EU sollte sich bewegen. Dafür sorgte schon die Konstellation im Weltsicherheitsrat der Vereinten Nationen. Generalsekretär Ban Ki Moon hatte sich etwas einfallen lassen müssen, um die Blockaden aus Moskau und Belgrad zu überwinden.

Weitere Konzessionen an Serbien

Joachim Rücker, der ehemalige Bürgermeister aus Sindelfingen und Chef der UN-Mission, versuchte nach der Unabhängigkeitserklärung doch noch einen Kompromiß mit Serbien zustande zu bringen. Die Zeit drängte. Das Mandat der UN-Mission sollte ja ursprünglich am 15. Juni 2008 auslaufen und die Oberaufsicht über den Kosovo der EU übergeben werden. Gleichzeitig sollte die neue Verfassung des Staates Kosovo in Kraft treten und damit dem heimischen Parlament und der Regierung mehr Kompetenzen übertragen.

Die UNO bemühte sich also, eine Lösung zu finden. Ein

Brief des UN-Generalsekretärs Ban Ki Moon an die Präsidenten Serbiens und Kosovos sollte Bewegung in die Dinge bringen. Der Generalsekretär schlug vor, die UN-Mission in abgespeckter Form weiterbestehen zu lassen und EULEX unter den Schirm der UN zu stellen. Ban Ki Moon bot in dem Brief, der gleichzeitig dem Weltsicherheitsrat übergeben wurde, sogar an, über die Tätigkeit der EULEX-Mission nochmals im einzelnen zu verhandeln. Mit dieser Konstruktion, so hofften Rücker und Ban Ki Moon, könnten sich Rußland und Serbien abfinden. Doch Belgrad lehnte ab, und auch aus dem russischen Außenministerium kamen negative Reaktionen. Die Frage aber, wie die Kompetenzen des UN-Vertreters und des EU-Sondergesandten voneinander abgegrenzt werden sollten, war nun aufgeworfen. Und damit hatte sich die Implementierung der gesamten EU-Mission verzögert.

Der im Sommer hinter verschlossenen Türen verhandelte Plan der UN kam den Forderungen Serbiens weit entgegen und schien die Teilung des Kosovo in ethnisch getrennte Gebiete zu bestätigen. Bei den Gesprächen mit Diplomaten und Praktikern vor Ort waren damals zwar nur Bruchstücke zu erfahren, doch es wurde langsam klar, worauf das Ganze hinauslief: Die vor der Unabhängigkeitserklärung am 17. Februar ethnisch gemischte Polizei könnte nach ethnischen Kriterien aufgeteilt werden, in eine von der UNO geführte serbische Polizei in Nordmitrovica und den Enklaven sowie in eine von der EULEX angeleitete albanische Polizei in den Albanergebieten. Die direkte Grenze zu Serbien zwischen den Serbengebieten um Mitrovica sollte unter Kontrolle der UNO bleiben. Die Zölle sollten den serbischen Gemeinden in Kosova zugutekommen und nicht der Regierung in Prishtina. Ebenfalls könnte das Justizsystem unabhängig voneinander bestehen bleiben. Die Erweiterung der Gemeindegrenzen und die Erweiterung des serbischen Kirchenlands waren ja schon im Ahtisaari-Plan enthalten.

Im Gegenzug sollte die serbische Kosovopolizei gegen die Radikalen und Kriminellen in Mitrovica vorgehen. Auch in den serbischen Enklaven im Süden sollten neue Polizeireviere gebildet werden. Die UN-Mission drängte darauf, dem Schmuggel einen Riegel vorzuschieben. An der Grenze zwischen Nordkosovo und Serbien sollte wieder ein Zollregime eingeführt werden. Zwar legte der Plan fest, daß »der Kosovo als ein einheitliches Zollgebiet« funktionieren sollte, aber es war klargestellt, daß die Behörden des unabhängigen Staates an dieser Grenze nichts zu sagen haben würden.

Als Ban Ki Moon am 11. November 2008 seinen Sechs-Punkte-Plan dem Weltsicherheitsrat unterbreitete, wurde deutlich, daß Serbien unter seinem jungen und agilen Außenminister Vuk Jeremić und dem Präsidenten Boris Tadić einen großen diplomatischen Erfolg erzielt hatte. Nachdem Tadić gedroht hatte, entweder werde die EULEX nach dem Sechs-Punkte-Plan installiert oder »es wird EULEX nicht geben«, wurde der serbische Machtanspruch überdeutlich. Die EU müsse die seit neun Monaten unabhängige frühere serbische Provinz Kosovo zwingen, die serbischen Forderungen zu akzeptieren, erklärte Tadić weiter. Serbien würde aber die Implementierung der gesamten EU-Mission, also ICO/EUSR und die EULEX, dulden, wenn die Vereinten Nationen für die Serbengebiete auf der Grundlage der Resolution 1244 zuständig blieben, sikkerte aus serbischen Quellen. EULEX-Mitarbeiter könnten dort zwar präsent sein, etwa an der Grenze, müßten aber den Vereinten Nationen unterstellt werden. Die EU sollte also für die Albaner zuständig sein, wobei die EULEX-Mission und der EUSR statusneutral agieren mußten. Nur das ICO blieb eine internationale Institution, die den Staat Kosova vorbehaltlos anerkennt.

Der »multiethnische, mit begrenzter Souveränität« ausgestattete »unabhängige« Staat Kosovo ist in großem Maße von der UNO, dem *International Civilian Office* ICO und EULEX beherrscht. Hatte also Albin Kurti nicht doch vollkommen recht? Die gesamte Konstruktion schien nur dazu dazusein, die Institutionen Kosovos und damit die der Albaner zu kontrollieren, ohne die Einheit Kosovos herzustellen, ohne also in Konflikt mit Belgrad zu geraten. War also die Unabhängigkeit nichts anderes als eine Schimäre? Was war der Status Kosovos seit dem 17. Februar 2008 nun wirklich wert?

Man müsse das alles als einen Prozeß ansehen, betonten viele kosovoalbanische Politiker im Sommer 2008, so auch Hajredin Kuçi, der Vizepremier. Sie kehrten das Positive hervor. Trotz des Umstands, daß Rußland, China, Indien und die meisten lateinamerikanischen und afrikanischen Staaten sich weigerten, den Kosovo diplomatisch anzuerkennen, hätten die wichtigsten Staaten des Westens dies getan. Darauf käme es vor allem an. Diese Staaten könnten ihre Entscheidung nicht mehr widerrufen. Sie seien zudem in den internationalen Institutionen im Kosovo personell und finanziell am stärksten vertreten und könnten angesichts ihres Engagements den Prozeß steuern. Ohnehin würde die Präsenz der gesamten EU-Mission nach zwei Jahren einer Prüfung unterzogen.

Mit der Annahme der Verfassung wurde die Selbstverwaltung Kosovos tatsächlich gestärkt. Von nun an war die Regierung verantwortlich für das Erziehungssystem, die Verwaltung, die Pässe, die Organisation der Wahlen, die Sozialpolitik, die Renten und die Landesverteidigung. Die Nachfolgeorganisation des Kosovo-Schutzkorps TMK, die Kosova Sicherheitsstreitkräfte, sollte nach den Planungen über 2500 Mann verfügen, von der NATO ausgebildet werden und auch bei

»inneren Unruhen« einsetzbar sein. Endlich hatte der Staat Kosova das Recht, Außenpolitik zu betreiben und damit eigene Botschaften im Ausland zu errichten, wenngleich an einen Sitz in der UNO nicht zu denken war.

Die neue Regierung unter Hashim Thaçi entwickelte sichtbare Aktivitäten. Straßenbauprojekte wurden jetzt nicht mehr nur angekündigt, sondern auch in die Tat umgesetzt. Bagger fuhren auf, um die Straße von Prishtina zum Flughafen zu einer Autobahn auszubauen. Der neue Erziehungsminister Enver Hoxhaj sorgte sogleich für die Renovierung dutzender Schulen und leitete eine Reform des gesamten Schulsystems in die Wege. Zunächst sollten die vorhandenen Lehrer selbst geschult werden, das Lehrerausbildungsseminar wurde ausgebaut. Er begann damit, die Curricula zu entstauben; an den Hochschulen sollten junge, im Ausland ausgebildete Wissenschaftler einen modernen, frischen Geist verbreiten und mittelfristig das Zepter übernehmen.

Die Regierung versuchte, die Aufbruchstimmung vom Februar in den Sommer hinüberzuretten. Doch der Sechs-Punkte-Plan der UNO sollte die kosovoalbanische Bevölkerung im Herbst 2008 erneut zutiefst verunsichern. »Ich habe zwei Nächte durchgeweint«, schluchzte Beza. Die knapp sechzigjährige Lehrerin war über die Entwicklung schockiert. »Unsere Politiker haben uns die Unabhängigkeit versprochen, und jetzt fängt alles wieder von vorne an.« Ihr ganzes Leben sei von der serbischen Politik dominiert gewesen: »Wann ist endlich Schluß, wann ist endlich Frieden, wann können wir endlich Ruhe finden?«

Für Beza war die internationale Politik viel zu kompliziert. Doch dem Demonstrationsaufruf von 30 zivilgesellschaftlichen Organisationen wollte sie folgen. Sie mischte sich unter die Zehntausenden, die am 19. November 2008 in Prishtina »Keine Teilung Kosovas«, »UNO will den Krieg«, »Gemeinsam mit der EU, aber nicht unter der EU« skandierten. Der größte Demonstrationszug seit der Unabhängigkeit beschrieb ein großes »S« als Symbol für die Souveränität des Landes.

Die im Parlament vertretenen Parteien jedoch hielten sich von den Straßenaktionen fern. Premierminister Thaçi erklärte zwar: »Unsere Position wird sich nicht verändern, die sechs Punkte haben sich zu verändern«, doch letztlich blieb die Kritik verhalten und damit folgenlos. »Wir dürfen unsere internationalen Freunde nicht verschrecken«, bedeutete mir einer der Minister der Regierung. Er und seine Kollegen waren jedoch durch die außerparlamentarische Opposition unter innenpolitischen Druck geraten. Und da traf es sich gut, auf einem anderen Feld gegenüber den internationalen Institutionen Zähne zeigen zu können.

Die Fernsehsender im Kosovo zeigten genüßlich mehrmals am Tag die gleiche Szene: Drei deutsche Geheimagenten wurden in Handschellen abgeführt. Am 14. November hatten Unbekannte eine Bombe mit einer Stärke von 300 Gramm TNT über die Mauer des blauen Hauses, des International Civil Office, geworfen. Die BND-Agenten hatten einige Tage später aus dem Nachbarhaus Fotos vom Tatort gemacht. Am 22. November wurden sie dem Haftrichter vorgeführt. Das Video, das angeblich den Anschlag vom 14. November dokumentieren und den Worten des Polizeichefs von Prishtina zufolge die Verwicklung des BND beweisen sollte, durfte allerdings nicht im Fernsehen gezeigt werden.

Die drei Agenten stellten sich bei ihren Recherchen wohl auch dumm an, doch die Reaktion des Polizeichefs war überzogen. Die Botschaft der Polizeiaktion war klar: Der unabhängige Kosovo demonstriert Souveränität. Kurz nach der Massendemonstration machte es sich nach Meinung der den Polizeichef unterstützenden Kräfte in der Regierung offenbar innenpolitisch gut, den »Internationalen«, besser gesagt den Deutschen, die Zähne zu zeigen. An amerikanische Spione hätten sich die Kosovaren niemals herangetraut.

»Welches Motiv sollten die Deutschen haben?« fragten viele Bekannte. Auch in der Regierung krachte es. Die Deutschen seien Freunde und nach den USA der größte finanzielle Unterstützer des Landes, erklärte der Abgeordnete Bujar Bukoshi. »Man hätte sich mit den deutschen Behörden zusammensetzen und erst einmal die Lage beraten sollen, anstatt gleich den Hammer auszupacken.« Die drei Beamten wurden nach harschen Protesten aus Berlin wenige Tage später auf freien Fuß gesetzt. Von den wirklichen Bombenlegern fehlte weiterhin jede Spur.

Am 9. Dezember 2008 war es soweit. Pieter Feith nahm im blauen Haus offiziell seine Arbeit auf. Die EU-Missionen konnten mit dem Segen Serbiens und der Regierung in Prishtina personell komplettiert werden.

Die Serben in den Enklaven bewegen sich

Ein Jahr später konnte man es als Erfolg verbuchen, daß seit der Unabhängigkeitserklärung nichts wirklich Schwerwiegendes passiert war. Die serbische Bevölkerung war im Land geblieben und nicht geflohen, wie es serbische Nationalisten angekündigt hatten. In den Enklaven im Süden und Westen kehrte sogar Entspannung ein. Man redete wieder miteinander.

Um eine *taz*-Reise in die Zivilgesellschaft Kosovos für den Sommer 2009 vorzubereiten, fuhr ich nach Gračanica und sprach dort mit Restaurantbesitzern. Es war den Gesprächspartnern anzumerken, wie sie sich freuten, daß Touristen ins Land kommen wollten. Mein albanischer Begleiter wurde ganz normal und freundlich behandelt. Zeichen der Normalisierung?

Am Abend berichteten zwei serbische Lastkraftwagenfahrer, wie sie mit der Lage umgingen, wie sie die kosovarischen Nummernschilder an der Grenze mit serbischen austauschten. Zwar schimpfte der eine Fahrer auf die Albaner und gab nationalistische Sprüche zum besten, doch als er aufs WC ging, erklärte sein Begleiter. »Das sagt er nur nach außen hin, in Wirklichkeit arbeitet er mit kosovoalbanischen Firmen zusammen.«

Überrascht war ich, wie viele albanische Bekannte in diesem Winter 2009 am Wochenende aus Prishtina verschwanden und zum Skifahren in das Serbengebiet um Štrpce (Shtërpcë) im Sharr-Gebirge an der makedonischen Grenze fuhren. Ein Bekannter erzählte mir, er habe dort einen alten serbischen Freund, den er aus Peja kenne, wiedergetroffen. Der habe jetzt ein Restaurant aufgemacht. »Wir haben die ganze Nacht gefeiert, es war schön.« Ich solle aber niemandem davon erzählen. »Sie wissen schon, die Nachbarn.«

Die Umgebung von Novo Brdo (Artana), seit der römischen Zeit eine ergiebige Silber-, Gold- und Bleimine, ist bitter arm geworden. Die einstmals vom sozialistischen Jugoslawien gebaute Arbeitersiedlung mit ihren vierstöckigen Häusern und dem ehemaligen Gemeindezentrum steht halb leer. Die Dörfer unterhalb des Bergwerks sind von Serben und Albanern bewohnt.

20 Kilometer bis zur Stadt Gjilan zieht sich der Gürtel aus gemischten Dörfern. Während des Krieges 1998/99 war es hier nie zu größeren Konflikten zwischen den Bevölkerungsgruppen gekommen. Das ist bis heute so. Die Serben fahren hier mit den alten serbischen Autonummern – also von Albanern leicht als Serben erkennbar – in die Stadt.

In einem kleinen Laden in Novo Mesto hatten sich einige Männer versammelt, alle zwischen dreißig und vierzig Jahren alt. Sie tranken Bier aus Zweiliter-Plastikflaschen. Hier sei die Heimat, »hier haben unsere Familien schon immer gelebt«. Die Leute hofften, daß bald Investoren das Bergwerk wieder in Betrieb nehmen. Nach dem Krieg hätten viele Serben die Region verlassen, von ehemals 300 Einwohnern sind hier im Dorf nur 120 geblieben. Doch Negovan Stailjković wollte mit seiner Familie bleiben. Und Svetozar Jović sagte von sich selbst, er könne mit den Albanern zusammenleben, er spreche auch Albanisch. Einzig ein jüngerer Mann blickte düster in die Zukunft. »Kosovo ist serbisch und muß es bleiben.«

Die Serben im Kosovo waren keine Einheit mehr, wie es noch vor wenigen Jahren schien, es zeigten sich Spaltungen. Zunehmend mehr Menschen in den verstreuten Enklaven und serbischen Dörfern spürten, daß der Ahtisaari-Plan den Serben doch einige Möglichkeiten für die Zukunft bot. Die bisher gemischte Gemeinde Novo Brdo soll allerdings dem Plan zufolge nach ethnischen Kriterien zwischen Serben und Albanern aufgeteilt werden, eine unnötige und überflüssige ethnische Trennung. Ahtisaari hatte bei den Verhandlungen dem Drängen Belgrads nachgegeben, dies zu tun.

Noch sind Kontakte zwischen beiden Seiten ungewöhnlich, doch der Prozeß der Annäherung hat begonnen. Das änderte sich auch nicht, als die serbischen politischen Parteien im Mai 2009 ein eigenes Parlament wählten und am Jahrestag der Schlacht auf dem Amselfeld inaugurierten. Doch dieses Parlament ist funktionslos; von keiner internationalen Organisation wird es anerkannt. Übergriffe oder Konflikte gibt es zwar noch in Mitrovica, in den Enklaven aber seit Jahren nicht mehr.

Einige versöhnliche Stimmen waren zu hören. Die Serben in den Enklaven könnten die albanischen Behörden nicht ignorieren, erklärte die Ärztin Rada Trajković. Nur so könnten ihre Lebensumstände verbessert werden. Um die konkreten Lebensumstände der Bevölkerung kümmere sich die Regierung in Belgrad nur wenig. Daß der Ahtisaari-Plan den Kosovoserben große Privilegien einräumte, dämmerte nun einem Teil der serbischen Bevölkerung. Und diese Stimmung sollte sich im Herbst 2009 bei den Kommunalwahlen niederschlagen.

Belgrad und alle nationalistischen Parteien riefen zum Wahlboykott auf und bezeichneten die Teilnahme an den Wahlen als Verrat an der serbischen Nation. Doch in den Enklaven rührte sich Widerstand gegen diese Politik. In Štrpce stimmten 30 Prozent der serbischen Wähler für die kooperationsbereiten Liberalen (SLP), in Gračanica sogar mehr als 60 Prozent. Erstmals zeigten sich Erfolge für die Strategie der EU, die Serben Kosovos am unabhängigen Staat zu beteiligen.

Äußere Freiheit – innere Freiheit

Das wäre doch ein Grund zum Feiern. Der vierundfünfzigjährige Agran Bakija und sein Cousin Hadiu schauten müde auf. »Wir haben nur die halbe Freiheit«, antworteten sie wie aus einem Mund. Weil bis zu diesem Zeitpunkt nur 54 Staaten den neuen Status anerkannt haben? Oder weil die Serben immer noch in den Kosovo hineinregieren? »Ach wo, das meinen wir doch gar nicht.« Sie drucksten etwas herum und waren froh, als Hadius Frau Shred den Kaffee mit dem süßen Gebäck brachte und die Konversation unterbrach.

Wir saßen in der Küche eines Hauses in Gjakova, einer Stadt im Westkosovo. Es ist ein altes Haus, umgeben von einem Rosengarten und Mauern. Hier wohnt Hadiu Bakija. Der gelernte Jurist ist arbeitslos. Früher war er bei der Stadtverwaltung beschäftigt, doch in den neunziger Jahren entließen die Serben alle albanischen Angestellten. Nach dem Einmarsch der NATO 1999 in der neuen Stadtverwaltung Fuß zu fassen ist ihm nicht gelungen. Hadiu paßte nicht ins Milieu der neuen Herren von der UÇK.

Seine Frau Shred hat immerhin eine Arbeit als medizinische Gehilfin in der Augenklinik gefunden. Nun leben sie gemeinsam mit ihren beiden jüngsten Kindern von 190 Euro im Monat. Zwei ältere Söhne haben ihr Studium in Prishtina abbrechen müssen. »Wir konnten die beiden nicht mehr finanzieren«, sagte die Mutter. Sie seien nach Albanien gegangen, wo ihnen entfernte Verwandte einen Job als Maschinenverkäufer angeboten hätten, berichtete sie.

Das Familienleben spielte sich zu Hause ab, sie konnten sich nicht einmal einen Kaffee in einem der zahlreichen Lokale der Stadt leisten. 60000 Einwohner zählt Gjakova. Nachts seien die Straßen dunkel, meinten die Eltern, es sei gefährlich auszugehen. Die vierzehnjährige Tochter Lirika lernte fleißig Englisch. Sie wollte einmal Journalismus studieren. Bisher hatte sie von der Welt draußen wenig zu sehen bekommen. »Jedes Jahr kommen italienische KFOR-Soldaten und bringen die besten Schüler zu ihrem Stützpunkt bei Peja. Dort gibt es Essen und Süßigkeiten.« Das aufgeweckte Mädchen lachte kurz und blickte dann ernst nach unten.

Es fiel den Bakijas nicht leicht, über ihre soziale Lage zu sprechen. Der größte Teil des alten Hauses ist zugesperrt, die Familie wohnt in einem leichter heizbaren Anbau. Doch für den Gast öffneten sie den großen Besuchsraum mit dem Rundumsofa, den Teppichen und den Bildern der Ahnen, einen getäfelten Raum mit Erker, und wiesen ihn auf die Einlegearbeiten und die aus streichholzgroßen Holzstückchen kunstvoll gearbeiteten Möbel hin. Das Haus ist 200 oder 300 Jahre alt, so genau weiß das niemand.

Die Bakijas sind stolz auf ihre Familiengeschichte. An der Wand hängt ein Stammbaum. Im 16. Jahrhundert hießen sie noch Gioni und waren katholische Christen. Erst mit dem 1729 geborenen Sulejman Fet Bakija kam der Islam in die Familie. Vermutlich gehörte die Familie lange Zeit zu den Kryptochristen, die nur nach außen hin Muslime waren. Im 19. Jahrhundert ließen sie sich dann von den Bektashi beeinflussen, einer in der Region verbreiteten liberalen schiitischen Sekte, die großen Wert auf Bildung auch der Mädchen legt. Die Frauen der Familie würden nie auf die Idee kommen, ein Kopftuch zu tragen. Die Nachkommen der Kämpfer für Albanien Ende des

19. Jahrhunderts, die mit den »Gründern der Liga von Prizren« zusammenarbeiteten, sind bis heute nicht besonders religiös. Damit stehen sie allerdings nicht allein. Die meisten Albaner im Kosovo sind keine fleißigen Moscheebesucher.

Der angegraute Agran zeigte auf das Bild eines uniformierten jungen Mannes: »Das ist Mustafa Bakija, der Partisan. Er ist 1944 im Kampf gegen die Faschisten gefallen.« Im Sozialismus war sogar das Gymnasium nach ihm benannt. Die Familie stand in hohem Ansehen. »Das war eine schöne Zeit.« In den siebziger und achtziger Jahren boomte in Gjakova die Textilindustrie, 12 000 Menschen arbeiteten in dem Kombinat. »Es gab praktisch keine Arbeitslosigkeit.« Doch die Fabrik ging in den neunziger Jahren pleite. »Seither sind viele arbeitslos, der Krieg besorgte den Rest«, sagte Agran.

In Gjakova gingen die serbischen Truppen besonders grausam vor. Als die NATO Serbien bombardierte, brannten serbische Soldaten und Extremisten die westliche Seite Gjakovas nieder, töteten Hunderte von Menschen, zerstörten die Bibliothek der Bektashis mit vielen Folianten aus dem 15. und 16. Jahrhundert, plünderten die Geschäfte und zerstörten die Werkstätten. »Wir wagten uns nicht auf die Straße«, sagte die Mutter. Am 10. Mai 1999 flohen die Bakijas mit zwei Autos über einen abgelegenen Gebirgspaß nach Albanien. Nach dem Einmarsch von NATO und UÇK kehrten sie im Sommer zurück. »Das war schon eine Befreiung. Eine solche Angst wie damals brauchen wir heute nicht mehr zu haben«, stellte Agran fest.

Das alte Haus von Hadiu und Shred ist unversehrt geblieben, ebenso Agrans Haus, das in der gleichen Straße liegt. Die Serben hatten das kleine Viertel verschont. Auch das Denkmal des Partisanen Mustafa Bakija stand noch. Und steht bis heute mitten auf dem Hauptplatz der Stadt. Die Straßen um das Denkmal sind jetzt belebt, Autos parken überall, gegenüber betreibt ein entfernter Verwandter eine Metzgerei. Der habe sein Auskommen gefunden, erkannte Agran neidlos an. Das Geschäft für Malereibedarf hat ausreichend Kundschaft. Und der Schnellimbiß an der Ecke ist gut besucht.

Wer ein Geschäft aufgebaut hat und privatwirtschaftlich arbeitet, dem geht es besser als dem Durchschnitt. Die Gesellschaft hat sich differenziert. Ein ehemaliger Schneider aus der Nachbarschaft ist sogar reich geworden. Doch die meisten Menschen leben, nach außen nicht zu erkennen, an der Armutsgrenze. Die Kassiererin des Supermarkts, eine alleinerziehende Mutter mit vier Kindern, ist froh, 180 Euro monatlich zu verdienen. Vorher war sie auf die Unterstützung der Verwandtschaft angewiesen.

Agran selbst war bei der Pensionskasse Jugoslawiens und der autonomen Region Kosovo angestellt. Die Renten wurden unter Slobodan Milošević noch bis 1999 an Albaner ausgezahlt, erklärte er. Im UNMIK-Staat erhielten die Rentner nur 40 Euro monatlich, seit Januar 2009 hat sich der Beitrag für alle, die nachweislich 15 Jahre gearbeitet haben, um 35 Euro erhöht. Agran hilft dabei, eine neue Pensionskasse aufzubauen. Doch das System funktioniere noch nicht so recht. »Lüg doch nicht«, fuhr ein Nachbar dazwischen. »In den Institutionen unseres unabhängigen Staates ist viel Geld verschwunden.« Die Chefin der Pensionskasse habe sich selbst 9000 Euro Gehalt gegönnt. 80 Millionen seien verschwunden, hätten die Zeitungen geschrieben.

Nur wenige der Umstehenden trauten den einheimischen Politikern zu, an den Zuständen etwas verändern zu können. Immer mehr Nachbarn umringten uns und fragten, ob die EULEX-Mission der EU durchgreifen würde. Wird EULEX gegen die Korruption und die Mafia vorgehen? »Dann erst sind wir wirklich frei.« Nach einer langen Diskussion, ob man das nächste Mal wählen gehen sollte, zerstreute sich die Gruppe. Bei den Gemeindewahlen im November 2009 siegte angeblich die AAK von Rramush Haradinaj und stellte den Bürgermeister. Wochenlang noch protestierten die Bürger, weil sie einen Wahlbetrug vermuteten.

Überleben am Rande der Gesellschaft

Bilall Ardiu ist ein Überlebender des Massakers in Reçak vom Januar 1999. Als damals serbische Soldaten die Männer, die sie noch im Dorf angetroffen hatten, den Berghang hinaufführten, stand er inmitten der Gruppe, die standrechtlich erschossen werden sollte. Er wurde verwundet und überlebte unter den Körpern der anderen Getöteten, die über ihn fielen. Er stellte sich tot. In der Nacht kroch er aus dem Haufen der Toten und versteckte sich im Wald.

Der kleine schmächtige Endfünfziger war kein Kämpfer, er war Zivilist wie die anderen Ermordeten auch. Die UÇK-Kämpfer befanden sich außerhalb des Dorfes, als die Aktion der serbischen Truppen begann. Bilall ist immer noch traumatisiert. Ihn mit einer Gruppe der *taz*-Reisen im Sommer 2009 zu besuchen war zunächst ein Wagnis. Aber der Besuch tat ihm gut. Er konnte über alles reden. Und die Reisenden hörten ihm zu.

Im Dorf gehört er zu den Ärmsten. Er wohnt mit seiner kranken Frau und seinem Sohn in einem kleinen Haus. Er kann nicht mehr arbeiten und kämpft seit einigen Jahren um den Bezug der kleinen Rente, die ihm eigentlich zusteht, aber die Behörden im unabhängigen Staat wollen sie ihm nicht gewähren. Er müßte einen Rechtsanwalt beauftragen, doch dafür fehlt das Geld. Sein Sohn ist arbeitslos. Er und seine Frau brauchen Medikamente, die sie sich nicht leisten können.

Am Rande des Dorfes ist eine Gedenkstätte für die Ermordeten von Reçak errichtet worden. Es gab Geld vom Staat. Für den Überlebenden, den traumatisierten Bilall aber nicht. Gedankenlosigkeit? Entsolidarisierung der Gesellschaft? Zur Zeit des Schattenstaates, während des Widerstands in den neunziger Jahren standen die überlebenden Opfer im Zentrum der Solidarität.

Nicht alle Dorfbewohner leben in einer derart bitteren Armut wie Bilall und seine Familie. Und er ist auch in anderer Hinsicht eine Ausnahme. Die Familie ist klein, sie gehört nicht zu den glücklichen, die sich in einem großen Familienverband etwas soziale Sicherheit schaffen können. Wer Verwandte im Ausland hat, kann auf Zuwendungen hoffen. Ein großer Teil der Familien lebt von diesem Geld. Die Finanz- und Wirtschaftskrise schlug aber auch auf den Kosovo zurück. Das Bankensystem ist hier nicht zusammengebrochen, doch viele Exilkosovaren haben im Ausland ihre Jobs verloren. Die Geldzuwendungen aus dem Ausland nahmen 2009 spürbar ab.

Hoffnungszeichen

In die Politik mischt er sich nicht ein. Veton Nurkollari erwartet von der Verwaltung in Prizren und den politischen Parteien nichts. Als er kurz nach dem Krieg begann, ein Filmfestival auf die Beine zu stellen, das »Dokufest«, das heute zum bedeutendsten Dokumentar-Filmfestival in Südosteuropa geworden ist, stand er ganz allein.

Veton besaß schon vor dem Krieg ein Fotogeschäft, genau gegenüber der serbisch-orthodoxen Kirche im multinationalen Zentrum Prizrens. Wir saßen 1998 vor der benachbarten Eisdiele und betrachteten das prächtige Panorama der Stadt mit der Sinan-Pascha-Moschee und dem orthodoxen Bischofssitz am früheren Sveto-Savski-Platz mit seinen umliegenden bosniakischen, serbischen, türkischen, goranischen und albanischen Geschäften und Restaurants, dem Schneider, den Goldschmieden und den beiden alten Friseurgeschäften an der Ecke. Und wir beide wußten, wie gefährdet dieses multinationale Leben in der Stadt damals schon war.

In einem Flüchtlingslager 1999 traf ich ihn wieder, und kurz nach der Rückkehr war ich einer der ersten Kunden in seinem Geschäft. In Prizren brannten im Juli 1999 die serbischen Häuser, serbische Einwohner verließen die Stadt. Das alte Lebensgefühl war zerstört. Und in Veton, das war zu bemerken, rumorte es. Er wollte die Zerstörung der Kultur seiner Stadt nicht hinnehmen.

So begann er zu organisieren. Es war ein fast aussichtsloses Unterfangen. Wie konnte man in dieser armen, von NATO-Soldaten besetzten und durch das wilde Treiben des Mobs halbzerstörten Stadt mit einer Verwaltung, die an allem, bloß nicht an einem Kulturleben interessiert war, so etwas wie ein Filmfestival auf die Beine stellen?

Er bat die Botschaften und die KFOR um Unterstützung. Anfangs mit Vorführungen in nur einem Kino, weckte das Festival sogleich das Interesse der richtigen Leute, die sich trauten, in den damals noch als unsicher geltenden Kosovo zu fahren, um die eigenen Arbeiten vorzustellen. Aus Makedonien, Albanien, aus Bulgarien und selbst aus Serbien kamen sie. Als ein Serbe aus Belgrad für seinen Film über Roma ausgezeichnet wurde, hielt er die Dankesrede auf Serbisch.

Heute hat sich das auch von kosovarischen Firmen unterstützte Festival, das jedes Jahr Anfang August stattfindet, fest etabliert. Filmemacher aus Afrika, Asien und Amerika ergänzen die Europäer, die nicht nur aus den Nachbarstaaten ihren Weg nach Prizren finden. Tausende von Cineasten und Besuchern kamen im Sommer 2009. Die Organisatoren – Veton ist nicht mehr die alleinige treibende Kraft – ließen Holzbühnen mit riesigen Leinwänden im Flußbett verankern. Die Stadt wurde zur Bühne.

Prizren ist weltoffener geworden. Die 2004 zerstörte orthodoxe Kirche im Zentrum ist wieder aufgebaut. Aus den Springbrunnen sprudelt das Wasser, das, wenn man es trinkt, den Besucher verzaubert und ihn dazu bringen soll, an diesen Ort zurückzukehren.

Viel bewegt hat auch Rexhep Limani. Der Blumenhändler aus Shtime (Štimlje) deutete im Sommer 2009 auf die weitläufigen Gewächshäuser. »Das haben wir alles nach 1999 aufgebaut.« Nach der Rückkehr aus Makedonien fand er das eine, schon vor dem Krieg existierende Gewächshaus vollkommen zerstört vor. Doch dann machte er sich an die Arbeit und begann wieder mit dem Import von Pflanzen und Blumen aus Holland und Deutschland. Seit einigen Jahren wird ein großer Teil seiner Pflanzen hier in Shtime gezogen. Inzwischen exportiert Limani auch nach Makedonien und Albanien.

»Leider haben sich die Spanier nicht durchgesetzt und die Ausrufung der Unabhängigkeit von Februar auf Ende März verschoben«, flachste er. Denn im Frühling würden die Leute den Nationalfeiertag mit Blumen begehen. »Das wäre ein Geschäft.« Doch es läuft auch so ganz gut. Die Leute bauten nicht mehr nur ihre Häuser auf, sondern kümmerten sich jetzt auch um die Gärten, sagte er. Der Bedarf an Pflanzen und Setzlingen sei riesig.

Rexhep Limani ist ein klassischer Unternehmertyp. Er arbeitet hart, plant, sucht ständig nach Verbesserungen und Innovationen. Schon hat er ein knappes Dutzend Leute eingestellt, darunter auch zwei Roma. Er schickt die Arbeiter abwechselnd zur mehrmonatigen Schulung nach Holland. Sie sollen den Job von der Pike auf erlernen. »Das kostet mich ein Vermögen, aber ich habe jetzt ausgebildete Leute, auf die ich mich verlassen kann.«

Noch gibt es wenige solcher Unternehmer. Doch es werden immer mehr. Sie müßten nur die Chance bekommen, richtig loszulegen. Die Wirtschaftspolitik der UNMIK-Zeit ist immer noch nicht überwunden. Deshalb ist es schwierig, vor allem in der Landwirtschaft importsubstituierende Produkte wie Milch, Getreide und Gemüse profitabel zu erzeugen und zu verarbeiten.

Die internationalen Organisationen könnten diesen Prozeß

unterstützen. Aber bis dato weigerte sich zum Beispiel die Bundeswehr, Gemüse und andere landwirtschaftliche Produkte im Land selbst zu kaufen. Deutsche Offiziere waren 2009 sogar stolz darauf, daß die gesamte Verpflegung der Truppe aus Deutschland eingeflogen wurde. Eine Kosten-Nutzen-Rechnung wurde dabei wohl nicht angestellt. Die Offiziere verschwendeten keinen Gedanken an die positiven ökonomischen Impulse für den Kosovo, würde die Armee zumindest frisches Gemüse hier einkaufen.

Beschränkte Reisefreiheit

Sorgen machen den Unternehmen und vor allem den sich trotz aller Widrigkeiten entwickelnden mittelständischen Betrieben die Bankzinsen und die Transportwege. Weil der Kosovo nach wie vor als Krisengebiet gilt, sind die Bankzinsen weiterhin überdimensional hoch und die für Investitionen benötigten Kredite damit viel zu teuer. Das Bankensystem ist in der Hand ausländischer Banken. Förderprogramme für die Wirtschaft sind bestenfalls rudimentär entwickelt.

Der traditionelle, billigste und schnellste Weg nach Mitteleuropa ist durch bürokratisch-politische Hürden versperrt. Serbien erkennt weder die kosovarischen Pässe noch die Autonummern an. Der Blumenhändler Limani läßt die nötigen Waren aus Holland durch ein kroatisches Transportunternehmen via Montenegro in den Kosovo bringen. Wer den über 1700 Meter hohen Paß bei Rošaje kennt, weiß, welche Hindernisse die Lastwagenfahrer vor allem im Winter überwinden müssen. Der Weg über Albanien hat sich bisher noch nicht als Alternative bewährt. Zwar wurde 2009 eine Autobahn von der Grenze bei Prizren zum Hafen Durres eröffnet, doch die Zollformalitäten sind nach Aussagen von Unternehmern bisher äußerst schwierig und kostenintensiv. Albanische Zöllner wollen sich so offenbar ein Zubrot verdienen.

Und natürlich hemmt das Visaregime die wirtschaftliche Entwicklung Kosovos. Entschied die Kommission der Europäischen Union 2009, das restriktive Visaregime gegenüber Serbien, Montenegro und Makedonien aufzuheben, um ab dem 1. Januar 2010 den visafreien Verkehr in die EU-Staaten zu ermöglichen, so blieben Albanien, Bosnien und Herzegowina sowie Kosovo davon ausgenommen. Während Albanien und Bosnien und Herzegowina nach harschen Protesten – auch im Europaparlament – immerhin noch die Perspektive eingeräumt bekamen, nach Erfüllung einiger Forderungen der EU in absehbarer Zeit von der Aufhebung des Visaregimes zu profitieren, steht diese Möglichkeit für die Kosovaren weiter in den Sternen.

So versuchten Albaner auch nach der Unabhängigkeitserklärung, an serbische Pässe zu kommen. Nach serbischer Lesart sind sie ja serbische Staatsbürger. In der serbischen Botschaft in Skopje drängten sich 2009 täglich die Antragsteller. Mit der neuen Visaregelung für Serbien wird dieser Andrang noch zunehmen, wenngleich von seiten der EU alles daran gesetzt wird, diesen Ausweg für die Kosovaren zu schließen. Serbien mußte sich verpflichten, Pässe für die Kosovaren kenntlich zu machen, so daß sie nicht visafrei reisen können.

Eigentlich entzieht sich eine solche kurzsichtige Politik jeglicher Logik. Der Kosovo ist von KFOR-Truppen besetzt und wird durch kostenintensive EU-Missionen geführt, aber die EU verschließt einer Bevölkerung die Türen, die nichts dringender braucht als freien Verkehr, um sich selbst zu helfen. Sicherlich würden einige zehntausend Kosovaren versuchen, in der EU Jobs zu finden. Warum sollte auch die jüngste Bevölkerung Europas vom europäischen Arbeitsmarkt ausgeschlossen sein? Saisonarbeiter werden jedes Jahr gesucht. Letztlich sollte man vor allem in den überalterten Gesellschaften Europas überlegen, woher die bald benötigten jungen Arbeitskräfte kommen sollen. Mit Ausbildungs- und Qualifizierungsprogrammen für eine wißbegierige und arbeitswillige Jugend wäre das im Kosovo ausgegebene Geld gut angelegt. Die wirtschaftliche Entwicklung Kosovos wäre für alle von Vorteil und wirkte sich last but not least politisch stabilisierend aus.

Die Unabhängigkeitserklärung hat an den Lebensverhältnissen bisher wenig verändert. Die gesellschaftliche Solidarität, die gegenseitige Hilfeleistung aus der Zeit des Schattenstaates und des Krieges scheint vergessen. Die Ellenbogengesellschaft dominiert, soziale Kälte und Egoismus machen sich breit. Erstaunlich ist immer wieder, daß gerade jene Leute, die ihr Vermögen aus dunklen Quellen schöpften, ihren Reichtum ungeniert zur Schau stellen.

Die Zivilgesellschaft

Gegen diese Tendenz kämpfen jetzt Organisationen der Zivilgesellschaft an. Hunderte Projekte sollen schon entstanden sein. Seit der Unabhängigkeit ist die Zivilgesellschaft selbstbewußter geworden. Nicht nur die Bewegung »Selbstbestimmung« Albin Kurtis tritt öffentlich auf, sondern auch die Vertreter vieler anderer Projekte. Sie wollen nicht mehr allein am Tropf internationaler Institutionen hängen. Zwar sind die meisten Projekte auf Zuwendungen aus dem Ausland angewiesen, sie versuchen aber gleichzeitig, ihre Aktivitäten selbst zu bestimmen. Sie wollen die innenpolitische Diskussion mitbestimmen und keinesfalls zulassen, daß unkontrollierte Machtgruppen den Staat für ihre Interessen funktionalisieren.

So auch Igbylla Rugova, eine der Hauptrednerinnen der Protestbewegung vom Herbst 2008, und ihr Frauenprojekt. Dieses organisiert nicht nur kosovoalbanische Frauen, sondern schließt alle anderen Volksgruppen mit ein. Die schon während der neunziger Jahre im Schattenstaat aktive bekennende Lesbierin überschreitet in vieler Hinsicht Grenzen. Sie unterhält Kontakte zu serbischen Frauen, zu Frauen aus der Roma- und Ashkali-Minderheit, sie kümmert sich um soziale und politische Probleme, sie thematisiert häusliche Gewalt und rüttelt damit an den Tabus der traditionellen patriarchalisch strukturierten Gesellschaft.

Es entstanden politisch orientierte *think tanks*, die sich in kritischer Weise in die Gesellschaft einbringen, so das *Institute of Advanced Studies* des Shpend Ahmeti, dessen kritische Analysen die Regierenden und die internationalen Organisationen herausfordern. In Mitrovica versuchen zwei NGOs, eine albanische und eine serbische, die Grenze zu überwinden und Gesprächsfäden zwischen beiden Teilen der Stadt zu entwickeln.

Die Minderheiten – vollwertige Bürger?

Von den Privilegien, wie sie die Serben laut Ahtisaari-Plan zugesprochen bekamen, können die anderen nationalen Gemeinschaften – so werden die Bevölkerungsgruppen in der Verfassung umschrieben –, die Bosniaken, Goranen und Türken, nur träumen. Nach der Verfassung haben sie weitgehende Bürgerrechte erhalten und können ihre Kultur unbehindert leben.

In einem Hochtal an der albanischen Grenze bei der Stadt Dragaš leben die Goranen. Sie sind slawische Muslime, sprechen ein Gemisch aus Serbisch und Makedonisch und verhielten sich während des Krieges mehrheitlich neutral, während die Bosniaken, ebenfalls slawische Muslime, die in benachbarten Tälern zur makedonischen Grenze hin ihre Siedlungsgebiete haben, auf der Seite der Albaner kämpften. Der Kommandeur der UÇK von Prizren, Drini, war ein Bosniake. Die Minderheit der Türken, die ebenfalls vor allem im Raum Prizren lebt, hat wieder durchgesetzt, daß Türkisch offizielle Sprache in Prizren ist. Nach der Verfassung kann eine nationale

Gemeinschaft von 5 Prozent der Bevölkerung verlangen, daß ihre Sprache Amtssprache wird. Diese kleineren Minderheiten können also mit der Verfassung des neuen Staates zufrieden sein, sie haben ihre Abgeordneten im Parlament und dominieren ihre Gemeinden.

Bei den Roma und Ashkali sieht die Lage anders aus. Sie verfügen nicht über Siedlungsgebiete und können sich noch immer nicht als gleichberechtigte Bürger fühlen. Nach wie vor kommt es zu Diskriminierungen und rassistischen Anfeindungen. Während der kriegerischen Auseinandersetzungen und danach saßen die Roma, Ashkali und andere Minderheiten zwischen allen Stühlen. Von vielen Albanern als Kollaborateure des Regimes angesehen, wurden die meisten von ihnen nach dem Krieg 1999 aus ihren Häusern gejagt und in unwürdigen Lagern untergebracht. In den serbischen Gebieten zwar geduldet, aber gleichwohl diskriminiert, führen sie bis heute zumeist ein Leben am Rande der Gesellschaft.

Für die ganze Region sind die Lebensumstände der Roma in Mitrovica ein anhaltender Skandal. Schon von weitem sind die dunklen Abraumhalden zu sehen. Am nördlichen Rand der Stadt Mitrovica türmt sich der Abfall des Bergwerks von Trepça. Hier liegt der hochgiftige Schutt, der von der Bleigewinnung übrigbleibt. Und am Rande dieser Schuttberge, nur durch einen schmalen Fluß von den Halden getrennt, leben Menschen. 61 Romafamilien mußten sich 1999 hier in Hütten aus Wellblech, Spanplatten und Brettern einrichten.

Die Roma wurden von der UN-Mission hier angesiedelt, nachdem ihre eigene Siedlung, die auf der Südseite Mitrovicas lag und sich mit ihren mehrstöckigen Häusern durchaus sehen lassen konnte, von Albanern niedergebrannt worden war. Der Führung der UNMIK waren noch 2006 Berichte über die Zustände des Flüchtlingslagers unangenehm. Die sonst hilfsbereiten Mitarbeiter des Pressebüros hielten sich mit Informationen zurück. Selbst die Mitarbeiter der Hilfsorganisation

Norvegian Peoples Aid waren offenbar gehalten, Journalisten gegenüber vorsichtig zu sein. »Ich darf nicht mit Ihnen sprechen«, erklärte Hasan, der für das Romaprojekt dieser Organisation mitverantwortlich war.

Über Bahnschwellen führt der vom Regen aufgeweichte Weg zu den Hütten. Einige Männer luden damals Blech und Alteisen auf einen alten Lastwagen. »Wir handeln mit Serben und Albanern gleichermaßen«, sagte einer von ihnen. Jim, so nannte er sich, sprach neben Romani auch Albanisch und Serbisch. »Sieh mal da drüben auf den Halden, das Wasser spült den Schutt in den Fluß. Wir brauchen das Wasser aber, denn wir haben zu Hause kein fließend Wasser. Im Sommer ist alles voller Staub. Das ist lebensgefährlich.«

31 Menschen sind an den Folgen der Kontamination gestorben. Jims Familie lebte in einer Hütte mit zwei Zimmern. Sein jüngstes Kind, ein zweijähriges Mädchen, war zwar blaß, aber noch gesund. Jims Vater war kürzlich gestorben. »Wir müssen hier weg. Wir wollen wieder zurück in unsere Siedlung, auf unseren eigenen Grund und Boden.«

Um den Roma entgegenzukommen, baute die UN-Mission damals eine Containersiedlung auf. Der Mann machte einige große Schritte, als messe er die Entfernung ab. »Die neue Siedlung ist 100 Meter von der alten entfernt. Die Luft ist die gleiche, was bringt die neue Siedlung also?« Die Container waren von einem Zaun umgeben und wurden bewacht. Für jede Familie stand ein Raum zur Verfügung. »Die sind zwar sauber, aber wir haben nur Gemeinschaftstoiletten.« Endlich versprach die UNMIK, ein Programm von über 8 Millionen Euro aufzulegen.

2009 war es soweit. Die Regierung Kosovos hat mit Hilfe der UN-Mission an der Stelle, wo einstmals das Romaviertel stand, Wohnblocks errichten lassen. Doch glücklich waren die Familien nach dem Umzug nicht. Die Roma wollten ihren Besitz zurück, ihre eigenen Grundstücke sowie eine Kompensation für ihre durch den albanischen Mob zerstörten Häuser. Ohne eine Aussicht auf Arbeit ist die Rückkehr in eine feindliche Umwelt zudem kein Honigschlecken.

Aber immerhin, es gab jetzt in Mitrovica menschenwürdige Unterkünfte. Im Herbst 2009 drohte neues Ungemach. Deutschland hatte mit der Kosovoregierung vereinbart, rund 15 000 während des Krieges geflohene Roma und andere Flüchtlinge in den Kosovo zurückzuschicken. Da die meisten Romafamilien über keinerlei Netzwerke im Kosovo verfügen, also aus dem Flugzeug aussteigen und nicht wissen, wohin sie gehen sollen, werden sie wohl wieder das kontaminierte Lager bewohnen, vermuteten Hilfsorganisationen.

Wie Hohn wirkte da im Dezember 2009 eine Gedenkfeier für die von den Nazis ermordeten Sinti und Roma im deutschen Bundesrat. Der Sprecher erklärte den anwesenden Ministerpräsidenten, noch heute sei die Gesellschaft herausgefordert, die Würde der Sinti und Roma zu achten. Die Ministerpräsidenten der Bundesländer, die für die Abschiebung der Roma vor allem verantwortlich sind, beteiligten sich an der Schweigeminute. Der Beschluß, die Kosovoflüchtlinge abzuschieben, wurde trotz massiver Proteste der deutschen Zivilgesellschaft und des UNHCR aufrechterhalten.

Nationale Identitäten

Ganz aufgeregt klingelte Hajdar an der Tür des Hotels in Prishtina: »Mensch, heute geht es los, heute werden wir durch den neuen Tunnel der Autobahn bis nach Tirana fahren!« Er tanzte vor Freude. »Stell dir vor, seit der Öffnung der Autobahn im Juni braucht man nur noch drei Stunden, um von Prishtina an die albanische Küste bei Durres zu gelangen, die Autobahn auf der albanischen Seite ist ja jetzt fertig.« Natürlich muß man als Mitteleuropäer erst einmal schlucken, wenn es um den Bau von Autobahnen geht. Noch mehr Beton, noch mehr Naturzerstörung, große Straßen ziehen den Verkehr an statt ihn zu minimieren. Doch für die Kosovaren zählen diese ökologischen Argumente, vorgetragen von Bürgern funktionierender Gesellschaften, nicht. Für sie ist die Autobahn ein Geschenk des Himmels. »Mann«, sagte Hajdar, »das ist toll. Unsere Isolation ist wenigstens in eine Richtung überwunden.« Noch ein paar Getränke eingepackt, und schon ging es los. Wir fuhren über die Landstraße Richtung Westen, nach Prizren an der Grenze zu Albanien. Von den sanften Weinbergen in Suva Reka eröffnet sich ein herrlicher Blick auf die Bergwelt ringsherum. Im Süden liegt das Sharr-Gebirge, das den Kosovo von Makedonien trennt, im Norden die mächtigen schwarzen Berge, die Grenze Kosovos zu Montenegro. Doch unvergleichlich ist der Wall der albanischen Alpen im Westen, der fast senkrecht aus der Ebene aufsteigt. Bis zu 2800 Meter hoch ragen sie auf und trennen den Kosovo von Albanien. Der erste Blick auf die mächtige Bergkette macht deutlich, daß die Grenze zwischen Albanien und Kosovo nicht nur eine politische ist. Die Berge bildeten von alters her eine Barriere. »Jetzt können uns die Serben am A... lecken«, feixte Veton, ein weiterer Bekannter, der in Suva Reka zugestiegen war. Nach etwas mehr als einer Stunde haben wir Prizren erreicht. Der neue Staat baut an seinen Straßen und hat die Strecke verbessert. Doch die projektierte Autobahn ist noch nicht in Angriff genommen.

30 Kilometer sind es noch bis zur Grenze, bis zum niedrigsten Übergang durch die albanischen Alpen. Linkerhand ist eine neue, vielbesuchte Raststätte entstanden. Ein Zelt aus Glas erhebt sich an der Stelle, wo 1999 die serbischen Milizen den Albanern die letzte Habe abgenommen haben. Welch eine Veränderung. Die Grenzanlagen in Morina sind erneuert. Und da beginnt sie endlich, die Autobahn. Fröhlich pfeifend erhöhte Hajdar die Geschwindigkeit und überholte Lastwagen aus dem Kosovo. Der Tunnel bei der Stadt Kalimash führt

5,6 Kilometer durch ein bewaldetes Bergmassiv. Sein Bau verschlang einen Großteil der Kosten von einer Milliarde Euro der 170 Kilometer langen Strecke. Und endlich öffnete sich der Blick über eine dicht besiedelte Hügellandschaft. Wir haben nach drei Stunden Fahrt Tirana erreicht. Die Einfahrt in die albanische Metropole ist beeindruckend. Während des Steinzeitkommunismus Enver Hoxhas und noch bis 1991 war die Stadt im Grau erstickt. Jetzt fuhren wir an renovierten Häusern vorbei ins Zentrum. Endlich fanden wir einen Tisch in einem der zahlreichen Straßencafés. Wir stießen auf Dylber, einen pensionierten Berater der Regierung. »Dylber, dein Präsident, Sali Berisha, hat bei der Eröffnung der Autobahn erklärt, die Autobahn und der Tunnel bedeute die Wiedervereinigung der albanischen Nation, was denkst du?« – »Wirtschaftlich ist das auf jeden Fall ein großer Schritt nach vorne. Die Grenze spielt kaum noch eine Rolle. Viele Studenten aus dem Kosovo gehen auf die Universität von Tirana. Die Leute aus dem Kosovo machen Urlaub in Albanien, nicht mehr wie früher nur in Montenegro, viele kaufen sich Häuser an der Küste. Da wächst was zusammen, das ist klar, trotz aller Unterschiede.«

Unterschiede? Die albanische Hochsprache wurde doch auch im Kosovo übernommen. »Es sind die historischen Erfahrungen«, erklärte Dylber. Und meinte damit, daß Albanien seit 1945 unter der kommunistischen Diktatur Enver Hoxhas zu leiden hatte. Fast ein Drittel der damaligen Bevölkerung war von Repressionen betroffen, manche Familien kollektiv, viele überlebten die Repressionen nicht. Die meisten Deportierten fristeten ein kärgliches Dasein am Rande der Dörfer. Die Mehrheit der Bevölkerung beugte sich, arbeitete und richtete sich ein. »Als wir 1999 als Flüchtlinge nach Albanien kamen, waren wir doch überrascht von der Armut und Rückständigkeit«, sagte Veton. »Wir stellten fest, die Leute hier sind ganz anders.« Die Kosovoalbaner seien weltläufiger als die Albaner aus Albanien: »Bei uns spricht die ältere Generation noch Serbisch, hunderttausende Gastarbeiter und Flüchtlinge in Deutschland, der Schweiz und Österreich verstehen Deutsch, die Jugend lernt Englisch. Doch hier in Albanien kann kaum jemand eine andere Sprache, die haben keine Erfahrungen mit dem Ausland«, warf Hajdar ein. Und Prizren? Dort, wo 1878 die »Liga von Prizren« gegründet wurde, war der Ausgangspunkt der albanischen Nationalbewegung. Könnte das nicht die neue, gemeinsame Hauptstadt eines vereinigten Albaniens sein? Geographisch liegt doch die Stadt im Zentrum aller Albanergebiete. Alle drei wiegen den Kopf und schweigen. Gehört doch nicht zusammen, was da zusammenwächst?

»Ich wollte das ja vor Dylber nicht sagen, aber wir Kosovoalbaner haben für unsere Freiheit gekämpft. Und haben gewonnen. Diese Freiheit lassen wir uns nicht mehr nehmen, auch nicht vom albanischen Präsidenten Sali Berisha«, sagte Veton, als wir längst wieder im Auto saßen. Wir fahren die Straße hinauf zur Grenze, die den Kosovo von Albanien trennt. »Stell dir einmal vor, wir wären mit Albanien vereinigt, und die Albaner wollen uns Kosovoalbaner beherrschen. Das will ich nicht. Außerdem haben wir jetzt eine eigene Regierung und Verwaltung. Meinst du, unsere Politiker geben ihre Macht einfach freiwillig wieder ab?« Ohnehin, darauf einigten wir uns schließlich, ist eine politische Vereinigung von Albanien und Kosovo nicht möglich. Denn mit der Unabhängigkeit hat der Kosovo auf Wunsch der EU und der USA eine politische Vereinigung mit Albanien ausgeschlossen. Das war eine der Bedingungen für die diplomatische Anerkennung der Unabhängigkeit. »Es wird wohl auf ein Verhältnis so ähnlich wie Österreich und Deutschland hinauslaufen«, resümiert Veton. Die neue Autobahn aber sei für alle ein Gewinn.

Zu einem Staat gehört nicht nur das Staatsvolk, sondern auch eine Identität. Was also ist die Identität der Bevölkerung, die im Kosovo lebt? Für die Minderheiten ist sie klar, sie definieren sich als Serben, Goranen, Roma, Ashkali, Türken und Bosniaken. Sie haben eine Identität als Minderheit oder »nationale Gemeinschaft«. Gleichzeitig sind sie formell Bürger der Republik Kosovo, eines multinationalen Staates, in dem laut Verfassung ihre individuellen wie kollektiven Rechte garantiert sind. Als Staatsbürger sind alle Kosovaren, auch wenn die meisten Serben dies noch ablehnen.

Und die Albaner im Kosovo? Als Besitzer eines Passes des Staates Kosovo sind sie Kosovaren. Doch wie definiert sich die nationale Gemeinschaft der Albaner als solche? Seit der Unabhängigkeitserklärung versuchte ich, darauf Antworten zu bekommen. Typisch für die während des Urlaubs in den Kosovo reisenden Exilalbaner ist die Antwort: »Ich bin ein Albaner.« Die entfernt Lebenden sind weniger differenziert. Viele Albaner aus Makedonien, Südserbien und Montenegro definierten sich als »Albaner in Kosova«, sie definieren sich als Albaner, stammen jedoch nicht aus Kosova. Die meisten Antworten bei den Einheimischen jedoch lauteten: »Ich bin ein Kosovoalbaner.« Und nur wenige antworteten, sie seien »Kosovaren«.

Mit diesen Fragen befaßt, traf ich im Sommer 2009 in einem Café nahe dem Checkpoint Charlie in Berlin Islam Spahiu, den ersten Sekretär der neuen Botschaft in Deutschland. Wir redeten über die unterschiedlichen Mentalitäten der Ossis und Wessis in Berlin, die er inzwischen kennengelernt hatte. »Die Mauer in Berlin stand nur 40 Jahre, die Mauer zwischen Kosovo und Albanien bedeutend länger«, sagte er. »Erst wenn sich beide Seiten kennenlernen, stellen die Menschen fest, wie unterschiedlich sie sind.« Mit dem ungehinderten Verkehr, der Kommunikation, der jetzt möglichen Zusammenarbeit würde überhaupt erst die historisch gewachsene Trennung zwischen Albanern und Kosovoalbanern breiten Schichten bewußt werden.

»Deine Reise nach Albanien und Berlin hat dir sicherlich einige Erkenntnisse gebracht. Du mußt aber noch tiefer gehen«, sagte Enver Hoxhaj, der Erziehungsminister. Er lud mich zu einem Besuch bei seiner Familie ein. Wir fuhren gemeinsam mit seinen beiden Kindern von Prishtina in sein Dorf bei Suhareka. »Wir leben in Wirklichkeit zwischen zwei nationalen Identitäten. Kosova ist ein besonderes Land. Wir haben lange für die Freiheit gekämpft – und sie erreicht. Aber gleichzeitig gibt es eine starke Verbundenheit mit allen Albanern, eine Art kultureller Identität.« Über Generationen sei in den Familien das Bewußtsein weitergegeben worden, eine gemeinsame albanische Nation zu sein.

»In Kosova gab es bis 1999 weder Demokratie noch Pluralismus, die Menschenrechte wurden mißachtet«, erklärte er. Indem die Kosovoalbaner für ihre Freiheit gekämpft und gelitten hätten, sei der Kosovo zum Kristallisationspunkt für die Identität aller Albaner geworden. Ohne den Kampf um den Kosovo wäre die Entwicklung in Montenegro und Makedonien anders verlaufen, auch in Albanien selbst. Der Kampf um die Freiheit habe auch auf andere Staaten ausgestrahlt.

Die Staatlichkeit Kosovas sei eng mit dem Begriff der Freiheit verknüpft, fuhr er fort. Mehr noch: »Nur die Freiheit im Sinne der Staatlichkeit kollektiver und individueller Rechte ist eine Bürgschaft für alle nationalen Gemeinschaften, in Frieden und Freiheit zusammenzuleben, egal wie sie sich während dieses Kampfes verhalten haben.« Frieden und Freiheit ohne Staatlichkeit könne es aber nicht geben. Der Staat könne nur existieren, wenn er die Bürgerrechte der einzelnen und die kollektiven Rechte der nationalen Gemeinschaften anerkenne. Die Identität jedes einzelnen als Bürger des Staates sollte sich mit der nationalen Identität ergänzen. Das gelte für alle nationalen Gemeinschaften. »Und das wird auch im Rahmen unserer Verfassung reflektiert. Kosova ist der Staat für alle nationalen Gemeinschaften mit ihren unterschiedlichen Identitäten.«

Punkt. Jetzt hätte ich gern eine Zigarette geraucht. »Über die wichtigste Identität der Menschen in Kosova haben wir noch gar nicht gesprochen«, fuhr er belustigt fort, »die wirst du gleich kennenlernen.«

Endlich erreichten wir Suhareka. Die neue Teerstraße führt einen Hügel hinauf zum Dorf. »Wie steht es um die Korruption und Mafia im neuen Staat?« – »Na ja, alle Transitionsgesellschaften kämpfen mit diesen Phänomenen, Kosova ist keine Ausnahme. *Transparency International* sieht Kosova aber nicht an der Spitze. Wer über uns als Mafiastaat spricht und die Strukturen in Serbien und anderswo nicht beachtet, will uns wohl als uneheliches Kind der Staatengemeinschaft sehen.« – »Hast du dich für die Teerstrasse eingesetzt?« – »Na ja, ein bißchen habe ich in der Regierung schon dafür geworben, daß die Straße zum Dorf ausgebaut wurde. Sich für die eigene Region einzusetzen ist Pflicht aller Politiker, auch bei euch.« Zum Haus der Familie allerdings ist der Weg ungeteert. Ihn teeren zu lassen, lehnte er ab, obwohl der Vater ihn dazu gedrängt hatte. Dieser stand jetzt am Tor, um uns herzlich zu begrüßen.

Das von einer Mauer umgebene Anwesen besteht aus zwei Gebäuden, das »alte, im Krieg zerstörte und wieder aufgebaute Haus«, erklärte der Vater. Und das neue Haus, das mit seinen Arkaden und großen Fenstern die linke Seite eines weitläufigen Innenhofs begrenzt. Ein Dutzend Kinder spielte im Hof zwischen den Obstbäumen, die Schwiegertöchter, ein Bruder, eine Schwester, ein Schwiegersohn und die Mutter reichten mir die Hand. In der Mitte des Hofes war ein langer Tisch vorbereitet. Rund zwanzig Menschen ließen sich zum Abendessen nieder.

»Als wir 1999 zurückkehrten, war alles niedergebrannt«, erklärte der Vater. Die drei Söhne waren mit ihren Familien im Ausland, »meine Frau und ich mußten im Mai fliehen, erst in die Region Malisheva, dann an die Grenze nach Albanien, dort wurden wir von den Serben zurückbeordert.« Es fiel ihm schwer, darüber zu reden. Sein Gesicht hellte sich jedoch auf, als er berichtete, wie die Söhne aus der Schweiz und Enver aus Österreich zurückgekommen waren, wie sie den Wiederaufbau in Angriff genommen hatten. »Nun ist alles wieder schön hergerichtet.«

Die Familie lebt jetzt in Sicherheit. Sie kann ohne Angst ihre Leben gestalten, gemeinsam, zumindest im Sommer sind alle Generationen unter einem Dach vereint. Und doch hat sich vieles verändert, die Familie ist weltläufiger geworden, die Söhne haben Karriere gemacht, haben, wie die Tochter auch, ein eigenständiges Leben anderswo. Die Familie ist, wenn man so will, »modernisiert«. Sie hat die Tradition der neuen Zeit angepaßt. »Wir wollen eine moderne Gesellschaft bauen, aber wir wollen dabei unsere Traditionen beibehalten. Der Familienzusammenhalt ist die wichtigste dieser Traditionen. Und sie stiftet für alle Identität«, sagte Enver Hoxhaj mit Blick auf die spielenden Kinder.

»Wir strecken die Hand zur Versöhnung aus«

Interview mit Fatmir Sejdiu, dem Präsidenten des Kosovo, Ende Juli 2009.

Frage: *Herr Sejdiu, was ist der Status des Kosovo heute wirklich wert?*

Fatmir Sejdiu: Kosova ist ein unabhängiger Staat. 62 Staaten (bis Ende 2009 waren es 64, d. V.) haben Kosova bisher diplomatisch anerkannt. Sicherlich hat Kosova wie alle anderen Staaten nach seiner Unabhängigkeit einige Probleme mit der Wirtschaftsentwicklung, dazu kommen die parallelen Strukturen, die von Serbien aus instrumentalisiert werden. Leider werden sie von den internationalen Institutionen, die in unserem Land tätig sind, toleriert. Uns ist es aber gelungen, mit den Nachbarstaaten gute Beziehungen aufzubauen. Und die wünschen wir uns auch zu Serbien.

Was sind denn die nächsten Schritte?

Seit der Unabhängigkeit haben wir direkte Beziehungen zur Weltbank und dem IWF (Internationalen Währungsfonds) aufgenommen. Wir haben das Fundament eines Staates gelegt. Wir haben auf der Grundlage der Verfassung Kosovas alle notwendigen staatlichen Institutionen geschaffen und darauf geachtet, daß sie mit den EU-Standards übereinstimmen. Seit der Unabhängigkeit sind weitere Institutionen dazugekommen, so der Verfassungsgerichtshof, der gerade eröffnet wurde. Wir haben auch einen Geheimdienst, einen nationalen Sicherheitsrat aufgebaut. Uns ist es gelungen, die Wahlen ohne Zwischenfälle abzuhalten.

Wie stehen Sie zu den Institutionen der internationalen Gemeinschaft?

Die UNMIK ist jetzt zehn Jahre hier. Viel länger als vorgesehen. Die UN sollte so schnell wie möglich ihre Büros in Kosova schließen, es ist Zeit, daß sie geht. Wir wissen noch nicht, wie lange EULEX und ICO hier bleiben werden. Wir erwarten, daß ihr Mandat wesentlich kürzer als das der UN-Mission sein wird.

Der Vorschlag aus Brüssel, die Visaregelung für Serbien, Montenegro und Makedonien neu zu gestalten, für Bosnien und Herzegowina, Kosovo sowie Albanien aber nicht, hat zu europaweiten Protesten geführt. Wie sehen Sie diese Problematik in bezug auf den Kosovo?

Es ist wirklich unglücklich, daß Kosova von diesem Prozeß der Visaneuregelung ausgeschlossen ist. Es gibt Möglichkeiten, uns in den Prozeß miteinzubeziehen. Obwohl wir ein junger Staat sind, haben wir es geschafft, einen Rahmen für die

Gesetzgebung zu erstellen, der den EU-Standards entspricht, und wir werden uns weiter darum bemühen.

Viele Menschen empfinden es als ungerecht, daß die EU Serbien in dieser Weise unterstützt und vorzieht, obwohl es doch gerade Serbien war, das die Zerstörung der ganzen Region in den letzten Jahrzehnten zu verantworten hatte und sogar immer noch die vom UN-Tribunal in Den Haag als Kriegsverbrecher gesuchten Personen beschützt und damit wesentliche Forderungen der EU ignoriert.

Sie wollen also nicht, daß Serbien allein in den Genuß der neuen Visaregelung kommt?

Wir sehen es als positiv an, wenn die gesamte Region in den europäischen Integrationsprozeß einbezogen wird. Dazu gehört auch der visafreie Verkehr für alle. Verschiedene Regelungen für die Länder in der Region verursachen Probleme. Wenn Serbien eine europäische Haltung einnimmt und sich entsprechend verhält, sind wir zufrieden. Serbien kann aber nicht von der EU profitieren und gleichzeitig immer wieder Konflikte in der Region auslösen. Es ist unverständlich, wenn die EU Serbien in diesem Fall unterstützt, ohne es gleichzeitig aufzufordern, die Politik der Zerstörung Kosovas endlich zu beenden.

Soll Serbien Ihrer Ansicht nach also erst in die EU aufgenommen werden, nachdem es die Unabhängigkeit des Kosovo anerkannt hat?

Ich glaube, es ist für Serbien besser, die Unabhängigkeit Kosovas anzuerkennen. Das Rad der Geschichte kann nicht mehr zurückgedreht werden. Kosova war ungerechterweise von Serbien okkupiert, das ist die geschichtliche Wahrheit. Und so ist es entscheidend, zu erkennen, daß die Menschen in Kosova sich zwar jahrzehntelang der Macht beugen mußten, diese aber nicht akzeptiert haben.

Wir können über alles reden, es darf außer dem Status unseres Landes keine Tabus geben. Wir warten aber noch auf eine

Entschuldigung in bezug auf die Verbrechen, die Serben hier begangen haben. Wir werden niemals vergessen, welchen Verbrechen wir ausgesetzt waren, aber wir strecken um der Zukunft willen die Hand aus. Wir fordern die Regierung in Belgrad auf, die Entwicklung des unabhängigen Staates Kosova nicht weiter zu behindern.

»Die EU verlangt von Serbien nicht, den Kosovo anzuerkennen«

Interview mit Pieter Feith, dem Sondergesandten der EU (EUSR) und Chef des ICO im Kosovo, Ende Juli 2009.

Frage: *Die UN-Mission war zu groß und zu langsam. Was werden Sie besser machen?*

Peter Feith: Die UN-Mission hat viel erreicht, sie hat die Institutionen des Landes aufgebaut, hat die Polizei geformt, und das in einer Periode, als der Status des Kosovo noch nicht definiert war. Dem Land eine legale Basis zu geben ist nicht einfach. Sie war zudem eine Administration, wir sind das nicht. Wir, ICO und EULEX, sind in einer anderen Position. Sehen wir in die Zukunft: Die Institutionen des Kosovo haben das ICO und die EULEX eingeladen, hierherzukommen. Nicht um eine neue Administration aufzubauen, sondern um dem Land zu helfen. Wir werden hoffentlich eine kürzere Zeit im Land sein als die UNMIK.

Von außen gesehen vermittelt sich ein verwirrendes Bild. ICO, EULEX und UN existieren nebeneinander im Kosovo. Wie kann man diese Situation verständlich machen?

Das entspringt eben der Komplexität der Situation. Es wäre natürlich alles einfacher, wenn es eine neue Resolution des Weltsicherheitsrates geben würde, wenn Serbien und Rußland »Ja« zur Unabhängigkeit des Kosovo sagen würden. Solange der Weltsicherheitsrat angesichts des Widerstands Rußlands keine neue Richtung vorgeben kann, wird die Resolution 1244 in Kraft bleiben. Deshalb haben die Befürworter der Unabhängigkeit das ICO gegründet. Es soll die Autoritäten hier beraten. Es gibt jetzt also zwei Welten im internationalen Kontext, das ist die Welt von 1244 UNMIK und die Welt der Unabhängigkeit des ICO. EULEX steht irgendwo dazwischen.

Sie stehen an der Spitze gleich zweier Institutionen, ICO und EUSR.

Das ist in der Tat ein bißchen seltsam. Der ursprüngliche Plan war, daß die UN den Kosovo verläßt und ihr Büro schließt und daß dann das ICO der Koordinator für die internationale Gemeinschaft werden würde. Es machte Sinn, das ICO als beratende Institution in eine europäische Perspektive zu betten. Probleme bereitet aber, daß nicht alle EU-Mitglieder den Kosovo anerkannt haben. Das war ein Schwachpunkt. So mußte eine Konstruktion gefunden werden, die alle divergierenden Interessen zusammenbringt. Man mußte auf die Stabilität der Region achten.

In Mitrovica stoppten die französischen Truppen 1999 auf der Brücke. Seither haben wir eine geteilte Stadt und einen geteilten Staat. Was kann man tun, um das Land zu reintegrieren?

Es ginge wohl zu weit, zu behaupten, die französischen Truppen hätten die parallelen Strukturen geschaffen. Aber unglücklicherweise kam es zur Teilung von Mitrovica. Die Dezentralisierung und die Integration der Gemeinden ist die einzige Möglichkeit, diese Spaltung zu überwinden.

Der Ahtisaari-Plan stellt ein Viertel des Landes unter die Kontrolle der serbischen Gemeinden mit 6 Prozent der Bevölkerung, die in direkter Beziehung zu Serbien stehen. Solche Privilegien gibt es für keine Minderheit in Europa. Serbien hat nicht unterschrieben, aber wir implementieren den Ahtisaari-Plan trotzdem. Macht das Sinn?

Wir haben hier gewalttätige Ereignisse hinter uns und müssen eine tragfähige Konstruktion finden. Der Ahtisaari-Plan hätte vom Weltsicherheitsrat abgesegnet werden sollen, aber das geschah nicht. In einer vereinigten Welt wäre alles einfacher. Wir haben jetzt ein Arrangement, das man im Kontext der europäischen Perspektive sehen muß. Serbien und Kosovo werden irgendwann Teil der Europäischen Union sein. Das ist wohl die beste Perspektive. Ich sehe keine Alternative.

Wenn man Verhandlungen über die Integration Serbiens in die EU führt, ohne daß Belgrad den Kosovo anerkennt, dann wird die Lage für den Kosovo noch schwieriger werden.

Olli Rehn, der Erweiterungskommissar, erklärte, die Anerkennung Kosovos durch Serbien sei keine Voraussetzung für die Aufnahme Serbiens in die EU. Die EU erwartet allerdings ein Minimum an Kooperation von Ländern, die die Mitgliedschaft anstreben. Die Anerkennung durch Serbien ist jedoch keine Vorbedingung, das stimmt. Wenn Serbien durch den Stabilisierungs- und Assoziierungsprozeß geht, wird die EU die Möglichkeit haben, positive Entwicklungen einzuleiten. Es muß klargestellt werden, daß ein Land das andere Land nicht blockieren kann, wie dies zwischen Slowenien und Kroatien oder Griechenland und Makedonien geschehen ist.

Bisher gibt es für den Kosovo keine Reisefreiheit, keine Telefonvorwahlnummer, keine Anerkennung der Nummernschilder, auch nicht die der Pässe. Wie kann es auf dieser Grundlage eine Normalisierung geben?

Die Kommission muß das klären. Es muß Reisefreiheit und einen freien Zugang zu Waren und Dienstleistungen geben. Auch wenn Serbien die Anerkennung nicht ausspricht, muß klar sein, daß es die Grenzen respektiert. Ich hoffe, daß die EU viele Programme für die wirtschaftliche Entwicklung Kosovos zur Verfügung stellt. Der Kosovo darf bisher nicht in die EU exportieren, während viele EU-Waren importiert werden. Es muß Möglichkeiten geben, diese Situation zu verbessern. Letztes Jahr hat der Außenhandel des Kosovo immerhin um 43 Prozent zugenommen.

Gibt es eine Exitstrategie?

Serbien hat einen Prozeß vor dem Internationalen Gerichtshof in Den Haag angestrengt, was das Ganze noch komplizierter macht. Wir werden eine Diskussion über eine Exitstrategie gerade zu dem Zeitpunkt führen, wenn Ihr Buch publiziert wird.

Schlußwort

Welche Existenzberechtigung hat der neue Staat Kosovo/Kosova? Sind Politik und Gesellschaft überhaupt imstande, die Grundlagen für eine überlebensfähige Wirtschaft zu garantieren? Diese Skepsis ist auch in den Ländern verbreitet, die die Unabhängigkeit anerkannt haben. Vorbehalte gegen die Gründung weiterer Kleinstaaten in Europa wurden laut, vor allem in Deutschland. Doch eine Alternative zu dem eingeschlagenen Weg können auch die Kritiker nicht aufzeigen.

Nach den Ereignissen der letzten Jahrzehnte kann der albanischen Mehrheitsbevölkerung eine Wiedereingliederung Kosovos in den serbischen Staat nicht mehr zugemutet werden. Außerdem wäre Serbien, das seinerseits mit großen wirtschaftlichen Problemen zu kämpfen hat, völlig überfordert, den wirtschaftlichen Aufbau zu finanzieren und zu leiten. Die politische Reintegration würde nur zu politischen Spannungen führen – und damit wahrscheinlich in einen neuen Krieg münden.

Seit der Intervention der NATO im Juni 1999 hat sich vieles zum Besseren gewendet: Während der Zeit der UN-Mission 1999 bis 2008 wurden staatliche und demokratische Strukturen aufgebaut. Kosovo hat eine demokratisch gewählte Regierung. Die albanische Bevölkerungsmehrheit hat sich nach Jahrzehnten der Unterdrückung und Diskriminierung befreien können. Kosovo ist ein multinationaler Staat. Die mit der Unterstützung der internationalen Staatengemeinschaft formulierte und am 15. Juni 2008 verabschiedete Verfassung garantiert die Rechte aller nationalen Gemeinschaften im Kosovo.

Doch für die Bürger des Landes häufen sich die Probleme. Noch immer fehlt es an Ideen und Initiativen, um die Wirtschaft anzukurbeln. Erst wenn nachhaltig investiert und die Arbeitslosigkeit auf unter 40 Prozent gesenkt wird, kann eine selbsttragende Entwicklung einsetzen. Zudem muß der ungeniert auftretende ausbeuterische Kapitalismus in die Schranken einer Arbeits- und Sozialgesetzgebung gezwungen werden, damit sich für die Menschen endlich eine Perspektive auftun kann.

Leider greifen die Konzepte für eine nachhaltige Entwicklung bisher noch nicht. Auch ist fraglich, ob sich ein staatsbürgerliches Bewußtsein entwickeln wird, das alle Parteien und ambitionierten Persönlichkeiten teilen können. Die Kosovaren waren in den letzten Jahrhunderten fremdbestimmt, staatliche Strukturen wurden von der Bevölkerung als bedrohlich empfunden. Um den neuen Staat als eigenes, identitätsstiftendes Gebilde bejahen zu können, müssen die herrschenden Eliten ihr Selbstverständnis revidieren. Der Gedanke, dem Staat und damit der Gesellschaft zu dienen – ihn also nicht für Eigeninteressen zu funktionalisieren –, ist bisher weder in der Gesellschaft noch bei den Eliten besonders tief verankert. Hoffnung verbindet sich mit der jüngeren Generation. Wenn sie an die Schaltstellen der Macht nachrückt, könnten sich Verhaltensweisen grundlegend ändern.

Der unabhängig gewordene Kosovo braucht nach wie vor die Unterstützung internationaler Institutionen. Nur der Aufbau eines Rechtsstaates und äußere Stabilität durch feste Grenzen können die Freiheit und wirtschaftliches Wachstum garantieren. Die Europäische Union steht im Wort, mit den EU-Missionen ICO, dem *International Civilian Office*, und der Rechtsstaatsmission EULEX diesen Prozeß zu leiten und zu finanzieren. Der Staat Kosovo kann unter diesen Umständen noch für geraume Zeit nicht völlig souverän sein. Selbst diejenigen Staaten, die den Kosovo seit der Unabhängigkeitserklärung am 17. Februar 2008 diplomatisch anerkannt haben, gestehen dem Land nur eine »begrenzte« Souveränität zu. Die

Mission der Vereinten Nationen ist zwar personell ausgedünnt, hat das Land aber noch nicht verlassen. Der Grund ist noch schwankend, auf dem der Staat jetzt ruht.

Essentiell für die Zukunft des Kosovo bleibt das Verhältnis zu Serbien. Belgrad betrachtet den Kosovo nach wie vor als Teil des eigenen Staatsgebietes, beruft sich auf die Resolution 1244 des UN-Weltsicherheitsrates und genießt die diplomatische Unterstützung der Vetomacht Rußland. Auch die Vetomacht China steht der Unabhängigkeit skeptisch gegenüber.

Der serbischen Politik ist es im Prozeß der Verhandlungen mit Martti Ahtisaari gelungen, den Kosovo nach ethnischen Linien zwischen Serben und Albanern territorial aufzuteilen. Damit sind Belgrad und die Kosovoserben nach wie vor in der Lage, die wirtschaftliche und politische Entwicklung nachhaltig zu beeinflussen und zu behindern. Mit dem Ausbau der Parallelstrukturen werden die Grenzen, die durch den Ahtisaari-Plan und die Resolution 1244 gesetzt sind, sogar überschritten. Die Kosovoserben haben die Möglichkeit, die Entwicklung des restlichen Kosovo zu ignorieren. Entscheidend für die nächste Zukunft bleibt die Haltung Belgrads. Die serbische Diplomatie hat in den letzten Jahren sehr erfolgreich agiert. Mit dem jungen energischen Außenminister Vuk Jeremić und unter der Führung von Staatspräsident Boris Tadić ist es der Führung gelungen, die diplomatische Initiative an sich zu ziehen. Die serbische Regierung hat ihr Recht in Anspruch genommen, einen Prozeß vor dem Internationalen Gerichtshof in Den Haag anzustrengen, der über den Status Kosovos entscheiden soll. Sollte das Gericht 2010 wider Erwarten die Unabhängigkeit des Kosovo für ungültig erklären, wären die Steine des politischen Spiels auf »Start« zurückgesetzt.

Dank der Unterstützung des ehemaligen russischen Präsidenten Wladimir Putin hat die serbische Außenpolitik an Spielraum gewonnen. Rußland ist auf dem Balkan wieder aktiv geworden. Mit dem Kauf von Raffinerien in Serbien und in der serbischen Teilrepublik in Bosnien und Herzegowina, der geplanten Präsenz russischer Truppen in Südserbien und der finanziellen Unterstützung Serbiens versucht Rußland, seinen Einfluß auszuweiten.

Für Serbien hat die Unterstützung Rußlands viele Vorteile. Um dem Aufbau einer russischen Einflußsphäre auf dem Balkan entgegenzutreten, antwortet die EU mit politischen Konzessionen. Brüssel fordert nicht mehr, als Vorbedingung für die Integration Serbiens in Europa, die noch flüchtigen, vom UN-Tribunal in Den Haag gesuchten mutmaßlichen Kriegsverbrecher Ratko Mladić und Goran Hadžić auszuliefern. Die Lockerung des Visaregimes gegenüber Serbien am 1. Januar 2010 war zudem ein erster Schritt zur Aufnahme von Beitrittsverhandlungen über die Aufnahme Serbiens in die EU und die NATO.

Die europäische Politik setzt darauf, daß mit der Beitrittsperspektive Einfluß auf die politische Lage in Serbien selbst genommen werden kann. Über die Durchsetzung der *road map* wird die rechtsstaatliche Entwicklung befördert, kalkuliert man in Brüssel. Die von vielen europäischen Diplomaten geäußerte Vorstellung, mit der Integration Serbiens in die EU könnte der Kosovokonflikt entschärft werden, ist jedoch fraglich.

Seit Beginn der Jugoslawienkrise 1989 wurde die serbische Politik von den europäischen Akteuren immer wieder falsch eingeschätzt. Man sah nicht, daß diese Politik einen langen Atem hat. Das Ziel, alle auf dem Balkan lebenden Serben in einem Staat zu vereinigen, und die damit verbundene territoriale Expansion ist seit dem 19. Jahrhundert ein Dogma der serbischen Politik. Es wird von der Mehrheit der politischen Parteien des Landes nicht angetastet. Die Eroberungen der Gebiete im Süden Belgrads ab Mitte des 19. Jahrhunderts und die Annexion des Kosovo 1912/13 stehen beispielhaft dafür wie auch der gescheiterte Versuch, aus der Konkursmasse Jugoslawiens ein Großserbien zu bauen. Versucht Serbien heute im Gewand eines proeuropäischen, demokratischen Staates, die alten nationalen Ziele doch noch zu erreichen?

Trotz der Niederlage im letzten Krieg ist es Belgrad gelungen, den Status der serbischen Bevölkerungsgruppen in Bosnien und im Kosovo abzusichern. Sie können sich in Abgrenzung zu den Bevölkerungsmehrheiten in diesen Staaten selbst verwalten.

Bezeichnend ist der Hang zur Selbstüberschätzung. Kaum gibt es Fortschritte in bezug auf die Integration in die EU, hört man aus dem Munde wichtiger serbischer Politiker, ihr Land sei der »stabilisierende Faktor« auf dem Balkan. Das hatte schon Milošević behauptet. Solange Serbien nicht eindeutig definiert, wo die Grenzen des Staates liegen, müssen die Nachbarnationen auf der Hut sein. Die serbische Gesellschaft in ihrer Mehrheit nimmt diese bis heute nicht als gleichberechtigte Nationen wahr. Serbien hält an seinem hegemonialen Anspruch fest. Dahinter steht das Selbstverständnis einer *ruling nation*. Serbien ist also keineswegs ein stabilisierender Faktor.

Hervorzuheben ist, daß im Kosovo noch deutlicher als in Bosnien und Herzegowina die Interessen Rußlands, der USA und Europas aufeinanderprallen. Der Kosovo bleibt im Spannungsfeld der Großmächte. Die USA fühlen sich als Garant der unabhängigen Staatlichkeit des Kosovo. Das hat sich mit der Administration unter Barack Obama nicht geändert. Die letzte Entscheidung über die westliche Kosovopolitik wird nach wie vor in Washington, nicht in Brüssel getroffen. Um der Gesellschaft im Kosovo eine wirtschaftliche und politische Perspektive zu geben, muß der Prozeß der europäischen Integration in Südosteuropa intensiviert werden. Darin haben die führenden Politiker in Brüssel recht. Aber es fehlt an einer durchdachten und langfristig angelegten Strategie.

EU-Erweiterungskommissar Olli Rehn weigerte sich, die Anerkennung des Kosovo zur Bedingung für die Aufnahme von Gesprächen über den EU-Beitritt Serbiens zu machen. Die Lösung des Problems wurde damit nur verschoben. Brüssel kann nicht von dem einen Land die Umsetzung von Standards verlangen, dem anderen aber Ausnahmen gestatten, wie es bei der Frage der Auslieferung von Kriegsverbrechern, bei Visaerleichterungen und dem Status der Minderheiten der Fall war.

Warum sollten in einem geeinigten Europa die Sandžak-Muslime, die Ungarn in der Vojvodina und die Albaner in Südserbien weniger Rechte haben als die Serben im Kosovo? Diese Frage läßt die Politik Belgrads auf ihren nationalistischen Kern schrumpfen. Und man wiederholt im Prinzip die Politik Miloševićs, der territorial abgesicherte Minderheitenrechte für die Serben in Kroatien und Bosnien gefordert hatte, den Albanern aber diese Rechte vorenthielt. So etwas kann von Europa nicht erneut akzeptiert werden.

Die Existenz doppelter Standards ist für Europas Zukunft sogar gefährlich. Wenn Serbien die Beitrittsperspektive ernst nimmt, muß es die Grenzen Bosnien und Herzegowinas anerkennen und darf nicht weiter mit der Spaltung des Nachbarlandes liebäugeln. Und es muß den Kosovo anerkennen.

Wenn dies aber nicht geschieht, was wahrscheinlich ist, müssen sowohl der Kosovo als auch die EU mit fortwährenden Spannungen rechnen.

Dem jungen Staat ist es immerhin gelungen, mit den engsten Nachbarn, mit Montenegro, Makedonien und Albanien, gute nachbarschaftliche Verhältnisse herzustellen. Bei Albanien überrascht dies nicht. Montenegro aber hat sogar gegen den schärfsten Widerstand Serbiens den Kosovo diplomatisch anerkannt, ebenso wie Makedonien. Zudem ist in der serbischen Gemeinschaft des Kosovo gegen den Willen Belgrads die Bereitschaft gestiegen, die Politik der Konfrontation aufzugeben und die eigene Position innerhalb der kosovarischen Gesellschaft neu zu definieren. Und damit steigt die Hoffnung, der multinationale Staat Kosovo könnte, wenn alle nationalen Gemeinschaften zusammenarbeiten, die gegenwärtige Krise überwinden.

Der Kosovo muß seine demokratische und wirtschaftliche Entwicklung selbst forcieren. Der junge Staat muß unabhängig von der Entwicklung in Serbien und nicht als Anhängsel Serbiens eine Perspektive der Integration in die EU erhalten. Doch um dem Land den Weg in die Gemeinschaft zu öffnen, bedarf es einer langfristig angelegten politischen, ökonomischen und militärischen Strategie, die prinzipienfest bleibt und Widerstände überwindet.

Erich Rathfelder
Sarajevo, Januar 2010

Landkarte Kosovos mit den albanischen und serbischen Ortsnamen

Ethnische Zusammensetzung der Bevölkerung Kosovos 1991 laut serbischen Quellen. Die Angaben beruhen auf Hochrechnungen. Die letzte reguläre Volkszählung fand 1981 statt.

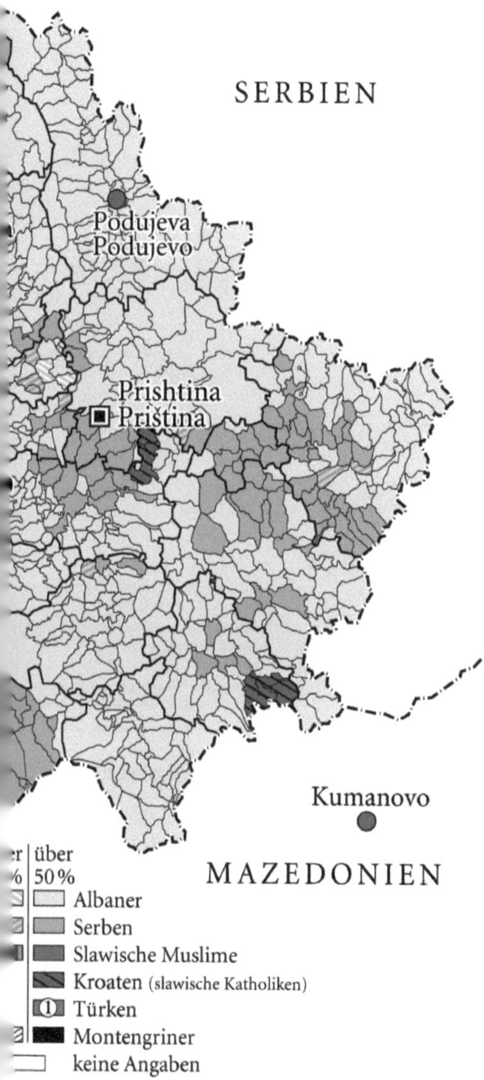
SERBIEN
Podujeva
Podujevo
Prishtina
Priština
Kumanovo
MAZEDONIEN
über
50 %
Albaner
Serben
Slawische Muslime
Kroaten (slawische Katholiken)
Türken
Montengriner
keine Angaben

Darstellung des Ahtisaari-Plans durch die kosovoalbanische Organisation »Vetevendosje« (Selbstbestimmung)

Chronik

Viele Albaner begreifen sich als Nachkommen der Illyrer und damit als die älteste heute in Südosteuropa ansässige Bevölkerungsgruppe. Nach den Illyrern war die römische Provinz Illyricum (168 v. Chr.) benannt. Die Region des heutigen Kosovo trug in der Antike den Namen *Dardania.* Bei der Teilung des Imperiums (395) fällt dieses Gebiet an das Oströmische Reich (Byzanz).

7. Jahrhundert
Nach der ca. 948-952 verfaßten Chronik des byzantinischen Kaisers Konstantin VIII. *de administrando imperio* erfolgt zur Zeit des Kaisers Herakleios (610-641) die Ansiedlung verschiedener Stämme auf dem Reichsgebiet in Südosteuropa, unter anderem von »Serben«.

Um 850-1014
Die Region liegt im Machtbereich des sog. Ersten Bulgarischen Reiches. Während der modernen Nationsbildung im 19. Jahrhundert werden die serbische und die bulgarisch-orthodoxe Kirche um ihren Einfluß auf die slawische Bevölkerung des Kosovo rivalisieren.

1184-1216
Die serbischen Herrscher Stefan Nemanja und Stefan II. errichten im Südbalkan ein serbisches Fürstentum (seit 1217 Königreich), das auch den Kosovo (Raška) umfaßt. In der Folgezeit beginnt der Bau beeindruckender Klöster und Kirchen im byzantinischen Stil (Gračanica, Dečani, Peć).

1389
Nach der serbischen Geschichtsschreibung findet am 28. Juni die Schlacht auf dem Amselfeld (Kosovo polje) gegen die »Türken« (Osmanen) statt. In der historischen Mythologie Serbiens wurde die nach heroischem Kampf »durch Verrat« herbeigeführte Niederlage zum Heldenepos verdichtet: Demnach habe sich der in der Schlacht gefallene Fürst Lazar für ein himmlisches statt eines irdischen Königreiches entschieden. Die historische Forschung sagt etwas anderes: Serben, Albaner und Bosnier haben gemeinsam gegen das Heer des Sultans Murad

gekämpft, der Ausgang der Schlacht bleibt unklar. Fest steht jedoch: Viele serbische Adlige werden in der Folgezeit zu Vasallen des Osmanischen Reiches.

1448
Ein »christliches« Heer unter dem ungarischen Herrscher János Hunyadi verliert im Kosovo-Gebiet gegen die Osmanen. Der Hunyadi unterstützende albanische Heerführer Skenderbeg erreicht das Schlachtfeld mit seinen 20000 Soldaten zu spät – ein Überfall Venedigs auf die albanische Küste führt zur Verzögerung. Mit dem Sieg ist für die Osmanen historisch der Weg gebahnt, nach Ungarn und bis Wien vorzustoßen und eine fast 500jährige Herrschaft auf dem Balkan zu errichten.

ca. 1455
Die Herrschaft der Osmanen ist im ganzen Kosovo durchgesetzt.

1557
Wiedererrichtung des autokephalen serbisch-orthodoxen Patriarchats von Peć im Rahmen des osmanischen *milet*-Systems. Zugleich setzt eine allmähliche Islamisierung der Bevölkerung ein. Insbesondere vorher katholische Albaner übernehmen die neue Religion, aber auch Slawen, so die südlich von Prizren lebenden Goranen und Bosniaken sowie ein großer Teil der Bevölkerung im nördlich des Kosovo gelegenen Sandžak von Novi Pazar. Die meisten Serben halten am orthodoxen Christentum fest.

1689/90
Österreichische Truppen dringen nach dem Sieg vor Wien bis in den Kosovo vor, können aber die südlich der Donau besetzten Gebiete nicht halten. Dem Rückzug der kaiserlichen Truppen schließen sich Tausende vor allem serbischer Familien aus dem Kosovo an (die Anzahl ist umstritten), welche schließlich in den von den Habsburgern gehaltenen Gebieten in der Donau- und Savaebene angesiedelt werden. Die »Flucht« des Patriarchen Arsenje III. Čarnojević auf habsburgisches Gebiet wird im populären serbischen Geschichtsbild als »Große Wanderung« (velika seoba) verantwortlich gemacht für die Veränderung der Bevölkerungszusammensetzung im Kosovo zugunsten der Albaner. Tatsächlich war die Migration von Serben nach Norden und Westen ein längerer, vor allem sozioökonomisch bestimmter Prozeß, schon vor und besonders während der osmanischen Zeit.

1878
Auf dem Berliner Kongreß werden Serbien und Montenegro als unabhängige Staaten anerkannt. Serbische Truppen vertreiben die Albaner aus Südserbien, dem ehemaligen osmanischen Verwaltungsbezirk Niš, und dringen bis auf kosovarischen Boden vor. Viele Albaner flüchten in den Kosovo. Die mehrheitlich albanische Küstenstadt Ulcinj fällt an Montenegro.

Angesichts der Expansionen gründen albanische Persönlichkeiten am 10.6. die »Liga von Prizren«. Diese fordert zugleich auch Autonomie für die Albaner innerhalb des Osmanischen Reiches.

1912/13
Serbische und montenegrinische Truppen erobern den Kosovo und teilen das Land auf. Der russische Revolutionär Leo Trotzki beschreibt in seinem Buch *Die Balkankriege* die Greueltaten an der albanischen Bevölkerung. Auch die Carnegie-Stiftung veröffentlicht dazu eine Dokumentation.

1914-1918
Österreichische Truppen zwingen 1915 das serbische Heer zum verlustreichen Abzug in Richtung adriatischer Küste. Die albanische Bevölkerung unterstützt die Mittelmächte, es kommt zu Racheakten. Albanische Schulen und eine albanische Verwaltung werden eingeführt. Nach der Rückkehr der serbischen Truppen 1918 nehmen diese wiederum blutig Rache an Albanern.

1918
1. 12. Kosovo wird Teil des nach der Niederlage Österreich-Ungarns neu errichteten »Königreiches der Serben, Kroaten und Slowenen« (seit der »Königsdiktatur« 1929: »Jugoslawien«).

Während der nächsten Jahrzehnte werden 60000 serbische Kolonisten mit der Absicht angesiedelt, die ethnische Zusammensetzung im Kosovo zu verändern. Dadurch steigt der serbische Bevölkerungsanteil von 1919 24 % auf 1918 38 %. Zur gleichen Zeit werden 90000 bis 150000 Menschen zur Auswanderung aus dem Kosovo gezwungen, vornehmlich Muslime nach Albanien und die Türkei. Die Verwaltungs- und Schulsprache ist fast ausschließlich Serbisch. 1937 schlägt eine Denkschrift des Belgrader Professors Vaša Čubrilović unter Bezug auf die NS-Politik die »Vertreibung der Arnauten« vor.

1941
Nach dem Beitritt Jugoslawiens zum Dreimächtepakt putschen mit britischer Hilfe einige Offiziere gegen die Regierung. Am *6.4.* greifen deutsche Flugzeuge Belgrad an. Deutsche, italienische und bulgarische Truppen besetzen Jugoslawien. Kosovo wird mit (dem bis 1943 unter italienischem Protektorat stehenden) Albanien vereinigt. Im östlichen Teil stehen bulgarische Truppen, der kleinere nördliche Teil (Trepča-Bergwerke) gehört zum deutschen Besatzungsgebiet.

In Serbien installieren die Deutschen das Nedić-Regime. Die dem König im Londoner Exil verpflichteten Freischärler des Generals Draža Mihailović (Četnici) wenden sich zuerst gegen die Besatzungsmacht, sehen aber zunehmend den Hauptfeind in den kommunistischen Partisanen.

1943
21.-29.11. Auf einer Konferenz in der bosnischen Stadt Jajce diskutieren die Partisanen unter ihrem Führer Josip Broz, genannt Tito, über die Gestalt Jugoslawiens nach dem Krieg. Der Antifaschistische Rat der Nationalen Befreiung Jugoslawiens (AVNOJ) verabschiedet entsprechende Beschlüsse. Die Forderung, den Kosovo zu einer eigenständigen Republik zu erheben, scheitert am Widerstand der serbischen Partisanen. Das Archiv mit den Protokollen der damaligen Diskussionen wurde nach Angaben des Leiters des AVNOJ-Museums in Jajce Professor Enes Milak im Krieg 1992-95 von serbisch-bosnischen Truppen fortgeschafft und ist seitdem verschwunden.

31.12.1943-2.1.1944 Auf der Konferenz von Bujan fordern albanische Partisanen das Selbstbestimmungsrecht Kosovos und die Möglichkeit der Vereinigung mit Albanien nach dem Krieg.

1945
Im Februar wird der Kosovo der jugoslawischen Militärverwaltung unterstellt. Es kommt zu Übergriffen und Massakern an der albanischen Bevölkerung vor allem in der Region Drenica. Am *3.9.* wird die Errichtung des »Autonomen Gebietes Kosovo und Metohija« innerhalb Serbiens verfügt. 1963 wird der Name in »Autonome Provinz Kosovo und Metohija« umgewandelt.

1966

1.7. Auf der als »Brioni-Plenum« bekannt gewordenen ZK-Sitzung wird der berüchtigte Innenminister Aleksandar Ranković abgesetzt. Rankovićs Politik im Kosovo bewirkte, den Ratschlägen Čubrilovićs folgend, daß 1953 bis 1966 ca. 100000 Albaner in die Türkei emigrieren mußten. Der albanische Bevölkerungsanteil sinkt von 1948 68,5% auf 1953 64% (1961: 67, 2%, 1971: 73,2%).

1968

Proteste junger Kosovoalbaner. Nach einer Verfassungsänderung wird die »Autonome Provinz Kosovo« ausgerufen. Albaner können ab jetzt gleichberechtigt in Administration und auch Polizei beschäftigt werden, sie besetzen auch höhere Posten in der herrschenden kommunistischen Partei Jugoslawiens, dem »Bund der Kommunisten«. An der 1970 gegründeten Universität in Prishtina wird in serbischer und albanischer Sprache gelehrt.

1974

Mit der Verfassung von 1974 wird der autonomen Provinz Kosovo ein republikähnlicher Status verliehen. Im jugoslawischen Staatspräsidium erhalten die beiden autonomen Provinzen Serbiens (Kosovo und Vojvodina) gleichberechtigt neben den sechs Republiken Slowenien, Kroatien, Bosnien-Herzegowina, Serbien, Montenegro und Makedonien Sitz und Stimme.

1980

4.5. Tod von Marschall Tito.

1981

Im März/April lösen Proteste über schlechtes Mensaessen in Prishtina eine Studentenbewegung aus, die schließlich weite Teile der Bevölkerung erfaßt und die völlige Gleichstellung der autonomen Provinz mit den anderen Republiken fordert. Der Ausnahmezustand wird verhängt, während der Polizei- und Armeeeinsätze werden Demonstranten getötet, eine Verhaftungswelle folgt.

1986

Ein Memorandum von Mitgliedern der Serbischen Akademie der Wissenschaften fordert neben Wirtschaftsreformen eine Verfassungsreform, die Kosovo wieder Serbien eingliedern soll. Das Memorandum spricht von einem »Genozid« an den Serben Kosovos. Der Schriftsteller Dobrica Ćosić unterstützt die Organisierung der Serben im Kosovo. Die antialbanische Kampagne beginnt.

1987
24./25.4. Der serbische Parteichef Slobodan Milošević (seit 1986) kommt nach Kosovo Polje. Ursprünglich sollten nach Angaben des Kosovo-Parteiführers Azem Vllasi die Parteiführer beider Seiten öffentlich miteinander sprechen, doch Milošević geht zu einer vor dem Gebäude wartenden Menge von Demonstranten, die von der Polizei zurückgedrängt wird. Den Zuruf aus der Menge »Sie schlagen uns« beantwortet er mit »Niemand darf euch schlagen« (*Niko ne sme da vas bije*). Auf der ZK-Sitzung am *23.9.* in Belgrad gelingt es ihm, seinen Vorgänger, Serbiens Präsidenten Ivan Stambolić, aus der Parteiführung zu verdrängen.

1988
Auf Massenkundgebungen der Milošević-Bewegung in Serbien mit Millionen Teilnehmern wird die »Wiederherstellung der nationalen Einheit Serbiens« und damit die Revision der Verfassung von 1974 gefordert. Die Parteiführungen im Kosovo und der Vojvodina werden abgesetzt. Gleichzeitig wird die slowenische Parteiführung in Serbien scharf kritisiert.

1989
23.3. Gegen den Widerstand albanischer Demonstranten und der streikenden Bergarbeiter von Trepča wird die Autonomie des Kosovo durch »Verfassungsänderungen« abgeschafft. Das Kriegsrecht wird eingeführt. Im Laufe der Repressionswelle kommt es zu Massenverhaftungen und Toten. Eine Protestversammlung in Ljubljana löst in Serbien antislowenische Stimmungen aus. Am *2.12.* verkünden die serbischen Medien den Wirtschaftsboykott Serbiens gegen Slowenien.

28.6. Anläßlich des 600. Jahrestages der Schlacht auf dem Amselfeld deutet Milošević in einer Rede auf einer Massenkundgebung in Gazimestan die Möglichkeit eines Krieges an.

1990
23.1. Die slowenische Delegation verläßt u.a. aus Protest gegen die Repressionspolitik Serbiens im Kosovo den 14. außerordentlichen Partei-

tag des Bundes der Kommunisten Jugoslawiens in Belgrad. Die Kroaten folgen. Der Bund der Kommunisten Jugoslawiens zerbricht.

Die Kosovoalbaner beginnen sich zu organisieren. Demonstrationen in verschiedenen Städten werden von den Serben als »terroristisch« bezeichnet. Kosovoalbaner werden aus den staatlichen Institutionen und der Wirtschaft gedrängt. Mehrere Hunderttausend junge Albaner beginnen das Land zu verlassen.

2.7. Die (albanische) Mehrheit der Abgeordneten des bisherigen Provinzparlamentes ruft die »Republik Kosova« innerhalb Jugoslawiens aus und konstituiert sich als deren Parlament.

5.7. Laut serbischer Gesetzgebung müssen die Regierungs- und Parlamentsorgane des Kosovo aufgelöst werden. Dennoch verabschieden die albanischen Abgeordneten am *7.9.* eine Verfassung für die (nicht anerkannte) Republik Kosova. Albanische Parallelstrukturen werden aufgebaut.

7.12. Die Nachfolgepartei des Bundes der Kommunisten, Milosevićs Sozialistische Partei Serbiens (SPS), gewinnt die Wahlen in Serbien mit zwei Dritteln der Stimmen. Angesichts der politische Umstände in der Provinz werden die Wahlen im Kosovo boykottiert.

1991

9.3. Milošević läßt eine Demonstration der Opposition in Belgrad gewaltsam niederschlagen.

25.6. Kroatien und Slowenien rufen die Unabhängigkeit aus. Der »Bruderkrieg« in Ex-Jugoslawien beginnt, weltweit berichten Medien über Verbrechen des Milošević-Regimes.

22.9. Nach einem Referendum ruft das Parlament Kosovos die Unabhängigkeit der nicht anerkannten »Republik Kosova« aus. Hunderttausende von Albanern organisieren sich in der Demokratischen Liga Kosova (LDK) unter Ibrahim Rugova und Bujar Bukoshi.

1992

24.5. Erstmals werden allgemeine Wahlen für die Republik Kosova, den albanischen »Schattenstaat«, abgehalten. Der Schriftsteller Rugova wird zum Präsidenten gewählt, Bukoshi zum Premierminister. Da das Parlament aufgrund der Repressionen Serbiens nicht weiterhin zusammentreten kann, bleibt die Regierung im deutschen und im albanischen Exil. Der Schattenstaat versucht ein paralleles Gesundheits- und Schulsystem aufzubauen. Rugova harrt mit seinem Stab in Prishtina aus, er hofft auf eine internationale Konferenz zur Lösung der Kosovofrage. Während des kroatischen und bosnischen Krieges 1991-95 lassen die serbischen Behörden einige Aktivitäten des Schattenstaates zu.

1993
Im Sommer wird die Kosovobefreiungsarmee UÇK in Tirana aus den Reihen der Volksbewegung Kosova (LPK) gegründet.

1995
1.-10.11. Bei den Friedensverhandlungen in Dayton (Ohio) über Bosnien und Herzegowina wird Kosovo nur am Rande erwähnt. Eine politische Lösung wird nicht diskutiert. Die Unruhe unter den Albanern wächst. Die politische Strategie von Ibrahim Rugova ist gescheitert.

1996
9.4. Die EU empfiehlt die diplomatische Anerkennung der Bundesrepublik Jugoslawien (bestehend aus Serbien und Montenegro), am *17.4.* folgt Deutschland dem Rat. Die Enttäuschung in der kosovoalbanischen Bevölkerung ist groß. Die vernichtende Niederlage der serbischen Streitkräfte in Kroatien im Sommer 1995 hat jedoch den Nimbus der Unbesiegbarkeit der serbischen Armee zerstört. Die UÇK beginnt im Frühjahr 1996 mit bewaffneten Aktionen gegen Vertreter des serbischen Staates und sogenannte Kollaborateure.

10.10. Der deutsche Außenminister Klaus Kinkel unterzeichnet ein Rückführungsabkommen mit Jugoslawien. Betroffen sind ca. 135000 Personen, zu 80% Kosovoalbaner.

1997
29.11. Trauerversammlung mit ca. 30000 Teilnehmern für den von Polizisten erschossenen Lehrer Halit Gecaj in der Drenica-Region. Mitglieder der UÇK treten dabei erstmals öffentlich in Uniformen auf.

1998
Bei einer Aktion der serbischen Polizei werden Anfang März zahlreiche Zivilsten getötet, u.a. Angehörige der Jashari-Familie in Drenica. 56 Menschen sterben im Kugelhagel. Die Beerdigung am *9.3.* wird zu einer Demonstration der Solidarität. Danach breitet sich die UÇK sehr schnell über den ganzen Kosovo aus. Nur die mangelnde Bewaffnung verhindert die Bildung einer Volksarmee.

10. 5. Innerhalb der UÇK setzt sich der aus Drenica stammende frühere Studentenaktivist und Untergrundkämpfer Hashim Thaçi (geb. 1968) nach internen Machtkämpfen als politischer Führer durch.

Die serbische Seite baut in der Folgezeit ihre Stellungen an den Straßen zwischen Prishtina und Peja sowie Prishtina und Prizren aus und zerstört albanische Dörfer an den strategischen Punkten. Im Mai beginnt der Kampf um Junik, Anfang Juni wird Deçan zerstört, mehr als 20000 Menschen fliehen nach Albanien. Die UÇK versucht befreite Gebiete im Zentralkosovo zu schaffen. Der entscheidende strategische Ort wird die Stadt Orahovac/Rahovec. Nach der schlecht vorbereiteten Einnahme der Stadt durch die UÇK kommt es zum Gegenschlag. Serbische Truppen und Freischärler besetzen die Stadt und richten ein Massaker an. An den folgenden Tagen werden die befreiten Gebiete im Zentralkosovo von den Serben erobert, die Bevölkerung flieht in die Wälder.

23.9. Der UN-Sicherheitsrat verurteilt die Gewaltakte im Kosovo und vor allem das »exzessive und wahllose Vorgehen der serbischen Sicherheitskräfte« bzw. der Armee (Resolution 1199).

24.9. Der NATO-Rat erteilt einen Aktivierungsbefehl für die Vorbereitung von Luftschlägen.

13. 10. Holbrooke- Milošević-Abkommen: eine zahlenmäßig starke, aber unbewaffnete OSZE-Verifizierungsmission darf in den Kosovo einrücken.

1999

Zum Jahreswechsel 1998/99 schätzt der UNHCR die Zahl der Flüchtlinge auf 180000.

15. 1. Ermordung von 45 Albanern in Reçak (Račak) unter den Augen der Verifizierungsmission. Der Fall veranlaßt die westlichen Staaten, die Konferenz von Rambouillet einzuberufen (*6.-23.2.*). Sie drohen mit militärischen Maßnahmen, falls die Konferenz zu keiner Einigung führt. Bei einer weiteren Konferenz in Paris (*15.3.-19.3.*) unterschreibt nur die albanische Delegation unter Thaçi. Die NATO trifft Vorbereitungen für Luftschläge. Serbien sendet Truppenverstärkungen, es kommt erneut zu Vertreibungen.

24.3. Die NATO (Oberbefehl: General Wesley Clark) beginnt mit Luftschlägen gegen Serbien. In einem dreistufigen Eskalationsplan werden zunächst nur militärische Anlagen angegriffen. Belgrad antwortet mit scharfen Repressionsmaßnahmen und der Deportation der albanischen Bevölkerung nach Makedonien und Albanien. Fast eine Million

Menschen müssen das Land verlassen. Nahezu sämtliche albanische Dörfer werden niedergebrannt. Im Zuge der NATO-Bombenangriffe kommt es zu »Kollateralschäden« in Serbien und Kosovo. Ab Mai kämpft die im Lande verbliebene UÇK in Koordination mit der NATO

3.6. Milošević gibt nach und willigt in die Etablierung einer UN-Mission und das Einrücken einer von der NATO geführten Friedenstruppe in den Kosovo ein.

10.6. Unterzeichnung des militärtechnischen Abkommens von Kumanovo: Die serbischen Truppen ziehen sich innerhalb von neun Tagen zurück, die NATO-Truppen (KFOR) rücken im Kosovo ein (UN-Resolution 1244).

21.6. Der Kommandant der UÇK Agim Çeku unterzeichnet ein Abkommen über deren Auflösung. Die UNMIK – United Nations Interim Administration Mission im Kosovo – etabliert sich.

2.7. Der *Special Representative* des UN-Generalsekretärs, Bernard Kouchner, nimmt seine Arbeit auf. Die UNMIK hat laut Resolution 1244 u.a. für die »Herstellung substantieller Autonomie und Selbstverwaltung« zu sorgen. Als Rechtsgrundlage ihrer Aufgabe dient der Status quo ante vom 23.3.1989 (Aufhebung der Autonomie). Die Kosovo Force/KFOR teilt das Land in fünf Sektoren ein, unter Oberbefehl der USA, Großbritanniens, Deutschlands, Italiens und Frankreichs.

In den ersten Monaten kommt es zu Rachakten albanischer Extremisten gegenüber im Lande gebliebenen Serben und Roma. Die serbische Bevölkerung wird in Enklaven zurückgedrängt, die von den internationalen Truppen bewacht werden. Fast die Hälfte der Serben (rund 100000) flieht aus dem Kosovo, außerdem viele Roma, denen Zusammenarbeit mit den Serben vorgeworfen wird.

2000

UNMIK und OSZE werden funktionsfähig.

Die Rugova-Partei LDK gewinnt die Gemeindewahlen mit zwei Dritteln der Stimmen. Die Nachfolgeparteien der UÇK, die PDK unter Führung von Hashim Thaçi und die AAK unter der Führung von Ramush Haradinaj, erreichen auch bei den folgenden Parlamentswahlen insgesamt nur ein Drittel der Stimmen. Am *4.3.2002* wird Rugova vom Parlament zum Präsidenten gewählt.

2001

28.6. Der im Dezember 2000 gestürzte Ex-Präsident Slobodan Milošević wird auf Betreiben des neuen Ministerpräsidenten Zoran Đinđić nach Den Haag überstellt – am Sankt Veitstag.

In den Kosovo fließen erhebliche Mittel zum Wiederaufbau von Wirtschaft und Zivilgesellschaft.

2002

Der Chef der UNMIK, der deutsche Diplomat Michael Steiner, formuliert acht »Standards« (funktionierende Institutionen, Rechtsstaatlichkeit, Rückkehr, Dialog, Wirtschaft u.a.). Bis zu deren Erreichung wird die Regelung des völkerrechtlichen Status verschoben (»Standards vor Status«).

2003

12.3. Der serbische Ministerpräsident Zoran Đinđić wird in Belgrad ermordet.

2004

7.3. Vojislav Koštunica wird zum Minsterpräsidenten Serbiens gewählt.

23./24.3. Am fünften Jahrestag des Kriegsbeginns brechen Unruhen im Kosovo aus. Bei Schießereien in Mitrovica töten Serben mehrere Albaner. Militante Albaner greifen daraufhin serbische Einrichtungen und Wohngebiete an, brennen Häuser und Kirchen nieder. Auch Einrichtungen der UN-Mission werden angegriffen. Insgesamt sind 19 Tote zu beklagen – elf Albaner und acht Serben.

23.10. Bei den Parlamentswahlen verliert die LDK an Stimmen und geht ein Bündnis mit der AAK des Rramush Haradinaj ein. Der frühere im Westkosovo aktive UÇK-Kommandeur Haradinaj wird Ministerpräsident.

2005

Es kommt zu einer Neuformulierung der internationalen Strategie. Anknüpfend an einen Bericht des Diplomaten Kai Eide will die UNO jetzt Verhandlungen über den Status beginnen.

2006
Der finnische Diplomat Martti Ahtisaari verhandelt im Auftrag der UNO mit den Vertretern der Albaner und der Serben über den künftigen Status des Kosovo.

2007
2.2. Der vorliegende Ahtisaari-Plan sieht weitgehende Rechte für die serbischen Gemeinden vor, will aber dem Kosovo eine »begrenzte Souveränität« zugestehen. Eine EU-Mission soll die der UN ablösen. Serbien verweigert die Annahme, Koštunica lehnt es sogar ab, Ahtisaari in Belgrad zu empfangen. Im Herbst versucht eine Troika aus der EU, USA und Rußland nochmals eine Verhandlungslösung, scheitert aber ebenfalls.

17.11. Wahlen im Kosovo. Thaçi wird Ministerpräsident.

10.12. Abschlußbericht der Troika geht an den Generalsekretär der UNO.

In den westlichen Hauptstädten setzt sich die Meinung durch, die Unabhängigkeit des Kosovo sei nun zu akzeptieren, ablehnend innerhalb der EU äußern sich Griechenland, Rumänien, die Slowakei, Zypern und Spanien.

2008
17.2. Der Kosovo erklärt die Unabhängigkeit von Serbien. *Bis Mai 2010* erkennen 69 Staaten der Welt das Land diplomatisch an, darunter die meisten westlichen (USA, Deutschland) und überraschend wenige islamische Staaten (zunächst nur die Türkei und die Emirate). Serbien wird u.a. von Rußland, China und dem Iran unterstützt.

Mitarbeit: Carl Bethke

Suhrkamp Verlag GmbH
Torstraße 44, 10119 Berlin
info@suhrkamp.de
www.suhrkamp.de